지역사회복지

- 이론과 실천 -

고 수 현

Community Welfare
Theory & Practice

교육과학사

머리말

『지역사회복지』는 1980년대 초반까지 사회복지학계에서 주로 『지역사회조직』과 『지역사회개발』이라는 교과목으로 학습이 이루어졌으나 1991년 이후의 본격적인 지방자치제 실시에 따른 정치적 환경변화와 함께 그 이론과 실제가 크게 변모하고 있다. 우리나라는 1967년에 로스(Murray G. Ross)의 저서 『지역사회조직(Community Organization)』을 지 윤 교수가 『지역사회조직 : 이론과 원리』로 번역 출판(정신사)한 것이 최초이다. 그러나 서구 이론을 소개하는 정도였고 그 당시에는 우리나라의 지역사회복지현장도 발전되지 않았으므로 실천분야나 실제에 대한 학습이 어려웠다. 그 후 1985년에 최일섭 교수와 김영모 교수가 『지역사회복지론』이라는 명칭으로 각기 저서를 출판한 것이 그 중간과정이 된다.

이것은 지역사회복지의 학문적 특성을 나타내주는 것으로도 볼 수 있는데, 당초 사회복지의 3대 실천방법론으로 인식되어 오던 것이 최근에는 정책이나 제도영역을 포괄하는 경향을 띠고 있는 것에 기인한다. 즉 지역사회조직 이론이 지역사회복지론의 중심 이론이 되기는 하지만 지역사회개발, 지역사회복지계획, 지역사회보호와 관련된 이론이 실제적으로 강화되고 있는 것이다. 특히 우리나라의 경우는 1970년대의 한국적 지역사회복지운동이었던 새마을운동의 영향으로 『지역사회개발론』이 지역사회주민의 환경개선서비스에 많은 기여를 해 왔던 것도 지역사회복지 이론의 맥락으로서 중요하다. 그러므로 지역사회복지의 이론은 지역사회조직의 실천적인 이론과 지역사회개발의 정책적인 이론이 중심이 된다고 할 수 있다. 그리고 21세기는 지역사회복지의 시대라고 할 만큼 사회복지의 패러다임이 변하고 있다.

이러한 지역사회복지의 변화과정은 우리나라 대학에서 강의되고 있는 『지역사회복지론』이라는 교과목의 정체성을 파악하고 21세기 지역사회복지의 발전을 위한 적극적 이론 개발의 가능성을 모색하는 데 바탕이 된다. 이제 지역사회복지는 과거의 지역사회개발이나 지역사회조직과의 유사한 개념이나 서구 방식의 편협한 이론에 한정되어서는 안 될 시점에 와 있다. 특히 우리나라는 서구자본주의 국가체제와 같이 중상주의에서 출발하여 산업자본주의, 독점자본주의, 수정자본주의까지의 근대적인 자본주의체제를 거쳐 온 것이 아니라 일제강점기 이후 곧바로 수정자본주의체제가 도입되었다는 점에서 본다면 서구의 지역사회복지 이론을 도입하여 그대로 실천하는 방식에서는 탈각하여야 한다.

그리고 최근의 우리나라 사회복지계의 경향을 볼 때 지역사회복지론은 기존의 사회복지실천론과 사회복지정책론의 일정 부분을 아우르는 학문적 성격으로 자리매김이 되는 경향이 뚜렷하다는 점에서 본다면 지역사회주민의 복지향상과 관련된 인접학문과의 교류나 다학제적 연구도 필요하다. 그러나 그 발전의 근본 맥락은 사회복지협의회, 지역사회복지관, 사회복지공동모금회, 재가복지서비스, 주민참여 등의 사회복지실무현장의 경험적 지식축적과 사회복지학계의 이론적 모형개발이라는 실천적인 지역사회복지론의 패러다임을 유지하여야 한다.

이러한 의미에서 이 책은 21세기 지역사회복지의 시대에 대응하여 지역사회복지현장과 사회복지학의 접목에 목적을 두었으며, 사회복지사 1급 국가자격시험에도 구체적인 대비가 되도록 한국사회복지교육협의회의 교과목 지침서에 준하여 집필하였다. 단, 각 장의 배치는 원활한 학습편의를 위하여 순서를 조정하였으며, 경우에 따라서는 중요성이 있는 내용을 추가하기도 하였다.

필자는 그동안 사회복지사 1급 국가시험을 대비한 각 대학의 특강경험과 여러 교수님들의 의견을 종합해 볼 때 최근까지 출판된 여러 저서에서는 각 저자의 학문적 경향에 따라 저술하는 사례가 많아 강의하는 교수님들이나 학습자들이 수험준비에 혼선을 겪는다는 점을 충분히 알고 있다. 따라서 이 책에서는 이러한 의견을 수렴하여 이 한 권으로도 감당할 수 있도록 저술하였다. 뿐만 아니라 각 장의 용량이나 전체적인 용량이 너무 많지 않으면서도 핵심적인 내용은 빠지지 않도록 기존의 여러 저서들을 참고하여, 강의하는 교수님들이나 학습자의 욕구에도 맞도록 하였다.

끝으로 이 학술 저서를 집필하는 데 도움을 주신 교수님 및 실무현장 관계자 여러분과 기꺼이 출판을 맡아 수고해 주신 교육과학사의 임직원 여러분께 감사의 말씀을 드린다.

2007년 3월 계룡산 국사봉 연구실에서 고 수 현

차 례

머리말 • 3

제1장 지역사회의 개념과 유형 이해 11

1. 지역사회의 개념 • 11
2. 지역사회의 유형 • 17
3. 지역사회의 변화 • 23

제2장 지역사회복지실천의 이론적 기초 31

1. 지역사회분석의 관점 • 31
2. 지역사회분석의 이론 • 37
3. 지역사회문제의 분석틀 • 41

제3장 지역사회복지와 지역사회복지실천 이해 51

1. 지역사회복지와 지역사회복지실천 • 51
2. 지역사회복지의 전달체계 • 60
3. 지역사회복지의 구성과 배경 • 66

제4장 지역사회복지의 실천역사 개관 71

1. 지역사회조직의 역사 • 71
2. 지역사회개발의 역사 • 80
3. 지역사회봉사의 역사 • 86

제5장 지역사회복지의 실천모형 이해 — 95

1. 지역사회복지실천모형의 개요 • 95
2. 지역사회개발모형과 사회행동모형 • 102
3. 사회계획/정책모형 • 112

제6장 지역사회복지의 원칙과 과정 — 117

1. 지역사회조직의 원칙 • 117
2. 지역사회개발의 원칙 • 122
3. 지역사회복지실천의 과정 • 127

제7장 지역사회복지실천과 사회복지사의 역할 — 137

1. 지역사회사업가의 의의 • 137
2. 지역사회복지사의 역할 • 140
3. 자원봉사관리자의 역할 • 149

제8장 지역사회복지의 기능과 실천기술 — 153

1. 지역사회복지의 기능 • 153
2. 지역사회복지의 실천기술 • 159
3. 지역사회복지의 상담기술 • 166

제9장 지역사회개발 — 175

1. 지역사회개발의 의의 • 175
2. 지역사회개발의 목표와 과정 • 185
3. 지역사회개발의 유형과 사례 • 193

제10장 재가복지와 사례관리 201

1. 재가복지서비스의 의의 • 201
2. 재가복지서비스의 내용 • 208
3. 사례관리기법과 케어 • 212

제11장 지방자치와 지역사회복지 223

1. 지역사회복지의 정치환경 변화 • 223
2. 지방자치제도와 지역사회복지의 변화 • 229
3. 지역사회복지협의체와 전달체계 변화 • 235

제12장 지역사회복지실천의 추진체계(Ⅰ) 243

1. 지역사회복지관의 근거와 사업 • 243
2. 사회복지관의 운영과 발전방향 • 257
3. 자활후견기관 • 263

제13장 지역사회복지실천의 추진체계(Ⅱ) 269

1. 사회복지협의회 • 269
2. 사회복지공동모금회 • 276
3. 사회복지사협회 • 289

제14장 지역사회복지계획 293

1. 지역사회복지계획의 의의 • 293
2. 지역사회복지계획의 목표와 이념 • 303
3. 지역사회복지계획의 수립 · 내용 · 평가 • 310

제15장 주민참여와 자원봉사활동 321

1. 주민참여 • 321
2. 자원봉사 • 332
3. 지역자원봉사센터 • 345

제16장 시민단체와 지역사회복지운동 349

1. 시민단체와 사회복지민간단체 • 349
2. 시민사회운동과 사회복지운동 • 355
3. 지역사회중심의 복지운동 • 360

부 록 • 367

참고문헌 • 387

찾아보기 • 397

제 1 장

지역사회의 개념과 유형 이해

1. 지역사회의 개념

1) 지역사회의 개념

지역사회복지 이론에 접근하기 위해서는 우선 커뮤니티에 대한 개괄적인 이해가 필요하다. 지역사회복지는 '지역사회'라는 장(field)을 바탕으로 이루어지는 하나의 과정이기 때문이다. 우리나라에서는 그동안 지역사회복지라는 용어보다는 '지역사회조직' 또는 '지역사회개발'이라는 미국에서 사용되는 용어를 많이 사용해 왔고 최근에는 '지역복지'라는 일본식 용어가 혼용되어 온 경향이 있다. 이처럼 지역사회복지라는 개념이 정착되지 못한 원인으로는 국내 학자들의 학문적 노력의 한계도 있지만 '지역사회'라는 개념을 지리적인 지역성에 기초한 것으로 지나치게 강조해 온 것에도 이유가 있다.

1980년대 후반에 접어들어 지역사회복지라는 올바른 용어정립에 대한 학계의 인식이 있었으나 1991년부터의 지방자치제 실시로 인한 지역사회복지환경의 변화는 자연스럽게 행정구역을 중심으로 한 지역사회문제의 해결과 지역사회주민의 욕구충족을 위한 사회복지활동을 지역사회복지로 인식하는 경향이 강화되어 또다시 지역성에 고착되는 결과를 가져왔다. 그러나 지역사회라고 하는 본래의 개념은 공동체적인 의미에서 규정되어야 한다. 공동체라고 하는 의미는 지역성보다는 공통의 목적성과 기능성, 그리고 이념성을 지니고 있는 것이다. 그러므로 지역사회가 지녀야 할 공통요소는 지리적 영역 이외에도 공동소속감, 공동결속체, 사회적 상호작용 등이 중요하다.

지역사회(Community)라고 하는 용어는 학자에 따라 각기 다르게 정의되고 있으며, 주요 학자들의 견해를 보면 다음과 같다.

(1) 메키버(MacIver)

지역사회의 개념을 사회학적으로 최초로 사용한 학자는 미국의 사회학자 메키버(Robert M. MacIver)이다. 그는 지역사회(Community)를 "인간이 일정한 지역에서 출생하여 지역사람들과 일상생활을 영위해 나가는 지역적 통일을 이루고 있는 사회"로 정의하고 어소시에이션(Association)과 대립되는 개념으로 인식하였다. 아울러 메키버는 사회적으로 동질성을 띤 지역의 개념으로서 지역사회를 정의한 학자로 "지역사회라는 것은 모든 형태의 공동생활지역으로서 부락, 읍, 시, 도, 국가 또는 그보다 더 넓은 지역까지도 의미한다(중략). 사람들이 함께 생활하게 되면 태도, 전통, 언어양식 등에 있어서 뚜렷한 특성을 갖게 되며 이러한 특성은 공동생활을 하기 위한 요소이면서 그 결과이다." 라고 정의하였다.[1)]

메키버와 같이 사회적 동질성을 강조한 지역사회개념을 제시한 학자로는 스트로우프(Stroup), 포스톤(Poston), 그린(Green), 브루너(Bruner), 할렌벡(Hallenbeck) 등이 있다.

(2) 힐러리(Hillery)

힐러리(G. A. Hillery)[2)]는 '지역사회의 정의(Definition of Community)'라

---

1) Robert M. MacIver, *Community : A Social Study*, London : Macmillan & Co, 1928, pp. 22～23.

2) G. A. Hillery, "Definition of Community : Areas of Agreement", *Rural Sociology*, Vol. 20, 1955, p. 119.

는 논문에서 지역사회의 본질에 대해서는 완전한 일치를 볼 수 없다는 견해를 밝혔으며, 다음 세 가지 요소를 공통점으로 들고 있다. ① 공간단위로서의 지역사회(Area), ② 사회적 상호작용 단위로서의 지역사회(Social Interaction), ③ 심리적 · 문화적 공통의 유대감(Common Tie)이 있는 지역사회가 그것이다. 여기에서 지역사회 공통의 유대감은 메키버가 말했듯이 ① 우리 의식(We-feeling), ② 역할 의식(Role-feeling), ③ 비독립 의식(Dependency-feeling)으로 표현된다.

그러나 지역사회라는 말은 여러 가지 요인들이 복합되어 있고 각국의 사회문화, 역사적 발전에 따라 다양하게 접근해야 하기 때문에 간단하게 정의되기 어렵다. 그리고 지역사회는 일반 대중사회의 변동에 의하여 변화되고 있으므로 그 변화에 의해서 개념이 달라지고 있다. 특히 오늘날에는 교통 · 통신이 고도로 발달되어 주민 간의 교류와 이동이 증가하고 생활권의 범위가 확대되고 있어서 지역사회의 개념으로서 지리적이고 공간적인 지역사회의 강조 요인보다는 사회관계적인 인간공동체 요인이 강조되고 있다.

그리고 공간기능의 요인이 줄어든다고 하더라도 그 지역사회의 주체와 주민, 지역사회 단위 내에서 거주하는 사회체계와 구조적 특성을 이해해야 한다. 즉 지역사회의 본질적 의미는 인간관계가 밀접하게 형성되어 이루어지며, 집단으로서 성격은 사회관계의 공간적 영역이 아무리 확대되어도 그 의미는 그대로 존속되어 특성이 나타나게 되기 때문이다.

(3) 로스(Ross)

로스(Murray G. Ross)[3]는 지역사회를 ① 지리적인 지역사회(geographic community)와 ② 기능적인 지역사회(functional community)로 구분하면서 기능적인 지역사회를 복지, 농업, 교육, 종교 등의 영역에서 공동의 관심과 기능을 공유하는 사람들의 집단으로 설명한다. 그러므로 지역사회는 특수한 지리적 공간을 점유하는 동시에 일상생활에 대한 욕구를 충족시키는 수단에 대한

3) Murray G. Ross, *Community Organization : Theory and Principles and Practice,* 2nd ed., New York : Harper & Row, 1967, pp. 41～45.

공통적인 관심을 가져야 한다. 또한 지역사회는 형태와 특성에 있어서 지역사회단위의 사회생활에 영향을 미치는 공통적인 습관, 관심 및 문화의 출현을 가능하게 해주어야 한다.

(4) 젠트너(Zentner)

다양한 지역사회의 개념 중에서 지역사회복지와 상관해서는 젠트너(H. Zentner)[4]의 견해를 살펴보는 것이 유용하다. 그는 지역사회란 거주공간에서 주민들이 공통적으로 공유하는 직업과 거주공간에서 유용한 활용과정으로부터 나오는 목표에 대한 통합적인 집단구조이며, 지역사회의 구성원들은 일정한 거주공간에서 집단적인 동일성을 어느 정도 가지고 있어야 한다고 본다.

(5) 파크(Park) & 버제스(Burgess)

지리적 의미의 지역사회를 정의한 파크(Park)와 버제스(Burgess)[5]의 동심원구조(同心圓構造) 모델에 의하면 도시는 ① 중앙업무지역, ② 점이지대, ③ 노동자 주택지대, ④ 중 · 고급 주택지대, ⑤ 통근자 지대의 다섯 가지의 지대가 동심원적으로 확대 · 분화하는 과정으로 성장한다고 하고 있다. 즉 인구와 기관의 속성인 인종 · 민족 · 경제 · 사회 · 역사 · 문화적인 속성에 따른 소득 · 직업 · 연령 등에 의해 지역특성이 도출된다. 그리고 정치 · 경제의 발전에 따른 지역산업의 변화나 그에 따른 인구이동 등에 의해 발생되는 지역의 사회문제, 생활수준 등의 격차 등도 지역사회에 따라 크게 달라진다. 대표적인 현상으로서 대도시와 농촌의 소득격차, 사회자본의 정도, 문화수준의 격차 등이 있으며, 이에 따라 주민생활, 복지정책에도 차이가 발생한다.[6]

우리나라의 경우도 1960년대부터 고도 경제성장정책을 유지하면서 지역

---

4) H. Zentner, "The State and the Community", *Sociology and Social Research*, Vol. 48, 1964, p. 420.

5) 1925년 "The growth of the city"라는 논문에서 미국 시카고시의 실태조사를 통하여 대도시의 성장은 외연적 확대를 수반하며, 그 확대과정을 5지대로 형성된 동심원상의 형태로 설명하고 있다.

6) 愼燮重 外 譯, 『現代福祉學總覽』, 서울 : 大學出版社, 1995, p. 526.

사회의 특성과 격차에 많은 영향을 미치기 시작하였다. 특히 농촌에 있어서는 인구의 급격한 감소와 지방 특유의 산업붕괴와 지역공동체의 취약화, 생활양식의 변화 등의 문제점이 발생하여 여러 가지 사회문제, 사회복지문제, 환경문제, 주택문제, 노동문제, 교육문제 등으로 나타나기 시작하였다.

그러므로 지역격차의 문제에 단순한 정치적 · 경제적 문제로 접근하여 해결하는 것은 한계성을 지니고 있으므로 지역사회복지를 통하여 지역격차의 문제를 해결해야 한다.

(6) 커뮤니티문제소위원회

일본의 경우에는 1969년 9월에 커뮤니티(community)문제소위원회에서 지역사회를 "생활의 장(場)에 있어서 시민으로서의 자주성과 책임을 자각한 개인과 가족을 구성주체로 하여 지역성과 각종의 공동목표를 가지면서 개방적으로 구성원 상호의 신뢰감을 지닌 집단"으로 규정하고 있다.7)

(7) 종합적 정의

위와 같은 여러 가지의 견해는 지역사회의 개념을 보는 시각에 있어서 크게 두 가지의 관점으로 구분된다. 첫째는 지역사회의 특수성을 인정하여 독립된 별도로 보는 적극적인 견해이고, 둘째는 기존의 사회집단, 조직, 체제의 동일어로 사용하여 구분하지 않는 견해이다. 이 중에서 대부분의 학자들은 지역사회를 독립된 별도의 개념으로 보고 있는데 지역사회가 지닌 개념적 특성으로 볼 때 독립된 개념으로 보는 것이 타당하다고 할 수 있다. 우리나라의 경우에도 외국과 비슷한 관점에서 일정한 공간과 사회적 상호작용, 공동체 등을 강조하고 있다.

그리고 지금까지 제시한 학자들의 견해 이외에도 여러 사회과학 문헌에 나타나고 있는 지역사회의 개념은 다음과 같은 속성으로 구분할 수 있다.

① 타 지역과는 구분되는 특수성(Uniqueness), ② 물리적 지리성 및 지역

7) 竹內祀三, 『現代地域福祉硏究』, 京都 : 永田文昌堂, 1987, p. 7.

적인 경계를 가지는 분리성(Separateness), ③ 사회문화적인 동질성(Homogeneity), ④ 합의성(Consensus), ⑤ 자조성(Self-help), ⑥ 다른 형태의 집단행위와 상호작용성(Interaction)을 갖는다는 것이다. 그러므로 이러한 견해를 종합해 보면 "지역사회는 일정한 지리적 공간인 생활권 안에서 사회적 상호작용을 통하여 공통된 이해관계, 문화, 규범 등을 형성하여 공통의 경험과 공동생활을 향유하는 공간적 · 심리적 일정지역의 범위이며 전체 사회의 일부분에 속한다."라고 개념화할 수 있다.

2) 지역사회의 유사 용어

지역사회라는 말은 주로 영어의 커뮤니티(community)에 해당되는 용어이다. 그런데 커뮤니티의 개념에는 지리적 · 공간적 차원의 의미만 있는 것이 아니라 같은 이해관계에 있는 사람들의 집합체라는 개념도 있다. 즉 지역성(local construct)과 정신성(mental construct)으로 구분된다. 전자는 도시, 농촌, 경상도, 충청도라는 일정한 구획을 포함하는 개념으로 구성되고 후자는 동호인 집단, 동성애자 집단, 소수 그룹, 다수 그룹 등의 정신적으로 유사한 맥락을 유지하는 구성개념이다. 그런데 21세기에 접어들면서 새로운 커뮤니티의 개념인 가상공동체(virtual community)나 컴퓨터 네트워크 공동체(computer network community)가 사이버 공간(cyber space)에서 구성됨으로써 양자의 개념도 모호해지고 있다. 즉 야후(yahoo), 네이버(naver), 엠파스(empas), 다음(daum) 등의 포털 사이트로 다양한 커뮤니티가 만들어지고 있는 것이 그 사례가 된다.

원래 커뮤니티는 라틴어의 '함께'라는 의미의 'cum'과 '선물'이라는 뜻의 'munus'가 합해진 어원을 가지고 있는데 이것을 합치면 "선물을 서로 주다."라는 의미가 된다. 실제로 종교단체에서는 커뮤니티를 주로 '공동체'라는 뜻으로 사용하고 있어서 이를 뒷받침하고 있다. 그런데 종교단체뿐만 아니라 전통적인 소규모의 지역사회에서는 같은 지역에 살아가는 사람들이 같은 인식체계를 가지게 되고 욕구도 비슷할 수 있다는 측면에서 본다면 공간적 · 지리적 · 심리적 의미가 공통으로 사용되는 이상적인 지역사회도 가늠해 볼 수는 있을 것이다.

이 외에 로컬리티(locality)와 네이버후드(neighborhood)를 비교한 구분이 요구된다. 우선 로컬리티는 중앙과 지방이라는 구분에서 주로 사용되지만 때로는 커뮤니티와 혼용되기도 한다. 실제로 로스만(Jack Rothman)도 지역사회 개발을 'Locality Development'로 표현하기도 하였다. 그러나 우리나라에서는 지방정부나 지방자치단체를 'Local Government'로 표기하는 사례가 많으므로 사회복지분야에서는 구분하여 사용하는 것이 좋을 것이다. 그리고 '네이버후드'는 인근지역이나 근린생활 지역사회를 나타내는 의미가 있으므로 커뮤니티보다는 의미가 좁다고 볼 수 있다. 서구에서는 도시지역(urban areas)보다는 좀 더 거리가 먼 교외지역(suburban areas)에서 주로 사용되는 용어라는 점에서 본다면 커뮤니티에 비하여 제한적인 의미로 보아야 할 것이다.

2. 지역사회의 유형

1) 지역사회의 구성

지역사회는 인간공동체로서 인간관계로 구성된 집단으로 규정해 볼 때 지역사회의 구성요소는 여러 가지로 접근해 볼 수 있다. 이 중에서 어떤 요인들이 작용해서 인간의 생활공동체를 구성・형성하느냐에 따라 학자들의 개념을 바탕으로 분류해 보면 다음과 같다.

(1) 지리적 의미의 지역사회

지역사회는 지역사회 주민의 공통적인 생활기반으로서 일정한 지역을 중심으로 한 인간의 공동생활집단이라는 의미가 내포되어 있다. 즉 지역사회가 성립되기 위해서는 주민 간의 정신적 공동체가 형성될 수 있는 지리적이고 공간적인 영역이 필요하다. 지리적 범위가 인간의 생활공동체의 형성과 발전에 중요한 것은 지리적 근접성(proximity)이 한 집단구성원 상호 간의 인간관계에 큰 영향을 미치기 때문이다.[8)]

지역사회의 구성에 있어서 지리적 요인을 강조한 학자로는 파크와 버제스(Park & Burgess)[9)]를 들 수 있다. 이들은 "지역사회라는 말은 한 지역을 구성하는 사람들과 기구들(institutions)의 지리적 분포라는 점에서 다루어질 수 있는 사회와 사회집단에 해당한다. 그러므로 모든 지역사회는 사회이지만 모든 사회가 지역사회라는 말은 아니다."라고 정의하였다. 현대사회는 여러 가지 교통통신의 발달로 인하여 앞에서도 언급한 바와 같이 공간적 범위의 개념이 약해지고 지역사회로서의 지리적 영역이 광역화되어 가는 한편 그 구분 개념이 모호해지고 있다. 이런 변화에도 불구하고 지역사회의 지리적 요인은 지역사회의 구성원의 상호 간의 연대의식(sens of community) 내지 공동체의식의 형성이라는 측면에서 공동생활환경은 비슷한 생활 욕구에서 나타난다. 이것은 그 환경을 지배하는 문화권이 있어야 하므로 공동생활권의 형성은 지역사회의 지리적 문제라 할 수 있는 것이다.

특히 우리나라와 같이 지역적 범위에서 지역성이 강한 생활권문화에서는 지역사회의 구성요소에서 지리적 요인이 차지하는 부분은 다른 국가보다 그 중요성이 높다. 예를 들어 행정단위인 특별시, 광역시 · 도, 시 · 군 · 구, 읍 · 면 · 동으로 구분할 때의 지역사회는 지리적 요인의 중요성이 커진다.

(2) 기능적 의미의 지역사회

지역사회는 지역주민들의 공동관심과 상호유대감이 이루어져야만 그 교류단위를 지역사회라고 할 수 있고, 같은 지역사회 내에서 생활하더라도 단절된 생활과 공동체의식이 형성되지 않으면 지역사회라고 할 수 없다. 그리고 지역사회에서 기능적 요인은 상호작용과정에서 형성되고, 이러한 상호작용은 둘 또는 그 이상의 개인 및 집단이 상호작용하는 것을 의미한다.

---

8) 權泰埈 · 金光雄, 『韓國의 地域社會開發』, 서울 : 法文社, 1985, p. 28.

9) Robert E. Park and Ernest W. Burgess, *Introduction to the Science of Sociology*, Chicago : University of Chicago Press, 1921, p. 161.

지역사회수준에서의 기능적 상호작용이란 상호 협동적이거나 경쟁적인 관계를 의미한다.[10] 한 지역의 주민이 어떤 행동을 할 경우에는 자기가 살고 있는 지역의 사람들이 어떤 압력이나 규범을 가하지 않을까 하는 생각을 하고 행동으로 옮기게 되는 경우가 많다. 따라서 어떤 사회집단의 구성원 간의 경험, 기억, 관습, 전통 등이 보다 동질적이면 그 집단의 응집성이 강해서 다른 집단과의 구별이 쉬워진다. 이와 같은 구별이 지역사회에서 독자적으로 발생하는 심리적 요인으로써 이로부터 공통적인 규범과 가치 및 제도가 파생된다.

기능적 요인을 강조한 길버트와 스펙트(Gilbert & Specht)[11]는 지역사회가 공통적으로 수행하는 핵심기능(major function)에 대하여 ① 생산 · 분배 · 소비, ② 사회화(socialization), ③ 사회통제(social control)[12], ④ 사회통합(social integration), ⑤ 상부상조(mutual support)의 기능을 제시하였다. 한편 이러한 기능을 제도와 연관해 보면 사회화는 가족제도, 사회통합은 종교제도, 생산 · 분배 · 소비는 경제제도, 사회통제는 정치제도, 상호부조는 사회복지제도에 의해서 기능이 수행된다.

특히 대도시 아파트 단지에서는 지리적인 인접성만으로 지역사회가 형성되기는 어렵다. 복지, 농업, 경제, 교육, 예술, 종교 등에 있어서 공통적인 관심과 이해관계로 공동체의 의미를 갖는 것이 기능적 지역사회이다.

(3) 심리적 의미의 지역사회

심리적 의미에서는 지역사회를 '장소'와 '기능' 간의 구조적 요인으로 보지 않고 심리적 요인으로 본다. 이는 지리적 장소와 사회적 기능을 동시에 강조하는 의미도 있다.

일반적으로 지역사회의 특성은 일정한 유형의 상호작용 형태의 특성과 지역사회체계의 다양한 분야에 의해 형성되는 독특한 체계문화의 내용에 의해

10) 김남선, 『지역사회개발론』, 서울 : 형설출판사, 1987, p. 19.

11) Neil Gilbert and Harry Specht, *Dimensions of Social Welfare Policy*, Englewood Cliffs, New Jersey : Prentice - Hall, 1974, pp. 4 ~ 5.

12) 워렌(Warren)은 사회통합을 대신하여 사회참여(social participation)라는 용어를 사용하였다.

나타난다. 이러한 지역사회는 일정한 지리적 영역과 그 영역에 살고 있는 주민 간의 상호작용을 통해서 공동유대감이 형성될 때 이루어지는데, 여기서 공동유대감은 혈연 또는 지연 등으로부터 나오는 원초적인 공동의식보다는 그 지역사회의 주민들이 사회생활을 통하여 나타나는 이차적이고 획득적인 공동의식을 말한다.[13)]

현대적 지역사회이론의 대표적 학자인 워렌(Warren)[14)]은 지역사회구성의 특성을 비교할 수 있는 척도를 네 가지 차원으로 제시하고 있는데, ① 지역적 자치성(autonomy), ② 서비스 영역의 일치성(coincidence of service areas), ③ 주민들의 심리적 동일시(psychological identification), ④ 단위조직의 수평적 유형(horizontal pattern)을 갖고 있느냐 하는 것이 그것이다. 한편 엘리어트와 메릴(Elliott & Merrill)도 지역사회의 지리적인 면과 심리적인 면을 강조하였는데 이들에 따르면 지역사회는 지리적으로 주민들이 사회제도에 인접해 있는 상태를 의미하고, 심리적으로는 지역 내의 모든 요소들을 역동적인 실체로 연결된 상태를 의미한다.

이 외에도 지리적 및 사회적 동질성을 강조하는 자연지역으로서의 지역사회를 강조한 학자로는 스테이너(Steiner)와 데이비스(Davis)가 있다. 그리고 퇴니에스(Tönies, 1887~1957)와 클라크(Clark)도 심리적인 요소를 강조하였다. 퇴니에스는 인간사회는 공동사회(Gemeinschaft)에서 이익사회(Gesellschft)로 발전한다고 보았는데 공동사회는 지역사회로 번역할 수 있다. 공동사회에서 인간은 상호관계, 운명공동체, 밀접한 유대로 보상과 의무를 가지게 된다. 예를 들면 혈연, 이웃, 친구관계가 있다.

공동사회의 유형으로는 공동사회의 연합체, 공동사회의 협의체가 있다. 반대로 이익사회는 '사회'로 번역할 수 있는데 합리성이 존중되고, 시장은 무역과 교환을 이끌며, 가족, 마을, 그리고 작은 지역적 단위보다 더 큰 사회적 단위를 의미한다. 이익사회의 유형으로는 이익사회의 협의체, 이익사회의 연합

13) 최재원 외, 『지역사회개발론』, 서울 : 백산출판사, 1991, p. 23 참조.

14) Roland Warren, *The Community in America,* Chicago : Rand McNally & Co., 1963, pp. 13~14.

체가 있다. 이 중에서 사회적 연대의식의 부족에 기인하는 민간 중심의 사회복지형태는 협의체를 통하여 발달될 수 있고, 제도화에 의한 사회복지제도가 발달하는 형태는 연합체를 통하여 가능하다.

2) 지역사회의 구분 기준

던햄(Dunham)[15]은 지역사회를 유형화하는 방법으로서 ① 인구의 크기, ② 경제적 기반, ③ 정부 행정구역, ④ 인구구성의 사회적 특수성을 들고 있다.

지역사회의 유형은 여러 가지로 분류해 볼 수 있지만 일반적으로 지역사회의 특성, 기능 등에 따라 구분해 볼 수 있다. 여기에서 지역사회와 지역사회복지와의 관계에 초점을 두고 지역사회의 유형을 인구의 크기, 경제적 기반, 정부의 행정구역, 사회적 특성에 따라 구분해 보면 다음과 같다.

(1) 인구의 크기

인구구조에 따른 지역사회의 유형은 가장 기본적인 지역사회의 유형으로서 인구의 크기에 따라서 지역사회를 구분한다. 일반적으로 지역사회는 그 크기에 관계없이 인구구조의 특색을 나타내고 있다. 또한 인구구조는 연령분포, 인종분포, 성별분포 등의 내용에 따라 다양한 특징이 나타나고, 이러한 특징에 의하여 지역사회가 구분된다. 그리고 인구구조의 특성은 인적 자원의 양적인 측면과 질적인 측면에 국한되지 않고 지역사회의 전체로서의 사회화 과정과 구성원 상호 간의 연대의식의 형성에 영향을 미친다.

이러한 인구구조는 외형적인 크기와 인구구성의 특성에 따라 구분할 수 있는데 첫째는 인구구조의 외형적인 크기로서 인구의 크기에 따라 대도시, 중・소도시, 읍지역 등으로 구분하고, 둘째는 인구구성의 특성에 따라 빈곤지역, 외국인 집단거주지역 등의 경제적・인종적 특성을 중심으로 지역사회를 구분할 수 있다.

---

15) Arthur Dunham, *The New Community Organization*, New York : Thomas Y. Crowell Co., 1970, p. 28.

(2) 경제적 기반

경제적 구조는 크게 1차 산업, 2차 산업, 3차 산업으로 분류해 볼 수 있는데 농·어촌의 지역사회는 1차 산업을 기반으로 하고, 광·공업 중심의 지역사회는 2차 산업을 바탕으로 한다. 그리고 상업, 서비스업이 주종인 도시지역사회는 3차 산업을 기초로 구성된다. 이와 같은 산업구조에 따른 사회 내의 직업구조는 지역사회의 구성원들 각각의 경제활동을 나타내고 있다. 산업구조의 유형에 따른 여러 가지의 지역사회 중에서 대표적으로 도시지역사회와 농촌지역사회, 도시와 농촌의 혼합 상태의 지역사회 등으로 구분할 수 있다.

(3) 정부행정구역

정부행정구역에 기준한 지역사회의 구분은 특별시, 광역시, 도, 시·군·구, 읍·면·동 등의 행정구역단위로 지역사회를 구획하는 것을 의미한다. 이때 정부행정구역은 인구의 크기에 따라 구획하는 것이 일반적이지만 정치적 배경에 따라 영향을 받기도 하고 특례시 등의 새로운 형태도 나타나고 있다.

(4) 인구구성의 사회적 특성

우리 사회에 존재하는 많은 이익집단은 조직구성원의 동일한 목표달성을 위해서 규칙을 지키고 자금을 모으면서 사회적·경제적인 이익증대를 위해 동일 업종의 공동사업을 전개하며 활동하는 각종 사회단체를 기능적 지역사회 집단으로 볼 수 있다. 이러한 기능에 의한 지역사회의 유형은 직장단위의 지역사회 등과 같이 그 지역사회 내에서 그들의 결속력과 소속감을 증대시키며 밀접한 인간관계가 유지되고 있는 특성을 지니고 있다.[16]

---

16) 최재원 외, 전게서, pp. 26 ~ 27 참조.

3. 지역사회의 변화

지역사회의 변동 과정에서 지역사회가 갖고 있는 사회구조나 생활 기능의 붕괴 등에 의하여 지역사회로서의 결집이 약해지고 있는데, 이러한 현상은 지역사회해체(community disorganization), 또는 지역사회의 붕괴라고 부른다. 이러한 측면에서 지역사회조직 또는 지역사회복지의 필요성이 대두되고 있는 것이다.

그리고 지역사회의 변화는 모든 지역사회의 생활의 모든 측면에서 계속적으로 발생하고, 지역사회는 이러한 변동에 대해서 적응적이면서 역동적으로 대응하고 있다. 한편 이러한 지역사회의 변화형태는 지역사회 내의 인구이동, 산업 취업인구, 가족의 변화, 고령화 사회, 도시화 등으로 다양하게 나타나고 있는데, 그중에서 중요한 변화내용을 살펴보면 다음과 같다.

1) 지역사회의 구조적 변화

(1) 인구구조의 변화

사회복지의 수준 향상에 있어서 그 기본적인 변수라고 할 수 있는 인구전망은 <표 1－1> 및 <표 1－2>에서 보는 바와 같이 향후 10년에 걸쳐서 인구증가율은 점차 감소하는 가운데 2021년에 이르러 인구 증가율은 거의 마이너스 상태에 가까울 전망이다.

사회보장 및 사회복지의 재정지출의 결정요인의 하나로서 14세 이하의 연소부양인구와 65세 이상의 노년부양인구의 인구구성과 그 부양비의 추세도 증가할 것이다. 또한 이러한 변화 중에서도 65세 이상의 연령계층의 인구의 지속적인 증가에 대한 사회복지정책의 과제가 크게 부각될 것으로 보아진다.[17)]

---

17) 노년부양비는 (65세 이상 인구/15～64세 인구)×100이며, 노령화 지수는 (65세 이상 인구/0～14세 인구)×100이다.

표 1-1 인구 추계

(단위 : 천 명, %)

구 분	1991	1992	1995	2000	2010	2021
총인구	43,268	43,663	44,851	46,789	49,683	50,586
증가율	0.91	0.90	0.89	0.77	0.37	−0.01

자료 : 통계청, 『장래인구추계(1990~2021년)』.

표 1-2 인구 및 인구구조 변화

(단위 : 천 명, %)

연 도	총인구	0~14세 인구	구성비	15~64세 인구	구성비	65세 이상	구성비	부양비율
1990	42,869	11,060	25.8	29,665	69.2	2,144	5.0	44.5
1995	44,851	10,405	23.2	31,889	71.1	2,257	5.7	40.8
2000	47,150	9,996	21.2	33,948	72.0	3,206	6.8	38.9
2020	50,650	7,034	13.9	35,948	71.0	7,667	15.1	40.9
2030	50,296	6,217	12.4	32,475	64.6	11,604	23.1	54.9

주 : 부양비=[(0~14세)+(65세 이상)] / (15~64세) × 100.
자료 : 통계청, 『장래인구추계(1990~2021년)』.

그리고 지난 30년간의 사회 인구학적 변화를 살펴보면 사회적 기능상에서 주요한 장애나 문제를 가진 사람들의 구성비가 상대적으로 증가하고 있다. 즉 정신지체, 정신질환, 신체장애, 심각한 의료문제를 가진 요보호 인구가 증가해 이들의 문제해결이 한 기관에 의한 단일한 서비스체계로는 해결하지 못하고 지역사회 차원에서 통합적으로 접근해야 한다는 것이다.

또한 인구구조상과 관련하여 가족구조에 대해서 살펴보면 산아제한정책과 산업화, 도시화로 인하여 출산율이 저하되어 평균가족수가 크게 감소되었다. 1990년에 3.7명에서 2000년에 들어서는 3명 정도로 감소되고 있으며 2010년이면 2명 정도에 이를 전망이다. 이에 따라서 직계 가족의 욕구충족 기능은 기대할 수 없고 지역사회적인 욕구가 상대적으로 증가할 것이다. 적정 인구가 유지되려면 부부가 2.08명 정도의 출산율을 유지하여야 함에도 2005년 기준으로 1.08명을 나타내고 있는 실정이다. 이는 OECD 국가의 평균출산율인 1.6명에도 크게 미달하는 수준으로 저출산과 고령화정책의 필요성을 말해준다.

(2) 산업구조의 변화

공업화의 진전에 따른 산업구조의 변화는 산업 부문별 국민총생산(GNP) 구성비인 <표 1－3>에서 보는 바와 같이 2000년에는 1차 산업으로서의 농림, 수산 부문이 9.5%로 점차 낮아지는 반면 2차 산업으로서의 광공업과 3차 산업으로서 사회 간접자본 및 서비스 부문은 각각 32.2%와 58.3%로서 점차 증가하고 있다.

표 1-3 산업부문별 GNP 구성비

(단위 : 경상가격기준 %)

구 분 \ 연 도	1961	1983	1990	2000
농림 · 수산업	38.7	14.0	12.5	9.5
광공업	15.4	29.4	31.0	32.2
사회간접자본 및 기타 서비스	45.9	56.6	56.5	58.3

자료 : 경제기획원, 『경제백서』, 각 년도.

그러므로 현재 우리나라는 고도 대중소비시대로서의 후기 산업사회로 전환되어 후기 산업사회에 있어서의 특징적인 사회구조와 기능으로 변화되고 있다. 즉 후기 산업사회로 진전됨에 따라 기술과 생산양식의 발전은 산업구조의 변화와 더불어 기능의 분화를 초래하면서 사회구조는 다원화되는 것이다. 아울러 산업구조의 고도화에 따른 직업분화 및 계층의 다양화는 그 계층의 이익을 대변하는 다양한 소수집단의 출현을 예고하고 있다.

그리고 고도 산업사회에 있어서는 조직의 역할이 강화되고 그 기능이 확대된다. 개인은 조직사회로부터 그 인간성을 회복하려는 개성의 추구가 강화되어 개인적 영역이 확대되며, 또한 산업구조의 변화는 지역적인 소득격차를 가져와서 지역 간의 상대적인 격차를 증대시킬 것으로 보아진다.

2) 지역사회의 기능적 변화

지역사회라고 하는 말은 여러 개념으로 사용되는 경우가 많은데, 일반적으로 "일정한 지역적 범위에 있어서 형성되는 사람들의 공동생활"을 의미한다. 이러한 의미에서의 지역사회는 어떠한 차원의 것이든 구조적으로는 지역의 산업구조와 경제구조, 계층구조, 관련 집단과의 관계에 의하여 이루어지는 사회구조 등에 의하여 입체적으로 구성되고 있다. 또한 기능적으로 지역사회는 생활환경 시설의 연결망에 의해 체계화되고, 자발적인 지역 활동이나 행사 참여를 계기로 한 지역주민 간의 접촉, 상호적인 사회관계의 연결망에 의해 연결된다.

지역사회해체는 이러한 지역사회의 구조적, 기능적인 구성의 두 가지 측면에서 생각할 수 있다.

첫째, 구조적인 측면은 지역사회의 구조를 구성하는 경제구조, 사회구조, 정치적 구조 등의 요소가 한 쪽으로 치우쳐 지역사회의 기능이 약체화 또는 소외되는 상태로서 지역경제활동의 부진, 주민의 이동, 계층분화에 따른 지역사회집단이나 조직의 약체화 등을 들 수 있다.

둘째, 기능적인 측면은 지역사회의 생활기능의 약체화로서 자연환경을 포함한 시설, 환경체계의 악화, 지역주민의 공동목표 의식의 상실, 지역사회의 가치관 문제, 주민갈등, 지역공동체의 약화 등을 가져온다.

결론적으로는 지역사회를 해체 또는 약체화시키는 것은 기본적으로 자본주의 발달에 따른 생산과 소비의 분리, 농촌과 도시의 불균형 발전에 의하여 지역사회가 공동체의 존립기반이 붕괴의 과정을 거치게 되는 것이다.[18]

---

18) 일본의 경우 지역공동체의 붕괴현상에 대해서 국민생활심의회조사부회의 커뮤니티문제소위원회 보고서에서는 다음과 같이 7가지로 지적하고 있다. ① 교통통신 기관의 발달 등에 의한 생활의 확대, ② 인구의 도시집중, ③ 생활양식 및 생활의식의 도시화,

이러한 지역사회는 구체적으로 농촌지역의 변화, 가족제도의 변화, 정치사회적 변화로 구분되는데 세부적으로 보면 다음과 같다.

(1) 농촌지역의 변화

통계청 발표에 의하면 2005년 기준으로 도시에 거주하는 사람이 전체 인구의 80% 이상을 차지하고 있는 것으로 나타나고 있는데 이것은 <표 1－4>에서 보는 바와 같이 지속적으로 증가하고 있다. 도시인구의 계속적인 증가는 도시문제를 발생시켜 우리 지역사회 전체에 미치는 영향이 크다고 볼 수 있다. 즉 도시화의 문제는 국가 전체에서 볼 때 수도권의 과잉 집중화와 지역사회의 균형을 해체시키는 역할을 하고 있다.

특히 한국의 도시화 현상을 종합해 보면 그 해결책은 지역사회복지 차원에서 다른 선진국과는 다르게 접근해야 하는 것을 알 수 있다. 이러한 측면에서 한국 도시화의 제반적인 특징을 살펴보면 다음과 같다.[19)]

첫째, 순 인구 이동에 의한 도시인구의 증가속도가 매우 급격했다는 것이다. 도시화가 가장 빠르게 진행되었던 1966～1970년의 기간에는 인구이동에 의한 증가 중에 도시인구 증가가 75%를 점하고 있다.

둘째, 도시인구의 성장이 모든 도시에서 균형적으로 이루어지지 않고 지역 간의 인구분포도 불균형이 더욱 심화되었다.

셋째, 한국의 도시화는 서구 지역사회와는 달리 높은 자연증가와 대량의 이농인구(離農人口)로 이루어진 파행적인 도시화라고 할 수 있다. 이러한 도시지역의 확대는 인구의 증가와 동시에 도시지역의 지리적 영역도 확대해 나가고 있다. 즉 이러한 현상으로 인하여 여러 가지 사회구조적 변화와 사회병리현상을 가져와 지역사회해체를 촉진시켰다.

---

④ 기능 집단의 증대, ⑤ 행정기관의 확대, ⑥ 가족제도의 변화, ⑦ 농촌의 생산구조의 변화.

19) 김익기, “한국의 공업화와 신흥공업도시의 생성”, 『한국의 산업화와 사회변화』, 서울 : 한국정신문화연구소, 1990, pp. 63～122.

표 1-4 한국의 도시화 추세

(단위 : 천 명)

연 도	전국 인구	도시 인구	도시화율(%)
1970	31,466	12,593	41.2
1975	34,706	16,793	48.4
1980	37,436	21,434	57.3
1985	40,448	26,443	65.4
1990	43,522	32,397	74.4
1995	44,608	35,036	78.5
2000	46,136	36,755	79.7
2005	48,138	38,515	81.5

자료 : 경제기획원, 『인구 및 주택 센서스보고서』, 각 년도, 통계청, 『인구주택총조사 보고서』, 2000, 2005.

주 : 도시화율 : 도시(동지역)에 거주하는 인구의 비율(동지역 인구/총인구×100)

(2) 가족제도의 변화

인구학적인 측면에서의 가족제도의 변화는 일반적으로 출산율의 저하와 가족구성원 사이의 거주양태의 변화가 합해져서 발생하는 현상으로 본다. 그러나 <표 1－5>에서 보는 바와 같이 우리나라의 핵가족화는 급속하게 진행되지 않고 있다. 인구학적 핵가족화는 부부 및 미혼 자녀로 이루어지는 소위 핵가족형 가구의 절대적 · 상대적 증가로만 나타나는 것이 아니고 표준적 가족형에 속하지 않는 인구가 늘어나고 이들의 적응실패의 결과로서 다양한 비전통형 가족들이 증가한다는 것이다.

즉 핵가족의 증가는 직계 및 확대가족의 감소만을 가져오는 것이 아니고 표준형 핵가족체계 속으로 흡수되지 못하는 인구집단이 형성하는 다양한 가족형태의 증가를 불러온다.[20]

20) 고영복 편, 『현대사회문제』, 서울 : 사회문화연구소출판부, 1992, p. 221.

표 1-5 가구원수별 가구분포 및 평균 가구원수

(단위 : 천 가구, 명)

연 도	전체 가구수	가구원수별 가구분포(%)						평균 가구원수
		1인가구	2인가구	3인가구	4인가구	5인가구	6인가구 이상	
1975	6,648	4.2	8.3	12.3	16.1	18.3	40.7	5.0
1980	7,969	4.8	10.5	14.5	20.3	20.0	29.8	4.5
1985	9,571	6.9	12.3	16.5	25.3	19.5	19.5	4.1
1990	11,355	9.0	13.8	19.1	29.5	18.8	9.8	3.7
1995	12,958	12.7	16.9	20.3	31.7	12.9	5.5	3.3
2000	14,312	15.5	19.1	20.9	31.1	10.1	3.3	3.1
2005	15,887	20.0	22.2	20.9	27.0	7.7	2.3	2.9

자료 : 통계청, 『인구주택총조사 보고서』, 각 년도.

그리고 이러한 현상은 인구구조의 고령화와 밀접한 관계를 가지고 있으며, 노인인구 비율의 증가는 노인 핵가족 비율의 증가를 가져오지만 노인들을 포함하는 기타 가족 또는 새로운 형태의 노인가족의 비율을 높이기도 한다. 그러므로 우리나라에 있어서의 지역사회복지는 이러한 저출산 · 고령화 측면에서 정책적으로 접근해야 할 것이다.

(3) 정치·사회적 변화

지방자치는 정치적으로는 민주주의가 지역사회 안에서 구체화되는 것을 의미하는 한편, 사회복지적인 측면에서도 중요한 변화를 초래할 수 있다. 즉 지방자치제 실시는 정치적 의의와 더불어 주민복지와 주민참여를 바탕으로 그 지역사회에 맞는 사회복지서비스와 체계를 완성시켜 줄 수 있다. 그러므로 지금까지 권위주의적 또는 중앙집권적인 정치제도, 행정, 가치관 등이 지방자치제 실시로 인하여 지방중심적으로 지역사회의 지역주민들을 위한 체제로 바꾸어져서 실질적인 지역사회복지의 증진을 기대할 수 있다는 것이 정치사회적인 측면에서의 지역사회변화로 볼 수 있다.

제 2 장

지역사회복지실천의 이론적 기초

1. 지역사회분석의 관점

1) 구조-기능주의적 관점

구조-기능주의(structural functionalism)는 흔히 기능주의(functionalism)[1]와 같이 다루어지며, 콩트(Auguste Comte)와 스펜서(Herbert Spencer)의 유기체론에서 여러 가지 개념이 도입되었다. 즉 유기체론은 생물적 유기체에 사회구조와 기능을 비유하여 사회의 구조와 기능이 분화 · 발전되는 것은 하위체계의 상호관련성에 있다고 본 것이다. 그러므로 기능주의는 생물학적 유기체

---

1) 기능주의(functionalism)는 관습 · 제도 · 가치 등의 사회적 현상을 그들이 사회 속에서 수행하는 기능에 의해서 설명하려고 하는 이론이다. 기능주의는 1920년대 B. K. 말리노프스키(Bronislaw Kasper Malinowski)와 A. R. 래드클리프브라운(Alfred Reginald Radcliff-Brown)의 두 인류학자에 의해 창시되었다. 이들은 모두 장기간의 야외조사 후에, 그 때까지 주류를 이루고 있었던 문화진화론이나 전파론(傳播論)에 대하여, 전체로서의 문화를 개개의 문화요소로 분화하고 통일체로서의 문화로부터 분리하여 취급하고 있다고 비판하며, 한 사회 속의 문화요소는 언뜻 보기에는 독립해 있어서 서로 무관하게 보여도 실제로는 상호 밀접한 관계를 가지며 유기적으로 결합되어 있다고 주장하였다. 따라서 개개의 관습이나 제도를 이해하기 위해서는 이것들이 전체의 문화 속에서 어떻게 기능하고 있는가를 규명하지 않으면 안 된다고 하였다.

를 유추하여 사회의 각 부분은 체계에 제대로 기능해야 하며 그렇게 하기 위해서는 사회는 본질적인 변화보다는 사회적 안정성이 유지되어야 한다고 본다.

이 기능주의 이론이 가지는 사회관에 따르면 사회의 모든 요소는 안정 지향적이며, 사회의 각 요소들은 상호의존적이고 통합적인 기능을 한다. 그리고 사회변화는 점진적이고 누적적으로 진행(점진적 · 개량주의적)되며, 사회체제 유지를 위해 사회구성원들의 공동체 의식을 강조, 즉 공민(公民)[2]성 개발을 중시한다. 사회의 지위배분은 개인의 성취능력에 의해 달성되어, 업적주의와 기회평등 및 적재적소 배치를 강조한다.

기능주의 이론에서는 사회계층이 보편적이고 필연적이며, 사회조직이 계층체계를 형성해 준다고 본다. 사회계층은 통합 · 조정 · 결속 등의 사회체제의 필요에 의해서 생겨나며, 사회와 개인에게는 최적의 기능수행이 기여되고, 공유되는 사회적 가치관의 표현이라고 한다. 또한 권력의 배분은 대체로 사회적으로 정당화되고, 일과 보상은 평등하게 할당되어 있으며, 경제적 차원은 사회의 다른 차원에 종속적으로 본다. 그리고 계층체계는 대개 진화과정을 통해 변한다고 한다.

구조기능론은 사회변동을 설명하고 사회문제에 대한 해결책을 제시하는 데 너무 보수적인 입장을 취하고 있다. 사회변동은 부분적인 사회구조의 변화에서부터 전체 사회체제의 변화에 이르기까지 그 범위와 폭이 다르다. 구조기능론은 서구 민주적 자본주의 국가를 염두에 두고 이러한 사회체제 그 자체는 모순이 없는 것이라는 점을 부각시킨다. 또한 사회문제의 원인을 개인의 책임으로 돌리는 경향성에서 국가나 자본주의 경제체제에 면죄부를 주고 있으며 어떤 경우에는 체제의 희생자인 빈곤계층과 소외계층에 대해서 희생자를 비난(blaming the victims)하는 결과를 초래하기도 한다.[3]

한편 기능주의 입장은 다윈(Charles Robert Darwin)의 진화론에 영향을 받은 바가 크고 발전과정에서 철학, 생물학, 심리학, 사회학 등에도 영향을 끼쳤다. 사회복지학에서는 프로이드의 정신분석 이론을 중심으로 하는 진단주의

---

2) 국적을 가지고 그 나라 법률에 따른 권리와 의무를 가지는 자유민을 의미한다.
3) 최선화 외, 『사회문제와 사회복지』, 서울 : 양서원, 1999, p. 48.

학파를 비판하는 오토 랭크(Otto Rank)를 중심으로 도입되었다. 태프트(Taft)와 로빈슨(Robinson)은 랭크의 이론을 사회복지실천방법에 적용하여 기능주의 사회복지실천[4]을 발전시켰고 진단주의에 비하여 인본주의적이다. 즉 인간의 문제는 진단에 의한 심리치료보다는 욕구나 발생된 문제해결에 필요한 서비스 기능이 중요하다고 보았다. 그러므로 이러한 기능을 하는 지역사회의 사회복지기관의 서비스 프로그램이 핵심이 된다고 할 수 있다.

2) 갈등주의적 관점

갈등주의(conflict theory)는 기능주의 이론에 대항하는 이론으로 발전되었으며, 1950년대에 파슨즈(Talcott Parsons)의 구조-기능주의 이론을 비판하면서 나타났다. 다렌돌프(Darendorf)[5]도 기능주의 이론에서 파악하는 사회체계는 마치 유토피아와 같이 비현실적이고 가치와 제도에 대한 갈등이 있는 현실사회는 아니라고 비판하였다. 이와 같은 갈등주의 이론에는 마르크스(Marx), 짐멜(Simmel), 베버(Weber)와 같은 학자들이 영향을 미쳤다. 특히 마르크스는 변증법적 갈등주의(dialectical conflict theory)에, 짐멜은 갈등기능주의(conflict theory)에, 베버는 교환적 갈등주의(exchange conflict theory)와 비판 이론(Critical functionalism)의 기초를 제공하였다.

갈등주의적 시각은 사회의 본질을 경쟁과 갈등의 관계로 파악한다. 현실적인 모든 사회에는 갈등이 존재하여 사회는 해당사회의 구성원의 합의에 의해서가 아니라 강압에 의하여 유지되며, 갈등이 사회변화의 원인이 된다고 본다. 그러므로 갈등은 비정상적이거나 병리적인 것이 아니며, 통합보다도 오히려 중요한 요인으로 인식한다. 즉 사회는 구성원 간의 세력다툼, 이해의 상충, 지배자와 피지배자 간의 갈등과정에서 유지된다고 보는 것이다. 사회복지학에

---

4) 기능주의는 인간의 의지(will), 대항의지(counter-will), 개체적 분리(seperation), 타인과의 관계성(relationship)의 개념을 중시하며 개인의 원조를 위한 기관의 기능(function of agency)을 강조한다.

5) Darendorf, R., "Out of Utopia : Toward a Reorientation of Sociological Analysis", *American Journal of Sociology,* vol. 74, Sept., 1958, pp. 115～127.

서는 사회문제를 인식하는 분석기준이나 지역사회복지론의 지역사회조직(C. O)과 사회행동(S. A) 등의 이론에서 원용되는 정도이며 사회복지실천기법에서는 크게 다루어지지 않고 있다. 그러나 내면적인 가치갈등으로 인한 정서적 문제해결에는 임파워먼트(empowerment)와 옹호기법에는 원용될 여지가 있는 이론이다.

3) 사회심리학적 관점

사회심리학(social psychology)은 사회적, 문화적 장면에서의 인간행동을 과학적으로 연구하는 학문이다. 사회심리학자는 보통 사회화에 관한 연구에 관심을 가진다. 즉 사회적 요인이 개인의 성격을 형성하는 방식과 개인행동이 사회 환경의 변화에 따라 달라지는 방식을 연구한다. 이는 사회적 관계를 중시하는 것으로서 1957년에 퇴니에스(Tönnies)는 공동사회로 번역되는 게마인샤프트(gemeinschaft)와 이익사회로 볼 수 있는 게젤샤프트(gesellschaft)라는 두 가지 유형을 제시하였다.6)

이처럼 사회심리학은 사회환경 속에서 직・간접적으로 타인과 관계를 가지고, 아울러 사회의 문화・규범・제도 등의 규제를 받고 생활하는 인간의 경험이나 행동을 사회적 여러 조건과의 관련에서 이해하려고 한다.

한편 사회심리학은 학문분야로 뚜렷하게 성장함에 따라 사회복지분야에도 영향을 미치고 있다. 사회복지학에서는 사회심리학적인 집단 이론의 영향이 두드러지는데 소집단에의 참여가 개인의 민주적 생활에 많은 도움이 될 수 있음이 인식되면서 사회복지사들은 집단의 기록 자료를 통해서 집단에서의 사회복지사의 역할을 정의하면서 집단 이론의 활용도를 넓혀가고 있다. 즉 1930년대부터 집단에 관한 조사가 활발해지고 게슈탈트(Gestalt) 이론, 사회측정(sociometric) 이론, 집단역학(group dynamics) 이론 등은 집단구성원들과 함께

---

6) 이보다 앞선 1909년에는 쿨리(Cooley)가 혈연과 지연을 근거로 하는 원초집단(primary group)과 목적달성을 위하여 인위적으로 구성한 이차집단(secondary group)으로 사회적 관계를 구분하였다.

하는 사회복지실천의 체계를 확립하는 데 공헌하였다.7) 이러한 이론들은 개인과 집단 간의 상호관계에 관한 이해를 바탕으로 심리적 관점이 아니라 사회화의 관계에 대한 관점을 가지는 데에 기여하였다.

4) 기타 관점

(1) 상호작용주의적 관점

상호작용주의 이론(interactionism)은 제임스(James)의 '자아(self)'개념, 쿨리(Cooley)의 '영상자아(looking glass self)'개념, 듀이(Dewy)의 '실용주의' 개념, 미드(Mead)의 '정신 · 자아 · 사회'개념, 린톤(Linton)의 역할 이론, 짐멜의 '사회화(sociation)'의 개념, 베버의 '사회적 행위(social action)'개념 등이 합성되었다고 볼 수 있다.8)

상호작용주의 이론에도 몇 가지 분파가 있는데 ① 상징적 상호주의(symbolic interationism), ② 구조적 역할 이론(structural role theory), ③ 과정 역할 이론(process role theory), ④ 연극주의(dramaturgical theory), ⑤ 민속방법론(ethnomethodology) 등이다. 이 중에서 상징적 상호작용주의가 대표적인데 인간이 상호작용의 도구로써 언어나 몸짓 등의 상징을 사용한다는 점을 강조한 것이다. 상징적 상호작용주의에 따라 지역사회문제를 적용해 보면 한 지역사회 내에 있는 다수의 집단 중에 특정한 집단이 타 집단과의 상호작용에서 자신들에게 의미 있는 행위를 하여 특정한 현상이 발생했을 때 타 집단들이 잘못된 것으로 규정하거나 낙인을 찍는 것을 상징의 차이로 간주하는 것이다. 즉 지역사회문제는 그 원인이 되는 특정 행위나 현상을 진단하는 전문가나 대표자의 판단에 따라 지역사회문제가 될 수도 있고 안 될 수도 있는 간주관적인 것이다.

이러한 상징적 상호작용주의는 기능주의 시각과 갈등주의 시각이 사회현

7) 엄명용 외, 『사회복지실천의 이해』, 서울 : 학지사, 2001, p. 139.

8) Turner, J. H., *The Structure of Sociological Theory*, Belmont, California : Wadsworth Publishing Company, 1991, pp. 369～390.

상을 거시적인 차원에서 분석하는 경향과는 달리 사회나 지역사회의 구성원인 개인 간의 상호작용이 지역사회의 변화에 미치는 것에 관심을 두고 접근하는 관점이다.

(2) 교환주의적 관점

교환주의 이론(exchange theory)은 공리주의적 경제학, 기능주의적 인류학, 갈등주의적 사회학, 행동주의적 심리학이 합성된 이론이라고 할 수 있다.[9] 교환주의 이론에 의하면 사회적 행동은 개인 간의 자원을 교환하는 반복적인 행위에서 비롯된다고 본다. 즉 금전, 물품, 칭찬, 존경심 등의 교환자원을 매체로 사회적 행동을 함으로써 관계가 유지되는 것으로 파악한다. 만약 교환관계가 불균등하게 이루어지면 균등하게 하려고 하거나 관계가 지속되지 못하는 경우도 발생하는데 특히 지역사회복지대상에서 노인문제를 접근하는 분석에서는 유용한 이론이 된다.

교환주의 이론에도 몇 가지의 분파가 있는데, 호만스(Homans)의 교환행동주의(exchange behaviorism), 블라우(Blau)의 구조적 교환주의 이론(structural exchange theory), 합리적 선택 이론(rational choice theory) 등이 있다.[10] 지역사회문제의 발생은 바로 교환관계의 단절이나 불균형에서 비롯되는 것이며, 그 원인은 개인이나 집단의 교환자원 부족과 고갈에서 찾을 수 있고 풍부하다고 해도 가치하락 문제의 원인이 된다.

이상과 같은 이론적 관점은 주로 사회문제를 접근하는 시각에서 다루어지고 있으나 지역사회는 그 자체가 갖고 있는 독자성 이외에도 전체 '사회'라는 체계에서 볼 때 하위체계에 속하고 지역사회복지실천은 사회복지향상과 합목적성을 가지고 있다는 의미에서 적용될 수 있다.

9) ibid, p. 285.
10) ibid, pp. 303~306.

2. 지역사회분석의 이론

1) 체계 이론

일반체계 이론(general system theory)은 원래 인류학과 사회학에서 출발하였다. '구조-기능분석', '기능주의', '구조-기능주의', '체계분석'이라고도 불린다. 체계 이론에서는 모든 유기체는 하나의 체계이며 상호작용하는 여러 가지 요인들로 구성되어진 하나의 복합체라고 본다. 체계 이론을 구성하는 개념으로는 다음과 같은 다섯 가지로 설명될 수 있다.

① 경계의 속성이 있다. 경계는 외부체계로부터 에너지가 들어오고 나가는 흐름을 규제하는 여과기전의 역할을 한다. 개방체계는 어느 정도 투과성이 높은 경계를 갖고 있는 체계를 말하며, 폐쇄체계는 상호교류가 없는 체계이다. 그러므로 경계는 명확성(clarity), 투과성(permeability), 유연성(flexibility) 등의 속성을 가지고 있다.

② 에너지 교환의 속성이 있다. 에너지는 체계의 생존에 중요한 요소이다. 모든 생물체는 체계의 질서를 증진시키는 에너지인 네겐트로피(negentropy)와 체계 내의 조직구성 및 기능을 쇠퇴하게 만드는 엔트로피(entropy)를 가진다.

③ 위계적 질서의 속성이 있다. 모든 체계가 질서와 양상을 가지며 상위체계와 하위체계의 위계가 있다. 그리고 전체체계와 부분체계로 구분되며 이는 상대적인 개념이다. 즉 특정한 체계는 그보다 작은 체계에서 보면 전체체계가 되지만 더 큰 체계에서 보면 부분체계가 되는 홀론(holon)의 개념이 있다.

④ 자기통제의 속성이 있다. 개방체계는 환류기전과 체계 내의 요인을 통해 환경에 적응하기 위한 정보를 입수하고 균형을 유지하는 항상성(dynamic equilibrium)이 있다.

⑤ 환류의 속성이 있다. 한 체계의 산출(output)이 환경을 통해 평가되고 이것이 다시 체계 내로 투입(input)되어 영향을 미친다. 원인-결과의 관계가 아닌 상호연결이 된 관계(reciprocal relationships)로 본다.

2) 사회체계 이론

사회체계 이론(social system theory)은 가족, 소집단, 조직, 지역사회 그리고 사회 등의 여러 사회체계가 구성된 방법과 그 체계들의 유지와 변화과정을 연구대상으로 한다. 여기에서 사회체계란 우리가 살고 있는 사회적 환경 안에 존재하는 다양한 형태의 사회조직의 모형을 의미하며 그것의 구성 부분을 초월하여 하나의 특수한 단위를 이루고 있는 집합체로서 가족, 소집단, 조직, 지역사회, 사회, 문화 등이 포함된다. 그리고 종교나 신분체계와 같이 추상적 요소와 구체적 요소를 함께 갖는 체계도 있다.

사회체계 이론은 일반체계 이론에 바탕을 두고 있으며 현재까지 정립된 현대 사회학에서 가장 많이 활용되는 분석틀이라고 할 수 있다. 사회체계 이론의 학자로는 폴스키(Howard Polsky), 베일리(Joe Bailey), 마틴(Martin), 오코너(O'Connor), 헌(Hearn), 그리고 버클리(Buckley) 등이 있다. 이러한 학자들은 심리학 이론만으로는 상황 속의 인간을 제대로 분석할 수 없다는 점을 지적하였다. 즉 인간행동과 사회환경에서 일어나는 체계요인을 충분히 이해할 수 있음을 인식하여 사회체계 이론을 전개하였으며, 실제로 사회복지학에서도 클라이언트의 행동을 기질적 요인이 아니라 그를 둘러싼 환경체계의 상호작용관계에서의 요인을 중요시하게 됨에 따라 분석적인 유용성이 늘어나고 있다.

3) 생태학 이론

생태학(ecology ; ethology)은 유기체와 환경 간의 관계를 연구하는 생물과학을 말한다. 그러므로 생태학적 관점은 환경과 유기체가 역동적인 평형상태를 유지하면서 성장하는 과정에 관심을 두는 것이다. 이것을 인간이라는 유기체에 적용하면 인간과 주변의 사회환경 간의 상호작용이나 상호의존성 등의 교류에 관심이 두어진다. 즉 인간은 사회환경에 적응(adaptation)될 것이며 그렇지 않을 경우에는 긴장(stress)이 발생한다. 그러므로 이를 해소하기 위한 대처행동이 필요하다.

이러한 생태학 이론의 개념은 다음의 여섯 가지로 정리할 수 있다.

① 상호교류(transaction) : 개인과 환경 간의 상호교환을 의미하며, 개인과 환경이 하나의 단위, 관계, 체계로 융합되는 것이다.

② 적합성(fitness) : 개인 또는 집단의 욕구, 권리, 목적, 능력 등과 개인이나 집단이 문화적, 역사적 맥락 속의 조화와 균형 정도를 의미한다.

③ 적응(adaptation) : 개인과 환경 간의 적절한 결합을 의미하며, 개인이 환경의 요구에 부응하도록 적극적으로 변화시키는 과정이다.

④ 유능성(ability) : 개인이 환경과 효과적으로 상호작용할 수 있는 능력을 의미하며, 환경과의 성공적인 상호작용이 이루어질 때 생성되는 능력이다.

⑤ 긴장(stress) : 인간과 환경이 복잡한 상호작용으로 일상적인 적응에 혼란이 생기는 것을 의미한다. 긴장은 인간의 욕구와 환경자원 간의 불일치로 생성되는 심리사회적 상태를 말한다.

⑥ 대처(coping with) : 대처는 스트레스에 의해 발생되는 욕구를 해결해 나가기 위해 대응하는 행동들을 말한다.

4) 생태체계 이론

생태체계 이론(eco-systems theory)은 생태체계론(ecosystems), 생태적 체계론(ecological systems), 생태적 관점(ecological perspective)으로도 불리며 일반체계 이론(general systems theory)과 생태학 이론을 결합한 것이다. 따라서 하나의 뚜렷한 이론으로 정립되었다고 보는 견해보다는 그 과정에 있는 개념으로 보는 시각도 많은 실정이다. 생태체계 이론이 사회복지학에서 갖는 의미는 인간과 상호작용에 관한 사회복지사의 관점을 중시한다는 것이다. 이러한 이유로 사회복지실천가로서의 사회복지사의 입장에서는 생태체계 이론의 배경이 되는 일반체계 이론과 생태학에 대한 이해가 요구된다.

특히, 생태체계 이론에서는 인간을 둘러싼 환경을 이해하는 것이 중요한데 이는 개인이 개인환경, 사회환경, 자연환경, 나아가 생태환경과 상호작용하는 관계에 있기 때문이다. 그러면 콤프톤과 갤러웨이(Compton & Gallaway)[11] 가 구분한 환경의 수준을 정리하면 다음과 같다.

① 개인이 최 근접의 상황에서 경험하는 부분적 환경으로서 '개별상황'이 있다.

② 개인이 일상생활 속에서 경험하는 가족, 학교, 직장, 여가생활에서 다루는 '미시수준(micro level) 환경'이 있다.

③ 전체 환경 중에서 미시수준 환경에 영향을 주어 그 성격과 기능을 결정하는 '중간수준(mezzo level) 환경'이 있다.

④ 전체 사회구성원에게 공통적으로 해당되는 물리적, 사회적, 문화적, 경제적, 정치적 수준의 '거시수준(macro level) 환경'이 있다.

5) 기타 이론

(1) 지역사회상실 이론

지역사회상실 이론의 배경에는 과거 전통사회의 유기적 공동체에 대한 향수가 깔려 있다. 지역사회상실 이론에서는 과거의 지역사회공동체는 이상적인 것으로서 복구될 수 없는 잃어버린 세계로 간주한다. 따라서 1차집단의 해체, 공동체의 쇠퇴나 복잡한 도시산업사회에서의 비인간적인 사회관계의 발전에 초점을 맞추어 접근한다.

현재 국가의 복지제도나 정책은 전통적 지역사회의 쇠퇴에 따른 상호부조 기능이 약해진 데에 대응한 개입이라고 인식하는 가운데 비롯된 것으로 보는 입장은 지역사회상실 이론적인 분석에서 유용하다.

(2) 지역사회보존 이론

지역사회보존 이론은 지역사회상실 이론에 대한 반론으로 제기되었다. 과

11) Compton, B. & Gallaway, B., *Social Work Processes*(6th ed), Pacific Grove, CA : Brooks/Cole, 1999.

거 전통적인 지역사회뿐만 아니라 복잡한 도시사회에서도 농촌사회와 비슷한 혈연, 이웃, 친구들에 의한 사회적 지지망을 가지고 발전하고 있다고 본다. 따라서 지역사회는 잃어버린 세계가 아니라 보존가능하다는 입장이다. 지역사회 보존 이론에 의하면 복지국가의 기능은 축소되어야 하며 지역사회의 상호부조 기능을 강화하는 분석에 활용도가 높다.

(3) 지역사회개방 이론

지역사회개방 이론은 지역사회상실 이론과 보존 이론에서 제시하지 못한 대안적인 이론이다. 오늘날의 지역사회는 과거 전통사회의 순수한 지역성이 약화되었으므로 사회적 지지망의 관점에서 비공식적인 연계를 필요로 하며, 지역성에 기초한 개념과 공통의 이해와 관심에 초점을 두고 개방적으로 접근해야 한다는 입장에 있다.[12)]

3. 지역사회문제의 분석틀

1) 지역사회문제분석의 관점

(1) 구조-기능주의적 지역사회문제

구조-기능주의적 관점에서는 지역사회를 구조와 기능이라는 측면에서 분석하고 이해하려는 입장을 취한다. 지역사회의 지속과 발전을 위해서는 질서, 균형, 안정을 추구해야 하며, 더 나아가서는 사회구성원 또는 그들 간의 가치합의(Consensus)와 통합(integration)을 이루어야 한다는 견해에 있다. 즉 구조-기능주의적 견해를 따르면 ① 안정, ② 균형, ③ 질서, ④ 가치합의, ⑤ 통합의 기본명제를 바탕으로 지역사회가 체계를 갖추고 여러 가지의 기능을 수행하고

12) 오정수 · 류진석, 『지역사회복지론』, 서울 : 학지사, 2004, pp. 24∼25 참조.

있는가에 관심이 있다. 그러므로 지역사회의 변화나 지역사회의 인적 자원이나 하위체계들의 갈등문제를 분석하는 데에는 한계점이 있으며 그 이유는 다음과 같은 세부적인 관점에서 설명될 수 있다.

① 지역사회는 정치, 경제, 사회, 종교, 가족체계와 하위체계로 구성된 하나의 구조로 본다.

② 하위체계는 합의된 가치와 규범에 따라 질서 있게 변화하며 균형과 안정을 이루어야 한다.

③ 조절과 통합의 기능은 생산 · 분배 · 소비, 사회화, 사회통제, 사회통합, 상부상조의 형태로 나타난다.

④ 지역사회는 상호 간에 심리적, 사회적, 지리적 경계를 가지고 전체사회를 구성한다.

이러한 기능주의적 관점에 따라 지역사회문제를 해결하고 설명하고자 하는 이론들로는 사회병리론(social pathology), 사회해체론(social disorganization), 사회변동론(social change theory), 일탈행위론(deviant behavior), 하위문화론(subculture theory), 접촉차이 이론(differential association theory) 등을 들 수 있다.

① 사회병리론적 관점에서는 지역사회문제의 원인은 사회화기능의 실패에 있으며 이러한 실패는 결함을 가지고 출생한 개인이 있거나 불건전한 지역사회환경이 존재할 때 발생한다고 본다.

② 사회해체론적 관점에서는 지역사회문제가 발생하는 원인을 사회 자체의 변화에서 찾는다. 사회변화로 인하여 하위체계들 간에 부조정현상이 발생한다고 본다.

③ 사회변동적 관점에서는 하위체계들의 변화의 속도가 다르거나 변화과정에서 상호갈등을 일으켜 부조정이 일어나면 지역사회문제가 생긴다고 본다.

④ 일탈행위론은 부적절한 사회화기능으로 아노미(anomie)현상이 일어나는 것에서 지역사회문제를 규정한다. 적절한 기능수행을 위한 규범에서 벗어나게 되는 것이다.

⑤ 하위문화론에서는 일탈행위론과 같은 공유하는 시각이 있으나 해당 지

역사회의 주류적인 가치나 규범이 아닌 일부의 가치나 규범에 따라 사회화 기능이 일어난 것을 의미한다.

⑥ 접촉차이 이론에서는 기능주의와 공유하는 시각이 있으나 상호작용주의적 관점도 있다. 복잡한 지역사회에서는 일정한 규범에 합치되는 행위와 그렇지 않은 행위가 있는데 사회화 과정에서 후자에 접촉하는 빈도나 강도 혹은 지속기간의 영향이 많을 경우에 발생하는 문제라고 본다.

(2) 갈등주의적 지역사회문제

갈등주의에 의하면 사회문제의 원인은 정당성 없는 특정 계급의 사회통제와 노동착취나 불균등한 희소자원의 배분을 가져오는 권위와 권력의 구조에 두고 있다. 갈등 이론을 지역사회에 구체적으로 적용한 대표적 이론가는 미국의 사회학자 콜먼(James Samuel Coleman)[13)]이다. 콜먼은 지역사회의 갈등 양상이 어느 곳에서나 대체로 유사하다는 점에 주목하였다. 그는 지역사회 갈등의 원천을 경제적 쟁점, 권력과 권위, 그리고 문화적 가치와 신념의 차이에서 찾는다. 이어서 콜먼은 지역사회의 갈등의 동적인 측면과 관련하여 다음과 같은 점을 지적하고 있다.

① 지역사회 갈등은 구체적인 쟁점에서 일반적인 쟁점으로 옮겨 가는 경향을 보인다.

② 갈등이 진행되는 와중에 또다시 새로운 종류의 갈등이 등장하는 경우가 많다.

③ 단순한 이견에서 비롯된 갈등이 나중에는 상대방에 대한 적대감으로 번지는 것이 일반적이다.

④ 갈등으로 개인과 집단의 양극화 현상이 깊어지면, 새로운 지도자가 나타나 갈등을 해결한다.

---

13) 콜먼의 사회학 저서 가운데 가장 중요한 것으로는 『청년기의 사회(*The Adolescent Society*), 1961』, 『청년기 : 성년을 향한 이행기(*Youth : Transition to Adulthood*), 1975』, 『불균형의 사회(*The Asymmetric Society*), 1982』, 『사회이론의 기초(*Foundations of Social Theory*), 1990』 등이 있다.

⑤ 갈등의 심화는 지역사회 내부의 커뮤니케이션 패턴에 변화를 가져올 가능성이 높다. 즉 갈등이 심해질수록 신문이나 라디오와 같은 공식 커뮤니케이션 수단의 중요성이 줄어들고 구전과 같은 새로운 수단의 역할이 커진다.

갈등주의적 관점에서는 지역사회에 존재하는 갈등현상에 관심을 가진다. 지역사회가 유지되고 발전하기 위해서는 하위체계 간의 다양한 기능과 상호조정과 균형, 그리고 통합의 개념보다는 무질서, 투쟁, 갈등의 요인이 더욱 중요하다는 개념으로 지역사회문제를 파악한다. 갈등주의에 의한 지역사회문제 이해는 다양한 설명이 가능하지만 사회학에서 많이 다루는 몇 가지 분파여론에 따라 설명하면 다음과 같다.

① 변증법적 갈등주의에 의하면 지역사회문제는 사회적으로 희소한 자원을 불균등하게 소유함으로써 발생하는 갈등현상으로 본다.

② 기능적 갈등주의 혹은 갈등기능주의에 따르면 지역사회문제는 희소 자원을 불균등하게 분배함으로써 발생하는 갈등의 결과로서 지역사회의 통합과 발전에 역기능적인 현상이 발생하는 것으로 본다.

③ 갈등주의에서의 지역사회문제원인은 결과적으로 불균등한 자원소유와 분배에 있다.

④ 변증법적 갈등주의에서는 사회제도에 문제가 있다는 입장에 있고 기능적 갈등주의에서는 사회제도뿐만 아니라 개인의 본능 등에도 원인을 찾는다.

갈등주의적 시각을 공유하여 지역사회문제를 파악하는 이론으로는 가치갈등주의 이론(value conflict theory)과 사회긴장 이론(social tension theory)이 있다.

① 가치갈등주의에서는 지역사회의 모든 갈등은 계급 간의 갈등이나 희소한 자원의 불평등한 분배로 생기는 문제가 아니라 대부분은 지역사회 내에 다양한 가치를 지닌 집단들의 가치관의 갈등을 거쳐 어느 한쪽이 우위에 서게 되면 그 상대 그룹의 가치관은 바람직하지 않은 것으로 보기 때문에 두 가지 이상의 가치가 양립하지 못하는 데에서 문제가 발생한다고 파악하는 것이다.

② 사회적 긴장론에서는 지역사회구성원 사이에 발생하는 긴장상태를 지

역사회문제로 인식한다. 긴장은 갈등의 연속선상에서 생기는 것이며 개인 간, 개인과 집단 간, 집단과 집단 간에는 불화와 대립, 알력과 투쟁이 일어나게 되면 긴장상태로 이어지게 되는 것에서 지역사회문제를 파악한다.

(3) 사회심리학적 지역사회문제

퇴니에스(Ferdinand Julius Tönnies)의 공동사회와 이익사회의 개념은 지역사회라는 개념의 진화과정뿐만 아니라, 그 크기와 사회적 관계에 관한 논의를 이해하는 데에 모두 중요하다. 비록 퇴니에스의 공동사회개념은 지리적 영토에 한정되어 있지만, 그 시대의 상황에서 이 용어의 사용은 지역사회의 중재자적인 역할로서 사회심리학적 측면을 많이 강조하였다.[14)]

이제 20세기 이후에 사회심리학적으로 지역사회문제를 정리하고 있는 학자들의 견해를 정리해 보면 다음과 같다.[15)]

① 매이버(Maiver)는 1924년에 "인생은 언제나 필수적으로 공통체적 삶에서 이루어진다. 모든 살아 있는 것은 지역사회 내에서 생겨나고 그들의 생활을 지역사회에 의존하고 있다."고 주장하였다.

② 벨과 뉴우비(Bell & Newby)는 1972년에 퇴니에스의 기본적인 개념을 재정리하면서 이익사회는 지역사회와 반대의 의미이고 '사회'나 '결사체(association)'에 해당한다고 하였다.

③ 클라크(Clark)는 1973년에 "어떤 주어진 집단 내 지역사회의 강점(strenth) 정도는 그 구성원이 연대감과 유의미한 감정을 경험하는 정도에 따라 결정된다."고 언급하고 연대성, 유의미성, 안정성을 지역사회의 요인으로 들었다.

---

14) Martinez-Brawley, E., *Perspective on the small community : Humanistic views for practitioners,* Silver Spring, MD : NASW Press, 1990. 퇴니에스는 독일의 사회학자로 사회유기체설과 사회계약론을 결합한 이론을 전개했으며 1881년부터 킬대학교의 교수를 지냈다. 『게마인샤프트와 게젤샤프트(*Gemeinschaft und Gesellschaft*), 1887』라는 저서가 유명하며 퇴니에스의 사회학 이론의 핵심은 '의지'의 분석이다. 행위의 실용성보다는 내적 가치에 대한 판단과 관련되며 합리성의 정도에 따라 달라질 수 있는 본질의지와, 특정한 목적에 대한 수단의 의식적 선택인 임의 의지로 구분하여 설명하였다.

15) NASW, *Encyclopedia of Social Work*, 19th Edition, NASW, INC. Washington, D. C. USA, 1995 참조.

④ 로스만(Rothman)은 1974년에 지역사회사업의 전통적인 모델로서 지역사회개발, 사회계획, 사회행동으로 분류하였다.

2) 지역사회문제분석의 이론

(1) 체계 이론적 지역사회문제

지역사회는 투입, 변환, 산출의 과정을 통해 움직이는 진화적 특성이 있다. 따라서 지역사회라는 체계는 ① 목표, ② 경계, ③ 구성원, ④ 자원, ⑤ 이들 간의 상호작용의 5가지의 구성요소를 가진다.

사회복지실천에서의 체계 이론적 관점은 브탈란피(Von Bertalanffy)의 일반체계 이론(1971)에서 시작되었으며, 모든 유기체는 체계를 이루며, 하위체계로 구성된 전체 체계이며 동시에 상위체계의 부분이라는 사고는 생물학적 이론에서 출발된 것이다. 이와 같은 사회복지실천의 관점이나 분석틀은 사회복지사가 인간행동과 사회환경, 그리고 상호 간의 작용양상을 분석할 때 사용하는 관념기준을 말한다. 체계적 사고와 생태적 사고의 틀은 지역사회복지실천을 비롯한 사회복지실천 전반의 분석 이론 구성에 가장 영향을 많이 미친 관념의 기준이다.

지역사회복지실천에서의 지역사회문제 인식은 드러난 문제를 해결하고 나아가서는 지역사회주민의 생명보존과 생활향상의 목적에서 시작되어야 하며 구체적으로는 실천모델이 되는 지역사회개발, 지역사회계획/정책, 지역사회행동에서 개별적인 기능과 기술적용의 기준이 된다.

(2) 사회체계 이론적 지역사회문제

사회복지실천에서와 마찬가지로 지역사회복지실천에서는 일반체계 이론보다는 사회체계 이론과 생태체계 이론이 많이 활용되고 있다. 그리고 상대적으로는 생태체계 이론에서처럼 복잡하고 광범위한 특성보다는 사회적 단위를 강조하는 특성이 있는 사회체계 이론의 효용성이 높다. 사회복지실천의 초점은 사람들과 사회 환경에 존재하는 체계들 사이의 상호작용이다. 인간은 그들의 욕구를 충족하고 생활유지에 필요한 물질적 · 정신적 · 사회적 서비스를 획득하기 위해 체계들에 의존하게 되는데 이러한 시스템에 역동성이 없으면 문제가 발생하게 된다.

이러한 관점에서 핑크스와 미나한(Pincus & Minahan)[16]은 다음과 같이 세 가지의 체계를 제시하였는데 지역사회복지실천에서도 유용하다.

① 비공식적 또는 자연체계 : 가족, 친구, 이웃, 우편배달부, 동료 사회복지사 등

② 공식체계 : 지역사회의 집단들, 회원제 조직들, 노조원 및 노조 등

③ 사회체계 : 병원, 학교, 시청, 경찰서, 직장, 사회보장 프로그램 등

지역사회복지실천에서는 현재 나타난 문제가 반드시 기본체계의 내부에만 있는 것이 아니라 위와 같은 다른 체계에 있을 수도 있다는 인식을 하는 것이 중요하다. 지역사회복지사는 바로 이러한 사회체계론적 인식을 가지고 문제를 사정하고 개입하는 적용해야 하는 변화매개인이 되어야 하는 것이다.

(3) 생태학적 지역사회문제

생태학적 개념은 개인, 가족, 집단, 조직에서 뿐만 아니라 지역사회에서도 유용하게 적용된다. 이것은 생태학이 인간과 환경, 그리고 상호 간의 상호작용에 동시에 관심을 갖기 때문이다. 생태학 이론은 사회복지실천에서 사회환경을 개념화하는 데 폭넓게 활용된다. 지역사회복지실천에 있어서는 특정 지역사회와 다른 지역사회화의 상호작용에 초점을 두는 것이며, 지역사회 인구의 이동이나 변화성을 이해하는 데 유용하다. 따라서 생태학 이론에 따라 지역사회복지실천을 제대로 추진할 경우에는 지역사회의 역량이 커지고 지역사회주민들의 욕구에 대응한 자원을 충당할 수 있다.

생태학은 당초에는 개인과 환경 간의 상호작용성에 초점을 둠으로써 사회복지실천에서도 개인이나 집단을 대상으로 하는 사회복지실천에 활용되는 측면이 많았으나 인간을 둘러싼 주변환경은 가족이나 이웃의 생활 근거지가 되

16) Pincus, A. & Minahan, A., *Social work practice : Model and method,* Itasca IL : Peacock, 1973.

는 지역사회의 특성에 많은 영향을 받는다는 측면에서 본다면 지역사회에서 생성되는 문제분석과 대처기술에도 효용성이 늘어날 것으로 본다.

(4) 생태체계 이론적 지역사회문제

사회과학과 행동과학의 지식은 생태체계 이론 혹은 생태체계모델에 의해 사회복지실천에 적용이 된다. 생태체계 이론의 틀을 사회복지실천에 사용하여 효과를 기대할 수 있도록 도식화한 생태도(eco-map)는 하트만(Hartman)[17]이 제시하였는데 이것을 지역사회문제의 차원에서 적용해 보면 다음과 같다.

① 생태체계 내의 모든 구성체계는 동일한 역사와 문화적 배경에서 존재하므로 지역사회 차원의 분석에 적합하다.

② 개인에게 가장 많은 영향을 미치는 것으로 보이는 가족체계가 있다.

③ 아동 청소년시기에 개인에게는 학교와 비행친구 등이 있을 수 있다.

④ 성인시기의 개인에게는 직장체계와 동료집단체계가 있을 수 있다. 이것을 아동・청소년의 기준에 적용하면 부모들의 환경체계가 된다.

⑤ 그 외에 문화 오락, 서비스 체계와 종교체계도 지역사회환경에서 개인에게 상호작용을 일으키는 환경체계에 속한다.

이와 같이 지역사회복지실천의 틀(community welfare practice frameworks)은 크게 실천 관점(practice perspective), 실천 이론(practice theory), 실천 모델(practice model), 그리고 각 모델별 기능과 기술(skill & technique), 그 밖의 실천 지침(practice guideline)으로 구성할 수 있다. 이를 그림으로 나타내면 다음과 같다<그림 2-1>.

---

17) Hartman, A., *Diagrammatic assessment of family relationships, Social Casework*, vol. 59, 1978, pp. 465～476.

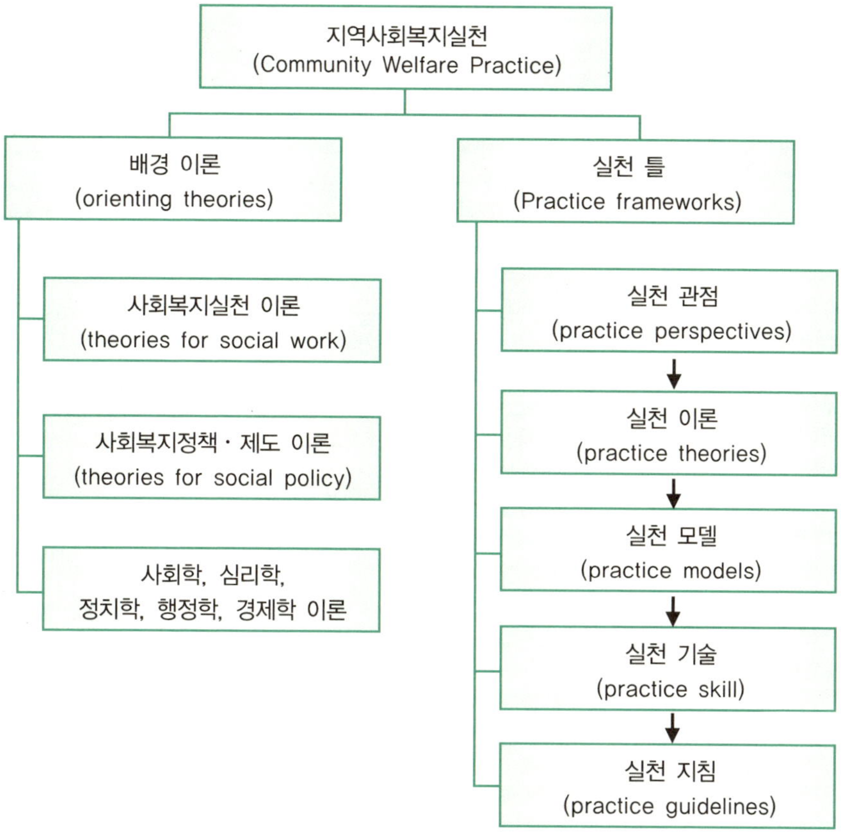

주) 쉬퍼(Sheafor, et al)의 사회복지실천 틀(1997)을 참고하여 재구성함.

【그림 2-1】 지역사회복지실천 이론과 틀의 구성

제 3 장

지역사회복지와 지역사회복지실천 이해

1. 지역사회복지와 지역사회복지실천

1) 지역사회복지

(1) 지역사회복지의 개념

1 협의와 광의

지역사회복지의 개념을 협의와 광의의 개념으로 접근해 보면 다음과 같다.

우선 협의의 개념은 재가복지를 포함한 영국의 지역사회보호와 동일시하는 견해로 비수용시설(생활시설이 아닌 곳)에서 클라이언트에게 각종 사회복지서비스를 제공하는 것이다. 즉 시설보호와는 대치되는 개념이며 대인서비스(personal service)와는 밀접한 연관성이 있다. 이러한 협의의 개념은 지역사회 단위에서 복지대상자에게 제공되는 사회복지서비스를 강조하는 측면이 있지만 지방정부나 복지기관의 제도나 정책적 노력 등의 거시적 복지활동을 도외시하는 한계성이 있다.

광의의 지역사회복지 개념은 협의의 개념과는 달리 대인서비스보다는 지역사회복지향상을 위한 제도나 정책 차원의 개념이다. 그러므로 지역사회구성원의 다양한 사회적 욕구를 충족시키는 전달체계를 제도나 정책을 통하여 마련하고 제공하게 된다. 이러한 의미에서 본다면 광의의 지역사회복지는 개인복지(대인서비스)나 가정(가족)복지보다는 대상이 넓으며 아동, 청소년, 노인, 가족이라는 특정 대상자 중심의 사업보다는 지역성과 기능성을 포함한 일정한 지역사회가 부각된다는 점에서 차이가 있다. 그러나 개인이나 가족, 집단의 문제는 지역사회가 안고 있는 문제의 원인이며 결과일 수 있다는 점에서 본다면 개별복지와는 상호대립의 차원이 아니라 보완적인 관계라고 할 수 있다. 따라서 지역사회복지는 지방정부와 민간기관이 공동주체가 되어 지역사회문제를 해결하고 주민복지욕구를 충족시키는 전문서비스와 기법을 적용하는 속성이 있다.

2 포괄적 의의

지역사회복지는 지역사회라는 공간(locality relevance)에 있는 사회적 문제를 그 성격에 따라 사회보호 하는 것을 목적으로 이루어지는 사회사업의 방법으로 정리할 수 있다. 따라서 지역사회복지는 개인, 가정, 집단보다는 광범위하고 아동, 청소년, 노인, 병약자 등의 계층에 대하여 비시설공간(가정과 지역사회)에서 조직적 복지활동을 전개하는 의미를 가지고 있다. 그러므로 지역사회운동과 자원봉사활동을 포함하지만 이보다는 더 포괄적인 의미를 가진 것으로 본다.

이렇듯 오늘날의 '지역사회복지'라는 포괄적인 개념의 근원은 어디까지나 사회사업적 방법의 발전과정에서 정치 · 경제체계의 변화에 따라 사회문제 해결의 한 영역으로 자리매김된 것이다. 그러므로 "지역사회복지는 지역사회에 기초한 사회사업(community-based social work)이라는 대 전제 하의 지역사회개발 내지는 지역사회조직 기능과 대인보호서비스(personal care service) 기능을 통합시킨 실천방법"이라고 정의할 수 있다.

필자의 이러한 견해는 시포린(Max Siporin)[1)]의 사회사업실천방법과도 상

1) Max Siporin, *Introduction to Social Work Practic*e, New York : Macmillan Publishing Co., 1975, p. 42.

통한다. 그는 사회문제의 성격에 따른 사회사업의 원조방법(helping methods)과 실천기술(skills and techniques)을 제시하고 있는데 우선 일탈적인 사회행동(deviant behavior)에 따른 사회사업방법으로서 개별지도사업(case work), 집단지도사업(group work), 지역사회개발사업(community development)을 들었다. 그리고 사회해체적인 측면의 서비스와 방법론으로서 사회복지행정, 지역사회조직사업, 사회계획, 사회행동을 제시하고 있다. 이상과 같이 지역사회조직활동은 현대의 지역사회복지와는 상당한 차이가 있음을 알 수 있지만 그렇다고 서로 차원을 달리하는 영역에서 이루어지는 복지활동으로 간주할 수는 없다. 지역성을 배경으로 하는 지역사회복지의 맥락에서 보면 지역사회조직활동은 하나의 실천방법이기도 하며 구성요소이기도 하다는 포괄적인 이해가 있어야 한다.

3 각국의 개념 차이

미국의 지역사회복지 개념은 지역사회조직이나 지역사회개발의 구분된 개념보다는 지역사회개입(community intervention)의 개념이나 지역사회를 클라이언트로 보는 지역사회실천(community practice)의 개념으로 변화하고 있다. 1995년에 와일과 갬블(Weil & Gamble)[2)]이 전미사회사업가협회(NASW)가 발행한 사회복지사전에서 지역사회실천의 개념을 강조한 것은 그 예가 된다. 그들은 지역사회실천의 목적을 "조직화기술과 시민의 능력개발, 지역사회계획의 원활화, 지역사회주민들에게 사회경제적인 지원연계, 지역사회문제해결을 위한 사회연대, 사회정의를 위한 사회계획의 실제를 고취하는 것"으로 보았다.

결론적으로 말한다면 미국의 지역사회복지 개념은 전문적인 분야 또는 비전문적인 분야, 공식적인 분야 또는 비공식적인 분야 등이 지역사회 차원에서 지역사회의 문제를 해결하기 위해서 지역사회 내의 사회자원을 동원하여 주민의 자율적인 노력에 의하여 문제를 해결하는 계획이며 실천과정이라고 할 수 있다.

---

2) Weil, M. & Gamble, D., "Community Practice Models", *Encyclopedia of Social Work*, New York : NASW Press, 1995.

일본에서의 지역복지 개념은 바람직하다고 할 수 있는 표준적 생활수준에서 볼 때 좋지 않은 상태에 놓여 있는 지역주민 또는 지역사회에 대하여 개선 또는 향상을 목적으로 주민주체의 원칙에 입각한 활동이다. 즉 국가·지방자치단체 및 주민조직·민간단체가 협동하여 소득보장정책, 주거환경정책, 보건의료정책, 교육·문화정책, 노동정책, 교통통신정책 등 일반 공공정책과 함께 상호보완적으로 보충하여 개별적, 종합적, 조직적으로 원조를 해주는 지역정책과 지역 활동을 의미한다.[3)]

우리나라에서의 지역사회복지 또는 지역복지라는 개념은 미국의 사회사업의 영향으로 인하여 지역사회조직의 원리와 방법에 익숙해져 있으며, 지역사회개발의 일환으로 새마을운동 등에 관심을 가져왔다.[4)] 그리고 지역사회복지는 최근에는 일본의 지역복지 개념의 영향도 크다. 이념과 정책분야에서 급속하게 발전해 온 사회복지의 중요한 분야 중의 하나이다. 따라서 다른 사회복지분야와는 다르게 접근방향이 생활권별 또는 문제별로 계통적인 복지가 아니고 지역사회라는 장에서 주민주체를 원칙으로 민간과 국가가 협동으로 형성된다는 점에서 그 의미가 있다.

이러한 문제점에 의하여 지역사회복지의 범위와 영역은 광범위하고 여러 분야와 밀접하게 연결되어 있어서 연구방법과 전개방향도 범위·영역설정에 따라 달라진다. 그리고 노인과 장애인 등의 대인복지서비스를 중심으로 하는 지역사회복지가 시작된 것도 고령화사회에 접어들어 생겨 난 현상이다.

(2) 지역사회복지의 이념

1 정상화

지역사회복지의 이념 중에서 중요한 부분 중의 하나가 정상화(normalization)의 이념이다. 원래 정상화의 이념은 정신지체장애인이 다른 사람과 동등한 생활

---

3) 愼燮重 外 譯, 『現代福祉學總覽』, 서울 : 大學出版社, p. 521.

4) 원석조, "지방자치제 하의 지역복지 모델에 관한 연구", 『사회정책연구』 제9집, 한국복지정책연구소, 1987, p. 175.

을 지역사회에서 함께 하는 것을 지향하는 것이다. 즉 장애인의 인권, 가치, 존엄성이 일반 시민과 같은 것이며, 장애를 가진 자가 장애를 가지지 않은 자와 함께 생활할 수 있는 사회야말로 정상적인 사회라는 이념이다.[5)]

그리고 지역사회복지에서 추구하는 탈시설화, 주민의 참가 등에 의한 재가복지의 구체적인 목적이 정상화의 이념과 밀접한 관계를 가지고 있다. 다시 말해, 보호대상자가 생애를 통하여 될 수 있는 한 가족생활을 기반으로 하여 각 생활주기에 대응하는 정상의 발달과제로서 또 인간으로서 욕구를 충족시키며, 이웃관계, 교육, 고용, 문화 등을 포함한 그 이외의 사회적 교류의 기회가 정상적으로 확보될 수 있는 지역사회의 체제를 만들어 내는 것을 목적으로 하는 것이 정상화의 이념이다.[6)]

[2] 통합화

통합화(integration)의 이념이란 장애인이나 노인 등의 보호대상자가 자신들이 성장한 지역사회에서 일반주민들과 함께 생활해야 한다는 것이다. 역사적으로 볼 때 보호대상자들을 지역사회에서 격리된 수용시설에서 특별히 보호하는 것이 일반적이었으나, 최근에는 인간의 기본적인 인권중시의 입장에서 복지적 처우는 격리보호에서 통합적 처우를 중시하는 방향, 또는 시설보호에서 재가복지와 지역사회복지를 중시하는 방향으로 전환되었다.

또한 통합화는 정상화의 이념을 달성하기 위한 주요한 원칙이며 그 목적은 지역사회의 보호대상자들이 가능한 한 지역주민들과 생활하고 일하는 것을 원칙으로 한다. 즉 보호대상자가 생애를 통하여 지역사회와 가정생활을 기반으로 인생주기에 대응하는 정상적인 발달과제, 인간관계의 사회적 교류 등이 정상적으로 확보될 수 있는 지역사회체제를 만들어 내는 통합적인 처우의 이념이다.

5) 정상화는 1952년 경 덴마크의 부모운동의 일환으로 거대한 시설에 격리되어 있는 아동들을 지역사회로 되돌려 보내는 운동에서 시작되었다고 본다.
6) 李春基, "地域社會福祉의 展開方法", 大邱大學校博士學位論文, 1987, p. 19.

3 주민참가

주민참가의 이념은 지역사회복지의 전문적 전개방향에 있어 그 중요성이 증가하고 있다. 특히 우리나라는 1991년 이후 지방자치의 실시로 인하여 다양한 주민참여가 이루어지고 있다. 지역사회복지에서 주민참가의 의의는 사회복지의 정책・계획, 운영 및 실시에 주민이 참가하여 사회복지의 민주화를 통하여 지역사회의 복지 분야뿐만 아니라 정치・경제・문화 등의 모든 분야가 발전하는 데 있다.

그리고 1970년부터 시작된 고도 경제성장에 의하여 발생된 각종 지역사회 문제의 해결도 주민참가에 의하여 해결하여야 한다. 한편 지역사회복지에서의 주민참가의 이념은 주민들의 자원봉사활동과도 밀접한 관계를 유지하고 있다. 그리고 주민참가는 그 본질적인 주민주체의 이주민자치, 주민복지로서의 주민참가와 분권화의 이념으로서 현대 복지국가에서 공통적으로 추구하는 과제가 된다.

이러한 이념적 특성으로 인하여 다른 사회복지의 분야에 비하여 나타나는 지역사회복지의 특징을 살펴보면 다음과 같다. 지역사회복지는 사회복지서비스의 한 분야를 구성한다는 것보다는 지역사회주민의 복지향상을 도모한다는 목적으로 생각할 수 있다. 즉 목적개념으로서의 지역사회복지가 구체적으로 생활상의 과제를 해결하려는 실천서비스를 제공하는 실천개념의 성격도 강하다.

그리고 지역사회복지는 지역주민이나 지역사회의 공동이익에 초점을 두고 지역사회의 공동체적인 문제에 관심을 가지고 접근하고, 지역사회복지의 실천을 위해서는 지방자치단체의 역할이 어떠한 사회복지의 분야보다도 중요한 부분을 차지하고 있다. 또한 문제해결의 과정에서도 전문가의 직접적인 원조도 중요하지만 지역사회주민들이 주도적인 역할을 하는 것이 더 중요하다.

2) 지역사회복지실천

(1) 지역사회복지실천의 개념과 조건

[1] 지역사회복지실천의 개념

지역사회복지실천은 지역사회조직사업과 혼용되는 측면이 있으나 지역사회조직이 사회사업의 한 방법론으로 간주되는 한계점이 있음에 비하여 정책이나 제도적인 실천을 포괄한다는 차이가 있다. 그러므로 여기에서는 지역사회복지실천의 포괄적인 개념과 선행조건을 다루고자 한다.

우선 지역사회복지실천의 개념은 다음과 같이 정리할 수 있다.[7]

① 지역사회를 대상으로 하는 사회복지실천을 포괄한다.

② 지역사회수준의 지역사회집단, 조직과 제도, 지역주민 간의 관계 및 상호작용의 행동 패턴을 변화시키는 실천기술의 적용이다.

③ 지역사회복지달성의 목적을 위해 보다 구체적으로 지역사회구성원들이 공유하는 문제와 관련된 지역사회의 변화를 위해 요구되는 개입을 위한 기술을 응용하고 활용한다. 즉 지역사회복지를 위해 수행되는 활동과 동시에 변화를 위한 기술을 활용하는 것을 말한다. 따라서 조직화, 계획활동, 개발활동, 변화과정에서 실천기술을 응용하는 것이 포함된다.

④ 지역사회복지실천은 과거에 많이 사용했던 용어인 지역사회조직이 갖는 다양한 의미, 지역사회계획 및 서비스 통합, 지역사회주민의 조직화와 사회행동을 포괄하는 것으로서 변화를 위한 직접적인 개입활동에 초점을 두는 개념으로 정의할 수 있다.

[2] 지역사회복지실천의 선행조건

지역사회복지실천을 위해서는 다음과 같이 지역사회를 정확하게 이해해야 하는 선행조건이 있다.[8]

---

7) 오정수 · 류진석, 『지역사회복지론』, 학지사, 2004, p. 29 참고.
8) 강철희, "지역사회복지실천과 부스러기선교회의 관리과제에 대한 논의", 사이버사회복지 선교교육원(cyberwelfare.or.kr) 참고.

① 지역사회의 역사, 인구집단의 특성과 크기, 인구밀도, 지역사회를 구성하는 가족들의 구조적 특성 등과 같은 지역사회의 기본적인 특징들을 이해해야 한다.

② 지역사회구성원들의 신체적, 정서적, 사회경제적, 교육적 욕구 등의 다양한 욕구를 충족시키는 데 있어서 지역사회가 어떻게 기능하고 있는지에 대해 이해해야 한다.

③ 지역사회에서 충족되지 못하고 있는 욕구들은 무엇이며, 어떤 구성원들에게 문제가 될 만한 수준의 욕구충족결핍을 이해해야 한다.

④ 지역사회의 욕구와 관련된 지역사회 내의 다양한 자원체계에 대해 이해해야 한다. 즉 인적 자원과 물적 자원을 포괄하는 자원의 이해와 지역사회의 기본적 가치체계, 구성원들 간의 관계, 사회제도, 기술과 지식 및 정보축적 등을 포함한 이해도가 필요하다.

⑤ 지역사회의 변화와 관련하여 지역사회가 갖는 강점과 제한점을 포함하는 전반적인 지역사회의 역량, 지역사회의 변화에 대한 수용 정도 등에 대한 이해가 요구된다.

(2) 지역사회복지실천의 특성과 목표

1 지역사회복지실천의 특성

지역사회복지실천이 사회복지실천의 여타 접근방법과 구별될 수 있는 특성을 보면 다음과 같다.

① 지역성과 기능성을 포함하는 일정한 지역 내에서 실천된다.

② 지역주민이라는 다수의 삶의 질 향상에 목표가 있다.

③ 지역사회문제를 해결하고 주민의 복지욕구를 충족시키는 기능을 한다.

④ 정부와 민간부문의 협력이 강화되는 추세에 있다.

⑤ 전문적인 서비스와 방법을 사용한다.

⑥ 지역사회 내의 자원뿐만 아니라 타 지역과의 연계활동도 한다.

⑦ 지역사회조직과 지역사회개발 이론이 주된 이론이다.

⑧ 자원봉사, 사회행동, 사회계획 이론도 포괄한다.

2 지역사회복지실천의 목표

와일과 갬블(Weil & Gamble)[9]은 지역사회복지실천의 목표로서 다음과 같이 네 가지를 들고 있다.

① 시민과 시민집단을 조직화하는 기술과 능력의 개발

② 포괄적이며 수용 가능한 지역사회 내의 사회계획 수립

③ 지역사회문제를 해결하는 데 있어서 폭넓은 연대를 옹호하는 것

④ 사회정의의 관점에서 사회계획의 과정을 고취하는 것 등이다.

그리고 발독(Baldock)[10]은 지역사회사업의 목적을 다음과 같이 다섯 가지로 제시하였다.

① 경제발전을 추진하는 것으로 지역사회주민들을 위하여 중간착취를 배제하고 경제적 이익을 보장해 준다.

② 합의를 촉진시키는 것으로 사회복지협의회와 같은 중간집단을 조직하여 지역사회주민의 갈등을 조정해 준다.

③ 대인적 사회봉사를 지원하는 것으로 개별 사회사업가에게 자원을 제공하고 클라이언트를 지원하기 위한 집단의 힘을 제공한다.

④ 현대적 시민권을 행사할 수 있도록 교육시키는 것으로서 이는 지역사회주민을 교육을 통하여 토의하고 행동하게 한다.

⑤ 기존의 사회정치제도에서 급진적 변화를 조성하는 것으로서 이는 새로운 지역사회를 위한 변화의 노력이다.

---

9) Weil, Marie and D. Gamble, "Community Practice Models", *In The Encyclopedia of Social Work,* Vol. 1, Washington D. C. : NASW Press, 1995.

10) Baldock, P. K., *Community Work and Social Work*, London : R. K. P., 1974, p. 27.

2. 지역사회복지의 전달체계

1) 사회복지전달체계

(1) 지역사회복지전달체계의 개요

일반적으로 사회복지전달체계란 사회복지법제와 정책을 사회복지서비스로 전달시키는 과정으로서 사회복지서비스 제공에 있어서 필요하고 또한 부수적인 활동을 지원하거나 촉진하는 여러 사람의 협동적인 활동과정을 말한다.[11]

또한 국민들의 다양한 욕구에 대응하는 전달체계는 ① 시장기구에 의하여 전달되는 것, ② 이웃 혹은 지역사회에 의하여 전달되는 것, ③ 공적 책임체계에 의하여 전달되는 것, ④ 민간기관에 의하여 전달되는 것으로 분류할 수 있다. 그런데 흔히 공적 책임체계에 의하여 전달되는 것을 사회복지에서의 중요한 공급구조라고 생각하는데 최근에는 공적 책임을 명확히 하는 동시에 민간기관의 독자적 역할과 지역사회의 주민참가 측면이 강조되고 있다.

즉 지역사회복지를 중심으로 복지서비스의 전달체계가 다양한 형태로 전개되고 있는 것이다. 그리고 현대와 같이 복지서비스의 다원화시대에서는 복지욕구에 대해서 어떠한 공급조직에 의해서 복지서비스를 효율적으로 전달하느냐가 매우 중요한 문제이다.

한편 복지서비스의 실시의 적절한 방법에 있어서 지역사회를 매우 중시하는 경향으로 주민들이 주체적으로(by the community), 주민들을 위한(for the community) 복지서비스를 제공하기에 적합한 복지서비스의 공급조직에 대해서 각국에서 관심을 가지고 전달체계의 새로운 조직구성을 위하여 연구하고 있다.[12] 그리고 재가복지서비스를 통합적인 차원에서 전달하기 위해서는 새로운 공급형태로서 지역사회의 주민이나 민간단체의 참여에 의한 전달체계를 확립하는 것이 중요하다.

---

11) 愼燮重 外,『韓國社會福祉法制概說』, 서울 : 大學出版社, 1996, p. 98.
12) 京極高宣,『社會福祉學とは何か』, 東京 : 全國社會福祉協議會, 1995, p. 118.

그러나 지역사회복지의 전달체계에 있어서 국가중심 또는 민간중심이냐, 중앙집권적 또는 지방분권적이냐는 각 국의 지방자치제의 발전 정도, 민간사회복지기관의 사회복지서비스의 전달능력과 충분한 사회복지재원이 확보되느냐에 따라 그 조직구성의 주체와 방향이 달라질 수 있다.

(2) 공공과 민간의 통합체계

사회복지에서 공공부문과 민간부문의 관계는 무차별 평등, 국가책임에 의한 최저생활의 보장과 관련되어 공공부문과 민간부문이 분리되어 출발하였다. 즉 공공부문이 주된 역할을 하고 민간부문은 보조적인 역할을 하였다. 그러나 경제성장에 수반된 가족 · 지역사회 · 사회구조의 변동, 고령화 사회, 정상화이념의 보급 등에 수반된 사회복지의 역할이 확대되어 공사의 역할분담도 지역사회복지와 재가복지를 기초로 하여 새로운 협동의 모델이 요청되었다.

현대사회는 복지서비스의 다원화시대이므로 공급조직의 중요모델은 다원적인 구조를 가지고 있어야 한다. 또한 복지욕구의 충족에 대해서 경제시장, 즉 기업부문을 포함한 민간부문에 의한 서비스의 중요성이 증가하고 있다. 그러므로 복지서비스의 조직화에 있어서는 다원적인 구조 속에서 지역사회복지 전달체계를 구성해야 한다.

이러한 측면에서 공공부문과 민간부문을 어떻게 연계시키느냐가 매우 중요한 문제로 대두되고 있다.[13]

그런데 지금까지의 우리나라에서는 공공부문과 민간부문이 체계적으로 상호 연계되지 못하고 있는 것이 사실이다. 그러므로 공공부문과 민간부문의 전달체계를 원활히 연계하기 위해서는 사회복지서비스가 효과적으로 제공될 수 있게 하는 공공부문의 체계적인 확충과 민간부문과의 실용적인 협력관계로

---

13) 사회복지서비스분야에서 공공부문과 민간부문의 연계형태에 관해서는 20세기 초 영국의 평행봉모델(parallel bars theory)과 사다리모델(extension ladder model)에서부터 오늘날의 파트너십(partnership) 이론 등이 있다. 특히 이 중에서 파트너십 이론은 공공부문과 민간부문의 상호관계를 국유화모델, 정부주도모델, 실용적 동반모델, 민간강화모델, 사유화모델 등으로 구분하고 있다(백종만, "국가와 민간 간의 사회복지의 역할분담", 『한국사회복지의 선택』, 서울 : 나남출판, 1995, pp. 130 ~ 132).

포괄적인 사회복지서비스가 제공되는 합리적인 체제로 발전시켜야 한다.

구체적으로 지역사회복지에 초점을 두어 공공부문과 민간부문의 통합체계의 개선방안을 살펴보면 다음과 같다.[14)]

첫째, 사회복지전담사무소와의 협력관계를 유지하면서 지역주민의 접근성이 용이하도록 조직하며, 또한 전문적이고 민간자원의 동원이 용이하고 지역주민의 욕구에 맞는 서비스의 전달체계를 구성해야 한다.

둘째, 민간 사회복지기관들이 공공체계에 합리적으로 연결되고, 민간부문 자체도 서로 밀접한 관계를 가지고 활성화되어 자발적으로 지역적 특성에 맞는 전달체계를 구성해야 한다.

셋째, 공공부문의 전달체계의 문제점인 수직적 전달체계, 전문성의 부족 등과 민간분야의 전달체계의 문제점인 재정문제, 독립성의 부족 등을 포괄적으로 수용할 수 있는 전문적 전담기구를 설치해야 한다.

(3) 민간 전달체계

지역사회복지에서 민간 전달체계가 차지하는 비중은 매우 크다. 특히 복지서비스의 공급체계가 다원화되면서 더욱더 그 중요성이 증가하고 있다. 민간분야의 전달체계가 존재해야 하는 이유를 살펴보면 다음과 같다.[15)]

① 서비스공급의 다원화로 서비스의 이용자에게 선택의 자유를 주어야 한다.

② 서비스의 이용자에게 자주적 참가와 기회를 제공하여야 한다.

③ 공공부문이 해결해 줄 수 없는 부분을 보완해 주어야 한다.

④ 공적부문에서 소극적인 새로운 욕구에 대하여 선구적 · 개척적 · 혁신적 역할을 해야 한다.

---

14) 신복기 외, "공공사회복지체계와 민간사회복지체계의 연계모델", 『사회복지연구』, 부산대학교 사회복지연구소, 1995, p. 47.

15) 愼燮重 外 譯, 『現代福祉學總覽』, 서울 : 大學出版社, 1995, p. 161 참조.

2) 전달체계의 정비

우리나라의 지역사회는 급변하고 있으며, 이러한 변화는 그 지역사회의 가치관, 생활양식, 사회구조 등에서 복합적으로 일어나고 있다. 이러한 관점에서 복지서비스와 관련된 복지욕구의 특징과 변화에 대해서 살펴보고자 한다.

우리나라의 복지욕구는 1970년대까지 경제적인 의미에서 빈곤욕구가 강했다고 본다면 1980년대부터는 사회적 기능문제가 경제적 욕구와 함께 나타났다. 그리고 1980년대 후반부터 1990년대까지는 특별한 욕구를 가진 사람을 포함한 일반적인 국민들의 복지욕구도 중요한 부분으로 등장하기 시작하였다. 또한 최근에 지방자치가 시작되고부터 정치적 지지를 획득하기 위해서 국민의 욕구를 대변함으로써 복지욕구에 대한 관심이 높아지고, 그리고 전국적인 차원에서의 복지수요가 지역사회 단위로 이전하게 되었다. 또한 지방자치의 실시는 사회복지정책의 차원에서 볼 때 정책수요의 양적 증대와 지방적 특수욕구의 다양화를 의미하게 되어 지역사회 차원에서 주민복지에 대한 책임과 역할이 불가피하게 될 것이다.[16)]

즉 사회복지욕구가 지역주민들의 지역욕구의 다양화, 고도화 등으로 인하여 다양해짐에 따라 지역사회의 복지수요가 크게 증대될 것으로 예상된다. 이러한 욕구는 모든 지역사회 주민들이 가정이나 지역사회에서 정상적인 생활을 할 수 있도록 지역사회복지를 정비하고, 사회복지전달체계도 지역사회 내에서 가장 효과적인 서비스를 받을 수 있도록 정비되어야 함을 의미한다.

지역사회조직과 활동을 통하여 주민의 다양한 복지활동의 장을 마련하고 정비하여 지역사회복지 공동체를 형성하는 것이 지역사회의 복지욕구를 수용하는 것이다. 그리고 구체적인 욕구의 변화의 경향을 살펴보면 다음과 같다.[17)]

① 개인욕구의 확대와 고도화로 인하여 고정적이고 일시적인 욕구가 욕구수준의 상승과 다양화로 나타났고, 정형적인 욕구가 상대적으로 감소되고 비정형적인 욕구가 많이 발생한다.

---

16) 한국보건사회연구원, 『사회복지장기발전계획』, 서울 : 한국보건사회연구원, 1992, p. 10.
17) 李春基, “地域社會福祉의 展開方法”, 大邱大學校 博士學位論文, 1987, pp. 11～13.

② 복지욕구의 지역적 특수성으로 지역적 상황에 따라 욕구가 달라진다.

③ 욕구충족의 방식의 변화는 단순한 행정기관에 의해서 사회의 다양한 욕구를 충족시킬 수 없고, 다양한 공급체계의 확립을 필요로 한다.

3) 사회복지전달체계의 변화

(1) 재가복지화의 경향

지역사회에 실시되고 있는 많은 사업들이 지역사회 주민들의 다양한 욕구를 충족시키지 못하고 클라이언트에게 포괄적인 서비스체계를 마련해 주지 못하였다. 즉 사회복지서비스를 실천하는 데 있어 특정기관 · 시설에 한정시키고 지역사회에 존재하고 있는 욕구를 제대로 해결해 주지 못하고 있는 실정이다.

그리하여 사회복지는 정상화(normalization) 등의 이념에 의하여 종래의 시설복지 중심의 방법에서 생활의 장을 거점으로 하는 재가복지서비스의 중요성이 강조되고 있다. 그만큼 사회복지 욕구를 충족시키는 방법으로 지역사회의 역할이 중요하게 등장하고 있는 것이다. 이것은 자신의 문제를 자신이 생활해 온 자기 집 또는 지역사회(home and community)에서의 생활을 유지하면서 자립성장을 하도록 제공되는 각종의 지역사회의 복지서비스라 할 수 있다.

(2) 사회복지체계의 변화상황

사회복지가 산업화, 도시화와 함께 증가하는 사회문제를 적절히 해결하는 과정에서 각 국의 사회 · 경제적 변화 및 정치적인 상황 등에 의하여 사회복지체계의 주요한 영역과 방향이 변화하게 된다. 이러한 관점에서 현재의 사회복지체계 중에서 지역사회복지와 밀접한 관련성을 가지고 변화하는 상황을 살펴보면 다음과 같다.[18]

첫째, 사회복지는 종래의 시설복지 중심에서 대상자가 거주하는 지역사회를 기반으로 하는 재가복지 중심으로 변화하였다.

---

18) 白澤政和,『事例管理の理論と實際』, 東京 : 中央法規, 1992, pp. 110～111.

둘째, 보호대상자의 욕구가 앞에서도 언급한 바와 같이 다양화 · 고도화되면서 보호대상자들에게 사회자원이 할당되던 시기에서 대상자가 사회자원을 선택하는 것으로 지역사회자원의 범위와 서비스의 공급주체가 점차 다원화 · 다양화되고 있다.

셋째, 지역사회복지를 추진하기 위해서는 개인의 원조수준, 지역사회에서의 조직수준 및 정책수준에 관련되는 사회자원을 단위로 광범위한 조직망을 구성해야 한다. 이러한 측면에서 지역사회에 존재하는 사회자원의 내용이나 특성 등과 이와 관련된 가치관들이 중요한 내용으로 등장하고 있다.

넷째, 사회복지원조방법의 관심은 대상자의 심리적인 측면을 원조하는 것보다는 대상자의 환경조정을 지향하고 있어 보호대상자의 환경에 대한 명확한 준거틀이 필요하게 되었다. 이러한 측면은 욕구에 대한 서비스가 인간의 복잡성, 다양성에 기초하는 개별적인 서비스를 제공하고 재가와 지역사회를 중심으로 서비스를 제공해야 효과적이고 효율적이라는 것이 인정되는 계기가 되었다.[19)]

이와 같은 변화는 일반적인 사회복지 유형변화와도 밀접한 관련성을 지니고 있는데, 전통적인 유형에서 새로운 유형에로의 변화를 알 수 있다. 즉 복지서비스의 처우방식에 있어서도 커다란 변화가 예상되고 있는데, 지난 30년 동안의 수용시설 중심이었던 복지서비스의 체계가 1980년 후반부터는 사회복지전문요원의 배치, 장애인복지관, 노인복지관, 종합사회복지관, 재가복지봉사센터, 영유아보육사업 등이 등장하면서 지역사회를 기초로 하는 재가복지서비스가 증가하고, 이러한 경향은 지속적으로 발전될 전망이다.[20)]

일반적으로 사회복지정책의 결정방향은 국민들의 욕구변화와 밀접한 관계를 유지하고 있다. 그리고 이러한 정책방향은 국가 전체의 정치적, 경제적, 사회문화적 등의 다양한 변화와도 밀접한 관계를 가진다. 그러므로 지역사회복지의 변화도 이러한 일반적인 사회복지의 변화에 의하여 변화할 수밖에 없을 것이다. 특히 앞에서도 지적한 바와 같이 현재 우리의 사회변화는 1991년

---

19) 한국사회복지정책연구원, 『신한국의 사회복지정책』, 서울 : 한국사회복지정책연구원, 1994, p. 159.

20) 김만두, "1990년대 사회복지관의 활동 동향", 『지역복지의 이론과 실제』, 한국사회복지관협회, 1995, p. 71.

이후 지방자치제의 실시 등으로 인하여 급격한 변화가 나타나고 있다. 1995년에 발간된 『삶의 질의 세계화를 위한 대통령의 복지구상』[21]의 내용을 살펴보면, 그 주요 내용으로 공동체적 복지의 원칙을 강조하고 있는 것과 같이 우리의 지역사회복지의 방향도 이러한 방향으로 나아가야 할 것이다.

그리고 복지서비스체계의 중심이 중앙집권화에서 지방분권화 방식으로 조금씩 변화하여 지역사회중심의 체계로 전환될 것이며, 복지서비스를 전개하는 방법에 있어서도 비전문화, 비조직화, 미시적 접근에서 구조적, 거시적 지역사회조직화, 사례관리기법의 확대적용, 지역사회복지종사자의 전문직화로 전환되어 갈 것이 예상되어진다. 이는 지역사회복지전달체계의 전문화로 요약될 수 있으며 서비스조직인 기구와 인력의 차원으로 세분하여 추진하여야 한다.

3. 지역사회복지의 구성과 배경

1) 지역사회복지의 구성

지역사회복지의 구성은 일반적으로 지역사회의 욕구를 파악하고 그 욕구에 대응할 인적 · 물적 자원을 동원하여 서비스체계를 갖추고 실천에 임하여 궁극적으로는 지역사회의 조직화를 기하고 지역주민의 복지를 증진시키는 과정으로 이루어진다. 구체적인 내용을 살펴보면 다음과 같다.

(1) 지역사회욕구의 파악

지역사회에 대한 욕구는 개인 및 지역사회의 가치관, 문화 및 경험에 따라 상대적이고 역동적으로 변한다. 그러므로 사회복지욕구를 지역사회복지사업

21) 『삶의 질의 세계화』의 구체적인 내용은 우리의 역사와 전통, 국민정서에 부합하는 한국적 복지의 방향의 원칙으로 5가지를 나열하고 있는데 그 내용은 다음과 같다(『삶의 질의 세계화를 위한 대통령의 복지구상』, 1995, pp. 4~5). ① 최저수준보장의 원칙, ② 생산적 복지의 원칙, ③ 공동체적 복지의 원칙, ④ 정보화 · 효율화의 원칙, ⑤ 안전중시의 원칙.

으로 전환하는 과정에서 인적 자원, 적절한 기술의 입수가능성, 재정상태 등을 파악하기 위해서 지역사회의 욕구를 정확히 알아야 한다. 또한 사회복지의 욕구는 지역적 상황에 따라 다르다. 그것은 지역사회의 인구구성, 핵가족화, 지역사회환경 등이 커다란 차이를 보이기 때문이다.[22] 2003년에 개정된 사회복지사업법에 근거한 지역사회복지계획의 수립도 반드시 지역사회복지 욕구조사를 거치도록 하고 있다.

(2) 지역사회서비스의 체계화

지역사회복지에서 말하는 서비스의 체계화는 시설서비스와 재가복지서비스를 일원화한 지역사회보호사업과 소득보장, 고용, 교육, 보건의료, 주거환경, 교통통신 등의 생활관련 공공정책 및 모든 정책과의 연계서비스를 전담해야 한다. 그리고 서비스 전체와 관련하여 조직화・체계화하는 주민참가와 주민조직화가 필요하다.

(3) 지역사회의 조직화

지역사회복지에 있어서 지역사회의 존재방식이 기본이 되는데 지역의 조직화, 통합화를 꾀하고 지역사회형성 과정에서도 복지공동체의 조성을 추진하여 지역사회복지의 성립기반으로서 바람직한 지역사회를 형성하는 일정한 과정의 방법이 지역사회조직화이다.[23]

이러한 지역사회조직화는 지역사회에서 주민이 주체가 되어 지역의 실정에 따라 주민의 복지를 증진시키고, 지역사회의 욕구충족을 위하여 조직 활동을 통해서 지역사회의 단결 및 통합을 꾀하는 과정이다.

(4) 지역사회복지의 실천

지역사회복지를 실천하기 위해서는 지역사회복지와 관련하여 방법론과

---

22) 李春基, 전게 논문, pp. 11 ~ 12.

23) Murray G. Ross, *Community Organization : Theory, Principles and Practice*, New York : Harper and Row Publishers, 1967, pp. 40 ~ 41.

기술론의 조직화, 서비스의 체계화, 연결조정하기 위한 방법론 및 기술론뿐만 아니라 개인, 가족, 집단에 대한 개별사회사업과 집단사회사업 등의 조직적인 활용을 필요로 한다. 그리고 지금까지의 지역사회복지는 기술적인 측면에서 조직론에 접근했으나 앞으로는 기술론을 행동 이론의 영역까지 전개시킬 필요성이 있을 것이다.[24]

2) 지역사회복지의 배경

우리나라의 경우 지역사회조직은 지역사회개발의 이론과 함께 미국의 사회사업 이론이 1960년대에 도입되었다. 한국전쟁 이후의 재건계획에서는 지역사회개발 이론이 한 때 정책적 관심의 대상이 되기는 하였으나 지역사회개발 이론은 새마을운동이 전개되었던 1970년대에 붐을 일으켰다. 이에 비하여 지역사회조직 이론은 학계에서 뚜렷한 각광을 받지 못하고 지역사회사업(Community Social Work)이라는 용어가 많이 사용되었다.

그리고 1980년대에 접어들면서부터는 사회사업(Social Work)이라는 용어 대신에 사회복지(Social Welfare)라는 용어가 확산되면서 '지역사회사업'보다는 '지역사회복지'라는 거시적인 개념이 일반화되었다.[25] 특히 사회복지학과를 개설하고 있는 많은 대학들이 교과목 명칭을 '지역사회조직(Community Organization)'에서 '지역사회복지(Community Welfare)'로 바꾼[26] 1990년대는 가히 '지역사회복지의 확대기'로 지칭할 수 있을 정도였다.

이러한 사회복지 내부의 변화는 1991년부터의 지방자치제 실시라는 정치·행정적인 복지환경의 영향과 거대하고 세계적인 경기침체 국면에서 복지다원주의적인 이념의 경향과도 무관하지 않다. 우리나라에서의 지역사회복지관의

24) 朴峰實 譯, 『現代의 地域福祉』, 서울 : 大永文化社, 1988, p. 25.
25) 이러한 배경에는 1980년대 초부터 일본의 지역복지 개념이 소개되기 시작한 원인도 작용하였다.
26) 이러한 대학의 개설교과목 변경사유는 우리나라 학계에서 상당기간 지역사회조직을 지역사회복지와 동일시하는 오류가 지속되었고, 지역사회개발에 관한 학습과 교육을 소홀히 하는 원인을 제공한 것으로 보인다.

설립이 가장 많았던 것도 이 시기에 해당한다. 그 외에도 1990년대 후반부터 빈민지역을 중심으로 설치되었던 '자활지원센터'도 국민기초생활보장법이 시행된 2000년에 접어들면서 '자활후견기관'으로 명칭이 변경되어 전국의 시·군·구 단위로 설치되고 있어서 새로운 지역사회복지기관의 모델로 대두되고 있다. 뿐만 아니라 노인·장애인 서비스 부문을 중심으로 제기되고 있는 재가복지시설은 지역사회보호(community care)의 이념을 중심으로 하는 지역사회복지의 패러다임을 보여주고 있기도 하다.

여기서는 지역사회개발과 지역사회조직이 지역사회사업으로, 또다시 지역사회복지로 용어적·이념적 변화를 해 온 과정을 파악할 필요가 있다. 왜냐하면 영국에서는 1960년대에 '지역사회보호'를 '지역사회사업'과 거의 동일한 용어로 사용하였고 1980년대 일본의 경우도 고령화 사회에 대응하여 재가복지를 강조해 오고 있기 때문이다.

지역사회보호라는 말은 1957년 정신보건 분야에서 영국의 정신질환법왕립위원회가 처음으로 사용한 것으로 보인다. 그것은 정신적 질환자와 결함이 있는 자는 병원보호보다는 지역사회보호가 바람직하다는 건의에서 비롯되었다. 그리하여 지역사회보호라는 개념이 지역사회 정신보건사업과 밀접한 관련이 있는 것으로 생각하기 쉬우나 사실은 그렇지 않다. 오히려 지역사회보호는 아동, 무능력자, 노인과 같은 개인에 대한 지원을 비시설환경에서 행한다는 것이다. 그러므로 보호는 시설보호 또는 시설치료와는 구별된다.[27] 즉 지역사회보호는 지역사회사업의 영역에 포함되는 개념으로, 지역사회 차원에서의 사회보호(social care)라는 의미로 보아야 한다.

이상에서 살펴본 바와 같이 지역사회복지의 배경으로는 크게 ① 지역사회조직, ② 지역사회개발, ③ 지역사회사업, ④ 지역사회보호라는 용어적인 변화와 확대과정을 거쳐 왔다. 그러므로 지역사회복지를 과거처럼 지역사회조직이나 지역사회개발의 영역으로 범주화하는 것은 바람직하지 않다. 특히 최근에는 사회복지사업법의 개정으로 '지역사회복지계획'이 보건의료계획과 연계하여 지역사회주민의 복지향상을 위한 대안으로 중요시되고 있고, 지역사회의

---

27) 김영모, 『지역사회복지론』, 서울 : 한국복지정책연구소출판부, 1990, p. 11.

'자원봉사활동'을 사회복지 영역에 포함하는 흐름이 뚜렷하다는 점에서 볼 때 지역사회복지실천 영역은 더욱 확대될 전망이다.

이러한 실천영역의 확대와 변화는 해당 국가나 지역사회의 특성과 역사적 배경과도 연관되는데 우리나라의 경우는 영국, 미국, 일본 등의 복지선진국가의 영향으로 전통적인 지역공동체에서 형성되었던 상호부조이념이 이론과 실천 영역과 접목되는 데에는 한계가 있다. 즉 근대적 의미의 지역사회복지실천의 배경은 한국전쟁 이후 서구의 외원기관에 의한 지역사회조직사업과 1970년대 이후에 관주도로 이루어진 지역사회개발사업이 양대 축을 이루면서 발달과정을 거쳐 온 것에 있다.

따라서 우리나라의 상황에서 지역사회복지실천의 발달과정을 이해하기 위해서는 지역사회조직과 지역사회개발의 역사적 배경을 개관할 필요가 있다. 그리고 지역사회보호의 이념에 근거한 재가복지영역이나 최근의 지역사회복지계획이 지역사회주민의 자원봉사의지와 주민참여이념에 기초하여 지역사회복지의 새로운 발달과정을 이행하고 있다는 점에서 볼 때 지역사회봉사나 자원봉사부문이 지역사회복지의 보완 축으로서 발달할 것으로 보인다.[28] 이외에도 지역사회주민의 사회행동(social action)부문이 또 다른 영역으로 제시될 수 있으나 현재 우리나라의 상황으로서는 미미한 정도이다.

---

28) 기존의 지역사회복지관련 저서와는 다소 차별적으로 지역사회조직과는 별도로 지역사회개발이나 지역사회봉사부문을 강조하고 있음은 우리나라의 현대 국가상황과 이념에 부합된 지역사회복지모형이 모색되어야 한다는 인식에 근거한다.

제 4 장

지역사회복지의 실천역사 개관

1. 지역사회조직의 역사

1) 자선조직운동 시기(1869～1914)

지역사회복지의 실천역사를 지역사회조직(Community Organization) 중심으로 볼 경우에는 그 배경을 영국의 자선조직협회(COS : Charity Organization Society)와 인보관 운동(Social Settlement Movement)에서 찾을 수 있다. 즉 자선조직운동이 현대적인 지역사회조직사업으로 발달하였고, 그 결과 오늘날의 지역사회복지로 실천되어 왔다는 관점으로 보는 것이다.

영국에서는 1834년의 구빈법 개정에도 불구하고 노동계층의 실업과 빈곤이 해소되지 못하여 1860년대 런던(London)에서만 100여 개의 자선사업단체가 구호활동을 전개하고 있었다. 그런데 이러한 자선기관들은 무질서하고 중복구호로 인하여 여론의 비판을 받기 시작하였다. 헨리 졸리(Henry Solly) 목사는 1868년 민간자선활동과 공공자선사업을 조정할 수 있는 기구의 필요성을 제안하였고, 1869년에는 차알스 로크(Charles S. Loch)의 주도로 최초의 자선조직협회가 구성되었다. 따라서 순수한 민간단체로서 활동하였던 자선조직운동 시기는 1869년에서 제1차 세계대전 시기인 1914년까지로 볼 수 있다.

자선조직협회의 주요회원으로는 찰스 보산케트(Charles Bosanquet), 에드워드 데니슨(Edward Denison) 목사, 리차드 그린(Richard Green) 목사, 옥타비아 힐(Octavia Hill), 캐논 바네트(Canon Samuel Augustus Barnett) 목사 등이었고 자선조직협회의 원리는 이보다 50년 전에 토마스 찰머스(Thomas Chalmers, 1780~1847) 목사가 스코틀랜드의 글래스고와 세인트 존 교구에서 이웃의 상부상조 정신에 입각한 선구적인 자선사업을 하였던 예를 따른 것이다. 찰머스 목사는 그의 구빈사업 경험을 바탕으로 몇 가지 원리를 제시하였는데, 첫째는 빈곤은 근본적으로 개인에게 책임이 있으므로 케이스마다 주의 깊게 조사하고, 둘째는 자립이 어려운 고아, 노인, 병자, 장애인 등은 친척과 친구, 이웃이 돕도록 한다. 셋째는 그럼에도 불구하고 욕구가 충족될 수 없을 경우는 후원자를 찾고 이러한 대책 등이 성공적이지 못할 때 마지막으로 구빈담당 집사가 교회나 교구에 구호를 요청하도록 하였다.

한편 자선조직협회는 독일의 다니엘 폰 하이텍(Daniel Von Heydtek)의 제안으로 구성된 엘버펠드(Elberfeld) 구빈제도에서의 빈민봉사자가 조직적으로 구호활동을 했던 영향을 받기도 하였다는 것이 일반적인 견해이다.

이러한 자선조직운동은 1869년의 런던 자선조직 및 걸식 억제 협회(The London Society for Organizing Charitable Relief and Repressing Mendicancy)[1]가 조직된 이후, 15년이 지난 1884년에 이르러 인보관운동으로 이어지게 되었다. 즉 1873년 런던의 빈민지역인 와이트 차펠(White Chapel) 지역의 성유대교회의 목사로 임명된 바네트 목사와 부인 헨리에타 로우랜드(Henrietta Rouland)가 빈민지역 활동을 하면서, 옥스퍼드 출신 대학생으로서 빈민운동을 하였던 아놀드 토인비(Arnold Toynbee)가 29세에 사망한 것을 계기로 런던의 유대인 빈민가인 와이트 차펠에 1884년 '토인비 홀(Toynbee Hall)'이라는 대학 인보관(Settlement House)을 세우게 된 것이다. 영국 성공회의 사제이며 초대 관장이

1) 1870년에 자선조직협회로 개칭된 후 런던시 내에 산재한 민간 자선구제 단체와 공립구호 단체를 하나의 관리체제로 하는 자선조직운동을 전개하게 되었다. 그러므로 여기에서는 영국의 자선조직협회 구성 시기에서부터 1917년에 미국에서 전쟁모금회가 조직된 시기까지를 자선조직운동 시기로 본다.

었던 바네트 목사는 인보관 사업의 목적을 교육받은 계층과 빈민들과의 상호 교류를 증진하는 데 두었다.

한편 미국의 경우는 1865년에 남북전쟁(Civil War)이 끝나고 1877년에는 거어틴(Stephen Gurteen) 목사의 주도로 미국 최초의 자선조직협회인 버팔로 자선조직협회(Buffalo Charity Organization Society)가 창설되었다. 그리고 1886년에는 코이트(Stanton Coit)가 영국의 토인비 홀을 방문한 다음 미국 최초의 인보관인 'Neighborhood Guild(현재 University Settlement)'를 뉴욕(New York)에 세웠다. 그 후 1889년에는 제인 애덤스(Jane Addams) 여사에 의해 시카고 할스테드(Halsted) 지역의 빈민가에 헐 하우스(Hull House)가 설립되었으며 세틀먼트운동(Settlement movement)으로 확산되었다.[2)]

그리고 일본은 자본주의 발전기이면서 전체주의의 확립기였던 1897년 전후로 가타야마신이 동경도 간다(神田)에 설립한 킹스레이(Kingsley)관이 최초의 인보관이 된다. 우리나라의 경우는 1906년 원산에서 미국 감리교회의 여선교사인 노울즈(Knoules)에 의해 시작되었다.

2) 지역공동모금회와 사회복지기관협의회 생성기(1915～1928)

1915년에는 신시내티 사회복지기관협의회에서 12개 회원기관이 공동으로 모금활동을 하였고, 1917년 제1차 세계대전 기간 중에는 미국 전역에 공동모금회가 400여 개에 달하였다.

1918년에는 전국적인 성향의 지역공동모금회라 할 수 있는 미국공동모금회(American Association for Community Organization)가 조직되었다. 그리고 이보다 앞선 1887년에 덴버(Denver)시 자선조직협회에서는 23개 회원단체 중 15개 단체가 재정확충을 위해 공동모금활동을 전개하였고, 1913년에는 클리

---

2) 1920년을 기준으로 볼 때 영국은 66개소의 인보관이 설립된 것에 비하여 미국은 600여 개소가 운영되었다. 그리고 1929년 경제대공황 시기부터는 인보관이 커뮤니티센터(Community Center, Neighborhood Center)로 변화하게 된다.

브랜드(Cleveland)시 상공회의소에서도 효율적인 활동을 하여 공동모금활동 확산의 계기가 되었다.

따라서 미국에서는 1920년대가 지역공동모금회와 지역사회복지기관협의회가 확장된 시기로 볼 수 있으며, 사회복지기관협의회를 조직한 이유로는 사회복지사업을 합리적으로 조직화하고 지역공동모금회의 모금능력을 강화하여, 자신들과 사회복지기관의 자치성을 보호하기 위한 것이었다.[3)]

1921년에는 사회사업가들의 최초 전문조직인 미국사회사업가협회(American Association of Social Workers)가 결성되었다. 그리고 COS의 메리 리치몬드(Marry Richmond)가 설립한 자선학교가 사회사업대학원으로 발전된 시기이기도 하다. 뿐만 아니라 사회복지기관협의회가 성립되면서 자선조직협회 시절의 우애방문원(friendly visitors)이 자원봉사자에서 유급직원으로 대체되었다. 우애방문원은 점차 사회사업가(case worker)로 대체되어 전문화되었다.

그 후 1925년에는 스테이너(Jesse F. Steiner)에 의해 최초의 지역사회조직 교과서인 『지역사회조직(Community Organization)』이 발간되었으며[4)], 1926년에는 국제사회사업협의회(International Conference of Social Work)가 조직되어서 1928년에 파리에서 최초의 회의를 개최하였다. 따라서 지역사회조직에서 지역공동모금회가 중심이 된 시기는 1918년에서 경제대공황 직전인 1928년까지가 된다.

한편 이 시기에는 미국 자선조식운동을 기원으로 발전한 사회봉사교환소(social service exchange)가 활동한 시기이기도 하다. 사회봉사소는 원조대상자 또는 신청자들을 개인과 가족의 이름을 카드로 작성하여 비치하여 마치 지역사회복지사업의 등기소 역할을 하였다. 그리고 지역사회 내의 사회복지 및 보건기관의 연합체로서 1919년에서 1925년까지 전국에 걸쳐 사회봉사교환소 연합회가 설립되었다. 이들 사회봉사교환소는 주로 공동모금회와 사회복지위원회의 지원을 받거나 일부는 정부의 소속으로 활동하기도 하였다.

---

3) 1909년 밀워키와 피츠버그에 최초로 협의회가 설립되었으며, 1926년까지 시카고, 보스턴, 세인트루이스, 로스앤젤레스, 디트로이트, 신시내티, 콜럼버스, 뉴욕에 설립되었다.

4) Meyer Schwartz, "Community Organization", *Encyclopedia of Social Work*, Inc., New York, 1977, p. 177.

3) 공공복지사업의 발전기(1929~1954)

1929년부터는 세계경제대공황 사태에 접어들었고 1930년에는 사회사업 연감(Social Work Year Book)이 발간되었다. 그리고 1935년에는 공적 복지 분야에서 지역사회조직과정의 활용을 강화하는 사회보장법(Social Security Act)이 제정되었다. 한편 루즈벨트 대통령의 뉴딜(New Deal)정책으로 흑인들에 대한 고용기회와 복지혜택이 신장되었고 같은 해 노사관계법(National Labor Relations Act)도 제정되었다.

그리고 1930년대 말에 앨린스키(Saul Alinsky)는 시카고(Chicago)의 노동자 거주지역의 급진적 노동운동조직이었던 '산업조직회의(Congress of Industrial Organization, CIO)'에서 다양한 조직전술을 익혀 이른바 '앨린스키 주민동원 방식'으로 지역사회조직활동을 하였다. 이는 주민을 일대일로 접촉하여 동원하는 방식이 아니라 지역사회 내의 기존 조직들을 묶어서 지역사회의 다양한 문제에 대응하도록 조직가 역할을 맡는 방식의 지역사회조직활동을 말한다. 이 방식은 미국의 지역사회조직역사에서 앨린스키 모델로도 자주 거론된다.

1939년에는 미국지역사회조직 역사의 이정표가 되며 레인 보고서(The Lane Report, 1939)라고 불리는 '지역사회조직의 실천분야(The Field of Community Organization)'가 레인(Robert P. Lane)에 의해서 전국사회사업회의에 제출되었다.5)

1945년에는 지역사회복지사업에 관한 최초의 교과서인 『사회복지를 위한 지역사회복지조직(Community Organization for Social Welfare)』이 웨인 맥밀런(Wayne McMillen)에 의해 발간되었고 이듬해인 1946년에는 지역사회조직에 관한 연구협회(Association for the Study of Community Organization, 1946~1955)가 결성되었다. 뿐만 아니라 1952년에는 UN의 사회국(UN Bureau of Social Affaire)에 '지역사회조직 및 개발과(Community Organization and Development)'가 설치되었고6) 미국에서는 1953년에 보건·교육·후생성(U.

5) National Conference of Social Work에 제출된 Lane 위원회의 보고서로 인하여 수많은 지역에서 지역사회조직에 대한 연구 활동이 전개되는 계기가 되었다.

S. Department of Health, Education, and Welfare)이 설립되었다. 따라서 1929년에서 1954년까지는 지역사회조직 및 공공복지사업의 발전기로 규정할 수 있다.

한편 공동모금회조직은 1949년에는 전국 조직으로 확산되기에 이르렀는데 디트로이트공동기금(United Foundation, Detroit)이 그것이다. 이 조직은 꾸준히 활성화되어 미국공동모금회(United Way of America)가 결성되었으며, 1974년에는 국제공동모금회(United Way International)가 형성되어 발전해 오고 있다.

4) 지역사회조직의 정착기(1955~1969)

지역사회조직의 정착기는 1955년에서 1969년까지로 볼 수 있다. 공립학교에서 흑백분리(school desegregation)를 금지하는 미국 대법원의 결정이 1954년도에 있은 후 민권운동(Civil Rights Movement)[7]이 일어났다. 그 후 민권운동에 자극을 받은 1960년대의 학생운동(Student Movement)이 일어났고 1964년에는 케네디와 존슨 정부가 추진한 '빈곤과의 전쟁(War on Poverty)' 프로그램[8]의 기반이 되는 경제활동기회촉진법(Economic Opportunity Act)이 제정되었다. 이 프로그램은 지역사회사업가들의 참여 기회를 확대하였는데 조기교육(Head Start), 국내자원봉사(VISTA), 근린청년단(Neighborhood Youth Corps), 지역사회개혁프로그램(Community Action Program), 성인교육 등이다.

한편 이 시기는 전문분야에서도 발전을 가져왔는데 1955년에는 로스(Murray G. Ross)에 의하여 『지역사회조직의 이론과 원칙(Community Organization : Theory and Principles)』이 출간되었으며, 같은 해에 미국사회복지사업가협회와 지역사회조직연구협회(Association for the Study of Community Organization)

6) 현재의 Regional and Community Development Section에 해당한다.

7) 민권운동의 주요 관심사는 ① 흑인에 의한 학교운영, ② 흑인기업 출현, ③ 흑인전문가협회, ④ 흑인이 주도하는 모델도시 건설프로그램, ⑤ 전국복지권단체, ⑥ 흑인노조 등의 조직결성 등이었다.

8) U. S. Office of Economic Opportunity의 주관 하에 추진되었다.

를 포함한 6개의 협회가 통합되어 전미사회사업가협회(NASW : National Association of Social Workers)가 성립되었다. NASW는 그 후 1956년에 지역사회조직위원회를 두었고, 1962년에 '지역사회조직 정의(Defining Community Organization)'에 관한 보고서를 출판하였다.

같은 해에 사회사업교육협의회(Council on Social Work Education)에서도 지역사회조직을 개별사회사업(case work), 집단사회사업(group work)과 함께 사회사업의 한 방법으로 공식 인정하였다. 그리고 지역사회복지를 가르치는 사회사업대학원 수도 1965년에 36개에서 1969년에는 48개로 증가하였다.

5) 지역사회조직의 변화기(1970~현재)

1968년의 세계적인 학생운동 흐름과 함께 지역사회조직기관에도 사회행동(social action)에 대한 요구가 일어났고 닉슨 정부 이후 1970년대에 접어들면서 오일쇼크와 인플레이션으로 지역사회조직운동에도 변화가 일어나게 되었다. 그리고 미국의 지역사회조직(CO) 이론을 바탕으로 지역사회사업을 해온 일본에서도 '지역복지'라는 새로운 커뮤니티 이론[9]이 등장했다. 그러므로 1970년 이후는 지역사회조직의 변화시기로 볼 수 있다.

그리고 1970년대와 1980년대의 지역사회조직사업에서 특징적인 것으로는 지역사회중심재활(Community Based Rehabilitation : CBR)과 지역화폐운동(community currency)을 들 수 있다.

첫째, 지역사회중심재활은 1960년대 말 아일랜드에서 장애인재활관계자 모임에서 늘어나는 클라이언트에 비하여 훈련된 전문가나 재활서비스체계로는 한계가 있다는 공통된 인식에서 출발하였다. 즉 장애인의 재활을 장애인 본인, 그의 가족과 이웃, 지역사회주민들이 협력하여 공동으로 해결해보자는 취지에서 확산되었다. 이러한 견해의 바탕에는 장애인 중에는 재활전문가의 개입을 필요로 하는 클라이언트가 10% 정도이고 일반전문가의 개입으로 20% 정

9) 김현훈 외 옮김, 永田幹夫 지음, 『지역복지론』, 서울 : 동인, 2000, pp. 34~58.

도는 재활이 가능하며, 나머지 70% 정도는 장애인 본인과 그의 가족, 그리고 해당지역사회의 참여와 협력으로 재활이 가능하다는 인식이 전제한다.

둘째, 지역화폐운동은 지방교환교역시스템(Local Exchange Trade System : LETS)을 의미한다. 흔히 '지역화폐운동레츠'로 통용되고 있고 영국, 호주, 뉴질랜드, 미국, 유럽, 남미 등에서도 운영되어 전세계적으로 3,000개 이상이 있는 것으로 보아진다. 레츠가 발생한 동기는 지역에서의 실업률 증가에 따른 화폐의 부족과 구매력 저하에 대응하거나 경제여건을 개선하기 위해 비영리민간단체 또는 지역사회개발운동가에 의한 경우가 많다. 그 중에서도 지역품앗이운동이 대표적인데, 1983년 캐나다 벤쿠버의 코목스밸리지역의 커트니라는 소도시에서 시작되었다. 현재 세계에서 가장 큰 규모는 호주의 카툼바 지역의 블루마운틴 레츠(Blue Mountain LETS)로 회원이 1,200명이 넘는다.

지역품앗이의 주요 형태로는 이타카 아워즈와 타임 달러가 있다.

이타가 아워즈(Ithaca Hours)는 코넬대학이 있는 곳으로서 뉴욕주에 속하는 이타가에서 1991년 지역사회경제학자이며 도시계획가이면서 저널리스트로 활동한 폴 글로버(Paul Glover)에 의해 시작되었다. 1980년대에 처음으로 여러 상점을 회원으로 시작해서 1991년 11월에 '이타가 아워즈'라는 지역화폐가 만들어졌는데 이타카시의 300여 상점에서 통용되고 있으며, 상공회의소와 시정부의 지원을 받고 있다.

타임달러(Time Doller)는 1983년 워싱톤 D.C.에 거주하는 에드가 칸(Edgar Cahn)에 의해서 고안되어 플로리다주 마이애미에서 'Friend to Friend'라는 프로그램으로 처음 시작되었다. 이 시스템은 물물교환과 자원봉사의 측면을 동시에 가진 시스템에서 현재 미국의 38개주 150개 지역사회에서 운영되고 있다. 아이 돌보기, 개인 교습, 집수리, 자문 등의 서비스 제공을 통한 대가로 받은 '시간'이 회원의 계좌에 저축되어 사용되고 있다.

최근 미국의 CO 분야는 실제와 이론, 기술면에서 더욱 복잡성을 띠어가고 있다. 그 경향은 다음의 네 가지로 그 특성을 지적할 수 있다.[10)]

---

10) 최일섭 · 류진석, 『지역사회복지론』, 서울 : 서울대학교출판부, 1996, p. 107.

첫째, 지역중심의 CO에서 외부의 영향력이 증대되고 있다는 사실이다. 즉 광범한 연방정부의 복지프로그램과 국가적 규모의 민간단체 또는 주정부의 프로그램이 지방의 CO 활동에 큰 영향력을 행사하고 있다.

둘째, 사회계획과 사회행동을 위한 센터들이 늘어가고 있다.

셋째, 사회사업의 다른 분야와는 달리 민간기관의 사업보다는 정부기관의 사업이 활발해지고 있다.

넷째, 지역사회복지에 있어서 개인의 적응력을 증대(empowerment)시키려는 것보다는 사회변화(social change)를 추구하는 경향이 엿보인다.

이 외에 미국의 지역사회조직방식의 흐름을 정리해 보면 다음과 같다.

첫째, 1970년대까지의 빈민운동에 지역사회행동프로그램(Community Action Program, CAP)으로 주민의 참여가 강조되었다.

둘째, 1980년대에는 레이건(Ronald Reagan) 등의 보수주의 세력이 집권하면서 앨린스키 방식의 대결전술이 빛을 발하지 못하고 지역사회개발공사(Community Development Corporation, CDC)가 저소득층을 위한 주택건설사업과 고용창출에 관심을 보였다.

셋째, 1990년대 이후에는 CDC와는 차별적으로 포괄적인 지역사회변화운동(Comprehensive Community Initiative, CCI)이라는 새로운 지역사회조직유형으로 나아가고 있다.

우리나라는 이러한 미국의 지역사회조직 이론[11]과 지역사회개발 이론을 도입하여 1970년대에는 지역사회개발로서의 새마을운동이 전개되었고 1980년대의 빈민지역운동에 이어 1990년대 이후에 접어들어서는 지방자치제도의 실시와 함께 다양한 지역사회조직운동이 전개되고 있다. 그리고 최근에는 '지역사회복지'라는 새로운 용어로 변화되면서 자원봉사분야와 재가복지 분야를 포함하는 거시적 발전과정에 있다. 그러나 일제강점기 이전의 전통적인 지역사회복지활동을 계승하지 못하고 있는 한계가 있다. 특히 촌락단위의 복지활

11) 우리나라에서 1955년에 최초로 발간된 김학묵의 『사회사업개론』에서는 지역사회조직을 향당지도사업(鄕黨指導事業)으로 번역하였고, 1960년대 중반에 이르러 지역사회조직으로 번역하고 있다.

동인 두레, 품앗이, 공굴, 부근, 향도, 고지, 부조 등의 자주적인 활동의 현대적 계승의 과제를 안고 있다.

2. 지역사회개발의 역사

1) 지역사회개발의 유래

인간사회가 시작된 이후 인류의 역사는 공동생활을 통하여 일정한 지역에 정착하는 일련의 과정이라고 할 수 있다. 정착하는 환경이 어려울 때는 다른 지역으로 이동하거나 그렇지 않으면 보다 적극적으로 환경을 개선하는 공동노력을 해 왔던 것이다. 지역사회개발은 후자의 경우에서 유래한 것으로 각 부족이나 국가마다의 역사적 배경을 가지고 있다.

즉 지역사회개발이라는 용어가 공식화되어 국제적으로 사용된 것은 1940년대이지만 근대 이전의 전통사회에서도 이러한 지역사회주민의 공동노력은 꾸준히 지속되어 왔다. 단지 이러한 활동들이 체계화되거나 문자로 기록되지 못하였을 뿐이었지 근대 이전 사회는 생산력이 미약했으므로 오히려 지역사회주민 간의 공동체 의식이나 동류의식에 기초한 환경적응이나 개발 활동이 더 활발했을 수도 있다고 보아야 한다.

그 중에서도 한국의 『계(契)』·『향약(鄕約)』, 영국의 『Diggers Movement』[12], 필리핀의 『Bayanihan』, 인도네시아와 말레이시아의 『Callong Loyony』와 『Shubac』, 인도와 파키스탄의 『Panchayate』, 중국의 『守保相助』, 『社學』, 『社倉』, 日本의 『合會』 등은 근대사회 이전에 전개되었던 일종의 지역사회개발운동(community development movement)이었다.[13]

---

12) 이 운동은 주민이 지대를 지불하지 않고 황무지와 같은 공유지를 경작하여 곡물을 재배하는 공동운동으로서, 1649년 4월 1일에 William Everard와 Gerrard Winstanley를 지도자로 30여 명의 평등주의자들(Levellers)이 Surrey주 St. George's Hill의 미개간지를 개발한 것을 말한다.

2) 근대사회의 지역사회개발

봉건시대의 장원경제체제가 무너지고 산업혁명(Industrial Revolution)이 있었던 18세기는 신흥자본가에 대한 노동자 계급들의 노동조건개선과 임금개선을 위한 공동적 투쟁이나 노동자 계급의 내부적인 자조운동이 태동한 시기이다. 즉 근대 이전의 체계화되지 못하고 공동체적인 의식에 기반을 두었던 운동이 퇴조하고 자조와 협동정신을 바탕으로 하는 지역사회개발운동이 일어났으며, 그것은 산업의 현장과 맞물려 있어서 산업복지운동의 측면이 있다.

영국의 로버트 오웬(Robert Owen)의 협동조합운동과 로치데일(Rochdale)시를 중심으로 전개된 협동조합운동은 현대사회가 시작되는 19세기에 걸쳐 일어난 지역사회개발운동(community development movement)의 대표적인 사례에 해당한다. 오웬은 노동자로 출발하여 방적공장의 소유주가 된 사람으로서 10세 이하의 아동노동을 막고 노동자의 노동조건개선을 위하여 10시간 이상의 노동시간을 금지해야 한다고 주장하였는데, 이러한 조건의 획득을 위해서는 노동자 자신들의 협동조합운동에 의해야 한다고 보았다.

그리고 자본가들의 중간이익을 배제시키기 위해서 협동조합을 설립하여 파는 조합원과 사는 조합원을 연계하고자 하였는데 1830년에 설립된 '오웬주의 선전협회(Owenite Propagandist Society)'와 1833년의 'Rochdale 협동조합'이 그 사례가 된다.

한편 이러한 협동조합주의는 그 후 국제적인 협동조합운동으로 확산되었는데 1895년 8월 19일 런던에서 14개 국가의 대표들이 참석한 가운데 국제협동조합창립총회(ICA)가 열리게 됨으로써 현대사회의 지역사회개발운동으로 발전하게 되는 계기가 되었다.[14)]

---

13) 문병집, 『지역사회개발론』, 서울 : 법문사, 1982, p. 69 참조. 단, 사창은 우리나라 조선 후기의 비황제도에도 속하는 제도로서, 관에서 관리하던 상평창과 의창의 폐단을 개선하기 위하여 숙종 10년에 이단하의 제안으로 각 도에 설치되기 시작하였다.

14) 19세기 말의 자선조직화운동(COS)이나 20세기 초반의 제1차 대전을 전후하여 일어난 지역사회조직운동과 농촌재건운동, 경제공황 시기의 TVA 사업 등도 이러한 맥락에 있다.

3) 현대사회의 지역사회개발

지역사회개발사업이 구체화되고 이론적 · 학문적 체계를 이루게 된 것은 대체로 제2차 세계대전 종료 시기라고 보는 것이 타당하다. 그러므로 오늘날의 지역사회개발이라는 학문적 용어는 대체로 1940년대 후반의 공식기구에 의한 명칭화나 1950년대 중반의 저술활동[15]에서 찾아야 할 것이다. 물론 미국에서 지역사회개발이라는 용어가 사용된 것은 1915년의 프랭크 훼링톤(Frank Farrington)의 저서이지만 지역사회변화를 위한 주민들 스스로의 노력과 정부의 공동적 노력이라는 개념적 용어화는 1948년 영국에서 개최된 아프리카 식민지 관리에 대한 켐브리지회의[16]가 처음이다.

그리고 UN은 1951년에 경제사회이사회에서 지역사회조직과 지역사회개발의 연구를 위한 결의안을 채택하고 그 이듬해인 1952년에는 국제연합의 '사회문제국'에 '사회개발처', '지역 및 지역사회개발부'가 설치되었다. 그 후 저개발 상황의 국가에 의한 지역사회개발의 모형과 개발된 상황의 국가에 의한 지역사회개발모형이 국가에 따라 진전되어 오고 있으나 지역사회조직활동 등의 여타 사회복지사업활동과 구별이나 관계성을 세부화하기에는 모호한 점이 있다.

그럼에도 불구하고 오늘날 지역사회개발의 상황을 보면 대체로 다음과 같이 지적할 수 있다.[17]

① 지역사회개발의 철학은 널리 수용되고 있다.

② 지역사회개발 프로그램은 전세계의 많은 국가들로 확대되었다. 선진국도 예외는 아니다. 저개발지역이 적지 않게 존재하기 때문이다.

---

15) UN의 문헌을 말하는 것으로, U. N., *Social Progress through Community Development*, United Nations Bureau of Social Affairs, 1955 및 U. N., *Report on Concepts and Principles Community Development and Recommendations on Further Practical Measures to be taken by International Organization*, 1957.

16) Great Britain Colonial Office, "Social Development in British Colonial Territories", *Reports of the Cambridge Conference of Social Development*, 1954.

17) Dunham, A., *The New Community Organization*, New York : Thomas Y. Crowell, 1970 및 김영모, 『지역사회복지론』, 서울 : 한국복지정책연구소출판부, 1990, pp. 86～87 참조.

③ 도시지역사회개발 프로그램이 등장하기에 이르렀다. 도시에서는 그 낙후된 지역의 주민들이 지방정부와 협동하는 자조적 노력의 성격을 띤다. 이 경우 종종 지역사회개발은 지역사회조직과의 차이가 모호해진다.

④ 지역사회개발의 실질적인 성과는 많은 지역에서 나타나고 있으나 그 성과들이 체계적이고 포괄적으로 종합된 모습은 없다.

⑤ 이용 가능한 실질적인 지식, 기술, 태도가 계속 발전되어 왔다.

⑥ 상당히 중요한 자료들이 축적되어 지역사회개발 프로그램이나 기관을 지원해 줄 수 있게 되었다. 지역사회개발에 관한 국제 정기간행물로서 중요한 것으로는 영국에서 발행되는 '*Community Development Journal*', 로마에서 간행되는 '*International Review of Community Development*' 그리고 국제지역사회학회의 간행물 등이 있다.

⑦ 지역사회개발 관계 인사들의 조직들이 출현하였다. 미국의 경우를 보면 국제지역사회개발학회(뉴욕에 본부를 둠), 전국지역사회개발협회(워싱톤 D.C에 본부를 둠), 지역사회개발학회(Missouri주의 콜롬비아에 본부를 둠) 등이 있다.

⑧ 상이한 나라들의 지역사회개발에 대한 적절한 해설적 문헌이 많지 않다.

4) 한국 지역사회개발의 역사

(1) 한국전쟁 이후

우리나라에서 지역사회개발과 지역사회조직 등의 용어가 사용되기 시작한 것은 1940년대에 들어와서이다. 그리고 한국전쟁 종료시점인 1952년에는 외국 민간 원조단체 한국연합회(KAVA, Korean Association of Voluntary Agencies)가 조직되었다. KAVA의 사업내용을 보면 70여 개의 단체 중 28개는 교육, 보건, 사회복지, 구호 및 지역개발사업에 직접 참여하였으나, 42개 단체는 주로 기독교 복음전파 및 종교사업에 치중하였다.

따라서 서구 선진자본주의적 패러다임에서 출발한 지역사회개발의 준거

틀이 최초로 우리나라에 적용된 것은 한국전쟁 이후인 1957년 6월 21일 한미합동경제위원회 내에 '지역사회개발합동실무반'이 조직된 이후부터라고 할 수 있다.

이 실무반은 한국에서 지역사회개발사업을 실시할 수 있는가에 대한 가능성과 실시방향 및 실시 시기 등을 결정하기 위하여 산업, 교육, 통신, 의료시설 등에 관한 사회조사를 광범위하게 실시하였다. 이 조사에서 얻은 결론은 ① 한국의 농민들은 자력으로 부락을 개선할 수 있다는 것, ② 농촌개발사업을 능률적으로 추진하기 위해서는 외부에서 다소 물질적 · 기술적인 지원과 지도가 필요하다는 것이었다.

이것을 토대로 한미합동경제위원회에서는 한국 정부에 지역사회개발사업의 실시를 건의하였고 한국 정부는 1958년 국무회의에서 '지역사회개발요강'을 의결하였다. 동년 9월 2일 대통령령 제1384호로 부흥부 산하에 지역사회개발중앙위원회[18]가 설치되고, 도에는 도지역사회개발위원회가, 군에는 군지역사회개발위원회가 설치되어 한국에서 최초로 근대적인 지역사회개발사업이 본격적으로 착수되기에 이르렀다.[19]

당시의 군지역사회개발위원회에는 실무담당기관으로 군수(郡守)의 지휘감독 하에 지역사회개발군지도반을 주재 근무하게 하고, 군지역사회개발위원회에서 협의된 지역사회개발사업의 지도실무를 담당하게 하였다. 군지도반에는 농사지도, 사회복지, 보건위생, 부녀지도 등의 분야로 나누고 각 분야에 전문지도원(1명)과 계획 및 사무집행자인 대표지도원을 중심으로 하는 지도반(5명 1개조)을 편성하여 지역사회개발사업을 수행토록 하였다.[20]

---

18) 지역사회개발중앙위원회의 구성은 부흥부 장관이 위원장이 되고 위원에는 내무, 문교, 부흥, 농림, 보사 등의 각부 차관이 되었다.

19) 한국전쟁을 겪은 후 1950년대는 사회 전 부문에서 낙후와 빈곤을 해결하기 위한 근대화가 절실히 요구된 시기였다. 농촌근대화사업의 일환으로 1958년에 유엔과 ICA(International Cooperative Administration)가 개발한 '지역사회개발사업'을 도입한 것이 농촌지역사회개발사업의 효시가 되었다. 이는 지역사회주민이 계획을 수립하고 사업 추진에 적합한 조직을 정비하며, 지역사회개발수요를 찾아내어 문제를 해결하는 사업으로 지역사회가 지닌 자원이 부족할 때 정부 등에 지원을 요청하는 사회운동 성격이 있었다.

20) 문병집, 전게서, pp. 327~328.

(2) 군사혁명(쿠데타) 이후

1961년 5월에 박정희 장군에 의한 군사쿠데타가 일어나자 지역개발사업은 중앙위원회에서 정부기관으로 편입되어 부흥부 소속의 '지역사회개발국'으로 개편되었으며, 그 후 부흥부가 건설부로 개편됨에 따라 건설부로 이관되었다가 다시 농림부로 옮기게 되었다. 이렇게 중앙기구가 옮겨짐에 따라서 지방에서도 각급 위원회에서 각 지방자치단체 기구에 편입되어 도에는 '지역사회과'가 생기고, 군에서는 '산업과'로 편입되었다. 그리고 중앙의 지역사회국에는 기획감독과, 지방지도과, 공보훈련과가 있어서 위원회의 실무를 그대로 계승하였다. 그러다가 1962년 4월 정부의 농촌지도기구의 일원화 방침에 따라 지역사회개발기구는 농림부에서 동부처의 외청인 농촌진흥청으로 이관되고, 도 및 군의 기구도 농촌진흥청 산하에서 재정비되었다.[21]

(3) 새마을운동 전개 이후

1971년에는 새마을운동이 전개됨으로써 중앙새마을협의회(내무부장관이 위원장이 되고 각 부처의 차관과 농협회장이 위원이 됨)가 구성되었다. 내무부는 전담부서인 '지역개발담당관'을 설치함으로써 관(내무부)이 주도하는 '한국적 지역사회개발체제'가 재구성되었다.[22] 1974년에 공무원승진시험 주요과목으로 '지역사회개발론'이 채택된 것도 지역사회개발에 대한 정책적 의지를 보여주는 조치로 볼 수 있으나 그 후 1979년 10월 26일의 박정희 대통령 저격사건으로 인하여 정부주도 하의 지역사회개발사업은 사실상 일단락되게 되었다.

그런데 이러한 관주도 방식의 지역개발사업은 한계를 보였고 1970년대 후

21) 상게서, pp. 328 ~ 329.

22) 1960년대 도시화와 산업화 과정을 거치면서 도·농, 농·공 간 격차가 확대되고 이는 사회적인 쟁점으로 부각됐다. 따라서 이러한 불균형을 해소하기 위한 전략적 접근이 필요하였다. 이러한 필요로 대두된 '새마을운동'은 1970년대 농촌지역사회개발사업을 대표한다. 근면, 자조, 협동이라고 하는 새마을정신의 기본이념이 대통령에 의해 제기되고, '시-도-시-군-읍-면-행정부락'으로 이어지는 일사불란한 지방행정조직을 장악하고 있는 내무부에 의해 사업이 추진됐다. 내무부 및 각 지방행정조직별로 새마을운동을 담당하는 특별조직이 구성되었을 뿐만 아니라 중앙에 새마을운동본부와 새마을지도자교육원이 설치되고 지방에도 새마을운동지부와 새마을지도자교육원이 설립됐다.

반에는 학계의 관심을 불러 일으켜 각 대학에서 '지역사회개발학과'를 개설하는 붐이 일어났다. 그 중에서도 1977년도에 내무부 및 경상북도가 '새마을장학생조례'를 제정하고 우수입학생 전원에게 4년간 국 · 도비장학금을 지급하고 졸업 후에는 일정기간 이상 지방정부에서 중견공무원으로 근무하도록 하였던 영남대학교 지역사회개발학과의 설치는 특징적이다. 이는 지역사회개발의 주축이 될 수 있는 우수 인적 자원을 정부가 대학을 통하여 양성하려는 국가의 정책적이고 제도적인 조치로 평가된다.[23)]

제5공화국에 접어들면서부터는 한국식 지역사회개발운동의 흐름은 지속되지 못하였고 민간주도의 국민정신개혁운동으로 전환하게 되면서 새마을운동방식의 이론과 실천은 찾아보기 힘들게 되었다.[24)] 그리고 제6공화국 이후 복지확대기를 맞이하여 지역사회복지라는 포괄적이고 본래적인 사회복지방법론의 영역에 편입되어 발전하고 있다.

3. 지역사회봉사의 역사

1) 영국의 지역사회봉사

16세기부터 18세기까지의 영국의 사회이데올로기는 중상주의(mercantilism)로서 국가는 국민의 빈곤에 대하여 어느 정도의 책임을 인식하고 최소한의 사회복지를 실천하던 시대였다. 대도시를 중심으로 한 민간단체나 종교단체가

23) 제5공화국 시기인 전두환 정부에 접어들어 이 제도는 폐지되었고 각 대학의 지역사회개발학과도 당초의 지역사회복지적인 학문성격과는 다른 영역으로 전환되거나 사회복지학과 등으로 학과 명칭이 변경되기도 하였다. 단지 대구대학교에서는 '지역사회개발복지학과'라는 명칭으로 개칭하여 이를 유지하고 있다.

24) 이러한 국내 상황과는 다르게 중국, 아프리카 등의 후발자본주의 국가에서는 새마을운동방식의 지역사회개발사업을 도입하기 위하여 2000년대 이후 우리나라에 공무원과 민간전문가들을 파견하여 장 · 단기 교육을 이수하는 경우가 늘어나고 있다.

사회적 보호를 위한 여러 가지 활동을 하였으나 소규모의 산발적 활동이었다. 단지 1647년 스튜어트 왕조 때 그 당시 혼란했던 사회 속에서 자기 마을을 스스로 지키자는 자경단 활동이 있었는데, 여기에 참여한 사람을 '자원봉사자'라고 부르기도 하였다.

19세기에 이르러서는 경제적 · 정치적 자유주의가 사회이데올로기를 지배하였고 자유방임사상은 경제적 황금기를 가져온 한편 자발적인 민간협회를 급성장하게 만들었다. 급속한 산업화는 노동자들의 상부상조의식을 일깨워 '상호보험'을 만들게 하였고, 국가에 대한 불신과 민간 스스로의 자조활동을 강조하게 된 것이다.

1869년에는 수많은 자선조직기관이나 단체들을 하나로 연결하여 '자선조직협회(Charity Organization Society)'를 설립하여 그간의 비효율적인 자선조직화운동(Charity Organization Movement)을 체계화시키기에 이른다. 그리고 빈민지역에 인보관(Settlement House)을 설치하여 빈민과 이웃이 되어 상호 간의 단절감을 해소하려고 했던 인보사업운동(Social Settlement Movement)도 19세기 후반의 지역사회봉사활동의 대표적인 예가 된다.

20세기에 접어들어서는 사회복지의 책임이 국가에 있고, 그간의 민간차원의 개입이 실패하였음에 기초하여 국가의 적극적인 사회복지개입을 요구하게 되었다. 즉 페이비언협회(Fabian Society)나 사회민주주의연합(Social Democratic Federation) 등은 민간활동 보다는 국가의 활동을 강조하기에 이른다.

이러한 경향은 1942년의 베버리지 보고서(Beveridge Report) 발표에 의해서 최고조에 달하게 되었다. 그리고 1960년의 자선법(Charity Act)은 민간 사회사업기관과 단체들의 보호 · 육성에 크게 기여하였고 지방정부 사회복지서비스법(Local Authority Social Service Act)도 지역사회봉사활동에 커다란 영향을 주게 된다. 특히 1968년의 아베스 보고서(Aves Report)는 자원봉사자의 증강, 훈련, 원조에 관한 실천적 전문가의 표준이 필요하다는 주장을 하여 유급자원봉사조직이 창출되도록 분기점을 제공하였고 지역사회봉사활동이 전문화되는 계기가 된다.

그리고 20세기 후반에 이르러서는 1979년부터 1991년까지 집권한 대처정부 이후 경기침체에 따른 영향으로 복지 다원주의가 사회이데올로기가 되고 대중적 실업예방을 위한 지역사회봉사영역이 강조되었다.

2) 미국의 지역사회봉사

미국은 영국의 청교도들이 중심이 되어 '메이플라워'호를 타고 신 개척지에 정착한 국가이다. 따라서 독립 이전의 초기 사회의 이데올로기는 캘빈주의 정신과 자유방임적 사고가 농후하여 빈곤의 책임을 개인에게 한정하였다. 1657년 병자를 돕고 빈민들을 구제해 주는 최초의 우호방문협회인 스콧 자선협회(Scot's Charitable Society)가 보스턴(Boston)시에 설립되었다.

그리고 1820년을 시작으로 민간 자선기관들이 늘어나기 시작하여 1877년에는 버팔로(Buffalo)시에 최초의 자선조직협회가 설립되었다. 그리고 1890년대에는 100여 개의 도시에 자선조직협회가 생겼고, 영국의 개정빈민법의 정신인 '열등처우의 원칙(최소자격의 원칙)'의 영향을 받아 무차별적인 자선이 노동자의 나태, 사치, 낭비를 조장시킨다고 보고 자선의 조정활동을 하였다. 이즈음인 1889년에는 시카고에 영국의 토인비 홀(Toynbee Hall)을 모델로 하여 헐 하우스(Hull House)라는 인보조직을 만들었고 1891년에는 이를 대학 인보사업협회로 바꾸게 되었다.

현대의 미국의 주요 자원봉사조직들은 시기적으로 볼 때 1933년 3월에 루즈벨트 대통령의 뉴딜정책의 일환으로 창설된 시민자원보존단(Civilization Conservation Corps)과 1961년 3월 케네디 대통령에 의해 창설된 평화봉사단(Peace Corps)에서 발전되어 왔다.

1960년대에는 존슨 대통령[25]의 '위대한 사회(Great Society)'정책의 일환으로 빈곤대상자 구호를 위한 '위대한 사회 프로그램(Great Society Program)'을 실시하게 된다. 1969년에 집권한 닉슨 대통령은 사회복지분야에 시민참여를 확대하기 위하여 전국 자원봉사활동 프로그램법(National Program for

25) 존슨 대통령은 1964년에 국내평화봉사단이라고 할 수 있는 'VISTA'를 창설하여 미국 내의 빈민문제를 돕는 활동을 전개하였다.

Voluntary Act)을 제정하였고,[26] 'ACTION(행동실행)'이라는 정부 내의 독립기관을 창설하게 된다. 그리고 클린턴 정부는 1993년 'ACTION'을 재편성하고, 전국봉사연합(Corporation for National Service)[27]이라는 기구를 통해 예산지원을 하였다. 뿐만 아니라 좋은 대학에 들어가고자 할 때도 지역사회봉사 활동여부는 합격에 절대적인 영향을 미친다. 유수대학들은 일정시간의 봉사활동 기록을 요구하여 대부분의 사립고교에서도 봉사활동을 정규교과목으로 개설하고 있다.[28] 이러한 제도적 지원은 부시 정부시기에 발생하였던 9 · 11테러 사건수습에서도 자원봉사조직의 활동성으로 나타났다.

3) 일본의 지역사회봉사

일본의 지역사회봉사활동의 역사는 19세기 말에서부터 시작되었으나 세계대전의 패전국으로서 전후 복구대책으로 자리 잡게 되었다는 것이 일반적인 견해이다. 그리고 자연재해(지진, 태풍 등)가 많은 국가로서 평상시 이웃 간의 인보활동이 자연스럽게 있어 온 국가이다. 전후 복구대책에 기여가 많았던 지역사회봉사활동은 1951년에 이르러 사회복지협의회가 발족되고 1952년에는 청년 지역사회봉사활동조직이 발족함으로써 태동하게 된다.

1962년에는 사회복지협의회에서 '선의 은행(Good Will Bank)'을 2개소 설치하였고 그 후 1968년에는 전국선의은행연락협의회가 발족됨에 따라 지역사회봉사활동이 확산되었다. 그리고 1973년부터는 정부(후생성)가 지역사회봉사프로그램에 예산을 지원하기에 이른다. 그리고 이 당시는 사회복지시설 중심의 지역사회봉사를 해 왔으나 1980년대 중반부터는 지역사회복지차원에서 재가복지프로그램 위주로 전환하고 있다. 그리고 지역사회봉사 인력도 대

---

26) 1973년에는 국내자원봉사활동법(Domestic Volunteer Service Act)을 제정하였다. 그리고 레이건 대통령 시기에는 전국자원봉사활동법(National Service Trust Act)을 새로 제정하였다.

27) 봉사연합의 활동이 두드러진다.

28) 학생자원봉사프로그램(National Student Volunteer Program)과 대학생자원봉사단(University Year for Action)에서 지원하고 있다.

학생 위주에서 노인층이나 회사원들로 확대되는 추세에 있고 정부도 지원하고 있다.

4) 한국의 지역사회봉사[29]

(1) 전통사회의 지역사회봉사

우리나라의 지역사회봉사정신은 전통사회의 상부상조활동에서 찾아 볼 수 있다. 삼한시대의 두레, 품앗이, 공굴 등이 오래된 지역사회봉사활동이 될 것이며, 서민을 중심으로 했던 계(契)와 중산층 이상의 사회의 향약(鄕約)이 조선시대에 풍미했던 것이다. 그리고 '부조'는 농경사회에서 혼례나 장례 등의 가정대사가 있을 때 음식물이나 현금으로 상부상조했던 관행이었다. 두레, 공굴, 품앗이, 그리고 계와 향약이 조직적으로 이루어진 지역사회봉사활동이라면 부조 활동은 주로 개별적 의지에 의해서 이루어졌다. 그리고 많은 사람의 노동력이 필요했던 대규모 공사나 장례행사 때에는 '부근'이라고 하여 노동력 위주의 봉사활동도 행해졌다. 이 중에서 다소 변형되었지만 오늘날에도 남아 있는 것으로 '계'와 '부조'를 들 수 있다.

(2) 일제강점기의 지역사회봉사

1903년에 YMCA가 창립된 것이 현대적 의미의 지역사회봉사활동의 시초라고 본다면 1920년대에 세워진 '태화기독교사회관'의 여성과 어린이 계몽활동이 실제적 봉사활동의 시초가 된다. 그리고 1930년대 이후에는 조선총독부에 의해 설립된 서울의 관립 서부인보관 등 인보관이 다소 설립되어 일본의 제도인 방면위원들이 지역사회봉사자활동을 하였다.

(3) 1950~1970년대

해방 이후에서 1970년대까지는 지역사회봉사활동이 YMCA, YWCA, 적

29) 고수현, 『사회복지윤리와 철학』, 서울 : 도서출판 양지, 2002, pp. 245~248 참조.

십자봉사회 등이 중심이 되어 산발적으로 이루어졌고, 1970년대는 특히 새마을운동에 의하여 관 주도의 활동이 전개되었다. 1978년부터 한국사회복지협의회에서 5개 지역에 '사회봉사안내소'를 설치함으로써 본격적인 활동이 시작되었으나 전반적으로는 국민들이 지역사회봉사에 대한 참여도가 적었다. 그것은 산업화 과정에서 경제성장 위주의 이데올로기의 영향이 많았고, 민간에서도 지역사회봉사인식이 적었던 결과로 보인다.

(4) 1980년대

1980년대에는 지역사회봉사활동이 급성장되는 시기로 볼 수 있는데, 그것은 경제성장으로 인해 국민의 의식이 신장되었고, 반면에 산업화로 인한 각종 사회문제가 노정되었기 때문이기도 하다. 그리고 지역사회봉사활동이 직접적으로 활성화된 계기는 1986년의 아시안 게임과 1988년의 서울 올림픽에서 정부가 자원봉사자를 대거 활용한 것에 기인한다. 1984년에는 한국여성개발원에서 여성유휴인력활용과 여성사회참여확대를 위하여 '자원활동인력은행'을 구성하였고, 1986년에는 '한국자원봉사능력개발연구회'가 결성되어 자원봉사자 모집, 양성, 배치, 국제교류사업 등을 전개하였다. 1980년대는 우리나라에서 사회봉사라는 용어 대신에 '자원봉사'라는 용어가 보편적으로 사용되기 시작한 시기이다.

(5) 1990년대

정치적 민주화와 지방자치제 실시로 지역사회주민의 자원봉사참여기회가 확대된 시기이다. 그리고 정부 각 부처에서도 자원봉사지원체계를 갖추게 되었는데 먼저 보건복지부에서는 1992년에 재가자원봉사센터의 설치 및 운영지침을 마련하였고, 1994년에는 사회복지협의회의 부설로 1991년부터 설치되어 있던 지역봉사센터를 자원봉사정보안내센터(사회복지정보센터)로 개칭하여 16개 시 · 도에 운영하게 되었다.

그리고 여성부(현 여성가족부)에서는 '여성자원활동센터'를 설치 · 운영하였고, 행정자치부에서는 1996년부터 '자원봉사센터'를 전국에 설치 · 운영하였으며, 현재는 시 · 군 · 구 마다 1개도가 설치되어 있다. 문화관광부(현 청소년위원회로 청소년업무통합)에서는 '청소년자원봉사센터'를 1996년부터 설치 · 운영하게 되었으며 '청소년활동진흥센터'로 명칭 변경하였다.

1990년대에 이르러 우리나라의 지역사회봉사는 자원봉사에 대한 조직과 재정지원을 체계적으로 하게 되는데 주로 사회복지사업 위주로 추진되고 있다. 일본의 지역사회봉사가 당초의 사회복지사업 위주에서 재해구호 등의 다양한 분야로 확대하고 있음에 비하면 다소 미진한 점이 있는 것이다. 물론 1994년 11월에 중앙일보사가 주최한 '전국자원봉사자 경연 대축제'나 '삼성복지재단'과 현대의 '아산사회사업재단' 등에서 추진하는 다양한 민간사업이 있지만 전국적인 자원봉사의식을 확산시키기에는 부족하다. 그리고 학생자원봉사활동의 제도화를 위해 1995년 5월 31일에 '교육개혁위원회'가 제시한 '신교육 체제 수립을 위한 교육개혁방안'에서 청소년의 수련활동과 봉사활동을 '학생생활기록부'에 반영할 것을 규정하고 있다.

(6) 2000년대 이후

2000년대에 접어들어서는 지역사회봉사활동의 진흥을 위한 국가 등의 책무와 자원봉사에 관한 기본적인 법률제정 논의가 활발하였다. 2005. 2. 21에는 국회 행정자치위원회에서 2004. 11. 10 정부가 제출한 '자원봉사활동기본법안'을 상정하고, 그 해 4. 18에는 2005. 4. 6 고경화 의원이 대표발의한 '자원봉사활동진흥기본법안'을 상정하였다. 그 후 2005. 6. 13 공청회를 거쳐 2005. 8. 4 '자원봉사활동기본법'이 법률 제7669호로 공포되었다.

이 법률의 주요내용을 정리하면 다음과 같다.

① 국가와 지방자치단체는 자원봉사활동의 진흥책을 강구해야 한다.

② 자원봉사활동에 관한 주요정책을 심의하기 위하여 국무총리 소속 하에 자원봉사진흥위원회를 둔다.

③ 자원봉사활동의 진흥에 관한 국가기본계획을 5년 마다 수립하여야 한다.

④ 매년 12월 5일을 자원봉사자의 날로 하고 이 날로부터 1주를 자원봉사 주간으로 한다.

⑤ 전국단위의 자원봉사활동을 촉진하기 위하여 '한국자원봉사협의회'를 둘 수 있다.

⑥ 국가 및 지방정부는 자원봉사센터를 설치할 수 있고, 이 경우 법인으로 운영하거나 비영리법인에게 위탁 운영하여야 한다.

제 5 장

지역사회복지의 실천모형 이해

1. 지역사회복지실천모형의 개요

1) 지역사회복지실천과 지역사회조직

(1) 지역사회조직의 개념

지역사회복지실천은 상당기간에 걸쳐 지역사회조직사업으로 인식되어 왔다는 점에서 우선 지역사회조직 이론의 파악이 필요하다. 지역사회조직(Community Organization)은 지역사회에 산재한 인적 자원(human resource)과 물적 자원(physical resources)을 조직화하여 이를 활용하는 활동을 의미한다. 지역사회복지는 지역사회수준에서 지역사회주민의 복지와 지역사회의 발전을 도모한다고 볼 때, 지역사회조직화에 기초하며 그 과정에는 인적 자원뿐만 아니라 물적 자원까지도 동원되어야 한다.

일반적으로 지역사회조직사업(community work)은 개별사회사업(case work)과 집단사회사업(group work)과 함께 사회사업(social work)의 한 방법론으로 분류되어 왔다고 볼 때, 전자의 두 가지 방법론에 비하면 그 대상이 직접적 문제를 가진 클라이언트보다는 지역사회주민이라는 대중적이고 간접적인 실천방법이다. 즉 지역사회개발이 동류의식(sense of identity)을 가지고 있는 지역사회주민들이 주체가 되어 그들의 공통욕구(common needs)를 해결함으로써 지역사회복지향상을 목적으로 한다고 볼 때 지역사회조직은 그 수단적 위치에 속한다.

지역사회조직의 개념은 존 듀이(John Dewey)의 자유주의 교육사상, 커트 레윈(Kurt Lewin)의 집단역학이론 및 지역사회구조의 사회학적 이론에서 유래되었다.[1] 그 후, 프리드랜드 등(W. A. Friedlander and Robert Z. Apte)[2]은 지역사회조직을 사회복지조직 및 사회공학이라고 보았고 사회복지계획, 사회중간집단과정으로도 파악하고 지역사회주민의 욕구와 그 지역사회자원 간의 상호 조정을 하는 사회사업의 과정으로 정의하였다. 그리고 전미사회사업가협회(NASW)에서도 1963년 이래 지역사회계획과 그 발달과정으로 보았다.

한편 지역사회조직의 정의를 과정론으로 파악하는 학자들을 보면 로스, 뉴스테터, 구린, 던햄, 커츠 등을 들 수 있다. 우선 로스[3]는 과정 목적(process objective)을 달성하는 것에 초점을 두고 정의하였다. 그는 과정 목적을 달성하기 위해서 지역사회조직은 과정의 수단으로서 해당 지역사회의 여러 집단을 대표하는 지도자를 포함하여 재조직화가 필요하다고 하였다. 그리고 지역사회조직을 케이스워크와 같이 개인 또는 집단에 직접적 서비스를 제공하지 못하는 상황에서 행하는 대중적인 봉사활동으로 정의하였다. 즉 주민들의 교육복지, 주택, 교통, 상하수도, 사회봉사 등의 계획과 조정이 요구되고 통합이 필요하게 되는데, 이러한 문제를 해결하기 위한 사회복지방법론을 지역사회조직으로 본 것이다.

---

1) Clarence, King, *Organizing for Community Action* ; 장인협, 『사회복지개론』, 한국사회복지개발연구원, 1981, p. 87 재인용.
2) Friedlander, W. A. and Apte R. Z., *Introduction to Social Welfare*, 4th ed., New Jersey : Prentice Hall, Inc, 1974, p. 154.
3) Murray G. Ross, *Community Organization* ; 岡村重夫 譯, Community Organization, 日本全社協, 1968, p. 42.

그 외에도 로스(Murray G. Ross)[4]는 지역사회조직사업을 다음과 같은 과정으로 설명하였다.

① 충족되지 않은 욕구와 성취하고자 하는 목표를 찾는다.

② 그 욕구나 목표의 우선순위를 정한다.

③ 그것을 달성하고자 하는 자신감과 의지를 강화한다.

④ 필요한 자원을 찾아낸다.

⑤ 욕구와 목표를 달성하기 위한 실천을 한다.

⑥ 이를 통하여 협력적이고 협동적인 태도와 실천력을 증대・발전시킨다.

구린(Arnold Gurin)[5]은 지역사회조직을 사회사업과정으로 보고 인간관계나 사회제도에 있어서 바람직한 변화를 일으키기 위해 행해지는 사회사업의 개입과정이라고 정의하였다.

던햄(Arthur Dunham)[6]은 로스가 지역사회조직을 지역사회가 조직화, 단결 협력하는 과정이라고 본 것에 비해 지역사회욕구의 해결과정으로 보는 경향이 강하다. 그는 지역사회조직사업을 지역사회나 다른 영역의 욕구나 자원 간을 조정, 유지, 성취하여 광범위한 욕구를 해결하는 과정과 지역사회와 집단관계 및 의사결정에 영향을 줄 수 있는 과정으로 정의하였다. 따라서 지역사회조직에는 지역사회조직가, 개별사회사업가, 집단사회사업가, 실무전문가, 공무원, 소비자 및 일반시민까지도 참여한다고 보았다. 그는 전문적인 지역사회조직가가 아닌 비전문가에 의한 지역사회사업을 지역사회조직행동(community organization action)이라고 하였다.

그리고 뉴스테터(W. I. Newstetter)[7]는 이들과는 달리 지역사회조직을 중간집단사업과정(intergroup work process)으로 정의하였는데, 여기서 중간집단

---

4) Murray G. Ross, *Community Organization : Theory and Principles*, New York : Harper & Brothers, 1955, p. 39.

5) Gurin. A., Social Planning & Community Organization, *Encyclopedia of Social Work*, Inc., New York, 1977, p. 1325.

6) Dunham. A., *The New Community Organization,* New York : Thomas Y. Crowell Co., 1970, p. 4.

7) Newstetter, W. I., *The Social Intergroup Work Process, Proceedings of the National Conference of Social Work*, 1947, pp. 205～217.

은 지역사회조직가가 활동하거나 전문적 영향을 발휘할 수 있는 영역을 의미한다. 즉 공동모금회, 사회복지협의회, 사회복지사협회, 사회복지시설연합회, 자원봉사협회 등이 중간집단이 되며, 이들 협회나 위원회는 개별 집단이나 조직 간의 적응 관계를 다루는 역할을 한다.

이 외의 지역사회조직에 대한 정의는 레인, 커츠, 린데만에 의해서도 개념화되었는데 다음과 같은 내용이다.

레인(Robert P. Lane)은 1939년의 레인위원회 보고서(the Lane Committee Report to the National Conference of Social Work)에서 "지역사회조직사업은 사회복지자원과 사회복지욕구 간에 보다 효과적인 적응을 가져오고 유지하는 것"으로 정의하였다.

커츠(Russel N. Kurtz)[8]는 "지역사회조직사업은 주로 프로그램 간의 관계를 취급하는 과정으로 사람을 상대로 하는 개별사회사업과 집단사회사업과는 다르다."고 하였다. 이러한 견해는 전문가들의 도움 없이 비전문가들에 의해 수행될 수 있다는 점에서 던햄의 견해와 일치한다.

린데만(Eduard C. Lindeman)[9]은 지역사회조직사업을 "자신들의 문제를 민주적으로 다루고자 하는 지역사회 주민들의 염원과 전문가 및 전문기관으로부터 최상의 서비스를 연결해 주는 의식적인 노력"으로 정의하였다.

이와 같이 지역사회조직은 학자에 따라 다양하게 정의되고 있는데, 이를 기초로 지역사회조직(CO)을 정의하면 "지역사회조직이란 지역사회주민의 공통된 복지욕구를 구체화하고, 그것을 해결하기 위한 것이 목적이며 그 수단으로서 지역사회의 인적·물적 자원을 활용하는 중간집단의 지역사회복지 실천과정"으로 볼 수 있다.

(2) 지역사회조직(단체)의 분류

일반적으로 지역사회조직(단체)은 정부나 공공기관이 아닌 그야말로 민

---

8) Russel N. Kurtz, "The Range of Community Organization", *Proceedings, National Conference of Social Work*, Grand Rapids, 1940, New York : Columbia University Press, 1940, p. 401.

9) Eduard C. Lindeman, *The Community*, New York : Association Press, 1921, p. 173.

간조직을 의미한다. 민간이 중심이 되어 만든 기관이나 단체는 지역사회주민들의 자생조직이 아닌 국가적이거나 국제적인 조직이 있는 만큼 본래의 지역사회조직은 그야말로 지역사회라는 공통된 유대감이 있는 조직체를 의미하는 것이다.

최근에 우리나라도 정치적 민주화 이후, 시민 사회의 역할이 강조되면서 비정부조직(NGO : Non - Governmental Organization)이 정부조직과 대비되는 용어로 사용되는 영역이 늘어나고 있으며, 비영리조직(NPO : Non - Profit Organization) 또한 영리조직과 다른 공익차원에서 활동이 늘어나고 있다.

그리고 지역사회문제보다는 전체사회문제에 관심을 두는 시민사회조직(Civil Society Organization)이 상당수 결성되어 국가단위에서 사회적으로 중요한 문제(Issues)를 활동안건으로 다루고 있다. 엄격히 말하면 지역사회조직은 지역사회주민조직(People Organization)이라고 볼 때 그 규모면에서 차이가 있다.

이 외에 시민사회조직과는 대비되는 역할을 하는 새마을운동조직 등의 국민운동조직(NMO : National Movement Organization)이 있는데 민간조직이라는 점에서는 공통점이 있으나 정부정책에 대하여 비판을 가하고 견제하는 것보다는 국민과 국가 간의 교량적이고 보완적인 역할을 하게 된다는 점에서 자생조직으로 볼 수는 없다. 이제 지역사회주민이 중심이 되는 지역사회조직의 유형을 기능과 구성요소별로 분류하여 설명하면 다음과 같다.

기능별 분류는 지역사회조직(단체)이 가지고 있는 기능을 중심으로 분류한 것으로 기능별 공동체(Functional Community)라고 할 수 있는데, 예를 들면 복지공동체(Welfare Community), 근린공동체(Neighborhood Community), 협동적 공동체(Cooperative Community), 결사적 공동체(Association Community)로 구분할 수 있다.[10] 복지 공동체는 지역주민의 복지욕구에 대응한 사회복지서비스(Social Welfare Service) 기능을 하는 조직을 말하고, 근린공동체는 이웃 간의 상부상조기능을 중심으로 하는 조직을 말하며, 결사적 공동체는 사회

10) Murray G. Ross, *Community Organization - Theory and Principles -*, New York : Harper & Brothers, 1955, pp. 93 ~ 95.

의 분화과정에서 일정 계층 사이의 이해 대립관계로 인한 결합체를 말한다. 그리고 협동적 공동체는 근린공동체와 중첩된 기능을 가지고 있지만 주로 일정한 생산기반을 중심으로 이루어지는 속성이 있다. 따라서 인적 요소 외에도 물적 자원 요소를 포함하고 있어서 생산조직으로 볼 수도 있다.

구성요소별 분류는 인적 자원으로 구성된 인적 조직(personal organization)과 물적 자원을 포함한 생산 조직(productive organization)을 들 수 있다.[11] 인적 자원을 바탕으로 하는 지역사회조직에는 공식적 조직(formal organization)과 비공식적 조직(informal organization)이 있으나 엄격하게 말하면 비공식적 조직은 공식적 조직 내에서 일부 구성원 사이에 자생적으로 형성될 수 있다는 점에서 조직으로 간주하기 어렵다. 한편 물적 자원을 포함하는 생산 조직은 인적 자원과 연관된 생산수단을 조직하게 됨으로써 협동적 조직으로서의 특성을 띠게 되는데 협동조합이나 협업단지 등의 조직이 있다.

2) 지역사회복지실천의 모형

지역사회복지실천은 지역사회조직활동(activity)이나 사업(work)의 형태로 나타나는데, 다양한 목적과 시행기관이 있음으로 인하여 이를 한 가지의 유형으로 보는 것보다는 여러 가지 모델이 있다는 견해가 일반적이다. 여기서는 로스만(Jack Rothman)[12]이 1968년에 「지역사회조직실천(community organization practice)의 모델」이라는 논문에서 분류한 기준에 따라 설명하고자 한다. 그는 지역사회조직사업은 세 가지의 지역사회관계(community interaction)에 이루어지는 현상으로 보고, 크게 세 가지의 모델을 들고 있는데 지역사회개발(locality development), 사회계획(social planning)[13], 사회행동(social action)을

11) 문병집, 『지역사회개발론』, 서울 : 법문사, 1982, pp. 178～179.

12) Jack Rothman, "Three Models of Community Organization Practice", in Fred M. Cox, et al(eds), *Strategies of Community Organization : A Book of Readings*(Itasca, Ill. : F. E. Peacock Publishers, 1974), pp. 22～39.

13) 로스만은 1995년의 그의 논문인 지역사회개입의 접근(Approaches to Community Intervention)에서 기존의 'social planning'을 'social planning/policy'로 수정하였다.

들고 12가지의 실천변수(practice variables)에 따라서 각 모델의 특성을 비교하여 설명하고 있다.

우선 로스만이 제시한 12가지 실천변수를 살펴보면 다음과 같다.

① 지역사회조직의 목표

② 지역사회조직의 구조와 당면문제에 대한 가정

③ 기본적인 변화의 전략

④ 변화전술과 기법의 성격

⑤ 실천가의 역할

⑥ 변화의 매개체

⑦ 권력의 구조

⑧ 수급자의 범위

⑨ 지역사회구성원의 이해관계에 대한 가정

⑩ 수급자집단에 대한 견해

⑪ 수급자의 역할에 대한 견해

⑫ 임파워먼트의 방법

로스만은 처음에 '모델(model)'이라는 용어를 사용했으나 추후 '방법(mode)'이라는 완화된 용어를 사용하였다. 그리고 논문의 제목도 「지역사회개입에 대한 접근(approaches to community intervention)」으로 수정하였고 지역사회조직모델보다는 지역사회개입과 지역사회실천방법(mode)이라는 말을 사용하였다. 로스만의 세 가지 모델 분류는 지역사회복지 차원에서 많이 알려져 있는 것이므로 다음에서 살펴보기로 한다.[14]

14) 최일섭 · 류진석, 『지역사회복지론』, 서울 : 서울대학교출판부, 1996, pp. 45~46 참조.

2. 지역사회개발모형과 사회행동모형

1) 지역사회개발모델

(1) 지역사회개발모델의 개요

지역사회개발(Local/Community Development)이란 지역사회의 변화를 가장 효과적으로 이룩하기 위해서는 광범위한 주민들을 목표결정과 실천행동에 참여시켜야 한다는 전제에서 나온 지역사회조직사업의 한 형태이다. 이의 전형적인 형태는 널리 쓰이고 있는 '지역사회개발(community development)'에 관한 문헌에서 찾아볼 수 있는데 로스만(Jack Rothman)은 모델 A(Mode A)라고 칭하였다.

UN의 정의를 보면, "지역사회개발은 지역사회주민의 적극적인 참여와 주민들이 가능한 한 최대의 주도권(initiative)을 갖고, 전 지역사회의 경제적 · 사회적 조건을 향상시키기 위한 과정"[15]이라고 말하고 있다. 이 지역사회개발에서는 민주적인 절차, 자발적인 협동, 토착적인 지도자의 개발, 교육 등이 특히 강조된다.

지역사회개발사업의 예는 도시지역에서 전개되는 지역사회복지관(community welfare center, settlement houses)의 근린사업 프로그램(neighborhood work program), 평화봉사단(peace corps), 성인과 공중보건교육분야의 지역 활동 등을 들 수 있다.

다음에서는 로스만의 지역사회개발모델에 영향을 준 로스와 쉐라드의 견해를 살펴봄으로써 지역사회개발모형에 대한 이해를 돕고자 한다.

(2) 지역사회에 대한 문제 인식

로스(Murray G. Ross)[16]에 의하면 지역사회는 기술적인 변화로 산업화 ·

---

15) United Nations, *Social Progress through Community Development*, New York : United Nations, 1955, p. 6.

도시화되었으나 다음과 같이 구성원들의 사회적 관계를 결여하고 있다는 지적을 하였다.

① 도시화과정은 지역사회에 대한 주민들의 소속감(feeling of belonging)을 거의 파괴해버렸다.

② 산업화나 도시화로 공통적인 가치관을 개발 내지는 유지하기가 어렵게 되었다.

③ 지역사회 내에서 자기네들의 결속력을 배양하기 위해 비중이 있는 하위집단(subgroup)을 만들려는 경향 때문에 사회적인 긴장을 초래하고 있다.

④ 만약 새로운 생활양식을 충족키 위한 제도가 개발되지 않으면 민주주의가 파괴되지는 않는다 해도 심히 약화될 것이다.

⑤ 사회변화를 위해 주민들이 적극적으로 참여하는 것을 방해하는 요인은 개인적인 발전을 저해할 것이다.

로스는 이러한 지역사회에 대한 문제인식에 대하여 "문제는 주민들이 인간으로서의 존엄성을 상실하고 있다는 데 있다. 분명히 인간은 스스로 어렴풋이 깨닫고 있고, 그의 사회적 역할을 감소시키고 있으며, 자기로서는 대처할 수 없는 문제들을 안겨주는 사회적 압력들(forces)에 의해 억눌리고 있다. 이러한 핵심적인 문제는 민주적인 철학을 충분히 표현하기 어렵게 하고, 사회구성원 개개인의 정신건강에 위협을 주고 있다."고 그 기본적인 전제를 밝히고 있다.

(3) 지역사회조직(사업)과 지역사회개발의 관계

1962년 쉐라드(Sherrad)[17]는 지역사회조직과 지역사회개발의 두 과정 사이의 여러 가지 유사성을 지적하고, 한편으로는 사회변화에 대한 그들의 관계에서 주요 차이점을 지적하였는데 그 내용을 보면 다음과 같다.

---

16) Murray G. Ross, *Community Organization : Theory and principles,* New York : Harper & Brothers, 1955, pp. 80~84 및 최일섭, 『지역사회복지론』, 서울 : 서울대학교출판부, 1989, pp. 35~36 참조.

17) Sherrad, T. D., "Community Development and Community Organization Common Elements and Major Differences", *Rural and Urban Community Development in the United States Committee of America, International Conference of Social Work*, 1962, pp. 14~19 및 김영모, 『지역사회복지론』, 한국복지정책연구소출판부, 1995, pp. 67~69 참조.

1 유사점

① 지역사회조직과 지역사회개발은 지역사회욕구에 관심을 둔다.

② 지역사회조직과 지역사회개발은 문제 해결에 관계되어 있다.

③ 지역사회조직과 지역사회개발은 주민과 함께 일하며 개인과 집단 및 집단 상호 간의 관계를 중요시 한다.

④ 지역사회조직과 지역사회개발은 동일한 방법을 많이 사용한다.

⑤ 지역사회조직과 지역사회개발은 요원의 역할이 다소 비슷하다.

⑥ 지역사회조직과 지역사회개발은 일반적으로 기술적 또는 전문적 원조를 행한다.

⑦ 지역사회조직과 지역사회개발은 일반적으로 철학과 가치체계가 비슷하다.

그 외에 민주주의 이념에 기초를 두고 모든 인간의 잠재력의 실현과 사회에 대한 기여를 강조하는 점에서도 유사하다.

2 차이점

① 내용 : 지역사회개발은 전체 지역사회 생활과 욕구를 다루지만, 지역사회조직은 건강과 복지 또는 지역사회 인접지역의 도시개발, 교육 및 시민권 같은 것을 다룬다. 또한 지역사회개발은 기본적인 욕구(의 · 식 · 주)와 지역사회조직에서 행하는 것보다 지역사회의 경제적 생활을 중점적으로 다룬다.

② 영역 : 지역사회개발은 보통 전체지역사회나 근린집단을 다루지만, 지역사회조직은 지역사회전체와 그보다 규모가 더 작거나 더 큰 즉 근린집단, 주전체, 국가적, 국제적 지역을 다룬다. 또한 지역사회개발은 보통 지역사회주민 전체와 관계가 있지만, 지역사회조직은 때때로 지역사회주민과 어린이, 청소년, 노인, 인종, 범죄자 및 정신박약자와 같은 특수한 집단과 관계가 있다.

③ 철학 : 지역사회개발은 자조와 민주주의 사상과 관계되어 있지만, 지역사회조직은 자조와 민주주의 사상과 관련되어 있다 하더라도 실제에 있어서는 항상 관계가 있는 것은 아니다.

④ 사회변화와의 관계 : 지역사회개발은 항상 사회변화를 추구하는 데 관

계가 되어 있지만, 지역사회조직은 가끔 사회변화를 추구하나 때로는 현상을 개선(예 : 서비스 수준의 향상, 기관 간의 관계조정)하는 데 일차적으로 관계되어 있다.

⑤ 인사 : 지역사회조직이나 지역사회개발은 공히 전문가의 활동을 포함한다. 지역사회개발은 본래 여러 분야가 참여하나 지역사회조직은 그렇지 않다. 지역사회조직사업은 사회사업의 전문적인 형태이다. 지역사회개발 요원은 지역사회조직, 성인 교육과 기타 전 분야의 원리를 모두 가진 일반전문가라고 보는 것이 더 타당하다.

⑥ 방법과 기술 : 지역사회개발은 지역사회조직보다 방법과 기술의 범위가 일반적으로 더 넓다. 또한 지역사회개발은 지역사회조직의 방법을 많이 사용한다. 예를 들면, 사실발견, 분석, 계획, 회의, 조직, 교섭 및 해설을 사용한다.

⑦ 프로그램의 근원 : 지역사회개발은 가능한 한 프로그램에 지역사회 주민의 '욕구의식'을 반영해야 하지만, 지역사회조직에서는 욕구의식을 필수적으로 반영시키지는 않는다. 지역사회조직 프로그램은 법규의 규정조건에 따라 정부기관에 의해 착수될 수도 있고 관심 있는 시민집단이나 기관, 위원회에 의하여 발안될 수도 있어 반드시 주민들의 표명된 욕구에 대한 반응으로서 제기되는 것은 아니다.

⑧ 합의와 갈등 : 지역사회개발은 합의에 중점을 두지만 갈등에는 전형적이거나 중요한 특성을 두고 있지 않다. 반면, 지역사회조직은 합의에 중점을 두지만, 민주주의의 자연적 요소로서 갈등이 받아들여지고, 논쟁의 대상이 되는 문제에 대한 결정은 여러 가지 기관의 다수결에 의해서 결정된다.

⑨ 참여 : 지역사회개발에 있어서의 직접적인 참여는 지역사회 주민의 어느 누구에게나 실제적으로 가능하지만 지역사회조직은 이러한 것이 일반적인 것은 아니다. 즉 대부분의 서비스는 한정된 기관, 특별한 자격을 가진 임원 및 자원봉사자의 한정된 성원에 의하여 수행이 되고 있다. 지역사회개발이 사업에 있어서 주민들의 직접적인 참여를 강조하는 데 반하여, 지역사회조직은 대표나 위임을 통한 참여를 더 많이 활용한다.

이 외에도 쉐라드는 지역사회개발은 과거 정체적 사회에서 역동적 사회로 변화하기 위한 수단에서 도입되었지만, 지역사회조직은 역동사회 발달의 중엽에 도입이 되었으며, 지역사회개발은 전통사회의 구조를 타파하고 변화를 초래하기 위하여 처음에는 농촌을 돕는 것인 데 반하여, 지역사회조직의 기원은 산업국가의 도시로, 사회 경제적 변화로부터 야기되는 불공평을 교정・원조하려 한다는 데 차이가 있다고 보았다.

그러나 이러한 양자 간의 차이점에 대해 쉐라드도 애매한 경향이 있다고 지적한 바와 같이 지역사회복지향상 차원에서는 뚜렷한 구분이 어려운 실정이다. 특히 우리나라의 경우는 지역사회조직에 관한 이론적 축적보다는 지역사회개발에 관한 학문적 배경이 앞서고 있다고 볼 수 있으며, 이것은 1970년대 후반의 각 대학의 지역사회개발학과의 설치 붐과도 관련이 있다.

2) 사회행동모델

(1) 사회행동모델의 개요

사회행동(Social Action)은 지역사회의 불우계층주민들(disadvantaged segment)이 사회정의와 민주주의에 입각해서 보다 많은 자원과 향상된 처우를 그 지역사회에 요구하는 행동을 말한다. 로스만은 사회행동을 모델 C(Mode C)로 지칭하였으며, 이는 주민들을 무기력하게 보고 정부나 대기업 등의 기존체제(establishment)의 억압자들에 의해 착취당하여 고통 받고 있다는 인식이 전제된다.

이 모델에 의하면 사회사업가들은 권력, 자원, 지역사회결정에 있어서의 역할 등의 재분배를 추구하며 공공기관의 기본정책에 대한 변화를 추구한다. 이러한 모델을 이용하는 집단들의 예를 들어보면 소수인종집단(racial and ethnic minorities), 학생운동, 여성해방 혹은 여권신장운동, 급진정당, 노동조합운동, 복지권리운동(welfare rights movement), 빈민운동, 소비자보호운동, 환경보호운동 등의 시민조직 등이 있다.

사회행동모델에서는 억압을 가하는 대상자를 정하고(enemy targets) 조직과 집단행동을 통하여 대항하고 변화를 시키거나 그들이 원하는 상태로 유지하는 데 목표가 있다. 그러므로 그것이 과업중심이든 과정중심이든, 직접적이든 간접적이든 가리지 않는다는 특성이 있다. 단지 적대적인 대상에 대하여 대항하기 위해 세력을 규합하는 것이 우선이 되기 때문이다.

사회행동모형에서는 사회계획에서처럼 전문가의 역할을 강조하고 소규모의 과업달성에 목표를 두는 것 보다는 행동가를 중심으로 하여 사회적인 변혁을 가져오려고 한다. 물론 단기적인 소규모의 목표(target)를 두고 그것을 해결하려고 노력하는 과정에서 지역사회주민의 조직화나 집단적 행동을 요구하게 되지만 지역사회개발에서처럼 민주적 절차는 중요시하지 않는다. 결국 비민주적이고 급진적인 경우가 발생하더라도 그들에게 방해가 되는 개인이나 상대집단(기업이나 행정기관 등)에게 압력을 가하여 보다 궁극적인 목표(goal)를 획득하려 한다. 그러므로 노동자단체나 시민단체 등에서 취하는 유형이며 목표달성방법이라는 인식이 많다.

그러면 로스만의 사회행동모델에 영향을 준 기틀린과 던햄의 견해와 그 후의 프리드랜드의 견해 등을 살펴봄으로써 사회행동에 대한 이해를 돕고자 한다.

(2) 지역사회에 대한 문제 인식

기틀린(Todd Gitlin)[18]은 신좌파(New Left)의 지도자로서 지역사회가 혜택(privilege)과 분배에 따른 계층을 유지하고 있다고 보았다. 즉 지역사회주민은 정부나 사회의 기존(establishment)체제의 압력자(oppressors)들의 부조리와 착취에 의해 고통을 받고 있다고 인식한다. 그는 지역사회문제를 "유동성이 강하다고 생각되는 미래사회에 개인이 누려야 할 정의, 보건, 문화, 교육 그리고 일상적인 면에 있어서 불균등한 몫을 갖는 계급이 있다. 교도소, 병원의 응급실, 극장, 대학이나 시청을 가보면……, 권한은 그것에 의해 영향을 받게 되는

18) Todd Gitlin, "Power and Myth of Progress", *Thoughts of the Young Radicals*, Washington D. C. : The New Republic, 1960, pp. 20～22 및 최일섭, 상게서, p. 37 재인용.

사람들에게 균등하게 배분되어야 하며, 이를 가능하게 하는 자원이 보장되어야 한다는 것을 알게 될 것이다."라고 언급하고 있다.

이와 같은 기틀린의 견해는 억압된 주민계층의 단결을 호소하고 집단화시켜서 정치적 영향력을 증대시키려는 과정을 중요시한 것으로 볼 수 있다. 이러한 과정을 통하여 근본적으로 사회의 체제변혁을 목적으로 행동화하는 데 초점이 있는 것이다.

던햄(Dunham, A.)[19]은 사회행동을 사회행동가가 바람직한 것으로 믿어지는 목적달성을 위해 교육, 선전, 설득 및 압력을 이용하여 현재의 사회상황을 변화시키거나 혹은 변화를 예방하는 노력이라고 했으며, 여론이나 공공정책에 영향을 주기 위한 조직적 행동이라고도 하였다. 이에 참여하는 사회사업가는 지역사회의 기존 제도(예 : 교육, 취업, 복지, 보건, 가치관 등)와 현실에 대한 근본적인 변화를 추구한다.

(3) 지역사회조직사업과 사회행동의 관계

프리드랜드(Friedlander, W. A)[20]에 의하면 사회행동(social action)은 사회복지서비스(social service)의 향상을 목적으로 하는 개인이나 집단의 행동이다. 이러한 사회행동의 목적을 보면 사회사업의 실천이나 이를 위한 일반적 이해, 아동, 부녀, 노동, 주택 및 슬럼 철거 등의 제 조건의 향상을 도모함에 있고 사회변화를 통하여 사회부적응, 질병과 사회해체의 예방에 노력하고 아울러 개별사회사업(C. W)과 집단사회사업(G. W)에서처럼 개인의 복지, 자존감 및 존엄성 향상에 초점을 두고 있다.

지역사회조직의 가장 중요한 한 부분인 사회행동은 미국에서 1930년대 중엽 이후 지금까지 사회복지활동이 주로 개별사회사업과 집단사회사업 같은 기술편중주의에 대한 반성에서, 보다 입법조치를 강구하고, 노동자의 노동조건 및 생활조건의 개선에 의한 사회운동에 사회사업가들이 적극 참여함으로써 발달하게 되었다.[21]

---

19) Dunham. A., *Community Welfare Organization*, New York : Thomas Y. Crowell, 1958, p. 52.
20) Friedlander, W. A. and Apte R. Z., *Introduction to Social Welfare*, 5th ed., New Jergy : Prentice Hall, Inc., 1980, pp. 171～173.

이렇듯 사회행동은 학자에 따라서 사회사업의 한 방법론으로 보는 견해와 지역사회조직사업의 한 방법으로 보는 견해가 있다. 특히 던햄도 사회행동을 지역사회조직사업의 한 유형으로 보면서 절차적 사회행동(procedual social action)과 직접행동(direct action)의 두 가지 접근 방법으로 나누었다.[22]

즉 절차적 사회행동은 의회나 정규조직의 의사절차를 수립하여 수행하는 사회행동으로 그 목적은 주로 입법부나 유권자에게 찬성을 획득하게 하고 집행부에서 그들에게 유리한 결정을 하도록 하는 데 있다. 그리고 직접적 행동은 물리적이며 감정적이고 호전적인 정신을 내포하고 있다. 그리고 그 목적은 절차적인 사회행동을 통해서는 그들의 목적을 달성할 수 없을 때 보다 효과적이고 선전적인 행동을 하게 되는 것이다. 다음에서는 직접적 행동과 절차적 행동에 대하여 세부적으로 살펴보고자 한다.

[1] 직접적 행동 방법

① 농성과 시위행동 : 농성은 일반적으로 많지 않은 사람이 일정한 장소나 일반인들의 관심을 집중시킬 수 있는 다중집합장소를 선택하여 일정한 시간이나 철야행동을 하는 것을 말한다. 그리고 시위는 비교적 다수나 1인이 근린집단에 영향을 줄 수 있는 장소에서 집합하거나 행진을 통하여 사회적인 이슈를 관철하려는 행동을 말한다.

② 거부, 불매행동 : 평화주의자들이나 개인적 이념을 들어 징집을 거부하거나 세금 납부를 거부하는 경우, 학습조건을 들어서 등교거부나 강의거부를 하는 행동이 있으며, 소비자들이 기업 상품이나 외국 제품에 대한 불매운동을 전개하는 것을 말하며, 간혹 농성이나 시위와 연계되는 사례도 있다.

③ 투쟁, 파업행동 : 전자의 방법보다는 강한 행동으로서 노동조건 개선이나 임금협상이 여의치 않을 경우 지역적 · 전국적으로 장기간 이루어지는 행동을 말한다. 그들의 목적이 달성될 경우는 보다 느슨하거나 단기간의 행동으로 전환되는 사례도 있다.

---

21) 표갑수, "지역사회사업", 『현대사회복지론』, 서울 : 한국복지정책연구소, 1982, p. 272 참조.

22) Dunham. A., *op. cit.*, pp. 249～262.

이처럼 직접적 사회행동은 사회복지방법론이나 지역사회조직사업의 방법과는 다소 차이를 발견할 수 있다. 그보다는 사회학에서의 견해처럼 인간의 복지를 해결하기 위한 조직적인 행동이라고 보는 것이 적합할 것이다. 그러나 사회복지의 방법론에서도 보다 적극적인 행동이 필요할 경우에는 이러한 기술이 필수적이게 된다.

2 절차적 행동 방법

① 사회복지조사 활동 : 일반적으로 사회정책의 보조 자료로서 사회조사를 시행하게 되는데, 구빈 대책을 위한 빈곤조사나 노인 · 장애인 · 아동 복지 서비스의 개선을 위하여 지역사회주민들을 대상으로 혹은 클라이언트들을 직접적 대상으로 욕구조사를 하는 경우가 바로 이에 속한다. 또한 이에 필요한 지역사회자원조사도 중요한 영역이 된다.

② 사회복지입법 활동 : 원칙적으로 입법 활동은 국회나 지방의회의 의원이 중심이 되어 추진되지만 사회복지전문직이나 학자들이 이들의 자문역을 하거나 각종 사회복지위원회의 위원으로 참여하는 방안도 있다. 혹은 의회와는 상관없이 집행부에 의해서 시행되는 소규모의 특별시책의 경우에는 담당행정 공무원을 직접 만나서 사업의 필요성을 인식시키는 활동이 있을 수도 있다.

③ 사회복지사조합 운동 : 사회복지사는 사회복지업무를 추진하는 인적 전달체계로서 클라이언트의 복지향상에 직접적 영향을 미치는 전문직이다. 그러므로 이들 상호 간의 정보교환과 단결은 반드시 필요하다. 그러므로 사회복지사들에게는 노동조합이나 일정한 단체(사회복지사협회 등)를 통하여 그들의 임금이나 노동조건에 대하여 협의하고 전문지식과 기술의 획득활동이 요구된다.

④ 시민단체연계 활동 : 전자의 세 가지 활동이 그야말로 절차적 행동 방법에 속한다고 볼 때 시민단체 연계활동은 다소 직접적 행동의 경향을 띤다. 사회복지업무는 비단 사회복지전문직들만의 고유 업무가 아니라 전체적으로 시민 복지와 연계되어 있고 중산층과도 협력이 필요한 영역이므로 관련 시민단체와의 연계 활동에도 적극적이어야 한다.

이러한 절차에 준하는 사회행동에서는 사회적으로 여론을 형성하기 위한 사회복지환경의 태도가 중요하게 된다. 예를 들어 지방정부의 아동복지예산을 증액하기 위해서는 노인이나 장애인 단체와 같은 압력 단체와 연계하는 것보다 사회복지 업무를 수행하는 전문직이나 행정직들이 지방의회나 집행부의 타 부서(예 : 경제부서나 세입부서 등)의 협조를 얻어야 한다. 물론 그렇게 하기 위해서 사회복지 전문직들은 그들 스스로 단결하고 주민욕구조사 등을 통한 구체적인 근거자료를 확보하는 것이 중요하다.

그런데 이상과 같은 세 가지의 모델은 지역사회조직사업의 실천과정에서는 상호 중첩되는 측면이 있으며 지역사회에 산재한 복지욕구를 발현시키고 그것을 해결해 나가는 과정에서는 명확히 구분 짓지 못하는 관계성이 있다. 로스만도 자신의 세 가지 유형이 상호배타적인 것이 아니라고 하며 또다시 혼합유형 세 가지를 제시하였는데 ① 개발 · 행동(development · action), ② 행동 · 계획(action · planning), ③ 계획 · 개발(planning · development)이 바로 그것이다.

한편 지역사회복지의 실천유형으로서 로스만의 지역사회조직 모델 이외에도 와일과 갬블(Weil & Gamble)[23]이 1995년에 제시한 8가지인 모델 ① 근린지역의 지역사회조직, ② 기능적인 지역사회조직, ③ 지역사회의 사회 · 경제개발, ④ 사회계획, ⑤ 프로그램개발과 지역사회연계, ⑥ 정치 · 사회행동, ⑦ 연합, ⑧ 사회운동 모델이 다루어지고 있다. 그리고 1996년에 와일[24]이 다시 네 가지 모델로 축약한 것으로 ① 조직사업(organizing), ② 계획(planning), ③ 개발(development), ④ 사회정의를 위한 사회변화(social change for social justice) 모델이 최근에는 많이 활용되고 있다.

그리고 일본에서의 지역사회복지실천모델은 크게 3가지 유형으로 구분되는데 ① 재택복지서비스, ② 주민참가, ③ 지역복지계획 등이다. 한편 우리나라에서는 일본의 재택복지서비스와 유사한 재가복지서비스 모델이 대표적인 모델이 되고 있다.

---

23) Weil, Marie and D. Gamble, “Community Practice Models”, *In The Encyclopedia of Social Work*, Vol. 1, Washington D. C. : NASW Press, 1995, pp. 579～593.

24) Weil, Marie, “Model development in community practice : an historical perspective”, *Journal of Community Practice* 3(3/4), 1996, pp. 5～67.

결론적으로 지역사회복지실천의 유형은 크게는 로스만의 견해와 같이 ① 지역사회개발, ② 지역사회계획/정책, ③ 지역사회행동 3유형으로 분류할 수 있고, 와일의 모델에서 강조되는 조직사업(organizing)을 포함한다면 ④ 지역사회조직이 추가된 4유형으로 정리할 수 있다. 그러나 지역사회복지의 실천영역은 정치·경제적 상황의 영향으로 확대되는 경향에 있는 만큼 ⑤ 자원봉사, ⑥ 사례관리, ⑦ 재가복지 등으로 광의적 견해를 제시할 수 있다.

3. 사회계획/정책모형

1) 사회계획/정책모델의 개요

사회계획/정책(Social Planning/Policy)은 비행, 주택, 정신건강과 같은 사회문제를 해결하고자 하는 기술적(technical)인 과정을 강조하며, 이 모델에서 중요한 것은 문제해결을 위한 합리적인 계획수립과 통제된 변화이다. 로스만은 이를 모델 B(Mode B)라고 칭하였다. 이 모델에서 지역사회주민의 참여 정도는 문제의 성격에 따라, 또 이 문제에 관여하는 기관들에 따라 광범위할 수도 있고, 소수일 수도 있다.

이 방법은 복잡한 산업사회에 있어서 계획된 변화(planned change)로 거대한 관료적인 기관들을 움직일 수 있는 능력을 포함한 고도의 기술을 행사할 수 있는 전문가(expert)를 필요로 한다. 특히 사회사업가로서의 계획가(planner)는 주민들이 필요로 하는 물자와 서비스를 제공하는 데 관심을 갖는다. 이 모델에서는 지역사회의 문제해결능력을 배양한다거나(Mode A에서처럼), 근본적인 사회변혁을 증진시키려는 것(Mode C에서처럼)은 중요하지 않다.

사회계획모델은 지역사회문제를 구체적으로 조사하여 논리적인 단계에 따라 사회문제를 해결하는 데 그 목표가 있다. 즉 과정보다는 문제에 대한 배경자료를 수집하여 해결할 수 있는 대안을 강구하는 과제와 과업중심의 목표를 둔다. 이 유형에서는 지역사회개발의 목표에서보다 지역사회 리더의 역할이 강조되는데, 따라서 지역사회주민은 그 참여도 면에서 보다 소수일 수 있다는 특징이 있다. 모두가 함께 참여하여 뜻을 모으고 개선하는 과정보다는 소수의 전문가(expert)가 중심이 되어 주민들이 안고 있는 문제를 정확히 진단하고 그 문제를 해결하도록 임무와 과업을 수행하는 데 중심을 둔다. 그러므로 지역사회주민의 능력개발이나 적극적인 사회변혁에 목표를 두지 않으며, 지역사회가 안고 있는 여러 가지 문제를 각 사안마다 별도의 전문가와 기관·조직이 역할을 맡아 과업을 수행하는 것에 목표를 두게 된다.

사회사업분야에서는 브렌다이스(Brandeis)대학교 사회사업대학원(Florence Heller Graduate School for Advanced Studies in Social Welfare)에서 이 모델이 강조되고, 대학의 행정학, 도시계획(city planning), 도시문제(urban affairs) 등의 학과에서 다루어지고 있다. 이 방법을 추진하는 기관으로는 정부(예를 들면 각 부처의 기획담당부서, 도시계획국), 공동모금기관, 지역사회복지협의회, 지역사회복지협의체 등의 수많은 민간복지·보건관계 기관을 들 수 있다.

그러면 여기에서는 당초 로스만의 사회계획모델에 영향을 준 워렌과 트렉크의 견해를 살펴봄으로써 이해도를 높이고자 한다.

2) 지역사회에 대한 문제 인식

워렌(Roland L. Warren)[25]은 로스(Ross)의 지역사회상황에 대한 인식에 수긍하면서 미국이 당면하고 있는 지역사회문제를 다음과 같이 기술하고 있다. 즉 "어떤 문제들은 현대의 모든 지역사회에 있어서 보편적 특성이 있음이 분명하다. 이러한 문제들은 대도시 지역에서 쉽게 주목되지만 보다 작은 지역사회에서도 존재하고 있다. 문제의 양상을 보면, 대도시의 부채가 늘고 있고 슬럼이 확장되고 있으며, 주택이 부족하고, 경제적 부조를 받아야 할 인구가 늘어나고 있고, 학교는 재정적·인적 자원이 부족하고, 비행과 범죄가 증가하

25) Roland L. Warren, *The Community in America,* Chicago : Rand McNally & Company, 1963, p. 14 및 최일섭, 상게서, p. 36.

고 있으며, 정신병자에 대한 서비스가 결여되어 있고, 노인문제, 산업개발의 필요성, 재정적 지원을 위한 기관과 단체들의 갈등, 도심의 교통 혼잡 등 문제는 열거할 수 없을 정도이다."

이와 같은 워렌의 지역사회에 대한 문제인식은 로스만의 사회계획모델에 의해 접근되고 해결될 수 있는 배경이 된다. 해당 지역사회문제에 대한 전문적 지식이 있는 전문가들이 계획가로서의 역할을 할 수 있다. 아울러 일단 계획이 수립된 이후에는 정책프로그램으로 접근이 될 수 있으며, 최근 시 · 군 · 구 단위의 민관협동적인 지역사회복지계획 수립과 실천에도 시사하는 바가 크다.

3) 지역사회조직(사업)과 사회계획/정책의 관계

트레크(Trecker, H. B)[26]는 사회계획을 지역사회의 구조와 생활방식을 계획적으로 변경 · 개선시키는 방법으로 본다.[27] 지역사회조직과 사회계획의 개념은 상호 결합되어 있다. 계획은 범위 상 지역사회조직보다는 더 광범위할지도 모르나 그 계획의 본질적 요소들은 조직화된 지방적 행동에 의해서 설명될 수 있다. 지방적인 제 측면에 있어서의 계획은 전체 지역사회 또는 그 지역사회의 주요부분을 위해서 행동할 수 있는 조직화된, 대표적 지역사회단체들의 한 활동이다.

조직화된 집단과 지역사회기관의 다양성과 전문화는 흔히 모든 활동이 개별적이라는 지적을 받게 된다. 따라서 여러 전문화된 활동들을 하나의 프로그램 내에 통합될 수 있도록 하기 위해 지역사회조직과 합동계획 프로그램이 필요하게 된다. 계획은 지역사회조직과 지역사회 행정관리에 공통되는 방법들 중의 하나이다. 하나의 집단적이고 상호의존적인 사회는 그 사회의 모든 사람들에게 점점 더 나은 세계를 확보해 주기 위해서 결국 그 사회의 제반 계획과

---

26) Trecker, H. B., "Planning", in Harper, E. B., *Community Organization in Action,* N. Y : Association Press, 1966, pp. 214 ~ 215.

27) 김영모, 전게서, pp. 122 ~ 126 재인용.

정에 의존한다. 계획은 합의를 목적으로 논리적인 수단을 창출하려는 의식적이고 사려 깊은 사고의 지침이다.

계획은 언제나 불가피하게 우선순위의 결정과 가치판단을 요하는데, 계획은 숙명론보다는 오히려 현실주의에 기초를 두고 있다. 그것은 인간이 자기의 장래와 집단의 장래를 결정하는 데 현실주의에 기초를 두고 인간이 자기의 장래와 집단의 장래를 결정하는 데 충분한 합리적인 힘이 있다고 믿는 것을 의미한다. 그것은 자유방임주의를 부인한다.

흔히 계획은 지역계획이나 도시계획 등의 물리적 계획, 경제계획 및 사회계획으로 구분되는데, 이 중 사회계획은 지역사회조직의 한 방법으로서의 계획보다 더 광범위한 의미를 지니고 있다. 사회계획이라는 용어는 서구와 북아메리카의 선진국에서 최초로 사용되었는데 본래는 사회복지서비스를 제공하기 위한 계획을 말했지만 오늘날에는 사회계획이 일반적으로 훨씬 더 광범위한 의미로 해석된다. 그러나 이는 서구세계의 많은 사람들에게는 여전히 사회복지계획과 밀접하게 관련되어 있다. 사회계획은 특히 사회적으로 불리한 위치에 있는 개인들이나 집단들을 원조하기 위한 모든 사회정책을 구체적인 프로그램들로 전환시키는 것에 관심을 갖는다.

제3세계에서는 사회계획에 인습적인 모든 사회복지서비스를 위한 계획을 포함시키나 이것은 사회계획의 일부분에 지나지 않는 것이다. 사회계획은 훨씬 더 광범한 사회복지활동계획을 포함한다. 그래서 사회계획은 포괄적인 개발계획과정의 일부로서 사회변동 및 사회발전을 가져오기 위해 계획된 모든 활동들을 포함한다. 사회계획이라는 광범위한 계획 활동들은 ① 제반 사회적 서비스를 계획하는 것, ② 개발계획에서 사회적 우선순위와 사회적 고려 사항을 바탕으로 정하는 것, ③ 그리고 계획에 주민들의 참여를 확보하는 것의 3개 분야로 분류될 수 있다.[28]

이렇듯 사회계획은 지역사회복지의 차원에서 지역사회라는 지역적 공간을 대상으로 각종 사회복지서비스의 향상을 목적으로 추진되고 있으며, 특히

---

28) Conyers, D., *An Introduction to Social Planning in the Third Worlds*, John Chichester : Wiley & Sons, 1982, pp. 9 ~ 12.

지방자치제 실시와 2003년의 사회복지사업법 개정으로 지역사회복지계획수립이 규정화된 이후에는 기초자치단체 규모에서도 그 영역이 확대되고 있다.

제 6 장

지역사회복지의 원칙과 과정

1. 지역사회조직의 원칙

1) 레인 보고서의 견해

지역사회조직의 원칙(principles)이란 지역사회조직활동을 하는 데 있어서의 일반적인 행동 규칙(rule of action)을 의미하며, 그 규칙 속에는 이념과 가치체계가 포함된다. 1920년대부터 수많은 학자들이 지역사회사업 수행에 필요한 지침과 규칙을 정립하려고 노력해 왔으나 미국의 레인 보고서(The Lane Report)의 주요 결론에서 기본 원칙을 찾는 것이 일반적이다.[1)]

1939년 사회사업회의에 레인(Robert P. Lane) 등이 제출한 소위 레인 보고서는 사회사업가들에 의해 지역사회조직사업에 대한 체계적인 분석이 이루어진 최초의 보고서로 알려져 있으며, 지역사회조직에 관한 연구와 실무에 있어서 이정표가 되고 있다.

레인보고서의 주요 내용을 설명하면 다음과 같다.

---

1) Dunham. A., *The New Community Organization*, New York : Thomas Y. Crowell Co., 1970, pp. 58 ~ 60.

① 지역사회조직활동은 과정(process)에 중점을 두고 있다.

② 지역사회조직의 사상은 개별사회사업(CW)과 집단사회사업(GW)에 비교할 수 있는 사회사업의 방법이다.

③ 지역사회조직의 1차적인 목적은 사회복지자원과 복지욕구를 효과적으로 연결하고 달성하는 것이며, 그 외 2차적인 목적이 있다.[2)]

④ 지역사회조직의 과정은 사회사업의 일반적 영역으로서, 내·외부 영역이 있다.

⑤ 지역사회조직은 일차적 기능과 이차적 기능에 의하여 사회사업 조직화를 한다.

⑥ 지역사회조직의 일차적 기능은 구호를 직접 행하는 것이 아니다.

⑦ 지역사회조직은 지역 수준 외에도 광역 단위와 전국 수준에서도 이루어진다.

2) 존스와 데마치의 견해

레이 존스와 데이비드 데마치(Ray Johns and David F. Demarche)[3)]는 지역사회조직의 일반적인 원칙(general principles)에 대해서 다음과 같이 그들의 견해를 제시하고 있다.

① 지역사회조직은 수단(means)이며 최종(end)이 아니다. '케이스워크'나 '그룹워크'에서와 마찬가지로 지역사회조직은 개인의 생활을 풍요롭게 하고

---

2) 레인보고서에서 제시한 지역사회조직의 2차적인 목적은 다음의 여섯 가지이다. 첫째는 올바른 계획과 행동을 위한 사실적 바탕을 보완하고 유지하고, 둘째는 자원과 욕구의 보다 나은 적응을 가져오고 프로그램과 서비스를 개발·수정하여 발전시키며, 셋째는 사회사업의 수준을 향상시키고 개별 기관의 효과를 증진시키며, 넷째는 프로그램 및 서비스와 관련된 조직, 집단, 개인의 상호관계를 증진시키며, 다섯째는 복지문제와 욕구에 대한 보다 나은 공적 이해와 프로그램 및 방법을 발전시키며, 여섯째는 공적인 사회복지활동에 참여하여 지원을 향상시키는 것이다.

3) Ray Johns and David F. Demarche, *Community Organization and Agency Responsibility*, New York : Association Press, 1951, pp. 235~239 및 최일섭·류진석, 『지역사회복지론』, 서울 : 서울대학교출판부, 1996, pp. 156~158.

자 한다. 개인은 지역사회조직의 존재 이유이다. 기관, 직업, 사업, 지식, 기술은 수단에 불과하며, 인간의 복지와 성장이 목적인 것이다.

② 개인과 집단처럼 지역사회도 상이하다. 각 지역사회는 특유의 성격과 문제와 욕구를 갖고 있다. 따라서 지역사회를 효과적으로 돕기 위해서는 개별화하여야 한다.

③ 지역사회는 개인과 마찬가지로 자기 결정(self-determination)의 권리를 갖는다. 지역사회조직에 있어서 사회사업가는 지역사회가 자체를 위한 정책, 계획, 사업을 개발하도록 도우며 강요해서는 안 된다.

④ 사회적 욕구는 지역사회조직의 토대이다. 지역사회조직의 시작, 지속, 수정, 종결을 결정하는 요소는 욕구이다.

⑤ 사회복지기관 자체의 이익보다 지역사회복지가 사업을 선정하는 데 먼저 고려되어야 한다. 사회복지기관의 사업은 다른 기관의 사업내용과 관련해서 또 지역사회의 욕구와 관련해서 결정되어야 한다.

⑥ 지역사회는 조정을 필요로 한다. 조정(Coordination)이란 성장을 위한 과정이다. 권위적인 압력이나 억압에 의한 조정은 민주적인 원칙에 위배된다. 조정은 공통의 이익과 목표에 대한 지적인 인식에서 이루어져야 한다.

⑦ 지역사회조직을 수행하기 위한 구조는 가능한 단순해야 한다. 너무 복잡한 구조는 지역사회의 복지욕구를 효과적으로 충족시키기 위해 필요한 집단간의 관계를 맺어주는 과정에 방해가 된다.

⑧ 지역사회의 서비스는 공평하게 분배되어 모든 사람들이 차별 없이 평등하게 이용할 수 있어야 한다.

⑨ 문제해결의 접근방법에 있어서 다양성이 존중되어야 한다. 접근방법을 결정짓는 요소는 지역사회의 욕구이어야 한다.

⑩ 복지기관협의체에는 광범한 집단의 이익이 반영되어야 한다. 각 집단들은 자기네들의 이익을 솔직하게 개진할 수 있는 기회를 가져야 한다.

⑪ 지역사회복지기관의 효과적인 운영과 사업을 위해서는 집중과 분산의 균형이 이루어져야 한다.

⑫ 지역사회 내에 존재하는 집단들 간의 의사소통을 가로막는 장애는 제

거되어야 한다. 지역사회조직은 지역사회에 있는 상이한 집단 간에 보다 자유로운 접촉이 일어나도록 힘써야 한다. 지역사회생활의 차이가 많으면 많을수록 다른 사회집단의 문제와 공헌을 이해할 필요성은 커진다.

⑬ 지역사회는 전문가의 도움을 필요로 한다. 전문가의 역할은 지역사회로 하여금 사회복지의 욕구를 발견하고, 규명하고, 충족할 수 있도록 돕는 것이다. 지역사회조직의 성공은 사회사업가가 공통의 목표달성에 주민들을 자발적으로 참여시킬 수 있는가에 달려 있다.

3) 맥닐(McNeil)의 견해

맥닐[4)]은 1954년에 그의 저서에서 지역사회조직에 관한 7가지 원칙을 제시하였다.

① 지역사회조직은 사람들과 그들의 욕구에 관심을 가진다. 지역사회조직의 목표는 사회복지자원과 사회복지욕구 간의 보다 효과적인 적응을 가져오고 유지하여 인간생활을 풍요롭게 하는 데 있다.

② 지역사회조직에 있어서 일차적인 클라이언트는 지역사회이다. 여기에서 지역사회는 근린지역, 시, 군, 도, 국가가 될 수 있고 국제사회가 될 수도 있다.

③ 지역사회는 있는 그대로 이해되고 수용되어야 한다. 지역사회조직워커는 케이스워크가 개인들의 성격구조를 개조하려는 것처럼 지역사회의 성격(personality)을 변화시키는 데 관심이 있다. 즉 퍼스낼리티의 본래적인 가치를 인식하고 최대한 개발하는 데 역점을 둔다.

④ 모든 사람은 보건과 복지서비스에 관심을 가지고 있으므로 각계각층의 이익이 대표하는 사람들의 적극적인 참여가 지역사회조직에서의 주요목표가 된다.

⑤ 개인의 욕구는 계속 변화하고 집단들 간의 관계도 지속적으로 변화한다는 현실이 지역사회조직에서 인식되어야 한다. 목적을 향한 변화는 지역사회조직의 기본적인 목표가 된다.

---

4) C. F. McNeil, "Community Organization for Social Welfare", *Social Work : Year Book*, New York : American Association of Social Workers, 1954, p.123.

⑥ 모든 사회복지기관과 단체는 상호의존적이다. 어떤 기관이나 단체도 고립적으로 존재하는 것은 아니며 다른 기관과의 관계 속에서 맡은 바 기능을 수행한다.

⑦ 지역사회조직은 일반적인 사회사업의 한 분야이다. 방법 상의 지식과 기술은 인간의 욕구를 충족시키고자 하는 일체의 지역사회의 노력을 발전시키는 데 요구된다. 그리고 지역사회조직을 위한 전문교육은 사회복지대학원을 통하여 가장 잘 이루어질 수 있다.

4) 통합적인 견해

지금까지의 견해들을 토대로 지역사회조직활동의 원리와 원칙을 통합적인 차원에서 재정립하면 다음과 같이 제시할 수 있다.

① 지역사회조직은 지역사회개발과 마찬가지로 사회복지의 총괄적 목표보다는 과정에 관심을 갖는 협동적 노력이다. 인간의 풍요로운 생활과 복지향상이라는 목표를 향한 지역사회주민의 욕구와 그것을 가능하게 하는 인적·물적 자원과의 연계활동이 중요하며, 그 과정에서 상호 협동적이어야 한다.

② 지역사회조직활동의 대상은 지역사회에서부터 시작되어야 한다. 그것이 농촌사회이든 도시사회이든 주민들의 공통된 지역성과 유대감을 가지고 있는 소규모의 사회가 주된 활동 대상이다. 물론 해당지역 사회의 문제가 보다 넓은 구역의 지역사회나 전국적인 이슈가 될 경우에는 그 대상의 범위도 늘어나게 된다. 즉 지역사회조직은 수직적이고 수평적 구조에서 수행될 수 있다.

③ 케이스워크나 그룹워크가 사회사업의 한 방법으로서 독특한 영역을 차지하듯이 지역사회조직도 클라이언트인 지역사회를 진단하고 문제를 해결하는 정체성을 유지하여야 한다. 다시 말하면, 지역사회의 개인문제인 정신질환, 알코올중독을 치료하는 것이 전자의 목적이라면 지역사회주민 공통의 문제를 진단하고 치유하는 과정에서도 독특한 가치관을 유지하여야 한다.

④ 지역사회조직활동의 프로그램의 개발이나 그 수행과정에는 소수의 전문가와 다수의 지역사회주민이 공통으로 참여할 수 있는 체계를 유지하여야

한다. 어떤 경우에는 당초의 목표달성이 다소 지연되더라도 합의를 통한 실천이 건전한 지역사회변화를 가져오게 하는 프로그램이 될 수 있다. 그러므로 많은 전문가의 도움 없이도 효과적인 지역사회조직활동은 가능한 것이다.

⑤ 개별적 사회복지기관과 단체들은 같은 지역사회를 대상으로 지역사회조직 활동을 전개하는 만큼 상호 견제하는 관계가 아닌 상호 의존적인 관계를 유지하는 것이 필요하다. 케이스워크에서 기록이 중요하듯이 지역사회조직에서도 개별 사회복지기관이나 단체들은 기초적인 자원기록에서부터 프로그램 수행 과정에서 일어나는 역동적 상황에 대한 면밀한 기록을 통하여 지역사회의 건전한 변화 과정에 함께 노력하여야 한다.

2. 지역사회개발의 원칙

지역사회개발의 원리나 원칙은 사업의 내용이나 성격에 따라서 다소 차이가 있다. 그리고 학자에 따라서 각기 다르게 제시되고 있는데 이것은 지역사회개발에 대한 개념적 정의나 가치적 판단에 따른 차이라고 할 수 있다.

여기에서는 국제연합의 자료에 의한 일반적인 원리와 학자들의 견해를 일견한 다음 이를 종합하고 오늘날 대부분의 국가가 복지국가를 지향하고 있는 상황에서 지역사회개발로 주민의 복지향상을 위한 방법론인 만큼 지역사회복지적 가치관에 대응하여 보편적으로 적용할 수 있는 원리를 제시하고자 한다.

1) 국제연합(UN)의 견해

1955년 11월에 국제연합이 발간한 보고서인 『지역사회개발을 통한 사회발전(Social Progress Through Community Development)』에서는 지역사회개발을 주로 개발도상국의 농촌지역에 적합한 활동으로 보고 있다. 이 보고서에

서 제시하고 있는 '성공적인 지역사회개발사업의 기본적인 요소'의 10개 항목을 소개하면 다음과 같다.5)

① 지역사회개발사업은 주민의 기본적인 욕구를 기초로 하여야 한다. 그리고 초기의 사업은 주민의 표현된 욕구에 따라 시작하여야 한다.

② 지역사회개발은 합의된 행동과 다목적적인 계획을 통해야 하고 균형 있게 수행되어야 한다.

③ 주민의 태도변화는 지역사회개발의 시작단계에 있어서는 사업의 물리적인 달성과 같이 중요한 것이므로 태도변화에 대한 유의가 필요하다.

④ 지역사회개발 과정에는 주민들의 참여와 지방정부의 개혁과 그에 따른 효과적인 변화가 따라야 한다.

⑤ 지역사회개발의 계획단계에서는 능력 있는 지도자를 찾고 훈련시키는 것을 기본적으로 설정해야 한다.

⑥ 지역사회개발과정에 있어서 청년과 여성층의 보다 적극성 있는 참여는 계획을 수립하고 광범한 기초를 확립하는 데 힘이 되고 장기적인 수행에도 중요한 것이다.

⑦ 지역사회 스스로 벌이는 사업의 성과를 위해서는 정부기관으로부터의 적절한 보조가 필요하다.

⑧ 만약 지역사회개발계획을 국가적 규모에서 수행하고자 할 경우에는 일관성 있는 정책, 특별한 행정적 조치, 인적 자원의 채용과 훈련, 지방 및 국가자원의 동원, 연구조직, 실험과 평가 조직이 필요하다.

⑨ 지역사회개발수행에는 민간조직의 자원이 지방·국가 및 국제적인 수준의 계획에서 효율적으로 활용되어야 한다.

⑩ 지방차원의 경제적·사회적 발전은 국가 차원의 발전과 형평을 유지해야 한다.

---

5) United Nations, "Principles of Community Development", in Ernes B. Harper and Arthur Dunham, ed., *Community Organization in Action : Basic Literature and Critical Comment*, New York : Association Press, 1959, pp. 525～566.

2) 국내 학자의 견해

정지웅 등은 추진 토대와 방향을 과정론(process)적인 입장에서 다음과 같이 네 가지로 제시하였다.

① 지역사회개발을 위해 지역사회주민의 공통적인 욕구와 필요에 바탕한 사업이 선택되어야 한다. 주민이 공통적으로 원하고 필요로 하는 사업을 해 나갈 때에만 주민들의 적극적인 참여와 노력을 기대할 수 있는 것이다.

② 지역사회개발은 그 지역사회의 제반여건과 가용자원을 토대로 추진되어야 한다. 지역사회의 여건과 자원의 형편보다 무리한 사업추진은 실패하기 쉬운 요인이 있다.

③ 지역사회개발도 주민들의 창의와 능력을 최대한으로 발휘하게 하는 방향으로 추진되어야 한다. 지역사회주민은 이에 대한 신념과 보람을 느낄 때에 보다 참여의식과 협동심이 왕성해질 수 있다.

④ 지역사회개발은 다각적 측면에서 종합적으로 접근되어야 한다. 왜냐하면 지역사회개발은 경제・사회・문화의 각 측면을 포함하는 지역사회의 주민생활 전체를 향상시키는 것이기 때문이다.

그리고 지역사회개발을 추진하는 주체세력으로는 다음과 같이 제시하였다.

① 지역사회개발은 주민이 주체가 되어 수행하여야 한다. 즉 지역사회개발은 그 지역사회가 자체적으로 문제를 해결할 수 없는 문제만을 외부의 인적・물적・기술적 지원을 받아 해결하는 것이다.

② 지역사회개발은 그 계획으로부터 시행 및 평가에 이르기까지 모든 단계에서 주민들의 자발적 참여와 적극적 협동을 확보한 위에서 수행되어야 한다. 지역사회개발은 모든 주민들의 일체적인 노력 위에서만 가능하기 때문이다.

③ 지역사회개발은 그 지역사회 내의 모든 조직과 집단을 효과적으로 동원 및 활용하는 속에서 수행되어야 한다. 왜냐하면 지역사회내의 모든 활동은 주민 개개인보다는 조직이나 집단의 향배에 보다 크게 영향을 받게 되는 것이다.

④ 지역사회개발은 그 지역사회 내의 지도력을 최대한으로 육성 및 활용

하여 수행되어야 한다. 지역사회개발의 주체가 지역사회주민이므로 이를 선도할 지역지도자와 지도력이 필요하기 때문이다.

⑤ 지역사회개발은 관련 지원기관들의 기능이 상호조화 · 조정된 속에서 추진되어야 한다. 지역사회주민에 의한 지역사회개발은 현실적으로 많은 제약이 있으므로 외부지원 관련기관들의 다종 · 다양한 지원기능이 조정되어 중복을 피하고 상호 협조가 이루어져야 하기 때문이다.[6)]

한편 같은 1970년대 새마을운동 시기의 학자인 문병집의 견해에서도 유사한 추진토대와 방향이 제시되고 있는데 그 주요 내용은 다음과 같다.

① 지역사회개발사업은 주민의 욕구와 사회의 이익을 토대로 추진되어야 한다.

② 지역사회개발사업은 지역사회주민의 공통적인 욕구와 전체적인 이익에 부합되어야 한다.

③ 지역사회개발사업은 자조와 협동을 바탕으로 추진되어야 한다.

④ 지역사회개발사업은 지역사회의 기존자원과 기타 제 여건을 토대로 계획되고 추진되어야 한다.

⑤ 지역사회개발사업 과정에서의 변화도입(inducement of changes)은 주민대중의 충분한 이해 위에서 행해져야 한다.

⑥ 지역사회개발사업은 훌륭한 지도자의 발굴과 양성을 통해 행해져야 한다.

⑦ 지역사회개발사업은 소집단을 통하여 추진되어야 하는 것이 원칙이며, 그 지도는 어디까지나 민주주의적이고 유도적이어야 한다.

⑧ 지역사회개발사업은 경제개발(economic development)과 사회개발(social development)의 통일성 위에서 행해져야 한다.[7)]

이러한 견해는 지역사회개발사업을 운동론적인 관점에서 본 의미가 강하다.

---

6) 정지웅 · 김지자, 『지역사회개발 : 그 이론과 실제』, 서울 : 배영사, 1973, pp. 63~68.
7) 문병집, 『지역사회개발원리강의(I)』, 서울 : 내무부지방행정연수원, 1974, p. 6.

3) 지역사회복지실천론적인 견해

이상에서 지역사회개발에 관한 일반적인 원칙을 다양하게 살펴보았다. 그러나 이러한 견해들은 지역사회개발의 개념을 과정론(process)이나 운동론(movement)의 관점에서 본 견해이므로 지역사회복지의 향상을 위한 실천이라는 방법론(method)의 견해에서 재정립하면 다음과 같다.

① 지역사회개발사업에서는 개별사회사업이나 집단사회사업과는 차원이 다른 일정한 주거지역에서 일상생활을 영위하는 사회적 취약계층이 클라이언트가 된다. 즉 경제적 · 사회적 비복지(diswelfare) 상황으로 인하여 서비스를 필요로 하는 다중의 인간집단을 대상으로 한다.

② 지역사회개발사업은 지역개발사업과는 달리 물리적 환경의 개선을 위한 지방정부나 국가중심의 접근이 아니라 사회심리적 환경의 개선에도 주요과제가 있으므로 지역사회주민 스스로가 필요성을 인식하도록 하고 지방정부는 이를 명료화하거나 지역사회문제를 구체화하는 영역에서 조력함으로써 주민의 자주성을 살려야 한다.

③ 지역사회개발사업에 소요되는 재정을 민간에서 조달된 비용으로 추진하는 것이 바람직하다. 사업 초기의 기초적인 시설구비나 인적 배치에 따른 예산은 지방정부에서 부담할 수도 있지만 사업내용의 추진비용에 있어서는 후원금이나 지역공동모금회의 배분금액을 추진함으로써 가능하면 관(官)이 개입하는 측면이 줄어야 한다.

④ 지역사회개발사업을 계획하고 수행하는 인력은 그 지역사회를 잘 알고 있는 주민 속에서 선발되어야 한다. 왜냐하면 지역사회개발사업은 지역사회에 대한 역사적이고 문화적인 이해를 바탕으로 실천되어야 하고 이에 적합한 직원이 채용되는 것은 사업수행의 효율성에도 도움이 되기 때문이다. 그러나 보다 전문성을 필요로 하는 사업내용을 시행하게 될 경우에는 외부 인력의 충원이 요구된다.

⑤ 지역사회개발사업은 소규모의 마을이나 주택지역을 지역적 대상으로

시행하고 그 추진성과에 따라 인접 지역사회로 확산하는 전략을 선택해야 한다.

만약 국가적인 상황의 전개로 전체 지역사회가 유사한 문제를 안고 있고 동시적인 사업추진의 필요성이 있다고 하더라도 지방정부가 적극 개입하는 방식은 오히려 사업의 지속적 수행을 어렵게 한다. 그러므로 외부기관은 어느 정도의 지역사회가 조직화되어 지역사회 간(inter-community)의 협조가 필요한 상황에서 매개적인 역할을 해야 한다.

⑥ 지역사회개발사업을 이끌어 나가는 지도자 그룹은 해당사업에 참여하는 주요 인력과 다중의 내부인력에 수시로 그 성과를 보고하고 결산하는 기술이 있어야 한다. 뿐만 아니라 지역사회변화를 위해 도움을 준 전문가나 여타의 자원조직(voluntary organization)에 대해서도 고마움을 표하여 상호 인정받는 분위기를 조성하는 것이 중요하다.

⑦ 지역사회개발사업이 전 국가적이고 사회적인 개발사업이라는 목적에 기여하는 사업이 되어야 한다는 측면에서 지역사회개발사업가는 항시 전체적인 안목을 길러야 하고, 재교육에도 참여하여 전문성을 함양해야 한다. 한편 지방정부나 국가의 계획가는 개별 지역사회개발지도자들을 격려하고 조언해야 하며, 어느 특정한 지역사회개발사업가를 지지하거나 통제하려는 행위는 없어야 한다.

3. 지역사회복지실천의 과정

지역사회복지는 재가복지, 조직화활동 등을 주요내용으로 하고, 그 방법으로써 많이 사용되고 있는 것이 지역사회조직이며 전개과정도 지역사회조직을 주요내용으로 하고 있다. 그리고 지역사회복지의 방법에 의한 구체적인 전개과정은 ① 욕구의 파악, ② 욕구의 공유, ③ 조직의 구성, ④ 지역사회복지계획, ⑤ 주민참가와 협동, ⑥ 사회자원의 동원 · 개발 · 조정, ⑦ 사회행동, ⑧ 복지서비스의 실시, ⑨ 서비스 이용자와 가족의 조직화, ⑩ 효과의 측정과 평가로 나누어 살펴 볼 수 있다.[8)]

1) 욕구의 파악

지역사회복지의 전개과정은 우선 지역사회의 욕구의 파악부터 시작된다. 욕구의 파악은 정책이나 프로그램을 결정할 때 기초가 되는 것으로 파악해야 할 내용은 다음과 같다.[9]

① 사회적 원조를 필요로 하는 대상자와 가족의 욕구

② 지역주민이 관심을 가지는 욕구

③ 인적 · 물적 지역사회자원

④ 지역사회의 특성

이러한 욕구는 개별적 또는 종합적으로 파악해야 하고, 서비스의 내용이나 지역주민의 자립의식, 협력관계, 사회자원에 관한 이해 등도 파악하는 것이 필요하다. 그리고 욕구의 파악방법으로서는 사회복지종사자나 상담기관, 복지센터 등을 통하거나 사회조사에 의하여 파악하는 것이 있다.

2) 욕구의 공유화

지역사회복지 전개의 두 번째 단계는 파악된 욕구를 주민들에게 알리고, 주민들의 문제로 지각 · 인식하며 구체적인 해결방안을 위한 광고홍보와 복지교육을 실시하는 것이다.

3) 조직의 구성

이 단계에서는 활동의 핵이 되고 기초적인 작업을 하기 위한 조직구성이 이루어진다. 지역사회복지를 구체적으로 전개하기 위한 중심적인 조직구성에서는 활동과제의 결정, 지역사회복지의 계획, 주민의 참가와 역할분담, 자원조

---

8) 鈴木五郎,『地域福祉展開の方法』, 東京 : 筒井書房, 1983, pp. 67～73 참조.

9) 福武直 外 編,『都市と農村の福祉』, 東京 : 中央法規出版, 1988, pp. 191～192.

달, 광고홍보, 서비스전달, 효과측정 등이 중요한 문제이다. 그리고 조직의 운영과 추진방법은 지역사회의 실정에 따라 판단할 문제이다.

4) 계획의 수립

지역사회복지의 구체적인 전개는 구체적으로 파악된 욕구를 기본으로 어떠한 서비스로 지역사회자원과 조정을 통하여 문제를 해결할 것인가에 대한 목표를 설정하는 것이다. 이러한 측면에서 지역사회복지의 계획은 주민의 합의형성과 서비스를 종합적으로 실시하기 위한 계획의 수립이다. 특히, 최근에는 지방자치의 활성화로 인하여 지역사회복지의 계획 중에서 민간단체나 주민의 역할 등에 관심을 많이 가지고 계획을 수립하는 경우가 많아지고 있다.

5) 주민참가와 협동

이 단계에서는 주민참가와 협동을 촉진하는 것으로 지역사회복지의 기본적인 성격인 지역주민의 참가와 지역사회자원의 동원을 촉진하는 것이다. 그리고 이러한 참가는 다양한 형태로 이루어지고, 참가의 활성화와 참가촉진을 위한 홍보와 교육을 통하여 그들의 기능과 능력을 고려해야 할 것이다.

6) 지역사회자원의 활용

이 단계는 사회자원을 유용하게 활용하기 위하여 동원, 조정, 개발을 도모하는 것으로 주민들의 구체적인 생활상의 욕구를 사회자원의 조정을 통하여 문제를 해결하는 것을 목적으로 하고 있다. 따라서 사회자원의 동원 · 개발 없이는 지역사회복지의 진정한 발전은 어렵다고 할 수 있다.

특히, 현대사회와 같이 다양하고 복잡한 욕구의 해결이 요구되는 사회에서는 사회자원의 다양화는 물론, 사회자원의 질과 양, 그리고 사회자원의 현실화와 그 사회자원이 욕구를 가진 대상자가 이용하기 용이한가도 중요한 문제가 된다.

(1) 자원의 동원

욕구해결을 위해서는 우선 자원을 동원해야 하는데, 자원의 동원이란 욕구해결을 위해 필요한 자원을 지역사회 내에서 유효하게 활용하는 것이다. 즉 광범위한 정보의 수집과 지역사회자원을 이용하고자 하는 것은 자발적인 주민의식 없이는 어려운 일이다. 그리고 사회자원을 동원하기 위하여 주의해야 할 것은 사회복지시설이나 사회복지단체와 관련된 곳 이외에도 사회복지와 직접적으로 관련되지 않은 민간 기업이나 단체의 기능도 중요하다는 점이다.

(2) 자원의 조성과 개발

일반적으로 과거에는 지역사회복지 자원의 조성과 개발이 공적 기관에 의하여 주도적으로 실시되었으나, 최근에는 복지단체기관뿐만 아니라 비영리단체나 기업의 분야에서도 독자적으로 복지서비스를 개발하고 있다.

(3) 자원의 조정과 관계구조 조직

사회자원에 있어서 중요한 것은 동원·개발된 자원이 문제해결과정과 직접적으로 연결될 수 있는 조정과 관계구조를 조직해야 한다는 것이다. 자원의 성격과 기능에 대해 이해를 하여야 하고, 그 자원이 유용하게 사용될 수 있도록 조정하고 보완해 주어야 한다.

7) 사회행동

이 단계는 사회행동(social action)의 단계로서 전개방법의 명확화를 위해서 자원의 동원과 사회행동을 구분하고 있으나 이들은 유사한 점을 많이 지니고 있다. 주민과 복지 관련자의 노력이 있고, 그리고 복지서비스의 필요성이 존재하더라도 지방자치단체의 예산문제, 인식차이 등에 의하여 해결할 수 없는 경우가 많다. 이러한 경우 주민들과 복지관계자들이 조직적 · 계획적으로 단결하고 여론을 조직화함으로써 지역사회자원의 동원이나 실현을 도모할 수 있다. 이와 같이 국가나 지방자치단체 등에 대해서 특정의 목적을 가지고 단기간에 그 실현을 도모하고자 하는 조직적인 행동을 사회행동이라고 부른다. 이것은 복지문제의 사회적 · 정치적인 해결을 촉진하는 한 방법이다.

그리고 사회행동의 전개과정은 사회운동을 할 수 있는 조직을 구성하고 문제인식에 대한 공유와 학습, 그리고 사회운동의 구체적인 방법을 확인한다. 그 다음으로 사회적인 지원과 지지를 확산하고 압력을 가하는 구체적 단계로 이루어진다.

8) 복지서비스의 실시

지금까지의 단계가 기본정비의 단계라면 이 단계는 복지서비스를 구체적으로 실시하는 단계이다. 일반적으로 지역사회복지와 관련된 복지서비스로서는 전문케어서비스, 재가복지서비스, 예방서비스, 복지증진서비스, 환경의 정비와 개선활동 등이 있다. 그리고 구체적인 복지서비스의 전개과정은 다음과 같다.

(1) 실시계획과 예산의 입안

제4단계에서 책정한 지역사회복지계획에 기본을 두고, 그것을 구체화하는 형태로 진행된다. 지역사회복지계획이 몇 년 동안 실시된다 하더라도 서비스를 실시할 때에는 계획을 구체화한다는 의미에서 예산계획을 세우지 않으면 안 된다. 그러므로 새로운 서비스의 대상자, 재가복지서비스에 대해서 서비스 이용자를 조사하는 것이 필요하다.

(2) 서비스의 공급체계의 구성

이 단계는 서비스의 공급체계를 구성하는 것으로 서비스체계의 구체적인 구상은 실제로 동원되는 사회자원에 적합한 공급체계를 구성해야 한다. 즉 복지서비스의 내용과 성격에 의해 서비스를 어떠한 형태로 구분할 것인가 등에 따라 서비스체계가 달라져야 한다.

(3) 교육과 훈련

서비스 전달자의 교육과 학습을 실시하는 것으로 단순한 전달자 이상으로 대상자들의 생활 발달을 원조하는 동시에 지역계몽의 역할도 하여야 한다. 그러므로 이러한 역할을 수행하기 위해 필요한 지식과 기술, 사회복지의 이념 및 가족과 지역주민에 대한 이해까지 다양한 교육을 필요로 한다.

(4) 전문가에 의한 조정

서비스가 효과적으로 실시되도록 조정이 필요한 단계이다. 이러한 역할을 수행하는 전문가를 일반적으로 커뮤니티워커(community worker)라고 부르는데, 우리나라의 경우에는 일반화되어 있지 않은 실정이다. 그리고 이 단계에서는 지역사회정보의 정확한 수집여부에 대한 조정, 계획수립과 서비스의 관계 등에 대한 조정이 이루어진다.

(5) 서비스의 구체적 제공

서비스의 구체적 제공에서 중요한 것은 대상자의 자립을 목적으로 원조해야 한다는 것이다. 대상자가 지역사회에서 자립을 하기 위해서는 실 상황에 적용 가능한 능력을 가져야 하고 서비스도 이와 관련이 되어야 한다.

(6) 서비스의 개선과 새로운 욕구의 발견

서비스의 개선 · 보완과 새로운 욕구의 파악이다. 서비스의 실천과정에 있어서 일반적으로 서비스를 실시하기 전에는 예측할 수 없었던 문제들이 발생하기도 하고 서비스의 효과성에 대해서도 문제들이 생긴다. 그리고 새로운 욕구들이 지속적으로 발생한다. 그러므로 새로운 욕구의 발생에 관하여 항상 관심을 가져야 할 것이다.

9) 서비스 이용자와 가족의 조직화

이 단계는 복지서비스 이용자와 가족의 조직화과정이다. 이러한 활동을 명확히 하기 위해서는 다음과 같은 사항에 유의해야 한다.

① 서비스 이용자의 자립의사를 향상시킬 것, ② 문제를 함께 공유하고 자립에 도움을 줄 수 있는 가족이 서비스의 목적을 바로 이해하고 그것을 원조할 것, ③ 서비스의 실시를 통하여 파악된 욕구의 개선점과 새로운 자원의 필요성 등을 지각할 것, ④ 서비스 효과의 명확화나 가족 간에 공유하고 있는 욕구를 서로 이해하거나 정보를 교환하는 것이 필요하다.

즉 서비스의 이용자, 가족에 대한 복지교육, 정보제공, 상담활동, 욕구조사, 서비스의 효과와 측정, 상호학습 등이 전제되어서 활동을 효과적 효율적으로 추진하기 위해서는 서비스의 이용자, 가족의 조직화가 요구된다.

10) 효과의 측정과 평가

지역사회복지 전개과정의 마지막 단계인 효과의 측정과 평가는 일반적으로 다음과 같은 목표를 가지고 행해진다.

① 활동의 목적 또는 목표달성의 정도를 측정·평가하여 복지서비스의 실시에 의하여 초기의 목적이 어느 정도 달성되고 진전되었는가를 확인하는 것이다.

② 계획의 부족한 사항이 있다면 보완하고, 예측하지 못한 일이 발생하면 장애를 제거하는 것으로 계획의 변경, 보완, 부족한 자원의 동원

등 서비스의 질을 높여서 욕구와의 적합성을 강하게 하는 것이다.

③ 하나의 과정을 통하여 새로운 지역사회복지의 전개에 있어서 중요한 교훈과 자료를 획득하는 것이다.

그러므로 효과와 측정의 평가는 편의 상 마지막 단계에 일반적으로 위치하지만 지역사회복지 전체의 과정에서 행해져야 할 활동이라는 것에 주의해야 할 것이다. 그리고 효과의 측정과 평가에 있어서 유의해야 할 사항은 다음과 같다.

① 본래의 목적 또는 목표를 어느 정도 달성했는가?
- ○ 욕구는 어느 정도 충족되었는가.
- ○ 이용자와 가족의 생활과 의식은 어느 정도 변했는가.
- ○ 인적 · 물적 환경은 어느 정도 조정 · 개선되었는가.

② 활동의 진행방법은 잘 되고 있는가?
- ○ 욕구의 파악과 공유화는 충분한가.
- ○ 지역사회복지계획은 적절한가.
- ○ 활동주체의 역할은 적절한가.
- ○ 지역주민의 이해와 관심 및 활동의 참가와 협동은 충분한가.
- ○ 동원된 자원은 충분한 기능을 하였는가.
- ○ 복지서비스의 실시 상 장애가 된 것은 무엇인가.

③ 지속적인 활동을 위한 기초는 준비되었는가?
- ○ 욕구파악시스템은 확립되었는가.
- ○ 서비스의 공급체계(활동본부, 관계기관, 단체의 조직망 등)는 확립이 되었는가.
- ○ 주민의식의 변화에 의하여 복지제도 등에 관한 이해가 어느 정도 진행되었는가.
- ○ 앞으로 활동을 진행하는 데 참고가 되는 것은 무엇인가.

이러한 지역사회복지의 실천과정은 지역사회의 문제해결과정을 의미하는 것으로 각 학자에 따라서 각기 다른 모델이 제시되고 있다. 여기서 리피트의 실천론적인 과정과 길버트와 스펙트의 정책론적인 단계, 던햄의 문제해결과정을 소개하면 다음과 같다.

리피트(Ronald Lippitt)[10]는 1958년 변화매개인(change agent)이 계획된 변화를 가져오기 위하여 수행해야 할 과정으로 7단계를 제시하였다.

① 변화필요성의 구체화
② 변화관계의 작성・수립
③ 클라이언트 시스템의 문제 진단
④ 대안과 목표의 설정
⑤ 변화에 대한 노력
⑥ 변화의 일반화와 안정화
⑦ 종료관계의 도달

길버트와 스펙트(Gilbert & Specht)[11]는 정책형성의 과정으로 8단계를 제시하였다.

① 문제의 발견
② 분석
③ 공공홍보
④ 정책목표의 설정
⑤ 일반의 지지와 합법성 구축
⑥ 프로그램의 설계
⑦ 실천
⑧ 평가와 사정

---

10) Ronald Lippitt et al., *The Dynamics of Planned Change : A Comparative Study of Principles and Techniques,* New York : Harcourt, Brace Jovanovich, 1958, pp. 129～143.
11) Neil Gilbert and Harry Specht, *Dimension of Social Welfare Policy*, Englewood Cliffs, New Jersey : Prentice - Hall, 1974, pp. 16～20.

던햄(Dunham A)은 지역사회복지실천의 과정을 문제해결과정으로 본다.

① 문제의 인식과 분석을 위해 조작적 정의
② 문제의 분석(진단) 또는 사실의 발견
③ 계획
④ 조치
⑤ 평가
⑥ 차후 단계

지금까지의 견해를 바탕으로 종합적으로 재정리해 보면 지역사회복지의 실천과정은 일반적으로 다음과 같이 다섯 단계로 나누어진다.

① 문제의 발견 및 분석(사정)
② 대안선택 및 프로그램의 개발
③ 프로그램의 실천활동(과정중심 또는 과업중심적 활동)
④ 문제해결의 평가(과정평가 또는 종결평가)
⑤ 사후점검 및 관리

이처럼 지역사회복지사업이 지역사회가 가지고 있는 문제와 욕구를 찾아내어 그 대응책을 강구하고 실천하는 일련의 단계를 거친다고 볼 때 지역사회복지실천과정은 실천론과 정책론의 양면적인 해결과정을 필요로 한다.

제 7 장

지역사회복지실천과 사회복지사의 역할

1. 지역사회사업가의 의의

1) 지역사회사업가의 중요성

고령사회의 급속한 진전과 도시화, 핵가족화 등에 의하여 종래의 구빈적, 선별적인 사회복지의 방향은 새로운 관점에서 사회복지시설의 정비와 사회복지제도의 전환이 요구되기 시작하였다.[1] 이러한 측면에서 사회복지연구에 실천과학 또는 임상과학으로서 필요한 사회복지방법, 사회복지원조기술에 관한 체계화가 이루어지기 시작하였다.

그리고 사회복지가 재가복지서비스를 중심으로 지역사회복지의 계획적 실시에 의한 지역사회사업가[2]의 중요성이 증가하고 있다. 즉 재가복지서비스

---

1) 사회복지가 발전한 선진복지국가에서도 지역사회복지는 특정한 지역문제, 인종문제에 관심을 가졌고 영국의 경우에도 지역사회사업에 대한 접근이 1970년까지도 전문적 방법과 사회학적 방법에 대한 논란이 계속되었으나, 그 후 집단 · 환경 · 대인복지서비스에 관심을 가지면서 지역사회사업가의 중요성이 등장했다(A. Twelvetrees, *Community Work*, Macmillan Press, 1982, pp. 5～6).

2) 지역사회사업가와 지역사회복지사는 다같이 Community Worker로 나타낼 수 있으며, 지역사회복지사보다는 지역사회사업가가 보편적으로 사용되는 용어이다.

를 중심으로 하는 지역사회복지의 전개는 종래의 인허가의 복지행정, 금전급여행정에 그치지 않고, 재가복지서비스를 종합적으로 전개하기 위해서는 지역사회에서 문제를 발견하여 상담하고 사회복지자원의 활용 및 서비스 제공의 연결조정, 서비스 개발의 기능 등의 지역사회복지사로서의 역할과 자원봉사관리자로서의 통합적인 역할을 필요로 한다.

이러한 역할에서 지역사회사업가가 행해야 할 중요한 기능은 다음과 같다.[3)]

① 사회복지, 보건의 종합적인 상담의 기능

② 다양한 재가복지서비스의 기능

③ 주민의 사회복지 이해를 촉진하거나 자원봉사활동을 포함한 비공식적 조직의 조직화 기능

④ 사회복지의 조정기능

또한 사회복지를 보편주의에 입각하여 자립생활에 충분하지 못한 욕구를 파악하여, 부족한 부분을 충족시키는 욕구충족론의 입장에서 욕구발생을 예방하는 측면을 강조한다.

이러한 예방적인 차원에서 사회참가의 촉진, 노동의 기회제공 등이 종합적으로 제공되어 재가복지서비스를 중심으로 지역사회복지를 전개해야 하므로 지역사회복지가 보건, 노동, 교육 등의 관련 행정과의 통합적 관계의 필요성에 의하여 지역사회사업가의 중요성이 강조된다.

그리고 재가복지를 중심으로 하는 지역사회복지를 전개하기 위해서는 지역주민의 비공식적인 지지가 필요하므로 지역주민들이 사회복지서비스의 인식, 장애아 및 장애인에 대한 인식 등이 과제가 된다. 또한 재가복지서비스의 특성인 주민상호 간의 재가복지서비스 공급조직을 어떻게 조직하느냐 하는 것도 중요하다. 즉 주민참가를 중심으로 하는 복지사회를 구축하는 지역사회복지실천에 있어서 지역사회사업 전문직들의 역할이 중요하다.

---

3) 大橋謙策, 『地域福祉論』, 放送大學教育振興會, 1995, pp. 137~139.

2) 지역사회사업가의 업무

1970년대를 전후로 커뮤니티케어(community care)라든지 커뮤니티워크(community work)라는 영국계의 용어가 사용되게 된 것은 사회복지의 긴급과제가 빈곤구제정책에서 서비스 공급으로 변화한 것과 관계가 있다. 미국에서는 지역사회 차원의 휴먼서비스(human service)의 필요성이 제기되고 있으나 이 변화에서 가장 먼저 대응하기 시작한 것은 영국이었다. 1968년 시봄 보고서[4], 칼벤킨안 보고부터 1982년 버클레이 보고에 이르는 과정에서 지역사회에 의한 케어, 서비스 제공과 그것을 관리하고 운영하는 전문직의 자세가 논의되어 지역사회복지의 이론과 실제가 정비되었다.[5]

그리고 장애인, 노인, 아동 등 사회복지 이용자가 지금까지의 거주지에서 정상적인 생활을 계속하는 것이 사회복지의 과제라고 생각하는 정상화(normalization)이념이 일반화되어 재가복지서비스의 수요가 확대되었다. 각종 다양한 개별적 수요에 대하여 적절한 서비스 공급이 요구되었고, 이를 위해 지역서비스 공급체계도 다원적으로 변화하지 않으면 안 되었다. 따라서 지역사회사업가는 전문성을 필요하게 되었고 그 중요성이 부각되었다.

이와 관련하여 지역사회사업가의 구체적인 업무를 간략하게 요약해 보면 다음과 같다.

① 지역사회에 있어서 개별적인 복지욕구를 파악한다.

② 적절한 서비스가 공급될 수 있도록 모든 체계를 중개・조정한다.

---

4) 시봄 보고서(seebohm report)의 주된 내용은 영국의 복지서비스는 지방자치제가 실시하는 지역적인 업무이며, 고도로 전문화된 보건서비스와 소득보장 이외의 대인적 서비스(personal social service)를 하는 것이다. 그런데 이 복지서비스는 지방행정 외에 영국 특유의 두터운 민간활동과 밀접하게 연결되어 있다. 이와 같이 사회복지의 영역 내외에서 개별적으로 발달・전개되고 분산된 각 제도를 정리・통합하여 하나의 독립된 분야로 확립하여 합리화와 효율화를 도모하는 종합적인 서비스를 제공해야 한다는 것이 이른바 시봄 위원회의 시봄 보고서이다. 이에 따라 1970년에는 『지방정부사회서비스법』이 성립되어 지방정부에 대인복지서비스부가 설치되었다(손준규, 『사회복지개론－복지사회학－』, 서울 : 大學出版社, 1992, p. 89).

5) 신섭중 외 역, 『일본 현대복지학총람』, 서울 : 대학출판사, 1997, p. 533.

③ 직접적인 욕구와 관련하여 서비스를 제공하는 전문직을 수행한다.

④ 서비스공급을 위한 지역사회의 자원개발도 중요한 역할이다.

⑤ 자원봉사자의 활동을 촉진하고 복지교육을 실시한다.

⑥ 재가복지서비스의 기획・개발을 촉진한다.

⑦ 지역사회복지계획의 수립과 활동을 평가한다.

즉 사회복지의 주된 업무의 내용인 빈곤정책은 국가에 의한 공공부조로 거의 해결할 수 있게 되었고, 현재의 주요업무는 대인복지서비스가 된다. 이를 위해서는 사회복지기관, 시설이 새로운 공급체계를 가미하여 연결망을 형성하고 전 기능을 파악한 다음 모든 수요에 대한 서비스의 공급을 조정하는 것이 지역사회사업가라 할 수 있다.[6] 그러므로 앞에서도 지적한 바와 같이 다양한 욕구를 정확히 파악하고 서비스 공급을 적절하게 중개・원조하고 사례관리(case management)하는 사회복지사로서의 역할이 중요하다.

2. 지역사회복지사의 역할

1) 지역사회조직가로서의 역할

지역사회복지사가 전개하는 지역사회조직활동은 지역사회의 서비스를 향상시키기 위한 '과업'과 서비스 향상 목표에 앞서 지역사회주민의 참여와 통합을 통하여 문제해결능력을 강화시키기 위한 '과정'으로 구분할 수 있다. 그리고 지역사회조직은 지역사회주민들의 능력을 강화(empowerment)시켜 주는 과정이기도 하다. 즉 임파워먼트가 지역사회조직의 주된 목표가 될 수 있다.

루빈 등(Rubin & Rubin)[7]은 무력감을 느끼는 주민들에게 잠재력을 개발

---

6) 상게서, p. 538.

7) Rubin & Rubin, *Community Organizing and Development*, 3rd ed, Boston : Allyn and Bacon, 2001, pp. 89～96.

하고 권력을 바탕으로 필요자원을 획득하도록 도와주는 단계를 다음과 같이 제시하고 있다.

① 의식 제고(consciousness raising) : 지역사회주민들에게 무력감을 느끼는 원인이 그들에게 있는 것이 아니라 자신들을 억압하는 사회구조에 있음을 인식시킨다.

② 자기 주장(self-assertion) : 지역사회조직가는 주민들이 자기주장을 하도록 도와주어야 한다. 공개적인 자기주장 자체가 임파워먼트가 될 수 있다.

③ 공공 의제화(framing the agenda) : 어떤 쟁점을 공공의제로 만들도록 하고 그 과정에서 시위나 대중매체를 사용할 수 있도록 한다.

④ 권력 키우기(building power) : 주민들을 동원하거나 법적 행동을 통하여 힘을 강화시키는 과정이다.

⑤ 역량 키우기(capacity building) : 조직을 건설하고 캠페인을 전개하여 스스로의 무력감을 극복하도록 돕는다.

⑥ 사회자본의 창조(creating social capital) : 지역사회조직가는 사회적 자본을 창출하여 지역사회주민 상호 간의 협력과 연대감을 강화시켜야 한다.

그런데 지역사회조직은 지역사회 내에 산재하고 있는 다양한 문제에 대해 그에 상응한 활동을 필요로 한다는 측면에서 그 접근모델이 각기 다를 수 있다. 지역사회개발 모델, 사회계획 모델, 사회행동 모델은 다양한 방법론을 구분하고 있는 대표적인 유형인 것이다.

그렇다면 지역사회조직 활동에 있어서 전문가(Community Organizer)인 사회복지사의 역할은 어떻게 수행되는가에 대한 이해가 필요하다. 지역사회조직가는 일견 전문가로 인식되기도 하지만 개별적 모델에 따라서는 각기 요구되는 역할이 다를 수 있으며, 일정부문에 대해서는 서로 중첩되는 역할 수행도 찾을 수 있다. 여기에서는 로스만 교수의 분류에 따라 지역사회조직의 세 가지 유형으로 지역사회조직가의 역할을 살펴보면 다음과 같다.

(1) 지역사회개발 모델에서의 역할

로스(Murray G. Ross)[8]는 지역사회조직에 있어서 전문사회사업가는 ① 안내자(guider), ② 조력자(enabler), ③ 전문가(expert), ④ 치료자(therapist)로서의 역할을 수행한다고 하였다. 즉 안내자로서의 역할은 문제해결이라는 과정에서 일차적인 목표를 정하고 그 목표를 달성하기 위하여 노력하는 주민들을 조종(manipulate)하거나 강압하지 않고 도와주는 역할을 말하며, 조력자로서의 역할은 문제해결의 과정에서 우선은 지역사회주민들의 문제인식을 도와주고 상호 원만한 교류를 통하여 공통의 목표를 달성할 수 있도록 가능하게 하는 역할이다.

이에 반하여 전문가와 치료자의 역할은 좀 더 직접적이고 구체적인 과정에 개입하는 것을 말하는데, 우선은 전문가로서의 지역사회조직가는 지역사회문제의 진단에서부터 정보제공 및 평가를 통하여 지역사회주민들에 구체적인 조언을 하게 된다. 그리고 치료자의 역할은 마치 케이스워커가 자기의 클라이언트를 진단(diagnosis)하고 개별적인 특성에 따라 치료기법을 적용하는 것처럼, 지역사회 자체를 대상으로 진단하고, 드러난 특성에 따라 주민들이 스스로 치료하게 하거나 직접 치료 조치를 강구하게 되는 역할을 의미한다.

한편 리피트(Lippitt, Ronald)[9]는 지역사회개발모델에서 사회복지사의 역할을 ① 촉매자(catalyst), ② 전문가(expert), ③ 실천가(implementer), ④ 조사자(researcher)로 제시하였다.

(2) 사회계획/정책모델에서의 역할

사회계획/정책모델에서의 지역사회복지사 역할을 언급한 모리스(Morris)와 빈스톡(Binstock)[10]은 주민들에게 보다 나은 서비스를 제공하기 위해서는

---

8) Murray G. Ross, *Community Organization : Theory, Principles, and Practice*, New York : Haper & Row, Publishers, 1967, ch. 8.

9) Lippitt, Ronald and others, *The Dynamics of Planned Change : A Comparative Study of Principles and Techniques,* New York : Harcourt, Brace, Jovanovich, 1958.

10) Morris Robert and Binstock Robert, *Feasible Planning for Social Change,* New York : Colombia University Press, 1966.

공공기관의 정책을 변화시키는 '사회계획가(planner)'로서의 역할을 강조하였다. 그리고 샌더즈(Irwin T. Sanders)[11]는 도시지역사회조직에서 사회사업 전문가가 수행해야 할 역할을 네 가지로 제시하고 있는데 ① 분석가(analyst), ② 계획가(planner), ③ 조직가(organizer), ④ 행정가(program administrator)이다.

즉 분석가로서의 역할은 계획된 변화를 가져오는 가장 기초적인 단계의 역할에 해당하는 것으로서 지역사회의 사실과 현상에 대한 정확한 분석을 하는 것을 말한다. 계획가로서의 역할은 사실 파악에 근거하여 변화를 위한 계획을 수립하는 것을 의미하며, 그 계획에는 동원가능한 자원의 세밀한 고려가 따라야 한다. 그리고 조직가와 행정가로서의 역할은 동태적인 과정에서 요구되는 역할이다.

분석과 계획의 단계에서는 지역사회주민의 참여보다는 전문가 자신의 지식과 기술이 기초가 되지만 조직가의 단계에서는 수립된 계획을 실천하여야 하고 실천과정에서는 지역사회주민을 참여시켜야 하기 때문이다. 뿐만 아니라 행정가로서의 역할에서는 실천과정에서 노정되는 프로그램이나 관리 측면의 애로를 능동적이고 융통성이 있게 처리할 수 있는 기술이 요구된다.

(3) 사회행동모델에서의 역할

지역사회의 자원분배 메커니즘을 변경하여 지역사회의 불우계층의 이익을 증대시키는 것이 도시 영세지역주민이나 기타 어려운 처지에 놓여 있는 클라이언트 집단(disadvantaged population)의 복지를 위해 일하는 사회복지사의 주된 역할이라는 급진적(radical)인 견해를 갖는 대표적인 학자는 그로서(Charles F. Grosser)이다.

그는 종래의 지역사회조직사업에서 사회사업가는 서비스의 수혜자(recipients)의 입장보다는 서비스를 제공하는 기관(providers)의 입장에 서서 일하는 경향이 있음을 비판하고, 진정으로 불우계층의 복지를 증진시키기

---

11) Irwin T. Sanders, "Professional Roles in Planned Change", in Ralph M. Kramer and Harry Specht. eds., *Reading in Community Organization Practice*, Englewood Cliffs, New Jersey : Prentice Hall, 1969, pp. 269～278.

위해서는 클라이언트의 편에 서서 활동을 전개하는 것이 사회사업가의 역할이어야 한다는 견해를 피력하고 있다.[12)]

그로서(Charles F. Grosser)[13)]는 사회복지사의 역할을 ① 조력자(enabler), ② 중개자(brokers), ③ 옹호자 · 대변자(advocate), ④ 활동가 · 행동가(activist)로서 제시하고 있다. 그리고 그로스만(Grossman)[14)]은 사회행동모델에서의 사회복지사의 역할을 '행동조직가(Organizer)'로 제시하였다.

이와 같이 지역사회조직가의 역할은 안내자, 조력자, 전문가, 치료자, 분석가, 계획가, 조직가, 행정가, 중개자, 옹호자, 활동가 등의 역할로 정리할 수 있는데, 이러한 역할들은 지역사회조직의 모델에 따라서 상대적인 차이를 보이고 있다. 그리고 동일한 지역사회조직 전문가라 하더라도 자기가 속한 사회사업기관의 성격이나 계획된 변화의 목표에 따라 서로 다른 활동 모델을 선택하게 된다. 그러나 이러한 지역사회조직가의 역할은 지역사회문화의 변화에 따라 스스로 변화하게 되는 역동성이 있음을 인식하는 것이 중요하다.

일반적으로 사회행동의 상대는 강력한 힘과 풍부한 인적 · 물적 자원을 보유하고 있으므로 단독적인 대항보다는 연대유형을 선택하여 대응하는 전략이 필요하다. 루빈 등(Rubin & Rubin)[15)]이 들고 있는 연대유형은 ① 협력(cooperative effort), ② 협동네트워크, ③ 연합(coalition), ④ 동맹(alliances)이다. 이 중에서 협력은 공동행진, 시위, 단합대회 등의 가장 초보적인 유형이고 동맹은 가장 높은 수준의 연대행위로서 영속적이고 조직적인 것을 말한다.

---

12) 최일섭 · 류진석, 『지역사회복지론』, 서울대학교출판부, 1996, pp. 230～231.

13) Charles F. Grosser, "Community Development Programs Serving the Urban Poor", *Social Work*, New York : National Association of Social Workers, Vol. 10, No. 3, July, 1965, pp. 294～301.

14) Grossman, Lawrence, "Program Action Issues and Action Organizing Tasks", Ralph M. Kramer and Harry Specht, (eds.), *Readings in Community Organization Practice*, Englewood Cliffs, New Jersey : Prentice - Hall, 1969.

15) Rubin, Herbert and Irene Rubin, *Community Organizing and Development*, 3rd ed, Boston : Allyn and Bacon, 2001, pp. 316～321.

2) 지역사회개발가로서의 역할

지역사회가 자체의 개발목표를 달성하도록 도와줌에 있어서 사회복지사는 여러 가지 유형의 기능을 수행한다. 지역사회는 이제 주민과 지도자들이 지역사회의 문제에 완전히 참여하는 환경에서 지역사회의 결정이 분야별(교육, 의료건강, 경제) 또는 좀더 구체적인 사업 또는 프로그램별로 구분되는 환경으로 변화하고 있다. 지역사회 활동가의 역할은 기본적으로 지역사회의 변화에 따라 달라지고 있으며, 이에 따라 변화에 대응하는 새로운 기술적 자질이 요구되고 있다.

지역사회개발가의 역할은 그 기본적 개념에서부터 다양성을 보이는데, 켈리 등(Kelley, Balderrabano, Briseno)[16]은 이를 ① 상담가, ② 연구자, ③ 정책분석가, ④ 촉진자(enabler), ⑤ 계획가, ⑥ 프로그램개발자, ⑦ 조직자, ⑧ 재활가, ⑨ 지지자, ⑩ 조정자, ⑪ 교육가, ⑫ 중재자 등과 같은 12가지로 분류하고 있다.

또한, 루빈 등(Rubins & Rubin)[17]은 지역사회조직자의 역할을 ① 교사로서의 조직자, ② 촉매자로서의 조직자, ③ 촉진자(후원자)로서의 조직자, ④ 연결자로서의 조직자로 분류하고 있다.

사회적 관점에서, 갤러허와 센토폴로(Gallaher & Santopolo)[18]는 고객체계와 관련된 변화촉진자의 역할을 ① 분석가, ② 자문가, ③ 지지자, ④ 혁신자의 네 가지로 구분하였다. 이 관점에서 볼 때 지역사회개발가는 과정기술에 있어서는 전문가로, 기술적 측면에서는 일반론자로 간주된다.

베네트(A. Bennett)[19]는 지역사회개발가 역할의 속성에 대한 여러 가지 다

---

16) J. B. Kelly, A. L. Balderrabano P. and E. Briseno L., "The roles of community development workers in the U. S and Mexico", *Community Development Journal*, Vol. 21, No. 1, 1986, pp. 11～22.

17) H. J. Rubin & I. Rubin, *Community Organizing and Development,* Columbus, Ohio : Merill publishing Co., 1986, pp. 45～46.

18) A. Gallaher, Jr. and F. A. Santopolo, "Perspectives on agent roles", Journal of *Cooperative Extension,* Vol. 5, No. 4, 1967, pp. 223～230.

19) A. Bennett, "Professional staff member's contributions to community development", *Journal of Community Development Society,* Vol. 4, No. 1, 1973, pp. 58～68.

양한 기능을 종합하고자 하는 시도에서 ① 과정상담가, ② 기술상담가, ③ 프로그램 지지자, ④ 조직자, ⑤ 자원제공자라는 다섯 가지 원칙적 기능에 기초하여 분류하고 있다.

과정상담가의 역할은 특정 집단행위의 결과보다는 문제해결, 의사결정, 조직화, 촉진(enabling), 실행의 방법에 초점을 두는 것으로서, 변화를 촉진하기 위한 개발 및 실천전략이 과정상담가의 전문적 영역이다.

기술상담가는 구체적인 변화 프로그램과 관련하여 지역사회에 대한 정보, 요령(know-how), 목표전망을 제공한다. 지역사회에 대한 정확한 기술정보를 공급하는 것이 개발의 핵심적 부분이기 때문에 개발대안에 대한 정보제공 및 분석이 역할의 핵심이다.

조직자 역할은 지역사회의 문제를 다룰 수 있는 조직구조의 형성 및 개편과 관계되어 있다. 이 접근에서 지역사회개발 활동가는 지역사회가 행동을 조직할 수 있도록 돕는다. 조직자는 개인을 집단상황으로 함께 모음으로써 지역사회의 일에 대하여 목소리를 가질 수 있도록 하는 데 초점을 둔다. 따라서 과정상담가의 역할은 조직이 효과적으로 기능하는가를 확인하는 것이 된다.

마지막으로, 자원제공자의 역할은 재정적 자원을 지역사회로 연결하는 것으로 정의하고 있다. 이상의 지역사회개발가의 역할에 대한 이러한 분류는 대체로 그들이 수행하여야 할 과업을 중심으로 분류한 것이다.

한편 사회복지사가 전개하는 지역사회개발사업가의 역할을 지역사회개발사업의 과정(절차)과 연관하여 제시하면 다음과 같이 정리할 수 있다.

(1) 지역사회문제와 욕구파악

지역사회개발사업을 담당하는 전문가나 리더는 기본적으로 해당지역사회가 안고 있는 문제가 어디에 있는지 욕구가 무엇인지에 대한 인식이 있어야 한다. 그 지역사회에 대한 역사나 변화에 대한 흐름을 잘 알고 있다고 하더라도 이를 구체화시키기 위해서는 지역사회조사나 토론과정을 필요로 한다. 지역사회조사는 객관적인 자료를 확보할 수 있고 토론과정은 개개인이 인식하고 있는 욕구를 확인하고 공통욕구로 조정할 수 있는 기능을 한다.

그리고 지역사회개발의 주체는 어디까지나 지역사회주민이 주체가 되는 것이 바람직하므로 주민 스스로가 인식하고 이해도를 넓히도록 하는 것은 사회변화라는 목표를 가능하게 하는 시발이 된다. 단지 이 과정에서 지역사회개발사업가는 조사전문가를 활용할 수도 있고 산만한 주민욕구를 구체화시키는 조정과정에 개입할 필요가 있다.

(2) 변화목표설정과 계획수립

일단 주민들의 욕구가 조정된 이후에는 이를 바탕으로 일정한 목표(장·단기)를 설정하고 이를 추진하기 위한 세부계획과 프로그램의 수립이 요구된다. 그러므로 지역사회개발사업가는 정책이나 행정에 대한 지식과 프로그램개발에 대한 현장경험을 필요로 한다.

목표설정단계에서는 지역사회주민의 능력을 바탕으로 여러 가지 대안을 제시하고 그 가운데 가장 유리한 대안을 선택하도록 하여야 한다. 이 경우에 지역사회주민은 개별적 이익을 기준으로 상호 다른 대안에 대하여 주장함으로써 명확한 목표 설정이 어려울 수도 있으므로 지역사회개발사업가는 서로 공통점이 있고 현안으로 드러난 욕구를 중심으로 조정(coordination)하는 기능을 하게 된다.

그리고 조정된 목표에 대한 계획수립의 단계에서는 지역사회 내·외부에서 활용 가능한 자원을 고려하여 세부계획으로 접근하여야 한다. 지나치게 외부자원을 기대하는 계획은 실천과정에서 무리를 가져올 수 있으므로 가능하면 내부자원능력에 바탕을 둔 계획수립이 요구된다.

(3) 동기부여 및 자원동원

실천과정에서는 주민의 태도(attitude)와 행동(action)의 변화가 일어나야 하므로 지역사회주민을 지속적으로 동기화(motivation)시키는 것이 중요하다. 지역사회개발사업가는 격려나 교육과정을 통하여 전체 주민이 의욕적으로 계획실천과정에 참여할 수 있도록 하여야 한다.

지역사회 내・외부에 있는 인적 자원의 능력은 파악하고 있더라도 이를 활성화시키는 것은 지역사회개발가의 기능이다. 참여하는 인적 자원이 능동적으로 될 때 지역사회개발사업의 변화속도는 빨라지는 것이며, 한정된 물적 자원의 활용도 역시 올라갈 수 있기 때문이다. 왜냐하면 물적 자원은 대부분 그것을 소유하고 있는 보유자가 있기 마련이고 그는 보유자로서 그 물건에 대한 배타적인 지배권을 가지고 있으므로 양자는 별개의 자원으로 보기 어렵다.

(4) 성과분석

성과분석은 계획이 종료된 경우에 관계된 역할이다. 그러나 지역사회개발사업은 여타의 방법론에서와 같이 중간점검을 필요로 한다. 총괄적인 성과에 대한 평가는 마지막 단계에서 일어나지만 사업추진의 개발단계에서는 여러 가지 애로사항이 돌출할 수 있고 이에 대한 대응책도 그 때마다 강구되므로 프로그램마다의 성과분석은 지속되어야 한다.

성과분석이 지속됨으로 인한 다소의 지체현상이 발생할 수 있고 때로는 비판이 제기되기도 하지만 중간점검은 결과적으로 전체 성과를 높이는 기능을 하게 된다. 그러므로 지역사회개발사업가는 반드시 성과에 대한 분석결과를 지역사회주민에게 세심하게 설명하여야 한다.

(5) 광역지역사회관계

지역사회단위의 개발사업은 결국 국가발전(national development)의 초석이 되고 작게는 지역(region)의 발전과도 연계된 것이다. 지역사회개발은 소규모의 연대감이 있는 공동사회를 대상으로 하는 것이지만 그 지역개발사업가는 대외협력관계에도 충실해야 한다. 지역사회 내외에 존재하는 시민단체(비정부기구)의 대표나 지방정부(행정기관)의 지역사회개발 관계자와의 유대관계도 유지해야 한다.

이는 외부유관기관은 직접적인 지역사회개발사업에는 관련되지 못하더라도 잠재적인 지원세력의 기능을 가지고 있으며, 정부의 행정요원이나 정치가는 외부지역사회와의 통로역할을 담당하기도 하며 제도나 새로운 변화기술을 제공하는 영향권에 있기 때문이다.

3. 자원봉사관리자의 역할

1) 자원봉사관리자의 개념

자원봉사활동의 성공적인 수행을 위해서는 자원봉사자와 자원봉사관리자(Volunteer Manager)를 어떻게 효율적으로 모집하고 관리하는가가 관건이다. 물론 모집의 과정에는 소극적 의미의 모집에서부터 교육과 육성이라는 적극적 의미도 내포되어 있다. 시민운동단체나 사회복지기관・단체에서 자원봉사의 영역은 점차 비중이 늘어나고 있는 실정인데 그만큼 자원봉사에도 전문적인 관리능력을 필요로 하는 것이다.

자원봉사관리자의 범주에는 자원봉사에 관한 지역사회의 인적・물적 자원을 효율적으로 동원하고 자원봉사를 필요로 하는 수급처에 제대로 연계하는 계획과 실천 능력을 골고루 겸비한 전문가와 일반 사회복지사나 교사와 같이 고유한 업무를 담당하면서 부가적으로 자원봉사업무를 다루게 되는 준전문가, 그리고 실제로 자원봉사에 참여하면서 동료나 신규 자원봉사자에게 도움을 주고 이끌어가는 조언가 내지 조력자가 있다.

그런데 전문가나 준전문가의 경우는 해당기관・단체에서 유급으로 고용하는 관리자가 많아지고 있는데 비전문적인 특성을 가지고 있는 자원봉사의 조정(coordination)이 관리자의 주된 역할임을 의미한다. 사회복지분야의 자원봉사활동이 대다수 영역이 되고 있음을 고려하면 사회복지사가 자원봉사관리자의 역할을 수행하는 경우가 많아지고 있다. 그러므로 사회복지사는 자원봉사의 조정기술과 관리능력의 강화가 요구된다. 여기에서 이와 관련이 있는 저메인(C. B. Germain)이 제시한 사회복지사의 역할을 보면 다음과 같다.

① 동원자로서의 역할(mobilizer)
② 촉진자로서의 역할(facilitator)
③ 조정자로서의 역할(mediator)
④ 변호 · 지지자로서의 역할(advocator)
⑤ 조직자로서의 역할(organizer)
⑥ 가능케 하는 자로서의 역할(enabler)
⑦ 변혁자로서의 역할(innovator)
⑧ 지도 · 코치로서의 역할(coach)

이 외에도 중개자로서의 역할, 교사로서의 역할, 격려자로서의 역할이 자원봉사관리자에게 요구되는 역할이다.

2) 자원봉사의 관리과정

자원봉사자가 업무를 수행하는 것은 자기의 결정에 따라 비공식적으로 이루어지는 경우로 인식되기 쉬우나 그러한 경우는 교육훈련의 과정이 빠진 것으로 보아야 한다. 다시 말하면 원활한 자원봉사가 이루어지기 위해서는 자원봉사관리자에 의한 일정한 교육과 지지가 있어야 한다. 시민들의 자원봉사의식의 개발도 필요하지만 이들을 관리하고 지지하는 과정이 더욱 중요한 것이다. 사회복지사가 자원봉사관리자로서 해야 하는 관리과정을 보면 다음과 같은 단계로 정리할 수 있다.

(1) 자원봉사과제의 선정

자원봉사관리자는 기관이나 단체 내에서 필요한 과제나 자원봉사대상에 따른 활동 테마를 먼저 결정하여야 한다. 결정은 기관의 여건이나 동원할 수 있는 인적 · 물적 자원의 수준이나 능력과 활동기간, 활동결과 등에 대해서 사전에 충분한 검토와 설계가 따라야 한다. 경우에 따라서는 관련단체의 관리자간의 화합이 필요할 수도 있고 자기의 전문영역이 아닐 경우에는 해당 분야의 전문가와 상담하거나 조언을 구하여야 한다.

(2) 자원봉사자의 모집 · 선발

일정한 자원봉사과제가 선정되면 그 과제의 성격에 적합한 자원봉사인력을 모집하여야 한다. 국가적인 행사나 전체지역사회를 망라하는 테마일 경우에는 신문 · 방송 매체를 활용하는 것이 바람직하지만 행정기관을 통한 홍보나 다중집합장소에 모집광고를 하는 방법도 있다. 학교, 교회, 구청 민원실 등은 지역사회의 주민이 많이 모이는 장소인 만큼 홍보효과를 가져올 수 있는 대안이 되며, 특히 기존의 자원봉사관리체계에 의뢰하는 것도 좋을 것이다.

(3) 자원봉사자의 교육 · 훈련

자원봉사자의 선발이 이루어지면 현장에 배치하기 전의 사전교육이 필수적이다. 자원봉사의 주요 특성이 이타성(altruism)에 있고 동정심이 두터운 사람에 의해 이루어지게 되지만 막상 실천과정에 들어가면 여러 가지 장애에 좌절하거나 중도에 포기하는 사례가 있는 만큼 어느 정도의 전문적 교육이 필요하다.

예를 들어 자원봉사자의 자세나 자질, 사회복지시설이나 사회복지대상자에 대한 개괄적인 이해는 자원봉사자들의 능력개발에도 도움이 된다. 특히 사회복지대상자들은 사회적 취약계층에 속하고 일부는 일탈계층도 없지 않은 만큼 자원봉사자가 적절히 대응할 수 없는 사례도 예상되므로 사회복지사의 조언과 조력을 통하여 자원봉사가 이루어지도록 하는 과정도 요구된다.

(4) 자원봉사자의 지지 · 인정

선발과정이나 교육훈련과정에서 전체 과정에 대한 충분한 설명과 안내가 있었다고 하더라도 자원봉사자들은 봉사과정에 인정과 보상이 주어져야 한다. 자원봉사자는 자기의 이타심을 바탕으로 활동을 하게 되는 것이지만, 관리하는 기관이나 관리자의 입장에서는 기관의 업무수행을 하고 있다고 본다면 지도 · 감독과 동시에 격려하고 지지하는 과정이 요청된다.

봉사활동에 필요한 실비나 작은 선물이나 기념품 등을 지급하는 것은 자원봉사의 무급성(un-paid)과도 어긋나지 않는다. 자원봉사자가 지지를 받을 때 기관이 기대하는 목표는 보다 효율적으로 달성될 수 있다.

(5) 자원봉사활동의 평가

자원봉사활동이 이루어지는 중간이나 이미 종료가 된 경우에는 반드시 평가활동이 필요한데 그 방법은 봉사시간의 정도나 봉사자의 수에 따라서 외적인 평가도 있을 수 있고 수혜자의 만족도를 조사하는 내적인 평가도 가능하다. 그렇지 않으면 봉사자 스스로가 어느 정도 만족하고 있는가를 보는 자기평가의 방법도 있다. 물론 노력봉사와 같이 단순한 관찰만으로도 측정이 가능한 분야가 있고 사회심리적인 현상일 경우에는 평가 자체가 쉽지 않을 수도 있으나 평가는 과업종결을 위한 전단계에 해당한다.

(6) 추후 관리

하나의 자원봉사 테마가 당초의 목적대로 훌륭하게 달성이 되었거나 그렇지 않고 미진한 상태에서 종결이 되었다면 자원봉사관리자는 차후의 또 다른 자원봉사활동을 계획하게 된다. 그런데 이 단계에 앞서 자원봉사자의 지속적인 관리가 중요할 수 있는데 대부분의 자원봉사자는 유사한 테마가 있을 경우 또 다시 자원봉사활동을 하고자 하는 동기가 있기 때문이다.

마찬가지로 한번 자원봉사의 수혜를 입었던 대상자도 일회성으로 만족하기보다는 추후의 관리에 대한 욕구를 여전히 갖고 있다. 이러한 관점에서 사회복지사는 추후관리의 중요성을 업무의 전략으로 유지하는 자원봉사관리자의 자세가 요구된다.

제 8 장

지역사회복지의 기능과 실천기술

1. 지역사회복지의 기능

1) 지역사회조직의 기능

지역사회복지의 기능은 궁극적으로는 지역사회변화를 추구하는 데 있다. 오늘날 후기산업사회와 디지털 문화의 범람 속에서 지역사회는 과거 전통사회나 산업사회의 상황과는 다르게 새로운 문화 형성과 변화요인을 많이 접하게 되는 만큼 변화의 욕구가 늘어나고 있다.

지역사회복지향상을 위해서는 사회복지사가 다양한 이론과 실천기법들을 사용할 수 있는데 그 중에서도 지역사회조직이 대표적이다. 그리고 지역사회조직 내지는 지역사회복지의 실천모형으로 지역사회개발, 사회계획/정책, 사회행동이 있으나 사회복지 차원에서 본다면 지역사회행동모델은 실천사례가 미약하다.

여기서는 지역사회조직의 기능을 던햄(Dunham)과 머피(Murphy)의 견해를 중심으로 정리하고자 한다.

(1) 던햄(Dunham)의 견해

던햄[1])은 지역사회조직기관과 사업가가 행하는 지역사회조직의 기능을 다음과 같이 9가지로 지적하고 있다.

① 계획 : 일반적인 계획 범위, 프로그램개발, 조정수준의 향상과 유지 및 활동을 말한다.

② 프로그램의 운영 : 사회변화의 영향 없이 보건과 복지기관에 봉사하는 지역사회나 그 이상의 프로그램 운영을 말한다.

③ 사실 발견과 조사 : 지역사회조직계획과 프로그램개발에 관련된 사실을 발견한다.

④ 공적 관계형성 : 사회복지욕구, 프로그램 및 서비스의 설명 즉 일반적이고 특수적인 공공의 일이나 집단의 일을 개발하고 유지하는 것을 말한다.

⑤ 기금증액과 배당 : 개별적인 기금증액 노력과 연합 캠페인을 통하여 증액하는데 기금의 예산과 배당은 기관의 집단을 위해서 한다.

⑥ 근린집단사업 : 보통 저소득 지역, 하나 혹은 그 이상의 도시 근린지역의 주민집단과 함께 사업을 하는 것을 말한다.

⑦ 지역사회개발 : 지역사회개발을 위한 노력은 지역사회욕구 해결과 자기결정, 자조 및 협동에 대한 태도를 개선 · 발달시키기 위한 것이며, 지역사회 주민의 협조를 요한다.

⑧ 사회행동 : 지리적인 수준에서 법률분석 및 이해증진을 하고, 절차 상의 사회행동이나 직접적인 행동을 수행하는 것이다.

⑨ 기타 : 지역사회조직과 지역사회개발을 위하여 교육하고 또 자문을 실시하는 것을 말한다.

---

1) Dunham A., *The New Community Organization*, New York : Thomas Y. Crowell Co., 1970, pp. 209～214 및 김영모, 『지역사회복지론』, 서울 : 한국복지정책연구소출판부, 1990, p. 42 참조.

(2) 머피(Murphy)의 견해

머피[2] 역시 지역사회조직사업이 추진하는 일련의 기능을 다음과 같이 9가지로 들고 있다.

① 동원 : 사회적 욕구를 해결하기 위한 자원동원이 지역사회조직가의 기본적인 기능이다.

② 위원회활동 : 민주적 사회복지계획은 주민들과 함께 주민에 의해서 실천되어야 한다. 그러나 주민 모두가 참여하기는 어려우므로 그들을 대표하는 대표자와 함께 일하는 것이 최선의 방법인데 이것을 위원회활동이라 한다.

③ 집단회의 : 현대사회에서는 복잡한 문제가 많은데 이러한 문제를 해결하기 위해 토의하는 것을 말한다.

④ 협의 : 조정과 추진계획을 다루는 조직기관이나 개별지도자는 전문적 조언을 받기 위하여 지역사회조직가를 필요로 한다. 이 협의는 주로 지역사회조직가의 전문적인 지식과 관련되어 있거나 지역사회 집단을 다루는 기술문제 때문에 행하여진다.

⑤ 협상 : 지역사회에 있어서 기관과 이사회, 기관 내의 간부와 이사 및 전문가와 비전문가 간의 갈등이 일어나는 경우가 있는데, 이것을 해결하기 위하여 위원회 개최, 집단회의 및 개별 상담 등을 행하도록 한다.

⑥ 해석 : 효과적인 해석을 하기 위해서 지역사회조직가는 개인과 집단의 욕구는 무엇이고, 이것을 효과적으로 성취하기 위해서는 어떠한 통로와 매개 및 방안이 적합한지를 조심스럽게 분석하여야 한다.

⑦ 조사연구 : 지역사회조직가는 사실에 대한 지식을 가지고 있어야 한다. 사회조사전문가는 아니어도 조사 사실이 어디에 있고, 그것을 평가하고 해석하는 방법 등을 알아야 한다.

⑧ 행정 : 효과적인 지역사회봉사는 생각하고, 말하고, 계획하는 것뿐만 아니라 이를 실천하는 것이다. 그러므로 지역사회조직가의 업무는 상당히 많은 행정활동을 포함하고 있다.

---

2) Murphy, Combell G., *Community Organization Practice*, Boston : Houghton Mifflin Company, 1954, pp. 287～301 및 김영모, 전게서, p. 43 재인용.

⑨ 기록 : 거의 모든 종류의 전문적인 서비스는 고도로 발달한 기록보관 장치를 구비하고 있다. 전문적 프로그램은 현재의 욕구를 해결하기 위해 그리고 장래의 서비스와 치료계획을 수립하기 위해 반드시 과거의 자료가 기초가 되어야 한다.

이와 같은 견해를 종합하여 정리하면 사회복지전문직이 실천할 수 있는 지역사회조직의 기능은 다음과 같이 네 가지로 제시할 수 있다.

① 지역사회에 산재하고 있는 사실의 발견과 파악의 기능을 한다. 즉 지역사회주민의 복지욕구가 어디에 있는가를 조사 · 분석하여 프로그램 개발의 토대로 삼는다. 그리고 동원할 자원을 파악하여 공적인 관계형성을 이룬다.

② 지역사회조직의 목표와 관련한 지역사회의 변화를 위한 모델에 따라 활동 범위와 전략을 세운다. 즉 지역사회개발, 사회계획, 사회행동의 과정에서 지역사회주민과의 관계를 유지한다.

③ 지역사회조직의 과정과 결과는 실천에 의존하게 되므로 프로그램의 추진과정에서 요구되는 전문가들과의 협의와 갈등에 대한 협상을 하고 행정적이고 공적인 수행을 통하여 충분한 지지를 얻도록 한다.

④ 지역사회주민의 욕구는 상황에 따라 변화하므로 재점검이 필요하며, 목표달성을 위해 전체주민의 동기와 능력을 부여하는 지역사회교육을 병행해야 한다. 교육은 지역주민 상호 간의 대화를 촉진시키고 지역연대감을 향상시키는 데에도 유용하게 기능한다.

2) 지역사회개발의 기능

지역사회개발의 기능을 알아보기 위해서는 우선 지역사회개발이 우리 인간사회의 삶의 질을 개선하고 사회를 발전시키는 데 있어서 어떠한 기능을 하는 것인가에 대한 정리가 필요하다. 지역사회개발의 기능이란 지역사회개발의 가치나 실천방법에 따른 범주 내에서 정해질 수 있는 것이다. 물론 지금까지 논의해 온 바와 같이 지역사회개발의 목표는 여러 가지가 있으며, 그 지역사회의 특성에 따라서 다양한 접근방식이 있으므로 지역사회개발의 기능도 이러한 맥락에서 분석되어야 한다.

문병집[3]은 ① 사회적 기능, ② 경제적 기능, ③ 교육적 기능, ④ 정치적 기능으로 대별하여 설명하고 있으며, 그 외에도 문화적 기능, 시설적 기능을 추가할 수 있다. 그러나 이러한 접근방식은 그야말로 다목적적인 견해이므로 지역사회복지 차원에서의 지역사회개발사업(community development work)적 기능을 제시하면 다음과 같다.

(1) 경제적 자활의 기능

지역사회개발은 과정(process)이라는 관점에서 볼 때 지역사회주민의 경제적 수준을 향상시키려는 과정이다. 그것도 국가나 지방정부가 아니라 지역사회에 거주하며 그들과 함께 호흡하는 지역사회개발 리더를 중심으로 한 자체적인 활동에 의해서 이루어져야 한다. 경제적인 성장을 위해서는 주민 스스로 자활할 수 있는 인간능력의 개발이 되어야 하며 이를 위해서는 생산의욕의 개발에서부터 생산기반시설의 조성과 생산방식의 개선이 있어야 한다. 세계 제2차대전 이후의 지역사회개발사업이 주로 후발 자본주의국가를 중심으로 각광을 받은 것은 바로 경제적 자활의 기능을 지역사회개발의 모형에서 찾고자 했기 때문이다.

(2) 사회적 균형유지의 기능

지역사회개발을 방법(methods)이라는 관점에서 본다면 일단 경제적 성장이라는 목표가 달성되었다고 하더라도 그 과정에서 부적응하거나 탈락한 계층이 있는 만큼 이에 대한 균형화가 있어야 한다. 한 나라가 전체적인 성장을 목적으로 개발을 추진할 때에는 반드시 양적인 경제개발뿐만 아니라 질적 향상을 위한 사회적 균형이 유지되어야 한다. 경제적 자활의 기능과 함께 사회적 균형유지의 필요성이 있는 것이다. 경제적 자활의 기능을 일차적인 단계의 기

---

3) 문병집, 『지역사회개발론』, 서울 : 법문사, 1982, pp. 14～15.

능으로 간주한다면 사회적 균형의 기능은 이차적인 단계의 기능이며, 사회복지적 기능에 가장 밀접하다고 할 수 있다.

(3) 심리적 공동체 형성의 기능

지역사회개발을 주민운동이라는 개념에서 접근하면 심리적 공감대를 형성하고 이를 바탕으로 심리적 안정과 유대를 가능하게 하는 기능이 있다. 지역사회개발사업은 서구의 자선조직협회운동이나 우리나라의 향약이나 계 등의 주민조직운동에 유래하는 현대적 운동인 것이다. 인간사회에 발생하는 각종 재해나 개인적 곤란 상황이 상호부조의 필요성을 유발하면서, 이웃이나 근린집단은 심리적인 공동체로서 기능하게 되었다. 현대의 지역사회개발 기능은 1950년대에 접어들어 구체화되었지만 이러한 전통적인 공동체 의식을 개발하는 운동으로 볼 수 있다.

이는 사회적 기능과는 달리 지역사회주민 개개인의 의식에 기초하여 지역사회의 협동을 추구한다는 측면에서 다분히 심리적인 접근이 필요한 기능이다.

지역사회라는 의미의 본래적 개념은 심리적 공동체(community)라는 데 있고 이를 위한 지역사회개발의 기능은 자조(self-help)의 가치와도 상통한다.

(4) 교육혁신과 문화창조의 기능

지역사회개발은 계획(program)이라는 입장에서 볼 때 새로운 사회를 위한 혁신의 기능을 한다. 앞에서 거론한 경제적 개발이나 사회 · 심리적 개발의 기능이 지역사회를 대상으로 충분히 작동되었다고 하더라도 이를 지속하고 유지하거나 창조하기 위해서 교육의 기능이 요구된다. 바로 지역사회개발은 지역사회주민을 보다 나은 환경으로 인도하기 위한 교육계획의 기능을 하게 되는 것이다.

지역사회개발사업은 반드시 계획(plan)이나 세부 프로그램(program)을 통하여 이루어지며, 그 실천단계에서 교육의 기능이 제외될 수 없다. 세계 각국이 지역사회개발과정에서 지도자를 교육하고 그 지도자를 통하여 전체 지역사회주민에 대한 확산교육을 전개하는 것은 전통사회에 고착된 정신을 타파하고 새로운 사회와 문화를 창조하기 위한 기능을 강조했기 때문이다.

2. 지역사회복지의 실천기술

1) 사회복지사의 실천기술

전문직으로서 사회복지사는 복지서비스를 필요로 하는 사람들에게 적절하게 충분한 원조활동을 효과적으로 추진해 가는 원조기술이 요청되고 있다. 따라서 다음과 같은 사항에 유의해야 한다.

① 사람과 환경의 상호작용을 중시하고, 그 사람들에게 맞는 생활환경을 함께 창출하는 것을 유의해야 한다.

② 소셜워크의 원리・원칙에 의거한 제반 실천방법의 통합화를 꾀하고 유연한 대응을 하는 것을 유의해야 한다.

③ 기존 영역의 사회자원을 활용하는 등 사회적 자원망을 꾀하는 것을 기본으로 유의해야 한다.

다시 말하면 각 실천분야의 특질에 입각하여 통합적으로 전개하는 데 있어서 공통된 테두리를 확정하는 일이 중요시 된다. 그리고 구체적인 원조활동에는 다음과 같은 것들이 있다.

① 개인 및 주민 전체에 대한 대응방법으로서의 케이스워크, 최근에는 가족치료(family therapy)의 도입이 적극적으로 이루어지고 있다.

② 소집단 및 집단 멤버 개개인에 대한 방법으로서의 그룹워크가 있다.

③ 지역사회 및 주민의 조직화 활동의 추진, 지역사회자원 시스템에 대응하는 커뮤니티워크가 있다.

④ 사회복지 원조에 필요한 자료수집 및 조사의 실시, 그 결과 분석 등의 사회복지조사가 있다.

⑤ 사회복지기관, 시설의 관리운영을 꾀하는 사회복지 운영관리(Social Administration)가 있다.

⑥ 사회복지를 계획적으로 추진하기 위한 수단이나 방법으로서 사회계획(Social Planning)이 지역사회복지를 중심으로 중요하게 등장하고 있다.

⑦ 시설수용자에게 대응하는 시설처우방법 등이 포함된다.[4)]

그리고 복지서비스의 원조기술은 일반적으로 직접적 원조기술로서 개별원조기술, 집단원조기술 등과 간접원조기술로서 지역사회원조기술, 사회조사 등으로 구분할 수 있는데, 현대 사회에서는 개별원조기술과 지역사회원조기술과의 연관에 의해 발전된 사례관리(Case/Care Management), 보다 효과적인 복지서비스를 제공하기 위하여 슈퍼비전, 상담 등이 중시되고 있다.[5)] 이 중에서 직접원조기술은 개인, 가족, 집단에 대해서 직접적 · 개별적 서비스를 원조하는 것이고, 간접원조기술은 직접원조기술을 효과적으로 실천하기 위한 조건정비에 해당한다. 그러나 아직까지 이러한 분류에 대한 법적 정의나 학문적 합의는 성립되지 않고 있는 실정이다.

(1) 직접원조기술

직접원조기술은 정비된 간접원조 하에서 실시되고, 간접원조가 제공하는 자원을 활용해서 비로소 효과적인 원조과정을 전개하는 것을 말한다.

원래 사회복지 원조기술의 역사에 있어서 원조의 과정화는 직접원조과정에서 시작되었다. 자의적이고 비효율적인 자선적 운영에서 자선조직화운동(COS운동)을 거쳐서 영국을 중심으로 가족복지를 기반으로 하는 직접원조의 과학화 · 합리화가 이루어졌는데, 그 과정에서 간접원조기술도 점차 체계화의 길을 걸어왔다. 구체적인 직접원조기술로서는 전통적인 케이스워크, 그룹워크를 중심으로 하고 최근에는 재가복지를 바탕으로 그 필요성이 증가하고 있는

4) 福祉士養成講座編輯委員會,『社會福祉援助技術總論』, 東京 : 中央法規出版, 1991, p. 40.
5) 福祉士養成講座編輯委員會,『社會福祉援助技術』, 東京 : 中央法規出版, 1988, p. 14.

사례관리(Case/Care Management) 등의 기법도 포함된다고 보는 경향이 있다.[6]

직접원조기술과 유사한 개념으로 대인복지서비스라는 용어가 있는데, 보다 광범위한 의미를 내포하고 있다. 직접원조기술의 특색은 워커와 클라이언트와의 직접적인 인간관계, 특히 전문적 원조관계에 있다. 지역사회주민과 일정한 관계를 구축하기 위해서 몇 개의 기본원리가 인정되고 있는데 그 중 많은 부분은 종래의 케이스워크나 그룹워크의 연구와 실천의 영향이 강하다고 볼 수 있다.

(2) 간접원조기술

간접원조기술은 사회복지의 원조기술로서 직접원조기술과 함께 사용되고 있는 사회복지실천에 있어서의 절차 상 개념이다. 간접원조기술은 클라이언트의 구체적인 기본적 욕구의 해결에 직접 속하는 것은 아니더라도 클라이언트에게 있어서는 인간으로서의 가능성을 추구하는 데에 잠재적 가치를 갖는 환경 상의 수단을 포함하고 있거나 또는 환경 상의 압력이나 장애를 제거하거나 클라이언트에 대한 타인의 태도를 개선시키는 개입 등에 의해 이루어진다.[7]

일반적으로 지역사회복지의 간접원조기술 영역으로는 지역사회복지정책이나 계획, 지역사회복지행정에 관한 체계적인 전문지식과 실천력을 들 수 있다. 지역사회복지사가 직접적인 원조기술을 통하여 클라이언트의 적응력과 삶의 질을 개선하고자 한다면 정책이나 행정적인 이해도를 넓히는 것이 보다 유용하다. 특히 기관이나 시설에 고용된 사회복지사의 경우에는 민간행정에 대한 관리지식함양에도 충실할 것이 요구된다.

(3) 통합원조기술

직접원조기술을 단순히 심리적인 원조기술로 인식하고, 간접원조기술은 심리사회적인 지원으로 생각하는 것은 잘못된 것이다. 환경 상의 원조도 인간

6) 愼燮重 外 譯, 『일본 현대복지학총람』, 서울 : 대학출판사, 1987, p. 198.
7) 상게서, p. 212.

에 대해서 행해지는 것이므로 양자는 기법의 차이에 의한 것이라고 하기보다는 오히려 기법에 의해 영향을 받는 인간과 관계된다는 인식이 중요한 전제이다. 지금까지의 원조방법들이 별개로 전문・분화되어 발달해 왔기 때문에 원조활동이 분단되는 불합리한 점이 있다는 반성에서 상호관련성을 명확하게 하는 일과 그 공통기반을 확립할 필요성이 있다는 점에서 원조활동에 대한 재편성의 움직임이 나타나고 있다.

즉 문제를 일으키는 주된 원인, 부차적 원인, 요인 등의 판별과 함께 긴급을 요하는 원조와 비교적 긴급을 요하지 않는 원조 등 직접원조, 간접원조를 막론하고 처우기법에 대해서는 워커가 클라이언트의 문제해결 원조에 있어서 그것이 대상자에게 어떠한 의미를 갖고 있는가에 초점을 맞추는 것이 중요하다.[8)]

2) 지역사회원조기술

(1) 지역사회원조기술의 의의

1 지역사회원조기술의 개념

지역사회활동이나 지역사회조직활동은 지역사회의 주민이 지역사회의 복지문제를 자신의 능력으로 해결하려고 하는 활동으로서 역사적 변화에 따라 다양하게 변화하여 왔다. 그리고 지역사회원조기술이란 이와 같은 주민의 지역사회활동을 원조하는 전문적인 방법, 기술을 말한다.

또한 지역사회원조기술의 기능은 지역사회가 지니고 있는 자발성이나 자조에 의한 합의를 통하여 지역사회문제의 해결을 위해 지역사회의 사회자원을 조직화하고, 민주적인 지역사회를 구축하여 지역사회의 공동성과 합의로 지역사회를 조직화하는 것이다.

2 지역사회원조기술의 기능

지역사회원조기술의 구체적인 내용은 다음과 같다.[9)]

---

8) 미국의 경우에서의 사회복지방법론의 통합화나 영국의 시봄(Seebohm) 보고서에서 강조한 내용도 단일의 전문직으로서 원조기술의 통합과 밀접한 관계를 가지고 있다.

① 지역사회의 진단과 복지욕구의 파악 등의 조사・진단의 기능

② 지역사회복지를 촉진하기 위한 복지, 보건・의료, 주택, 교육 등의 각 분야 간의 조정, 복지시설이나 복지관련 전문인력 등의 지역사회의 단체, 자원봉사자의 조정 기능

③ 아동・청소년문제, 노인문제 등의 지역사회복지문제의 해결을 위해서 복지, 보건・의료, 교육 등의 관계자 간의 협의의 기능

④ 지역사회의 공해문제, 보건・위생의 문제, 재가복지의 추진문제 등의 해결을 위해 조직화나 지역사회의 단체나 주민의 조직화를 도모하는 기능

⑤ 사회자원의 개발 기능

⑥ 지역사회복지를 증진하기 위해 지역사회 전체에서 장기적, 종합적인 지역사회복지계획을 입안하는 기능

(2) 지역사회원조기술의 성격

개별원조기술이나 집단원조기술과는 달리 지역사회복지사가 해야 할 지역사회원조기술의 독자적인 기본적 성격을 설명하면 다음과 같다.10)

1 지역사회의 개별화기술

지역사회원조기술의 기본적 성격은 지역사회의 관계에서 지역사회를 개별화한다는 점이다. 즉 지역사회를 하나의 독자성을 지닌 존재로 이해하여 역사적, 문화적, 사회적으로 고유한 요소를 지닌 개체로 이해하는 것이다.

2 복지과제의 통합화기술

지역사회원조기술은 공해, 아동, 장애인, 노인 등의 지역사회의 복지문제를 종합적・체계적으로 파악한다는 점이다. 그것은 한 개인의 문제는 단순한 개인의 문제가 아니고 가족 더 나아가 복지제도, 보건・의료, 주택정책 등과 지역사회와 지역사회자원과의 관계성에서 파악해야 한다는 것이다.

---

9) 福祉士養成講座編輯委員會(1988), 전게서, p. 158.

10) 상게서, pp. 164～165 참고 재정리.

③ 주민의 주체화기술

지역사회의 복지문제를 해결하기 위해 주민 자신이 주체적으로 조직화하는 데 주민의 입장에서 원조하는 점이다. 즉 궁극적으로 사회복지의 높은 수준이라는 것은 주민의 주체성과 주민의 입장에서 자치능력이나 참가능력에 의해 좌우되는 것이다.

④ 지역사회자원의 동원/개발기술

지역사회의 사회자원에 관여하는 것으로서의 지역사회원조기술은 지역사회복지문제의 해결을 위해서 인력, 시설, 자금, 제도 등의 사회자원을 발견하여 그것을 연락 조정, 결합, 재창조, 계획화하여 조직화하는 것이다.

⑤ 조직화기술

지역사회원조기술은 지역사회의 복지문제의 파악에서 계획을 책정하여 실제로 실시하는 일련의 과정을 중요시한다. 이러한 측면은 주민이 지역사회 활동에 참여하는 과정 중에서 자립할 수 있는 능력을 습득하여 문제의 해결능력에서 주체성을 강화할 수 있다는 점이다.

⑥ 옹호/대변기술

옹호기술은 사회복지전문직이 취약한 상태에 있는 이들(지역사회주민)을 위해 그들의 입장에서 보호, 개입, 지지를 하는 일련의 행동을 말한다. 일반적으로 지역사회의 취약계층은 정서적으로 열악한 상태에 있을 개연성이 많으므로 이들을 대변하여 크고 강력한 체계와 맞서야 한다. 이는 사회정의의 구현과 맞물려 있어 다소의 위험성도 따르므로 사회복지윤리성에 기초한 기술에 해당한다.

⑦ 연계/중개기술

지역사회의 상당수 주민은 유용한 자원에 대한 정보나 그것을 활용할 수 있는 통로의 접근성이 약하다. 그러므로 사회복지사는 지역사회나 지역사회주민이 필요로 하는 서비스를 자원과 연계하는 기술을 가져야 한다. 이는 부동산 중개업자가 부동산을 구매하고자 하는 수요자에게 적정한 물건을 중개하는 원리와도 유사하다. 원만한 중개를 위해서는 지역사회자원을 효율적으로 관리하는 것도 중요하다.

8 지역사회교육기술

지역사회교육은 지역사회조직모델보다 지역사회개발모델에서 많이 요구되는 기술이다. 1970년대의 새마을운동은 지역사회 리더 그룹과 다수의 주민을 대상으로 교육을 함으로써 지역사회개발의 목적을 달성할 수 있었던 사례이다. 특히 오늘날에는 고령화 사회에 접어든 만큼 노인들에게 유용한 정보를 제공하며 기술을 가르치는 평생교육기술이 요구된다. 이를 통하여 지역사회의 문제해결의 신념부여가 가능하다.

9 임파워먼트기술

파워(power)란 원하는 것을 얻을 수 있는 능력, 타인의 사고 · 느낌 · 행동에 영향을 미칠 수 있는 능력, 자원배분에 영향을 미칠 수 있는 능력 등을 말한다. 임파워먼트(empowerment)는 바로 파워를 획득하게 하고 능력을 부여하는 기술이 된다.

지역사회주민은 당장 어려움에 처해 있지만 이를 해결할 잠재능력을 발휘하지 못하고 현실에 대한 부정적 사고를 가지는 경우가 많다. 그러므로 이들이 자신의 환경에 효과적이고 창조적으로 기능하여 지역사회를 긍정적으로 변화시키도록 하는 강화기술이 지역사회복지사에게 요구된다.

3. 지역사회복지의 상담기술

지역사회복지의 목표 달성은 지역사회주민의 주체성에 대한 이해와 자각을 통하여 주체적인 활동을 함으로써 가능해진다. 그리고 이러한 목적을 달성하기 위해서는 복지욕구를 발견하고 지역사회에서 문제의 공유화를 통해 계획을 세워서 해결에 필요한 사회자원과의 조정 등을 지원하는 전문적 지식・기술이 필요하다.

그리고 지역사회복지에서 필요한 상담원조에 대해서 그 내용, 전개과정, 특징과 과제를 보면 다음과 같다.[11)]

1) 지역사회복지상담원조의 내용

상담원조란 클라이언트가 안고 있는 문제나 지향하고 있는 과제의 해결을 주로 심리적인 적응과정을 통해서 해결하고자 하는 활동이다. 즉 사회복지에 관련된 전문기관・단체 및 사회복지 전문인력이 전문지식・기술로써 복지욕구를 가진 자에 대한 상담, 조언, 정보제공, 지도 등을 원조하는 과정이다.

사회복지상담원조의 대상은 최근에 사회사업이나 심리치료 등에 있어서 그 초점이 특정 개인으로부터 가족이나 소집단, 지역사회로 확대되었고 문제해결이나 치료, 성장이라는 목표개념이 더욱 확대・통합되어 교육적이고 생산적인 실존적 개념으로 변천하면서 지역사회복지에서의 상담원조가 중요한 분야로 등장하고 있다.[12)]

---

11) 福祉士養成講座編集委員會,『地域福祉論』, 東京 : 中央法規出版, 1991, pp. 229～230 참조.

12) 상담원조 활동의 인접영역으로서 심리요법, 소셜워크 등이 공통점과 차이점을 지니고 있는데 그 내용을 간단히 살펴보면 다음과 같다. 첫째, 심리요법은 주로 정신병리의 치료에 초점을 두고 있고, 둘째, 소셜워크는 사회복지서비스나 환경조정 등 사회생활이라는 사람과 환경과의 전체적인 관점에서 원조를 제공하며, 셋째, 상담원조활동은 인간관계를 중심으로 문제해결, 행동변용, 적응, 가치실현이라는 원조활동의 과학적 전개를 의도하는 특징을 갖고 있으며 오늘날의 사회사업실천 중에서 케이스워크는 상담원조활동

그리고 지역사회에 있어서 상담원조는 다음과 같은 내용을 포함하고 있다.

① 생활의 자립을 위해 사회적 원조를 필요로 하는 개인 및 가족의 원조(개별적 원조).

② 지역사회에서 생활하는 주민의 쾌적한 생활을 저해하고 지역사회의 문제해결을 위한 활동의 원조(지역사회문제의 해결활동의 원조).

③ 주민이 주체적으로 활동할 수 있도록 하는 활동원조(복지커뮤니티의 원조) 등.

2) 지역사회복지상담원조의 특징과 과제

지역사회복지에서의 상담원조활동은 사회복지시설 내에서의 상담원조활동과는 여러 가지 측면에서 차별성이 있는 특성과 과제를 가지고 있다.

(1) 지역사회복지상담원조의 특징

지역사회복지상담원조의 특징을 살펴보면 다음과 같다.

① 활동의 대상으로서 지역사회복지에서의 개별적 원조는 지역사회복지라는 장에서 존재하는 사람들이 대상이고, 지역사회문제의 해결이나 복지커뮤니티의 조직에서는 지역사회 그 자체가 대상이 된다.

② 활동의 진행방향에서는 지역사회에서 생활하는 지역주민의 주체성에 입각하여 지역사회주민의 합의를 배경으로 주민의 주체적인 활동을 존중하면서 활동을 전개하는 것이다.

③ 지역사회에서 동원 가능한 자원은 물론 활용 가능한 사회자원을 모두 동원・조정하여 활동한다.

이나 심리요법의 특성과 관점, 기법으로부터 많은 것을 인용해 고유한 의의와 방법을 구축해 오고 있다(愼燮重 外 譯, 전게서, pp. 234~235).

(2) 지역사회복지상담원조의 과제

지역사회복지의 상담원조의 구체적인 과제는 다음과 같다.

① 지역사회에 존재하거나 잠재되어 있는 불특정한 다수의 복지욕구를 어떻게 현재화할 수 있는가 하는 복지욕구의 배경은 인간들의 다양한 인간관계나 복잡한 사회활동 등에 의해 발생하므로 욕구를 명확하게 한다는 것은 고도의 전문성과 노력을 요한다.

② 지역사회복지의 상담원조는 특징에서도 언급한 바와 같이 지역사회 주민의 이해와 참가를 통하여 지역사회자원을 유효하게 활용하면서 실천하는 특징이 있으므로 지역사회의 교류나 연대감 형성을 어떻게 하느냐가 중요한 과제이다.

③ 지역사회복지에서의 상담원조를 위해서 주민들의 생활원조를 목적으로 하는 다양한 복지욕구의 해결을 위해서는 서비스의 공급조직을 어떻게 다양하게 하느냐가 중요한 과제이다.

3) 지역사회복지상담원조의 전개과정

(1) 사례관리원조

지역사회복지에서 개별적 원조란 사례관리에 의해 그 중요성이 강조될 수 있는데, 일반적으로 사례관리란 복잡・다양한 욕구에 대해서 자립을 원조하기 위해 전문 분화된 공사(公私)의 모든 서비스를 종합적, 효과적으로 정리하여 제공하는 조직구성으로 구체적인 전개과정은 다음과 같다.

[1] 욕구의 다양한 파악

상담창구에 찾아 온 사람들의 욕구도 중요하겠지만 제도나 서비스를 이용할 수 없는 잠재적 대상자의 욕구파악에도 관심을 가져야 한다.

2 문제의 명확화

문제의 명확화를 위해서는 보호대상자 가족뿐만 아니라 친구나 이웃의 실정을 충분히 조사하여 해결해야 할 문제를 명확히 해야 한다.

3 원조계획의 책정

보호대상자나 가족의 의향을 감안하여 달성 가능한 목표를 설정하고 어떠한 서비스가 가장 효과적인 원조인가를 종합적으로 판단하여 원조계획을 세운다.

4 계획의 실시

원조계획에 의하여 보호대상자나 가족의 문제해결의 의지를 개발하면서 동원할 수 있는 사회자원의 조직망을 구성하면서 자립을 원조하는 것이다.

5 서비스의 효과에 대한 평가

서비스의 효과에 대한 평가와 욕구변화의 대응은 보호대상자나 가족의 진전된 복지서비스의 이용이 자립생활의 목표를 달성했는지의 효과성을 평가하는 것이다.

(2) 지역사회조직 원조

지역사회문제의 해결과 지역사회조직의 원조는 지역조직화 활동의 방법에 의하여 이루어지고 있는데 그 전개과정은 다음과 같다.

1 지역사회의 진단

지역사회에 존재하는 생활상의 문제를 현재화시키는 동시에 지역사회가 지닌 해결능력으로서의 지역사회자원의 상황, 지역주민의 문제해결의 의사·의욕 등을 파악한다.

2 문제의 공유화

지역사회의 진단을 통하여 현재화된 지역사회문제를 지역주민에게 알려서 자신들의 문제로서 지각하고 인식시키는 것으로 구체적인 해결방안을 홍보 등을 통하여 지역사회 전체에 확산시킨다.

3 조직구성

지역사회문제는 많은 관심을 가지고 활동의 중요한 구성요소로서 기획이나 기초적인 작업을 진행시킬 조직을 구성하는 것이다.

4 목표달성을 위한 계획의 책정

지역사회주민의 활동의 실현으로서 활동목표, 활동과제, 활동의 구체적인 방법 등을 중요 조직구성 중심으로 책정하여 지역사회의 합의를 도모하고 조직망의 진행을 위한 활동이다.

5 문제해결의 실천

문제해결의 실천은 계획에 의해 자원을 동원하고 주민의 참여를 촉진하고 참가자의 교육·훈련을 행하여 욕구와 자원의 적합한 관계형성을 하는 과정이다. 즉 문제의 해결을 위해 구체적인 활동을 하는 것을 의미한다.

6 평가

활동의 효과를 측정하여 목표달성의 정도와 계획의 부족함을 판단하는 동시에 지역사회 전체의 문제해결능력에 대한 발전을 확인하는 것이다.

이상과 같은 여러 가지 활동을 지역사회가 생활의 주체자로서 지역사회주민의 활동을 지속시키면서 주민의 성장을 도모하고 각각의 활동에서 전문적 지식·기술을 원조할 수 있는가의 문제가 지역사회복지의 상담원조의 중요한 과제가 된다.

4) 지역사회복지상담원조의 유의원칙과 방법

(1) 지역사회복지상담원조의 유의원칙

지역사회복지의 상담원조에서 기본적으로 유의해야 할 원칙은 지역사회복지 활동의 원칙과 밀접한 관련성을 가지고 있다고 볼 수 있는데 구체적인 내용은 다음과 같다.

1 정상화의 원칙

자기의 선택, 결정에 의한 상호참가와 자기실현을 가능하게 하고 지역사회를 조직하여 지역사회에서 정상적인 생활을 할 수 있도록 모두 노력해야 한다.

2 욕구존중의 원칙

주민의 생활실태, 생활요구 등의 파악에 노력해야 하며, 가족 · 지역사회의 욕구를 기초로 활동을 진행해야 한다.

3 참가 · 협동의 원칙

지역사회의 합의를 형성하여 광범위한 주민의 이해에 바탕을 두고 활동을 진행하여야 한다.

4 통합화의 원칙

복지 · 보건 · 의료 · 교육 · 노동 등이 밀접한 관련성을 유지하면서 통합적인 서비스의 제공을 도모해야 한다.

5 지역사회자원 활용의 원칙

지역사회 특성에 입각해서 지역사회에 내재하는 지역사회의 자원을 유효하게 활용하는 동시에 지역사회의 특성에 의한 활동의 내용과 방법을 존중해야 한다.

6 계획성 · 전문성에 의한 원조의 원칙

지역사회조직의 추진계획 또는 원조계획에 기초하여 계획적 조직구성과 전문적 기술을 사용하는 원조활동을 해야 한다.

이상과 같은 상담원조기술은 사회복지사가 지역사회주민을 대상으로 전문적 실천을 하는 과정에서 요구되는 가장 보편적인 기술에 속한다. 그러나 지역사회복지사를 양성하고 교육하는 대학 교과과정에서는 다소 미흡하게 다루어지는 실정이므로 사회복지상담론 등의 교과목의 개설이 요구된다.

(2) 지역사회복지상담원조의 방법

지역사회복지에서 이루어지는 상담원조의 방법은 상담운영기관별로 여러 가지가 있으므로 일목요연하게 제시하기에는 난점이 있다. 즉 ① 학교상담, ② 대학상담, ③ 사설개업상담, ④ 복지기관상담, ⑤ 청소년기관상담, ⑥ 기업(산업)상담, ⑦ 종교기관 상담, ⑧ 정신과 상담 등의 상담운영기관별로 선호하는 상담방법이 있을 수 있다.

여기에서는 상담에 참여하는 인원구성, 의사소통경로 등의 여러 가지 속성에 의해서 정리해 보면 다음과 같다.

1 상담 인원구성

상담에 참여하는 인원구성으로 나누어 본 상담방법으로서는 ① 개인상담, ② 집단상담, ③ 부부(커플)상담, ④ 가족상담, ⑤ 집단교육적 상담 등이 있다.

2 의사소통 경로

의사소통 경로로 나누어 본 상담방법으로는 ① 면접상담, ② 예술요법(음악치료, 미술치료 등), ③ 놀이치료(모래치료, 인형치료 등), ④ 서신상담, ⑤ 전화상담, ⑥ 전자통신상담, ⑦ 전자프로그램상담, ⑧ 방송매체상담 등이 있다

3 상담기간

상담의 길이로 본 상담방법에는 단기상담과 장기상담으로 구분된다. 단기

상담은 12회기(session) 미만이 중심이 되나 25회기 미만, 50회기 미만으로도 나누어진다. 장기상담은 회기나 시간적으로 단기상담보다 더 많은 기간이 소요된다.

4 상담이론

상담이론 접근별로 본 상담방법에는 ① 정신분석(정신역동)상담, ② 행동주의상담, ③ 클라이언트(인간)중심상담, ④ 인지치료상담, ⑤ 인지-행동(REBT)상담, ⑥ 게슈탈트(형태주의)상담, ⑦ 교류분석(TA)상담, ⑧ 가족치료상담 등의 심리치료이론에 따른 구분이 있다.

제 9 장

지역사회개발

1. 지역사회개발의 의의

1) 지역사회개발의 개념

1974년 미국 미시건 대학의 로스만(Rothman) 교수는 그의 저서 『지역사회조직의 전략(Strategies of Community Organization : Macro Practice)』에서 지역사회개발을 지역사회조직실천의 세 가지 실천 유형(Three Models of Community Organization Practice)에서 한 가지의 모델(Model A)로 분류하였다.

지역사회복지에서의 지역사회개발의 의의는 지역사회 내외에 산재하는 인적 자원(human resource)과 물적 자원(physical resource)을 효율적으로 활용하여 일정한 지역사회주민의 삶의 질을 향상시키는 데 있다. 즉 해당 지역사회의 사회적 · 경제적 발전을 통하여 보다 나은 삶의 개선을 지향하는 것이다. 그러므로 사회사업의 한 유형이나 지역사회조직사업의 개별 유형으로 보는 좁은 의미가 있는가 하면, 경제적이고 행정적인 프로그램까지를 포함하는 넓은 의미의 개념화도 필요하다. 다시 말해서 지역사회개발(community development)은 단순하게는 '지역사회'와 '개발'이라는 용어적인 결합으로도 볼 수 있지만 지역사회조직(community organization)이라는 지역사회사업(community work)과 사회개발(social development)의 포괄적 정의로도 볼 수 있다.

여기에서는 지역사회개발의 개념을 여러 학자들의 견해를 바탕으로 ① 과정, ② 방법, ③ 계획, ④ 운동의 관점으로 세분하여 설명하고자 한다.

(1) 과정으로서의 지역사회개발

1 UN 경제사회이사회(ECOSOC) 제10차 회의

1955년 1월 31일에 개최된 회의에서 지역사회개발을 "일정한 지역사회의 경제 · 사회 · 문화적 제 조건을 개선하여 향상시키기 위하여 주민들의 노력이 정부기관의 노력과 결합되고 이를 국가발전에 기여할 수 있도록 하는 공동노력의 과정"이라고 규정하였다.

2 배턴(T. R. Battern)

배턴(Battern)[1]은 1957년의 그의 저서인 『지역사회 그리고 개발(Communities and Their Development)』에서 지역사회개발사업이란 "지역사회주민이 먼저 그들의 현재 욕구를 충분한 토론을 거쳐 정하고, 정해진 욕구를 해결할 수 있는 방안을 협의를 통하여 수립하고 실천해 나가는 과정"이라고 개념화하였다.

3 정지웅 · 김지자

정지웅[2] 등은 1973년의 그들의 저서인 『지역사회개발 그 이론과 실제』에서 지역사회개발이란 "일정한 지역단위에서 정부나 다른 외부의 지원이 있든 없든 간에 그 지역 주민들의 공동 및 협동적 노력에 의하여 그 지역사회의 인적 · 물적 자원을 발굴 · 파악, 개발하여 그 주민 개개인 또는 전체 집단이 고르게 보다 높은 수준에서 행복한 생활을 누리고, 그 지역사회가 그들의 경제적 · 사회적 · 문화적 활동의 공동체적 기본단위가 되도록 만드는 과정"이라고 개념화하였다.

---

1) T. R. Battern, *Communities and Their Development,* Oxford Univ. Press, 1957, p. 13.
2) 정지웅 · 김지자, 『지역사회개발 : 그 이론과 실제』, 서울 : 배영사, 1973, p. 22.

④ 우리나라에서의 공식적 개념

1958년 1월 24일의 국무회의에서 지역사회개발은 "일정한 지역 내의 주민이 그들 자신의 좀 더 나은 생활을 위하여 공동 또는 개개인의 난관을 발견하고, 그것을 해결하기 위하여 집단적 또는 개별적으로 계획을 수립하여, 그들 자신의 힘, 또는 외부(정부와 기타 기관)로부터의 용역이나 물자를 보충 받아, 실천・수행하는 사회개선운동의 과정"으로 보고 있다.

그리고 그 해 9월 2일자 대통령령 제1384호에서 공포된 지역사회개발위원회 규정 제2조에서는 "일정한 지역 내의 주민이 생활의 개선과 향상을 위하여 집단적 또는 개별적 계획을 수립하고 실천 수행하는 사회개선사업"으로 이를 명시하였다.

(2) 방법(method)으로서의 지역사회개발

로스(Murray G. Ross)[3]는 1955년의 그의 저서에서 지역사회사업이라는 용어를 들면서 그 중요한 유형으로서 ① 지역사회개발, ② 지역사회조직, ③ 지역사회관계의 세 가지로 구분하면서 그 구분이 절대적인 것이라기보다는 그 정도의 차이를 나타내며 시도하는 방법이나 접근방법에서도 유사한 점이 있다고 하였다. 즉 그는 지역사회개발을 그 후의 로스만(Rothman)의 견해와 유사하게 지역사회사업에 관련된 모형으로 본 것이다.

한편 로스는 지역사회개발의 방법을 다음의 세 가지의 사업방식으로 제시하고 있다.[4]

① 외부기관의 개입에 의한 방식

지역사회주민의 요청에 의한 것이 아니라 정부 등의 요청으로 지역사회가 진단이 되고 계획이 수립되어 지역사회주민들에게 설득을 통하여 접근하는 방

---

3) Murray G. Ross, Community Organization : Theory and Principles, New York : Haper and Brothers, 1955, p. 19. 로스만은 로스의 지역사회개발과 지역사회조직의 용어를 통합하여 지역개발(locality development)이라는 용어를 사용하였다.

4) Ibid, pp. 21 ~ 34.

식이며, 이 방식에서 중요한 것은 외부기관이 제대로 주민의 욕구를 수렴하는 것이다.

② 복합적 접근 방식

지역사회에는 여러 가지 문제가 복합적으로 내재하므로 외부의 다양한 전문가가 개입하여 접근하는 방식이다. 이렇게 많은 방면의 전문가가 동원되어야 할 필요성은 지역사회생활의 종합성에 있으며, 그 문제점의 해결에서도 다면적이고 복합적인 개입과 처방이 있어야 한다는 관점이다.

③ 내부의 지역사회자원에 의한 방식

전자의 두 가지 방식이 외부적 해결방법에 의존하는 방식이라는 점에 비하여 이 방식은 지역사회주민이 그들의 문제점을 스스로 진단하고 그 해결을 위하여 협동적인 행동을 하게 된다는 것이다. 이러한 접근은 지역사회의 변화를 위해서는 주민 스스로가 필요성을 인식하고 개선의지를 가져야 한다는 입장이다.

(3) 계획(program)으로서의 지역사회개발

현대적 의미에 있어서의 지역사회개발은 제2차 세계대전 후의 국제정세 속에서 제기된 것으로 지역사회를 지역사회의 계획적 발전의 전략적 수단으로 생각한다. 지역사회학의 연구계보에서 보면 지역사회개발론은 지역사회의 사회계획론의 영역에 해당한다.[5] 즉 지역사회개발사업을 지역사회의 사회계획에 설정된 프로그램을 진행하는 절차로 본다.

여기에서 설정된 프로그램이라고 하는 것은 일반적으로 지역사회개발사업이 수행되는 단계별 활동 내용을 말한다. 그리고 지역사회개발사업의 수행과정은 여러 단계로 세분화할 수 있다. 즉 ① 계획(Plan), ② 실천(Practice), ③ 평가(Evaluation)의 3단계로 볼 수 있으나 좀 더 체계적으로 본다면 ① 계획, ② 실천, ③ 산출, ④ 평가, ⑤ 환류의 다섯 단계로 정형화시킬 수도 있다.

---

5) 김영모, 『지역사회복지론』, 서울 : 한국복지정책연구소출판부, 1995, p. 74.

1 계획수립

계획수립은 지역사회주민의 욕구와 그것을 해결할 자원에 대한 사회조사를 기본으로 하며, 목표를 설정한 다음 그것을 달성할 구체적인 방법이나 일정 등을 짜는 단계이다.

2 계획실천

민주주의 정신에 입각한 주민참여를 바탕으로 지역사회 내에 산재한 인적·물적 자원을 효율적으로 동원하고 경우에 따라서는 외부자원이나 정부나 관련기관의 조직을 활용하는 방안이 강구되어야 한다.

3 결과산출

계획이 실천되는 과정에서는 경과에 따라 산출물이 발생한다. 그것은 계량적으로 측정이 가능하거나 그렇지 못한 경우라도 드러나는 결과물은 반드시 도출되는데 이는 지역사회주민의 협동적 활동을 위해 상당히 중요하다.

4 평가 및 환류

평가는 마지막 단계로 당초의 계획에 투입된 노력에 대한 결과물이나 성과에 대한 평가라는 점에서 반드시 필요하다. 왜냐하면 평가는 새로운 계획의 조건인 동시에, 환류(feedback)의 전단계에 해당하기 때문이다.

(4) 운동(movement)으로서의 지역사회개발

일반적으로 운동(movement)이라고 하는 것은 정신적인 흐름이다. 그것은 이데올로기이기도 하며, 철학이기도 하다. 또한 지역사회지도자 한 사람의 가치관이기도 하며 주민 전체의 가치관의 변화나 확립이기도 하다. 한국의 지역사회개발사업을 말할 때 새마을운동을 말하는 것은 소득이나 환경개선을 통한 삶의 질의 향상이라고 하는 최종목표보다는 그것을 위하여 먼저 주민들의 정신적 운동을 강조한 것이다. 즉 근면·자조·협동이라는 이면에 중점을 두는 개념인 것이다.

1 샌더즈(Irwin T. Sanders)

샌더즈는 1958년에 그의 논문『지역사회개발의 이론(Theory of Community Development)』에서 지역사회개발이란 "사회발전의 과정이고 운동(movement)"[6] 이라고 정의하였다. 그리고 지역사회개발은 물적 시설의 완공이나 물량적 성장에만 그치는 것이 아니라 인간사회의 관계형성과 변화이며 이를 위해서는 관계된 모든 사람들이 참여해서 그들 자신들의 행태와 태도를 개선해 나가는 운동이라고 하였다. 우리나라도 1971년부터 새마을운동이 전국적으로 전개되면서부터는 새마을지도자 교육 등을 통한 이념적이고 철학적인 변화를 목적으로 지역사회개발사업을 추진하였다.

2 영국과 필리핀

제2차 세계대전 이후의 영국은 식민지방행정관회의(Ashridge, 1948)에서 "지역사회개발이란 지역사회주민들의 적극적인 참여와 자발적인 노력으로서, 만약 자발적인 노력이 수행되지 않을 경우에는 이 운동에 대한 활발한 반응을 가져올 수 있는 기술의 사용과 격려를 통하여 지역사회의 생활을 향상시키려는 운동"이라고 언급하였다. 한편 필리핀은 1956년 1월 6일의 대통령 행정명령 제156호에서 "지역사회개발은 지역사회주민들의 적극적인 참여와 창의적인 노력으로 경제 · 사회적인 발전을 하기 위한 여러 가지의 조건들을 개선하는 민중운동(peoples movement)"이라고 하였다.

이상에서 본 바와 같이 지역사회개발사업은 그 개념이 다양할 뿐만 아니라, 학문적으로도 다학제적(inter-disciplinary)인 성격을 가지고 있다. 왜냐하면 지역사회개발사업의 대상은 지역사회 그 자체가 아니라 그 내부구성요소인 인적 요소, 사회환경적 요소, 경제환경적 요소이기 때문이다. 즉 지역사회주민의 정신적 · 능력적 개발과 주민들의 지역사회조직 및 환경의 개발, 그리고 주민들의 생산관계 및 소득수준의 개발이 주된 연구대상이다.

그러므로 지역사회개발학의 관련학문으로서는 사회학이나 심리학 등에

---

6) Sanders, I. T., "Theory of Community Development", *Rural Sociology,* Vol. 23, No. 1, 1958.

바탕을 둔 사회복지학, 주민조직과 관련한 행정학, 주민경제소득향상과 관련한 경제학 등을 들 수 있다. 그 외에 문화인류학, 교육학, 철학 등도 범 학문적인 차원에서 관련학문으로 볼 수 있으나 실천학문이라는 측면에서는 사회복지학(사회사업학)과 가장 밀접한 관련을 가진다. 다시 말하면 지역사회개발이론은 실제적 필요에 기초하는 경험적이고 귀납적 논리라고 할 수 있다.

2) 지역사회개발과 지역개발의 차이

지역사회개발과 지역개발의 차이를 알아보는 것은 유사한 용어의 구별이라는 1차적인 목적 이외에도 지역사회개발 용어가 내포하고 있는 개념을 더욱 명확히 한다는 근본적인 목적이 있다.

지역개발(regional development)이란 일정한 지역의 지역적 · 공간적 단위를 중심으로 인적 자원과 물적 자원을 개발하는 것을 의미한다. 그러므로 지역사회개발사업이 지역사회(community)라는 기능을 중심으로 지역사회사업을 전개한다는 측면에서 차이가 있다. 그러므로 양자 간의 유사한 접근방식을 들어서 마치 같은 개념이나 차이가 없는 용어로 해석하고 있는 것은 잘못이다.

지역사회개발사업의 역사가 장구하듯이 지역개발사업의 역사도 고대 메소포타미아 지방의 지역개발사업계획, 이집트 지역의 나일강 유역개발계획, 그리고 중국의 황하강 유역개발사업 등에서 유래하며 근대에는 미국의 경제공황(Economic Panic)을 타개하기 위한 TVA(테네시강 유역 개발사업)나 일본의 전후복구사업의 하나인 하천다목적개발계획 등과 맞닿아 있다.

그리고 지역사회개발사업이 경제적 환경보다는 생활복지환경의 개선에 목적을 두는 데 비하여 지역개발사업은 소득 · 경제 환경의 개선에 중점을 둔다. 그러므로 지역개발은 하드웨어적 성격이 있으므로 개발(development)이라는 용어를 사용하는 것이 적당하지만, 지역사회개발은 소프트웨어적 의미의 '발전(development)'이라는 말이 더 어울린다.

그동안 후발 자본주의국가를 중심으로 지역사회개발사업이 주로 각광을 받아왔으므로 자칫하면 지역사회의 경제개발로 잘못 인식되는 수가 있으나 본래의 목적은 그렇지 않다. 그리고 두 가지의 개념이 모두 국가(사회)보다는 작은 규모의 개발이라는 공통점이 있으나 일반적으로는 지역사회보다는 지역이라는 용어가 규모면에서 우위에 있는 것으로 인식된다.

그런데 미국에 있어서의 지역개발계획(regional development plan)은 뉴딜정책(New Deal Policy) 당시의 자연자원개발중심의 물리적인 경향이 제2차 세계대전 이후에 와서는 실업이 많은 지역이나 흑인 집단거주 지역에 공장을 설치하고 실업률을 줄이려는 사회적인 측면의 개발로 전환된 흐름을 보임으로써 차이점이 좁혀진 사례를 보여주었다.[7)]

이제 지역사회개발의 의의를 명확하게 하기 위하여 지역사회개발과 지역개발 간의 유사점과 차이점을 정리해 보면 다음과 같다.

(1) 유사점

1 개발의 목표

지역사회개발의 방식이나 지역개발의 방식의 최종목표는 국가발전에 기여하게 되는 공통의 목적이 있다. 특히 현대사회는 소규모의 자치적이고 공동체적인 활동보다는 대규모의 행정활동이 강화되는 국가라는 2차적인 기구가 인간이 생활을 통제한다는 차원에서 볼 때 양자는 궁극적으로 국가의 영역에서는 같은 목표를 가진다.

2 개발의 자원

지역개발과 지역사회개발은 지역이나 지역사회에 존재하는 인적・물적 자원을 동원함으로써 효율적인 목표달성이 가능하다는 공통점을 가지고 있다. 물론 지역개발은 물적 자원에 치중한 개발에 힘쓰고 지역사회개발은 그보다는 인간개발에 더욱 관심을 두는 등 접근 방식에서는 차이를 보이지만 인적 자원과 물적 자원은 같이 개발되는 국면이 많다.

---

7) 특히 케네디 대통령 시기에 입법된 지역개발법(Regional Development Act)에서 이와 같은 경향이 두드러졌는데, 즉 지역개발사업의 주체가 주 또는 시가 되었으며 노동자들의 실업률이 높은 지역에 고용증대정책을 강구하여 사회사업(Social Work)의 성격도 띠게 되었다.

즉 도심지의 주거단지계획에서 일반 주택지역과 공동주택지역으로 계획하고 토지라는 공간 위에 건물을 짓는 것은 물적 자원의 개발방식으로 간주될 수 있지만 그 주택을 사용하는 주민에게 있어 인간생활의 편의를 증대시키는 결과를 가져오게 된다. 그 외에 치산 · 치수계획 역시 외부적으로는 물적이고 공간적인 개발에 속하지만 그 공간은 주민들이 이용하는 기능의 개발이 되는 것과 마찬가지이다.

③ 학문적 특성

지역사회개발이나 지역개발은 각기 다양한 목표를 가진다. 종합적이고 실천적인 정체성(identity)을 보유하고 있다. 그러므로 순수이론과학이나 인문학에서처럼 비교적 독자적인 학문적 통로를 가지는 것이 아니라 인접 학문들과의 다학제적인 접근(inter-disciplinary approach)이 필요한 특성이 있다.

즉 지역개발의 경우는 도시계획이나 교통계획, 경제개발과 관련된 재정이론, 부동산 이론 등의 지식을 필요로 하며, 지역사회개발사업의 경우에는 경제적 · 사회적 · 정치적 환경에 기초한 지역사회의 원활한 개발계획이나 실천을 요구한다. 따라서 경제학, 사회학, 정치학, 행정학 등에 대한 배경지식을 바탕으로 한 사회복지실천기술을 적용해야 하므로 종합사회과학이라는 공통된 측면을 가지고 있다.

(2) 차이점

① 개발의 대상

개발을 수행하는 객체를 두고 볼 때 양자 간에는 뚜렷한 차이가 나타난다. 지역사회개발계획을 수립할 때에는 지역사회(community)의 기능이 대상이 된다. 이 기능이라는 개념에서는 인간이 어떻게 편익을 누리며 살아갈 수 있는가 하는 관계성이 중요하다. 그런데 지역개발 역시도 지역(region)이라는 보다 물리적이고 규모면에서도 다소 큰 영역의 공간이 개발대상이다. 그러므로 토지와 그 위에 설치되는 공간구조 그 자체가 개발의 대상이며 영역이 된다. 전자는 인간집단을 객체로 하고 후자는 그 인간이 활동하는 토지 내지는 공간이 그 객체가 된다.

다시 말해서 지역사회개발은 지역사회구성원 상호 간의 연대감, 상호신뢰, 공동체 의식 같은 것이 강화되고 지역사회문제의 해결과정에 주민들의 참여가 확대되는 데 초점이 있다. 즉 물리적 자본(physical capital)을 늘리는 것이 대상이 아니라 사회자본(social capital)과 인적 자원(human resource)을 발전시키는 것이 대상이 된다.

2 개발의 주체

지역개발은 국가개발의 일부이며 지방개발이므로 국가나 지방정부가 주체가 되어 추진한다. 즉 국가나 지방정부의 인적 조직인 공무원의 계획에 의하여 이루어진다. 물론 민간이 개발에 참여할 수도 있으나 어디까지나 정부계획에 따라 한정된 역할만 수행하게 된다. 이에 비하여 지역사회개발은 지역사회주민 스스로가 주체가 되어 기능개선을 목표로 활동하게 되므로 지역사회주민이 주체가 된다. 그러나 공공기관의 조직이나 인적 자원도 지역사회주민의 욕구조사나 그 명료화 과정 등에서는 일정한 역할을 하게 되는 수도 있다.

3 개발의 접근방식

개발 목표에는 공통점이 있지만 정작 접근하는 방식에서는 상당한 차이가 있다. 지역개발은 경제적 환경을 개선하려는 노력을 하게 되는 접근방식에 초점을 두며, 지역사회개발은 사회적 환경의 개선과 효율화를 위한 사회개발 면에 주요 관심을 둔 접근을 하게 된다.

이러한 의미에서 본다면 지역사회개발과 사회개발(Social Development)은 상통하는 측면이 있다. 그런데 사회개발은 경제개발(Economic Development)의 대응적인 의미가 강하지만 지역사회개발방식은 사회 중에서도 공동체적인 특성을 가진 소규모 단위사회, 즉 기초 자치단체 산하의 읍 · 면 · 동 정도의 규모가 중심이 되는 것에 비하여 사회개발은 경제개발이나 지역개발사업의 규모와 유사한 광역자치단체 산하의 시 · 군 · 구 정도가 적용대상이 된다.[8)]

2. 지역사회개발의 목표와 과정

1) 지역사회개발의 목표

(1) 지역사회의 과제에 따른 목표

지역사회개발의 목표에 대해서는 이미 지역사회개발의 개념정의에서 개괄적인 설명이 되었다. 그러나 세부적으로 보면 지역사회개발은 여러 가지의 형태로 수행되며 아울러 해당지역사회가 처해 있는 조건이나 상황에 따라 과제가 다르므로 그 목표 또한 다소 다르게 나타난다. 여기에서 그 지역사회가 달성하고자 하는 과제에 따라 분류해 보면 다음과 같다.[9)]

① 각종 역량의 조직화

지역사회는 마을과 같은 어느 지역단위에서의 자조적 행정조직을 갖도록 협동하는 것이다. 어느 기본지역단위에서의 힘 또는 권력을 조직화하고 지도체계를 세우는 일은 지역사회개발의 제1과제가 된다.

② 주민의 소득증대

농업 또는 기타 부문에서 자조적 노력을 강화하여 생산을 높이고 주민의 소득을 증대시키는 것이다. 이것은 주민의 참여의식을 제고시키고, 나아가서는 지역사회개발의 확대재생산(expanded reproduction)을 위해 필요한 요소 중의 하나가 되고 있다.

---

8) 사회개발의 주체는 적어도 시 · 군 · 구 정도의 기초자치단체가 되므로 지역사회개발의 추진 주체와는 차이가 난다.

9) Robert A. Polson, “Community Development in the Philippines : Observations and Comment”, in Socorro C. Espirno and Chester C. Hunt, *Social Foundations of Community Development : Readings on the Philippines,* Manila : R. M. Garica Publishing House, 1964, pp. 86～87 및 문병집, 전게서, pp. 28～29 재인용.

3 생산기반의 조성

주민 생활수준의 향상을 위한 방편으로 물적 기반을 확립하기 위해 행해지는 생산의 발전은 먼저 그 하부구조의 개선을 필요로 한다. 예컨대 도로시설, 수리시설 등이 바로 그것이다. 이러한 것들은 지역사회개발을 위한 기초적인 시설로서 중요한 당면과제가 되고 있다.

4 지역격차의 완화

경제의 성장과정에서 지역 간의 격차가 생기는 경우가 많다. 특히 도시와 농촌 간의 격차는 자본주의사회(capitalistic society)에 있어 필연적으로 제기되는 하나의 과정이라고 할 수 있다. 그러나 이러한 격차가 심화되면 경제의 지속적인 성장이 저해되고 한편으로는 사회적 제 문제를 격화시키는 등 여러 가지의 문제가 발생하게 된다. 따라서 각종 지역격차를 완화하는 대책이 필요하게 되고, 그것이 지역사회개발의 중요한 과제가 된다.

5 환경의 개선

사람은 환경에 많은 지배를 받는다. 이 환경에는 생산 환경, 생활 환경, 사회 환경 등이 있다. 그래서 생산의 제 기반과 여건, 교육・문화・복지・보건・위생・주택・상하수도시설 등의 개선, 사회적 제도・질서・관습 등의 개선 등이 지역사회개발의 중요과제 중의 하나가 되고 있다.

6 건전의식의 계발

건전한 인간의식은 개인의 생활에는 물론이고 사회의 안정과 발전에도 밀접한 관계를 갖는다. 특히 환경의 변화에 적응하는 의식의 형성은 발전의 전제조건이라 할 수 있다. 지역사회개발의 주체인 주민은 의식을 가지고 있다. 지역사회개발에 있어서 중요한 것은 창조적 주민의식, 자조적 주체의식, 협동적 사회의식이다.

이상에서 본 지역사회개발 목표에 대한 견해도 제2차 세계대전 이후의 저개발국가의 모형에 적합한 것으로 보인다. 그러면 여기서 그간의 경제적이고 양적인 성장에 초점을 맞춘 개발(development)이 아니라 사회적이고 질적인 성장을 지향하는 현대사회가 안고 있는 지역사회문제를 해결하고 보다 나은 삶(better living)을 지향하는 지역사회복지의 입장에서 지역사회개발의 목표를 제시하면 다음과 같다.

(2) 지역사회복지 입장에서의 목표

1 경제적 삶의 수준 향상

인간에게 있어서 1차적인 욕구와 결핍은 경제적 어려움에서 기인하는 경우가 많다. 일정지역의 거주민들이 절대적 빈곤상태에 있다면 지역사회복지의 목표는 우선 그것의 해결이 되어야 한다. 그러나 최근에는 절대적 빈곤문제보다는 상대적 빈곤에 대한 관심이 높아지고 있어 상대적으로 낙후된 지방이나 도심의 슬럼지역에 거주하는 주민들의 경제적 수준이 지역사회개발목표의 일차적 대상이 되는 경우가 많아졌다.

2 사회적 형평성의 유지

경제적 수준이 어느 정도 향상되었다 하더라도 사회・문화적인 격차는 생길 수 있다. 산업화 과정에서 공장유치 및 생산기반시설은 확충되었다 하더라도 해당 지역사회에 교육・문화・복지시설이 부족할 수 있다. 설사 어느 정도의 시설이 갖추어졌다고 해도 타 지역사회에 비하여 프로그램이 빈약한 상태에 있을 때는 지역 간의 형평성을 유지하도록 주민운동 등을 전개할 필요가 있다. 국가복지는 공공부조 수준 등의 통일성에 있지만 지역사회복지는 지역사회주민에 의하여 개발되는 부문이 많기 때문이다.

3 공동체정신의 함양

지역사회개발사업은 어느 특정한 소수의 주민만이 아닌 주민 전체의 생활개선과 향상을 기하는 데 그 목적이 있는 만큼 그 전제가 되는 지역사회주민 모두의 공동체 의식이 배양되고 실천되도록 하여야 한다. 지역사회개발을 주민의 공동적 노력에 의한 운동(movement)으로 보는 경우는 개개인의 산발적이고 분산된 욕구를 해결하는 것이 아니라 공통적이고 집합적인 욕구를 충족시키고 해결하는 것을 강조한다.

지역사회라는 것은 우선 인간집단 사이에 공감대가 유지되고 다 같이 개선하고자 하는 유대감을 가진 공동사회라는 의미가 내포된 것이며, 이를 위해서는 나보다는 우리라는 의식이 전제되어야 한다.

(3) 지역사회조직의 목표와의 비교

지역사회개발이 이러한 구체적인 목표를 대상으로 실천이 이루어지는 것에 비하여 지역사회조직의 경우에는 사업대상에 따라 다양한 목표가 있으므로 해당사업의 성격에 따라 목표설정을 하게 된다. 여기에서 양자 간의 차이를 알아보기 위하여 던햄과 펄만 등의 지역사회조직에 대한 목표와 목적을 제시한 내용을 보면 다음과 같다.

[1] 던햄의 견해

던햄[10]은 지역사회조직의 목표를 과업중심의 목표, 과정중심의 목표, 관계중심의 목표의 세 가지로 구분하고 있다.

① 과업중심의 목표(task goals)는 지역사회의 특정욕구를 충족시키거나 특정문제를 해결하기 위하여 구체적인 과업의 완수에 역점을 두는 것을 말한다.

② 과정중심의 목표(process goals)는 주민참여, 자기결정 및 협동 등을 유지하고 발전 · 강화시켜 지역사회주민들이 문제를 해결할 수 있는 능력을 갖추도록 하는 것이다.

③ 관계중심의 목표(relationship goals)는 지역사회 구성요소 사이의 사회관계에서 변화를 시도하는 데 역점을 두게 되는 것이다.

---

10) Dunham, *op. cit*, p. 175.

② 펄만과 구린의 견해

펄만과 구린(Perlman & Gurin)[11]은 지역사회조직사업의 실천에 관한 주요목적을 다음과 같이 네 가지로 제시하였다.

① 지역사회 참여와 통합의 강화이다. 이는 지역사회에 있는 여러 집단이 그들의 의사를 표현하도록 격려하고 효과적인 상호작용을 위해 그들의 환경에 대한 개선방안을 합의하도록 하는 것이다.

② 문제대처능력의 앙양이다. 이는 첫 번째 목적과 유사하게 지역사회가 사회환경과 변화에 대처할 수 있도록 능력을 함양하도록 의사소통과 상호작용 능력을 고양시키는 것이다.

③ 사회조건과 서비스의 향상이다. 이는 지역사회의 욕구와 부족함을 찾아내어 이를 해결하거나 예방하기 위한 효과적 서비스 공급과 방법을 찾고자 하는 것이다. 여기에는 자원동원이 요구된다.

④ 불이익집단 이익의 증대이다. 이는 지역사회의 여러 집단이 아닌 특수집단이 받게 되는 물질적 재화와 서비스를 증대시키고, 그들의 역량과 참여의 확대를 바탕으로 이익을 증대하는 것이다. 여기에는 사회행동이 요구된다.

2) 지역사회개발의 과정

지역사회개발사업의 과정 역시 앞에서 설명한 지역사회개발사업 유형과 마찬가지로 지역사회의 특성, 사업내용, 사업주체에 따라 추진 절차의 변동이 있을 수 있다. 그러나 일반적으로 지역사회개발이 하나의 과정(process)이며, 계획(plan)이라는 측면에서 볼 때 다음과 같은 몇 가지의 단계로 그 과정을 나누어 설명할 수 있다.

(1) 계획과정

계획과정은 지역사회의 변화를 위한 최적의 대안(optimal alternative)을 찾

---

11) Perlman, Robert & Gurin, Arnold, *Community Organization and Social Planning*, New York : Jhon Wiley & Sons, 1972, pp. 37~38.

아가는 과정이다. 일반적으로 계획을 도모하고자 하는 목적에 따라 개괄적인 방침을 정하고 실행 가능한 대안들을 세부프로그램화하고 행·재정 지원사항을 포괄하는 영역에서 이루어진다. 지역사회개발은 물리적·인적 자원을 동원하여 경제개발 측면과 사회개발 측면의 변화를 목적으로 하는 것이므로 그 과정에서 이러한 세부영역의 계획이 수반되어야 하고, 그 이전에 지역사회를 대상으로 한 지역사회조사가 이루어져야 한다. 지역사회조사를 통하여 해당지역사회의 욕구진단과 문제파악이 가능하며 그에 대응한 목표가 설정될 수 있기 때문이다.

세부계획은 다음과 같이 구성되어야 한다. 첫째, 물리적인 요소 즉 토지와 시설에 대한 조화로운 활용계획이 있어야 하고 둘째, 인적인 요소 면에서 지역사회주민의 참여도를 높여야 하며, 셋째, 경제적인 변화계획으로서 효율적인 자본운영으로 산출량을 늘리고, 넷째, 사회적인 지역사회변화계획에는 생산시설·문화시설·복지시설 및 교육시설 등이 적정한 수준에서 설치되어 주민이 이용할 수 있어야 한다.

(2) 실천과정

수립된 계획을 현장에 옮기는 단계를 의미하며, 집행과정이라고도 한다. 마치 사회복지학문의 영역에서 사회복지정책이 사회복지대상자에게 전달되는 사회복지행정의 영역과도 유사하다. 이 단계에서는 실천을 위한 주변여건의 조성과 실천과정에서 드러난 작은 과제를 곧바로 환류하는 과정도 포함된다. 그리고 실천현장에서 유력한 실적이 있거나 공로가 있는 인적 자원에 대해서는 격려하고 전체 주민의 적극적인 참여 동기를 유발하기 위한 조치도 있어야 한다. 그 어떤 계획에도 부실한 부분이 있고 그에 따른 불만족 요인이 노정될 수 있기 때문이다. 개인적 동기, 집단적 동기를 유발할 수 있는 인간 환경을 조성하고 효과가 있는 사례에 대해서 교육기회를 제공하는 것도 방법이 된다.

그리고 긍정적 성과물에 대해서는 확산과 정착이 필요하므로 지역사회 주민들이 경쟁적 동기를 자극하고 자질이 있는 소규모의 지역사회개발실천 지도자를 찾아내어 육성 · 지원해야 한다.

(3) 평가 · 환류과정

평가과정은 당초에 계획된 변화량은 어느 정도 수행하였는가를 검토하는 단계이다. 모든 계획은 변화시키고자 하는 일정 목표량이 있을 것이고 그것이 경제적이고 양적인 것이든 사회적이고 질적인 것이든 어느 시기를 기준으로 점검하는 것은 반드시 필요하다. 평가를 통하여 장 · 단점이 파악되며 효율성과 효과성이 드러나게 된다. 물론 이러한 평가는 일회성이 아니라 지역사회개발사업의 전 과정에서 시기별로 이루어지기는 한다. 중간평가를 하는 것은 최종평가에서 보다 높은 실적을 기대하기 때문이며, 평가주체를 내부기관이 아닌 외부기관에 의뢰하는 것은 객관성을 확보하기 위한 것이다.

그런데 평가단계에서 가장 중요한 것은 실적이 높아야 한다는 것이 아니라 과학적인 평가 자료를 획득하고 환류를 하는 절차이다. 계획된 목표달성이 되지 않았다고 실망하거나 계획 자체를 폐기하는 것보다는 그 다음 계획에 그 경험을 바탕으로 시행착오 사항을 줄여나가는 것이 바람직하다. 그리고 세부적인 계획 부문으로 보았을 때는 어느 영역의 실적은 높고 어느 부문은 낮을 수도 있는 만큼 당해 영역별 평가도 따라야 한다. 즉 인적 · 물적 환경개선부문과 경제적 · 사회적 개선부문이 100% 달성되는 지역사회개발계획은 기대하기 어렵다.

한편 샌더즈(Irvin T. Sanders)는 주민이 주도하는 지역사회개발프로그램을 성공적으로 추진하기 위해서는 ① 사실의 탐색(facts finding), ② 목표의 설정(objectives setting), ③ 프로그램화(programming), ④ 프로그램의 실시(program accomplishing), ⑤ 평가와 검토(evaluating and reviewing)의 5단계를 거쳐야 한다고 하였다.12)

---

12) Irwin T. Sanders, *Making Communities Better*, revised ed., Lxington : Univ. of Kentucky Press, 1953, pp. 27～59.

그런데 샌더즈의 5단계 설명을 일반적인 계획과정과 실천과정으로 단순화시켜 보면 ① 지역사회개발계획 수립(community development planning), ② 지역사회개발 실천(community development practice), ③ 지역사회개발 평가(community development evaluating)의 세 단계로 볼 수 있다. 즉 사실탐색과 목표설정, 프로그램작성은 계획수립단계에 포함될 수 있다.

한편 지역사회조직의 목표를 달성하기 위한 지역사회조직의 과정은 '문제해결'에 초점을 두는 던햄의 견해와 '정책형성'에 중요성을 두는 길버트와 스펙트의 견해가 대표적이다.

던햄[13]은 지역사회조직의 실천과정을 다섯 단계로 제시하였는데 ① 문제의 인식, ② 사실의 발견, ③ 계획, ④ 실천, ⑤ 평가와 환류과정이다.

길버트와 스펙트(Gilbert & Specht)는 8단계로 정책형성과정을 설명하였는데 ① 문제의 발견, ② 문제의 분석, ③ 대중홍보, ④ 정책목표의 설정, ⑤ 일반(대중)의 지지와 합법성 확보, ⑥ 프로그램의 설계, ⑦ 설계, ⑧ 평가와 사정의 과정이다.

이러한 실천과정의 모델은 지역사회조직뿐만 아니라 지역사회개발이나 지역사회계획과 정책의 실천과정에서도 유사하게 제시되고 적용될 수 있는 단계를 설명한 것이다. 달성하고자 하는 목표의 성격과 사업의 종류에 따라 다양한 단계와 절차가 제시될 수 있는 것이다.

여기에서 던햄과 길버트의 견해를 종합하여 그 단계를 제시해 보면 ① 지역사회문제의 발견과 진단, ② 문제해결 프로그램이나 계획 개발, ③ 프로그램의 실천과 중간 평가, ④ 최종 평가와 환류 등의 4단계로 제시할 수 있다.

---

13) Dunham, *op. cit*, p. 278.

3. 지역사회개발의 유형과 사례

1) 지역사회개발의 유형

지역사회개발은 여러 가지의 기준에 따라 다양한 유형화가 가능하다. 사업의 대상이 어느 지역인가, 사업의 내용이 무엇인가, 사업의 주체는 누가 되는가, 수행방식은 어떠한가에 따라 각기 다른 분류가 이루어지고 있다. 여기에서는 그 중에서도 대표적인 대상지역별 분류와 사업수행방식별 분류에 따라 설명하고자 한다.

(1) 사업대상지역별 유형화

1 농촌지역사회개발

농촌지역사회(Rural Community)는 일반적으로 변화에 대한 적응력이 약하며, 전통적인 의식이 창조적이고 개발적인 의식을 필요로 하는 지역사회개발사업의 장애요인으로 작용하게 되는 특성이 있다. 그리고 지역사회개발에 소요되는 경제적 · 사회적 자원도 부족한 실정에 있다. 세계적으로 농촌인구는 고령자의 비중이 높아 적극적인 변화보다는 점진적인 변화전략을 구가할 필요가 있다. 과거에는 청소년들을 중심으로 하는 4H교육[14] 등의 농촌사회교육을 중심으로 접근한 경험이 있지만 현대의 농촌은 물리적 환경의 개발보다는 자연환경을 보존하고 지역사회주민이 쾌적한 문화환경에 접근이 용이하도

---

14) 4-H란 머리(HEAD), 마음(HEART), 손(HANDS), 건강(HEALTH)을 의미하는 영어 단어의 머리글자 네 개를 말한다. 우리나라에서는 이들 단어의 의미를 각각 지(智), 덕(德), 노(勞), 체(體)로 번역하여 사용하고 있다. 4-H운동은 국가의 장래를 이끌어갈 청소년들이 4-H회를 통한 단체활동으로 지 · 덕 · 노 · 체의 4-H이념을 생활화함으로써 훌륭한 민주시민으로 키우는 동시에 지역 사회와 국가발전에 기여토록 하는 사회교육운동을 말한다. 4-H운동이 다른 청소년운동과 다른 점은 자연을 사랑하고 농촌에 애착을 갖게 하며 농촌청소년의 경우 영농인으로서 자질을 배양하는 데 있다.

록 하는 유형이 중요하다. 가능하면 출향인사들이나 인접 도시지역과의 연계를 통한 접근방식도 고려될 수 있다.

농촌지역사회의 발전과 복지를 구현하기 위한 외부기관으로는 농업협동조합, 보건지소, 농촌지도소(농업기술센터), 읍 · 면사무소(주민자치센터), 사회복지사무소(사회복지부서)를 들 수 있으며, 이들 조직은 지역사회주민주체의 지역사회개발사업의 원조와 지원역할을 하게 된다.

2 도시지역사회개발

도시지역사회(Urban Community)는 농촌사회와 다르게 다양한 직업을 가진 지역사회주민이 개인주의(Individualism)적이고 도시지역주의(Urbanism) 의식을 가지고 있는 사회라는 특징이 있다. 인구구조에 있어서도 상대적으로 젊은 계층이 많이 거주하고 주거단지와 교통시설도 다양하다. 그런데 물리적인 개발의 음영에는 불량가옥이 집단으로 있는 미개발지구나 영구임대주택 등이 있다. 이러한 저소득층 집단거주지역문제는 당사자뿐만 아니라 중산층 이상에게도 불안요소가 되고 있다. 늘어나는 청소년 비행과 범죄, 가족해체현상 역시도 현대 도시지역사회가 안고 있는 사회문제 중의 하나이다.

이의 개선을 위해서는 슬럼지역(Slum Area)과 교통체계를 개선하는 등의 물리적 자원개발과 실업률 감소나 이혼상담, 청소년비행상담 등의 새로운 지역사회복지 대책이 요구된다. 특히 도시지역사회주민은 거주하는 곳과 일하는 곳이 서로 다른 지역사회를 배경으로 생활을 영위하는 경우가 많다는 특성이 있으므로 직장이나 학교 단위의 지역사회개발운동 전략도 필요하다.

도시지역사회개발과 관련된 외부 행정기관과 조직은 농촌의 경우보다는 다양하지만 대체로 신용협동조합 · 새마을금고, 보건소, 지역사회복지관, 동사무소(주민자치센터)의 사회복지전문직들이 주민들의 지역사회개발사업에 관련한 업무를 추진하고 있다.

(2) 사업수행방식별 유형화

1 하향식 지역사회개발

하향식 지역사회개발(Top-Down Type)은 원래 지역사회개발의 유형으로 보기 어렵다. 왜냐하면 중앙이나 지방정부가 국가적 필요에 따라 개발을 추진하는 형식이기 때문이다. 따라서 이 유형에서 지역사회주민은 주체적인 역할이나 보다 능동적인 행위가 일어나지 않으며 정부가 제시하고 계획된 프로그램에 따라 수동적인 태도를 보인다.

사업내용이나 접근요령에 대한 주민의 의사전달통로는 제한되어 있고 국가기관의 지침이나 규율형식이 일방적으로 전달되는 관계로 강제적 결정이 주로 이루어진다. 그러므로 지역사회개발의 리더는 당연히 지역사회주민보다는 지방정부의 행정요원이 되며, 그렇지 않을 경우는 지역유지를 교육시켜 지도자로 내세우게 된다. 이러한 유형은 후진국 지역사회개발 모델의 초기방식으로 채택되는 경우가 많다.

2 상향식 지역사회개발

상향식 지역사회개발(Bottom-Up Type)은 지역사회주민이 주체가 되어 의사결정을 통해 사업추진을 하는 방식으로 이론적으로는 바람직한 모형이다. 계획의 수립단계에서부터 실천, 평가단계가 자율적이고 능동적인 원리에 따라 진행된다. 외부기관의 개입을 최소한으로 줄이고 가능하면 지역사회 내의 인적・물적 자원을 활용하여 추진하게 되므로 이상적인 유형이나 실제에 있어서는 외부지원을 어느 정도 받게 된다. 이 유형은 지역사회주민의 의식수준이나 교육수준이 어느 정도 높고 산업화된 국가에서 채택하는 방식이다. 예를 들어 인도의 지역사회개발 방식의 일부에 이 방식이 이용되기도 하였다.

3 혼합식 지역사회개발

혼합식 지역사회개발은 전자의 두 가지 유형이 동시에 적용되는 경우이다. 그러므로 양방식의 유리한 점을 선택하였다는 점에서 1960년대 이후 각국의 지역사회개발의 바람직한 모형으로 많이 적용된 형태이다. 즉 지역사회주민의 의사와 욕구발현에 기초하여 정부기관이 요구하는 방향으로 계획을 세우는 방식이다. 이 과정에는 지역사회주민과 정부당국 간의 협의가 전제되고 정부기관은 외부의 인적 · 물적 자원을 적극적으로 활용하여 지원하게 된다.

이러한 유형은 아프리카와 아시아의 농업사회개발모형에 주로 적용된 것으로서 종합적이고 통합적인 개발방식을 취한다.

2) 지역사회개발의 사례

(1) 이스라엘의 지역사회개발

이스라엘은 1932년 이후 세계각처에서 이주해 온 유태인들로 구성되어 있으며, 국가재건을 위하여 주변 여러 나라들과 적대관계에 놓여 수차의 전쟁을 치루고 있다. 이러한 역사적 · 정치적 조건 하에서 이스라엘은 그 자체의 존립과 발전을 위한 노력이 특수한 형태로 나타났으며, 인적 · 물적 자원이 풍부하지 못한 가운데서도 근면(diligence), 자조(self-help), 협동(cooperation)의 정신을 토대로 강력한 지역사회개발운동(community development movement)을 전개하였다.

키부츠(Kibbutz), 모샤브(Moshav) 등의 운동이 그것인데, 집단(group) 혹은 협동의 뜻을 지닌 키부츠 및 모샤브 조직은 형태 상으로는 토지의 사유가 인정되지 않는 사회주의 국가들의 농촌조직과 유사한 점이 있으나 강제성이 없다는 점에서는 근본적인 차이가 있다.[15)]

1 키부츠(Kibbutz)

키부츠라는 말은 원래 집단(group)이라는 의미로 공동 혹은 집단정착을 말한다. 약 50호 내지 200호 정도로 구성된 한 키부츠는 재산의 집단적 소유, 집단생산, 집단소비, 집단교육을 토대로 하는 집산주의(collectivism)를 기본원칙으로 하고 있는 자치적 부락사회인 지역사회(community)를 뜻한다. 능력에

15) 문병집, 전게서, pp. 284~290 참조.

따라 일하고 필요에 따라 분배하는 원칙을 가진 특수한 조직체이다.

이러한 기본원칙과 정신 하에 이룩되는 집단적 자치사회가 키부츠인데 조직원의 생산, 소비, 교육, 보건, 문화활동을 관장한다. 키부츠에 사는 지역주민의 수는 전체인구의 40% 정도에 불과하지만 이 운동은 지역정착사업을 촉진시키고 주민의 지위를 향상시키며 국력을 배양하는 데 있어서 큰 비중을 차지하고 있다. 뿐만 아니라 이스라엘 전국의 총 가용경지면적의 약 43%가 키부츠 주민에 의해 경작되고 전체 국민의 생활필수품 중의 약 3분의 1이 키부츠에서 공급되고 있다.16)

초기 키부츠운동(Kibbutz Movement)으로 대표된 이스라엘 정착사업의 임무를 열거해 보면 다음과 같다.

① 전국에 새마을을 건설하는 일이다. 먼저 지형, 건축, 경제, 농업 등 다각적인 면에서 정착부락 계획을 세운다.

② 정착한 농장시설이 완비될 때까지의 생산수단 및 장비를 공급하여 농민들이 자립해서 안정된 생활수준에 도달할 때까지 정착민의 생계유지와 나아가서는 그들을 도시의 숙련도 기술자의 수준까지 접근시키는 데 노력한다.

③ 농업 및 공업의 개발을 위해 정착민 지역 내의 도로개설, 수도파이프, 하수도시설 및 전기시설 등 기반시설을 정비하는 일이다.

④ 수리개발을 해서 풍요한 농장을 조성하는 일이다.

⑤ 공공단체의 협조로서 정착민이 선량한 시민이 되도록 교육하는 일이다.

2 모샤브(Moshav)

모샤브는 협동(cooperation)이란 뜻을 가지고 있다. 키부츠가 집산주의원칙에 의해 운영되는 데 비하여 모샤브는 소규모의 개별농가가 협동으로 구성된 정착부락이다. 각 농가는 자기 소유의 생산수단과 가족노동을 중심으로 생산하며, 생산물은 자기소유로 개별소비를 한다. 그 구성과 운영형태가 우리나라의 소규모 협동조합과 유사하지만 그 협동 정도는 매우 강하다. 이스라엘에

---

16) Reuven Cohen, *The Kibbutz Settlement*, Hakibbutz : Hameeuchad Publishing House, 1972, pp. 7～11.

는 약 400여 개의 모샤브가 있는데, 한 모샤브는 운영관리의 편의를 고려하여 50호를 하한선으로 80호를 상한선으로 정하고 있다. 모샤브는 자가 소유, 자가 생산, 자가 소비를 원칙으로 하고 있기 때문에 유통과정을 제외한 생산과정에 있어서는 협동이 키부츠에 비해 상대적으로 약하다.

그러나 모샤브는 키부츠에 비해 사적 소비생활의 자유가 보장된다. 생산면에서의 집단화가 반드시 그러하지는 않지만 소비생활의 집단화는 개인마다 취미와 욕구가 다르고 추구하는 가치가 다르기 때문에 이를 일률적으로 집단화한다는 것은 매우 어려운 일이다. 이러한 이유로 키부츠 인구가 점차 이탈되어 모샤브 조직으로 유입되는 현상이 있다.

이 밖에 이스라엘에는 모샤브 쉬트비, 나할, 가드나 등의 이스라엘의 농촌지역사회개발의 조직형태가 있다.17)

(2) 필리핀의 지역사회개발

필리핀의 지역사회개발사업(community development work)은 아시아 여러 나라 중에서 가장 체계적인 것으로 알려져 있다. 필리핀은 많은 섬으로 구성된 아열대지역 농업 국가이다. 필리핀에서의 지역사회개발사업은 국가의 중요시책의 하나로서 지역주민들이 자발적이며 능동적인 자세로 보다 나은 생활수준으로 향상시키기 위한 운동으로 추진되어 왔다. 이 운동은 정부와 민간기구에 의한 협동적 노력에 의해 전개되고 있다. 이 중에서 바리오위원회(Barrio Committee)와 PACD(The President Assistant on Community)의 역할을 중심으로 설명하면 다음과 같다.

1 Barrio위원회(지역사회개발위원회)

이 위원회는 지방정부와는 분리된 지역사회개발조직 단위로 전면적인 농촌개발계획을 수립하는데 그 주된 내용은 ① 행정과 제반규정, ② 재정 및 경

---

17) 모샤브 쉬트피(Moshav Shitufi)는 모샤브의 단점인 개별경영을 기부츠의 장점으로 보완한 양자 간의 혼합형태이며, 나할(Nahal)과 가드나(Gadna)는 청소년운동(youth movement) 조직으로 여타 국가의 4-H운동조직과 유사한 것이다.

제적 활동, ③ 건강 · 위생과 복지, ④ 문화적 · 교육적인 영역이다. 즉 준자치 단체인 바리오위원회는 지역사회개발과 관련된 지방자치법의 입법권도 가지고 있으며, 지역사회 문제점들을 규정하고 우선순위에 따라 계획을 수립한 후 주민들의 자조사업형성으로 지역사회개발사업을 추진한다. 그리고 지역사회 내의 인적 · 물적 자원뿐만 아니라 외부 지역사회로부터의 자원의 연계와 유입활동도 전개한다.

2 PACD(The President Assistant on Community Development)기구

지역사회대통령보좌관(PACD)은 효율적인 지역사회개발사업의 수행을 위하여 PRRM단체의 농촌재건운동에 대응한 국가기구이다. PACD의 주요사업 내용으로는 ① 농촌지도자양성사업, ② 생산 · 소득증대사업, ③ 보건 · 위생과 복지사업이 있다. 농촌지도자양성교육의 주된 대상은 바리오지도자였으며, 농촌사회의 소득증대를 위해서 관개사업과 가축사양사업을 전개하였다. 그리고 농촌지역사회에 간이 상수도 시설의 설치와 수세식 화장실, 공공목욕탕시설을 공급하여 농민들의 위생개념을 배양시키고 기초적인 문화 복지시설을 제공하고자 하였다.

3 PRRM(The Philippine Rural Reconstruction Movement)단체

필리핀 농촌재건운동단(The Philippine Rural Reconstruction Movement)은 PACD와는 달리 민간조직(Voluntary Organization)으로서 필리핀의 중부지역을 중심으로 농촌재건활동을 전개하여 상당한 성과를 창출하였다. 바로 이 조직이 1955년에는 필리핀 전 지역에 바리오위원회가 설치되게 하는 '바리오위원회법'이 제정되고 또 전국 규모의 지역사회개발사업으로 확산되는 계기가 되었다.

제10장

재가복지와 사례관리

1. 재가복지서비스의 의의

1) 재가복지서비스의 개념

지역사회보호에 바탕을 두고 있는 재가복지서비스는 재가보호(home care)에 의한 지역사회복지를 증진시키는 데 목적을 두고 있다. 우리나라의 경우는 제6공화국 시기에 정책적 논의의 대상[1]이 되어 문민정부 시기인 1993년에 사회복지사업법 개정에 따라 재가복지사업이 사회복지사업의 한 영역으로 규정되었다. 그리고 노인복지 영역에서는 1993년 12월의 노인복지법 개정을 통해 재가노인복지사업이 노인복지사업의 영역에 포함되었다. 1997년에 재개정된 노인복지법에서는 ① 가정봉사원파견사업, ② 주간보호사업, ③ 단기보호사업이 재가노인복지사업에 해당된다.

서구의 경우는 1970년대에 들어와서 탈시설화, 정상화 이념의 확산과 함께 시설보호(institutional care)의 반대 개념으로 지역사회보호(community care)

1) 1989년 12월의 제1차 노인복지법 개정에서 가정봉사사업과 재가노인이라는 용어가 최초로 사용되기 시작하였다.

운동이 각광을 받음으로써 노인과 장애인에 대한 보호의 인식전환이 있었다. 즉 시설에서 탈피하여 지역사회에 거주하면서 그 지역사회주민들과 함께 정상적인 사회생활을 할 수 있도록 조력하는 새로운 접근방법이 이슈가 된 것이다. 이렇게 본다면 재가복지서비스는 시설복지서비스와는 상대적인 개념으로서 가족이나 지역사회주민, 그리고 전문적 서비스인력에 의해서 재가(在家) 혹은 재지역사회(在地域社會) 중심의 서비스를 전개하는 것을 의미한다.

따라서 재가복지에서의 서비스 방법은 가정과 지역사회라는 혼합된 보호나 장애인의 기능장애를 완화시키고 보완해 주는 사업내용이 많다. 장애인복지 분야의 재가복지사업은 대부분 지역사회중심재활(Community Based Rehabilitation : CBR)의 차원에서 다루어진다. 이는 장애인의 재활을 장애인 본인과 그 가족, 그리고 이웃과 지역사회주민들이 서로 협력하여 공동으로 해결해보자는 취지의 이론이다.

CBR은 1960년대 말 영국의 아일랜드 지방에서 재활관련 회의 시 점차 늘어나는 장애인에 대하여 지역사회차원에서 효율적으로 대처해보자는 의도에서 처음 제안된 것으로 우리나라에서는 1980년대 중반에 도입되어 발전하고 있다. CBR의 이론적 관점은 재활전문가의 직접적인 개입 없이 대다수의 장애인이 지역사회의 인적 · 물적 자원을 활용하여 욕구해결을 할 수 있다고 본다. CBR의 효과로서는 ① 지역사회주민의 재활인식과 책임의식 고취, ② 지역사회의 자원을 재활에 동원, ③ 장애인에게 스스로 문제를 해결하는 자조의지 강화, ④ 훈련된 재활서비스체계 보완 등을 들 수 있다.

노인들은 근본적인 질병보다는 노화로 인한 신체 전반적인 기능 약화와 기능장애[2]가 많으며, 무료감이나 고독감에서 오는 심리적 장애도 중요하다고 할 수 있다. 현재 노인을 위한 국내 재가노인복지서비스는 노인복지법, 사회복지사업법, 의료법 등에 근거하여 시행되고 있으며, 심신이 노쇠한 고령자들이 일상생활 수행에 불편이 있는 가정에 필요한 각종 서비스를 제공하여 가정이

---

2) 기능장애를 나타내는 척도로는 신체적 일상생활수행능력(Physical Activities of Daily Living : PADL), 기본적 일상수행능력(Activities of Daily Living : ADL), 사회적 일상수행능력(Instrumental Activities of Daily Living : IADL) 등이 사용된다.

나 지역사회 안에서 정상적이고 안정된 생활을 영위할 수 있도록 하는 것이 목적이다.

그런데 우리나라의 경우는 대부분의 재가노인서비스가 의료나 복지서비스에 한정되고 있는 경향이 있어서 선진 외국에 비하여 협의적이고 선별적이라고 할 수 있는데, 그 원인 중의 하나는 지역사회복지관이 재가복지서비스 영역을 추가하여 사업을 확장한 것이다. 정부에서도 예산이 부족한 상태에서 재가복지의 도입을 하였고, 그 결과 지역사회복지의 하위개념으로 인식되기도 하였다.

2) 재가복지의 구성

재가복지서비스의 전개에 있어서 우리가 관심을 가져야 하는 것은 시설복지에 대한 서비스의 평가이다. 또한 재가복지가 지역주민이나 자원봉사자의 참가에 의해 이루어지는 비전문적인 서비스라고 생각하는 것이 일반적이지만 비전문가인 지역주민이나 자원봉사자의 참가뿐만 아니라 보건의료, 교육 등의 전문서비스를 실시하는 전문가 등의 협력, 참가도 필요로 한다.

재가복지서비스란 사회복지의 목적에 대하여 지역사회복지의 중핵적인 서비스의 위치를 접하고, 따라서 재가복지서비스는 종래의 시설복지와 같은 자기완결적인 서비스체계가 아니고 시설복지 이상의 사회복지 목적의 구현을 위한 새로운 방향을 추구하는 것이다.[3)]

재가복지서비스의 구조는 물질적, 정신적인 영역에서부터 주민들을 위한 수용, 상담, 원조활동을 포함하여 직접적이고 일상적인 대인서비스를 포함한다고 볼 수 있다. 그리고 구체적인 재가복지의 구성내용을 살펴보면 다음과 같다.[4)]

① 가사원조서비스 : 식사, 배변, 목욕, 이동 등의 일상적인 일에 대한 원조로서 홈 헬퍼(home helper) 등의 제도 상 복지종사자에 의한 것 이외에 복지시설의 기능을 활용하는 것이다.

---

3) 大橋謙策, 『地域福祉論』, 東京 : 放送大學教育振興會, 1995, p. 38.
4) 愼燮重 外 譯, 『일본 현대복지학총람』, 서울 : 대학출판사, 1995, pp. 529～530.

② 사회복지관련 서비스 : 의료, 보건, 주택 등에 관련된 서비스로 방문간호, 방문재활, 주택개조와 의료전문가에 의한 각종 서비스를 말한다.

③ 예방적 복지서비스 : 복지욕구가 발생하지 않도록 교육이나 연수 등의 각종 활동과 욕구를 조기에 발견하기 위한 조사활동, 상담활동, 기타 사회복지 관련 기관 등의 전문가와의 연대서비스를 말한다.

④ 복지증진서비스 : 노인의 질병, 장애가 있는 당사자의 조직화 등의 분야에서 전문가의 지도에 의하여 행해지는 다양한 형태의 서비스를 말한다.

⑤ 복지시설 기능 주축의 재가복지서비스 : 단시간의 시설이용, 종일서비스, 야간보호 등의 각종 복지시설이 제공하는 서비스를 말한다.

그리고 재가복지의 구성요소에는 사적인 수단으로 충족할 수 없는 전문적인 대응을 필요로 하는 전문적 서비스와 가족 등의 욕구충족체제에 대응하는 일상생활원조서비스가 있다.[5] 그러나 아직까지는 재가복지의 구성요소가 필요한 사람에게 언제 어디서나 제공할 수 없는 상태이고 다양한 공급체를 하나로 통합하는 종합적인 구성요소의 체계를 확립하지 못하고 있다. 한편 이러한 재가복지서비스를 전개하기 위한 구성요건의 과제를 살펴보면 다음과 같다.[6]

① 거주공간의 확보 : 재가복지서비스를 실시하기 위해서는 장애인이든 노인이든지 간에 자립생활을 보장할 수 있는 물리적 환경정비가 필요하다.

② 가정서비스 : 가정서비스는 재가복지서비스 중에서도 가장 중요한 부분이라 할 수 있다. 이러한 가정서비스에는 정신적, 시간적, 물리적 원조를 포함한 다양한 서비스가 포함된다.

③ 자기실현서비스 : 사회복지의 목적은 인간의 특성을 최대한 발휘하는 자립생활의 확보이다. 인간의 특성에는 정신적, 문화적인 면을 포함하여 경제적인 면도 포함된다. 일반적으로 자기실현서비스에는 노동, 사회참가, 교류활동, 문화, 취미활동, 여행 등이 포함된다.

---

5) 일본에서는 일반적으로 재가복지의 3대 주축이라고 부르는 홈 헬퍼(home helper)사업, 숏스테이(short stay)사업, 데이서비스(day service)사업으로 재가복지의 구성요소가 나누어져 있다.

6) 大橋謙策, 전게서, pp. 39～40.

④ 보건서비스 : 보건서비스에는 건강상담, 건강교육, 건강증진, 기능회복, 통원치료 등의 다양한 보건서비스가 포함된다.

⑤ 경제원조 : 생활보호비가 필요한 보호대상자나 주택개조를 위한 자금의 원조 등을 포함하여 가정에서 경제생활을 충분히 못하는 사람들을 위한 경제원조이다.

3) 재가복지서비스의 배경과 연혁

(1) 재가복지서비스의 등장 배경

재가복지라는 용어가 사회복지에 도입되어 시설복지와 더불어 지역사회복지서비스 체계에 있어 중요한 부분을 차지하고 있다. 그리고 최근의 사회복지는 지역사회를 기초로 하는 재가복지를 축으로 방향이 전환되고 있다. 저소득이나 정상생활의 위기에 처하여 보호하는 시설복지에서 점차 보호를 요하는 대상자들이 지역사회에서 가족이나 이웃과 함께 살아가면서 필요한 복지서비스를 제공받을 수 있는 방향으로 복지정책이 변화하고 있다.

이러한 재가복지의 의의가 중요하게 된 사회적 배경은 다음과 같다.7)

① 고도경제성장에 따른 급격한 산업화, 도시화, 핵가족화에 수반하는 가족의 기능 및 구조의 변화와 취업여성의 증가에 따른 취업구조의 변화에 따라 가족구성원이 보호를 요하는 노인이나 장애인 등의 보호를 행하는 것이 어려워졌다.

② 전통적인 지역사회의 변질에 따라 지역주민의 상호부조적인 복지기능이 희박해졌다.

③ 인구의 급속한 노령화에 따라 보호를 요하는 노인층이 증대하여 기존의 시설복지만으로는 양적으로 대응할 수 없게 되었다.

④ 복지욕구가 다양화, 복잡화되어 인적 서비스로 대응해야 할 비화폐적인 욕구가 증대함으로써 경제적 급여뿐만 아니라 각종의 대인복지서비스를

7) 仲村像一,『在宅福祉への指標』, 東京都社會福祉協議會, 1985, p. 10.

포함한 다양한 욕구충족의 방법이 요구되고 있다.

⑤ 정상화(normalization)의 원리에 비추어 재가복지가 당연하다는 생각이 넓게 수용되기 시작하였다.

⑥ 클라이언트를 소극적인 대상자로부터 복지서비스를 주체적으로 선택하여 이용하는 생활주체, 권리주체로서 파악해야 한다는 적극적 의의를 부여하게 되었다.

(2) 재가복지서비스의 연혁

1 영국

재가복지서비스는 영국의 지역사회보호(Community Care)사업에 연원한다. 1920년대 영국에서는 시설수용방식인 격리주의에 대한 반성이 일기 시작하였고 1948년의 아동복지법 제정에서 구체화되었다. 이 당시 영국사회에서는 요보호아동을 시설에 수용하지 않고 지역사회의 양부모에게 위탁하는 비율이 40%에 달하기도 하였다. 그 후 1957년 왕립위원회가 제출한 보고서에 의해 1959년에 정신위생법이 제정됨에 따라 재가복지서비스는 법률적 근거를 마련하였다.

1960년대에는 국민보건서비스법(1946년 제정)에 의한 의료비용이 급증하게 되자 보수당 정부가 1963년에 「보건과 복지, 재가복지서비스의 개발」이라는 정책을 본격적으로 추진하였다. 이러한 정책의 영향으로 1950년대부터 제기되었던 탈시설화 이론에 편승하여 노인복지시설 대신에 노인보호주택(sheltered housing)이 건설되기 시작하였다. 그러나 이 당시의 재가복지서비스 정책은 중앙집권제 하의 제한적인 것이었고 지방자치제 하에서 본격화된 것은 1968년의 시봄 보고서(Seebohm Report) 발표 이후이다.

1970년대에는 시봄 보고서의 영향으로 지방자치체사회복지법(1972년 제정)에 의해 노인과 장애인을 위한 재가복지서비스 정책이 확립되었다. 그리고 1972년의 주택재정법에 의해 노인복지주택이 급속히 늘어났고 보건, 복지, 주택 정책을 통합한 재가복지서비스가 전개되었다. 영국에서는 재가복지서비스를 광의적으로는 지원서비스(support service)로 칭하며, 집에서 통원을 중심으로 하는 이용시설과 재가서비스를 의미한다. 그리고 지원서비스는 다시 주간보호(Day Care)와 지역사회보호(Community Care)로 분류되고 있다.

1980년대에는 1986년에 보수당 정부가 그리피스(Griffiths)를 위원장으로 하는 지역사회보호위원회를 구성하여 그리피스 보고서(Griffiths Report)를 제출하게 하였는데 '지역사회보호 행동 의제(Community Care : Agenda for Action)'가 핵심내용이다.

1990년에는 국민보건서비스 및 지역사회보호법(The National Health Service and Community Care Act)이 제정되었고, 1993년에는 지역사회보호부문에 대한 개혁이 이루어졌다. 주된 내용은 소비자의 선택과 서비스 제공자 간의 경쟁을 통하여 지역사회보호서비스를 향상시키고자 하는 것이었다. 이러한 재가복지서비스의 연혁은 사례관리(Care Management)기법의 확산에도 맞물려 있는데 이념적으로는 복지다원주의와 신보수주의 경제논리의 복지경향이라고 할 수 있다.

[2] 우리나라

우리나라에서는 1980년대 중반부터 노인에 대한 시설보호중심에서 가정에 있는 노인에 대한 보호와 지원으로 전환할 필요성을 인식하였다. 1987년에 한국노인복지회 및 은천노인복지회에서 가정봉사원 파견사업을 시범 실시하여 시작된 재가복지서비스의 연혁을 정리하면 다음과 같다.

- ○ 1989년 12월 제1차 노인복지법 개정 시 "가정봉사사업", "재가노인" 용어 사용
- ○ 1991년부터 가정간호사업, 1992년부터 주간보호사업, 단기보호사업 등 여러 가지 형태의 재가노인복지사업이 시작
- ○ 1992년에는 정부가 사회복지관 부설 재가복지봉사센터를 설치하는 사업에 예산을 지원
- ○ 1993년 12월 제2차 노인복지법 개정 시 "재가노인복지" 명시
- ○ 1997년 재가노인복지시설 규정 및 가정봉사원 교육훈련의무 및 교육기

관설치 명시, 시설평가제 도입

○ 2003년 1월 중산 · 서민층 노인보호를 위한 "실비주간보호사업" 실시

○ 2005년부터 재가노인복지사업 운영을 "지방이양 사업"으로 추진

2. 재가복지서비스의 내용

재가복지서비스는 시설이 아닌 자기 집이나 지역사회에서 생활하고자 하는 고령자들의 욕구와 노인의료비와 시설보호비의 증가에 대비하기 위한 정부의 대응방식의 합일점이라는 점에서 향후에도 사회복지서비스정책의 주요 프로그램이 될 전망이다.

현재 노인복지법에서 재가노인을 위한 서비스 영역으로는 가정봉사원 파견사업, 주간보호사업, 단기보호사업 등 3대 영역을 들고 있다. 법 제38조에서는 이들 사업의 효율적인 추진을 위하여 세 가지 부문의 시설을 규정하고 있다.

이 외에도 재가복지를 위한 서비스 영역으로는 경로우대사업과 방문간호서비스사업, 그리고 재가복지봉사센터사업이 포함될 수 있으므로 전체적으로는 여섯 가지의 프로그램이 해당된다.

1) 가정봉사원 파견사업

가정봉사원(home helper) 파견사업은 일정한 교육을 받은 가정봉사원[8)]을 65세 이상의 노인세대에 파견하여 일상생활의 기능장애를 들어주어 노인이 지역사회 내에서 안정된 노후생활을 보낼 수 있도록 하는 데 목적을 두고 있다. 즉 일상생활에 필요한 가사, 보건, 의료, 사회적 서비스를 제공하여 가족부양 기능을 강화하는 사업이다.

---

8) 가정봉사원 교육은 가정봉사원교육기관에서 이루어지며, 유급봉사원과 무급봉사원이 있다.

2) 주간보호사업

주간보호(day care or day service)사업은 가정의 노인을 주간보호시설로 장소를 옮겨서 낮 시간 동안 보호하고 각종 서비스를 제공하는 것이다. 1992년부터 서울에 3개소(한국노인복지회, 은천노인복재단, 천사양로원) 시범사업을 통하여 현재는 전국으로 확산되고 있다.

초기에는 지역사회복지관의 1층 공간에서 물리치료사나 간호조무사를 두고 차량을 이용하여 만성질환 노인을 이송해 와서 보호하다가 저녁시간에 가정으로 재이송하여 그 가족이 수발할 수 있도록 하는 체제로 이루어졌다. 마치 어린이집의 운영이 낮 시간 동안 이루어지고 저녁시간에는 부모의 보호를 받게 되는 방식과 유사하여 '탁노소'라고 불리기도 한다.

3) 단기보호사업

단기보호(short stay service)사업은 주간보호사업이 가정봉사원 파견사업과 유사한 측면이 많은 것처럼 보호기간과 비용, 인력 면에서 기준이 차이가 있지만 같은 목적을 가지고 있다. 즉 세 가지 사업의 목적은 노인 및 노인가정의 복지증진을 도모하는 것이다.

단기보호사업의 구체적인 목적은 "부득이한 사유로 가족의 보호를 받을 수 없어 일시적으로 보호가 필요한 심신이 허약한 노인과 장애노인을 시설에 단기간 입소시켜 보호하고 필요한 각종 서비스를 제공하는 것"이다. 그리고 보호기간은 당초 15일 이내였으나 45일 이내로 늘어났다.

4) 경로우대사업

경로우대사업은 노인이 그 가족과 지역사회에 일평생을 기여해 온 공로를 인정하고 수송시설 및 공공시설을 무료로 또는 할인된 금액으로 이용할 수 있도록 정부에서 권장하고 있는 서비스이다.

경로우대사업은 노인복지법제정 이전에는 보사부훈령 제404호인 '경로우대증발급및발급규정'에 의해 시행되었고, 1981년에 제정된 노인복지법 제26조(경로우대)에 근거하고 있다.

① 공영경로우대제도로서 철도, 수도권전철, 도시철도, 고궁, 능원, 국·공립박물관, 국·공립공원 및 국·공립미술관, 국·공립국악원의 운임 또는 입장료의 할인제도가 있다.

② 민영경로우대제도로서 국내항공기, 국내여객선의 할인과 목욕, 이발 등의 자율적 경로우대업종이 있다.

③ 각종세제혜택제도로서 상속세 공제, 소득세 공제, 양도소득세 면제, 생계형 저축 비과세제도가 있다.

④ 부모봉양자에 대한 주택분양우선권 및 임대주택 우선공급제도로서 공공기관건설주택의 우선공급제도와 임대주택 우선공급제도가 있다.

5) 방문간호사업

방문간호사업은 1991년부터 보건소에서 생활보호대상 노인들을 대상으로 최초로 시행하였으며, 1993년에 간호협회의 가정간호가 일반인들을 대상으로 가정간호사업을 시작하여 1995년에 저소득층을 포함시켰다. 그리고 1994년에 병원 중심의 가정간호사업이 시작되었으며 그 후 지역사회복지관이나 노인복지회관에서도 자원봉사 의료 인력을 활용하여 수시로 사업을 시행하고 있다.

당초 가정간호에 대한 논의는 1970년대 초에 간호원(사)들에 의해서 필요성이 논의되기 시작하여, 1990년 1월에 의료법 시행규칙 제54조를 개정하여 분야별 전문 간호사에 가정간호사 제도를 둔 것이 그 경과이다.

6) 재가복지봉사센터의 사업

노인복지 분야가 아닌 일반 사회복지서비스 대상자들에게 급여되는 재가서비스는 사회복지관 등에서 부설로 운영하는 재가복지봉사센터에서 운영하고 있다. 재가복지서비스의 상당부분은 우리나라의 경우 전국적인 조직이 구성되어 있는 지역사회복지관 부설의 재가복지봉사센터에서 공급하고 있다.

재가복지봉사센터의 기본원칙으로는 ① 적극성의 원칙, ② 능률성의 원칙, ③ 연계성의 원칙, ④ 자립성의 원칙에 의해 서비스가 이루어져야 한다. 그리고 재가복지봉사센터를 운영하는 인력으로는 ① 전문사회복지사, ② 홈 헬퍼(home helper), ③ 자원봉사자, ④ 물리치료사 등이며 이 외에도 의사, 간호사, 작업치료사, 시설직원이 동원될 수 있다.

이 외에도 노인종합복지관이나 노인복지기관 등에서 재가복지서비스를 실시하고 있다. 여기서 이들 재가복지서비스기관이 공통적으로 수행하는 서비스의 급여대상자와 서비스내용을 보건복지부의 지침서를 바탕으로 정리하면 다음과 같다.

(1) 재가복지봉사대상자

재가복지봉사대상자는 지역사회 내 저소득 계층을 우선으로 하되, 그 범위는 다음과 같다.

① 국민기초생활보장 수급권자

② 기타 저소득층 가정으로서 재가복지서비스가 필요하다고 인정되는 자(무의탁 국가유공자 및 유족 등)

③ 미신고시설 수용자(장애인, 여성, 아동, 노인 등)

④ 재가복지서비스를 필요로 하는 지역주민

(2) 재가서비스의 내용

요보호대상자의 인구학적 특성과 욕구유형에 따라 필요하다고 판단되는 서비스를 제공하되 그 주요 내용을 예시하면 다음과 같다.

① 가사서비스 : 집안청소, 식사준비, 취사, 세탁, 청소 등

② 간병서비스 : 안마, 병간호 수발, 병원안내 및 동행, 통원 시 차량지원, 병원수속대행, 보건소 안내, 약품 구입, 체온 측정, 신체운동, 집안 소독 등

③ 정서적 서비스 : 말벗, 상담, 학업지도, 책 읽어주기, 여가지도, 취미활동 제공, 행정업무

④ 결연서비스 : 서비스 대상자에 대한 생활용품 및 용돈 등의 재정적 지원 알선, 의부모 · 의형제 맺어주기 등의 서비스

⑤ 의료서비스(방문간호) : 지역의료기관, 보건기관과의 연계 및 결연을 통한 정기 또는 수시방문 진료(링거 투약, 혈압 체크, 질병상담 및 치료 등)

⑥ 자립지원서비스 : 탁아, 직업보도, 기능훈련, 취업 알선 등 자립능력을 배양할 수 있는 내용의 서비스 등

⑦ 주민교육서비스 : 보호대상자의 가족, 이웃, 친지 등을 포함한 지역주민을 위한 재가보호서비스 요령 및 방법 교육

⑧ 기타 사회복지관 내 시설을 활용한 서비스 등

3. 사례관리기법과 케어

1) 사례관리의 의의

(1) 사례관리의 개념

지역사회복지의 환경이 기존의 시설복지환경에서 재가복지를 중시하는 환경으로 변화됨에 따라 중요하게 떠오른 분야로 지역사회차원의 전문적인 복지공급을 위한 기법으로서 사례관리(case/care management)가 있다. 사례관리는 1970년 중엽부터 미국에서 사용되기 시작한 용어로서 클라이언트를 이미 제도화되어 있는 공식적 서비스와 가족, 친척, 이웃, 자원봉사자 등의 비공식

적인 자원을 연계시켜 계속적으로 원조하는 방법의 총체를 말한다.[9] 그러나 아직까지 사례관리의 개념에 대한 정확한 정의나 합의가 없는 상태이다.[10]

그리고 용어적으로도 학자에 따라 다양하게 사용되고 있는데 케이스매니지먼트(case management)와 케어매니지먼트(care management)가 혼용되고 있다. 그러나 케이스워크에서 사용되는 의미인 개인(individual)에 대한 치료(cure)가 아니라 보호체계(care system)를 강조하고 있다는 점에서 본다면 케어매니저(care manager)와 케어캐니지먼트(care management)가 다소 정확한 용어가 될 것이다. 그러나 현 상황에서는 구분 없이 사용되는 것이 일반적이다.

우리나라의 경우에는 한국사회복지협의회가 발간한 사회복지사전[11]에서 "사례관리란 복합적인 원인으로 요보호의 상태에 있는 클라이언트에게 다양한 지역사회자원을 연결시켜 관리하는 원조대책으로서 정신장애인, 질병으로 누워 있는 노인, 치매성노인 등이 가지고 있는 여러 가지 욕구를 조기에 적절하게 대응하는 지역보호체계이다."라고 설명하고 있다.

이렇게 볼 때 사례관리란 복합적이고 다양한 욕구와 문제를 지닌 클라이언트를 중심으로 그들의 욕구와 문제를 해결하고 사회적 기능을 증진시키기 위해서 그들이 필요로 하는 보호와 서비스를 효과적으로 제공받을 수 있도록 공식적 보호체계와 비공식적 보호체계를 통합 · 조정 · 관리하는 과정으로 개념화할 수 있다.

(2) 사례관리의 과정

사례관리의 과정은 일반적으로 6단계로 나누어 살펴 볼 수 있다.[12]

첫째 단계는 케이스의 발견이나 긴급한 욕구를 가진 자를 가장 우선 과정에 포함시키고, 클라이언트에게 사례관리의 의미를 이해시켜 그 과정에 참가시키는 접수(Intake)의 단계이다. 즉 지역사회복지관을 중심으로 각종 상담이

---

9) 愼燮重 外 譯, 전게서, p. 203.

10) J. Rothman, "A Model of Case Management : Toward Empirically Based Practice", *Social Work,* 36(6), Silver Spring, MD : Nation Association of Social Worker, Inc., 1991, p. 520.

11) 한국사회복지협의회, 『사회복지사전』, 1994, pp. 122 ~ 123.

12) 愼燮重 外 譯, 전게서, pp. 203 ~ 204.

나 지역주민의 정보를 통해서 서비스를 받도록 권장하거나 홍보하는 단계이다.

둘째 단계는 클라이언트를 사회생활의 전체적인 시점에서 파악하여 각종 욕구를 사전에 평가한다. 사정의 내용은 원조대상자들의 종류에 따라 달라지지만 기본적으로는 현재의 문제 상황, 신체적 · 정신적 건강생활, 일상생활의 동작능력, 경제상황, 세대구성, 가족구성, 이웃 · 친구에 관한 정보, 현재의 공적 서비스 등이 포함된다.

셋째 단계는 케이스 목표의 설정과 서비스 계획의 작성의 단계로 클라이언트 측의 욕구와 해당지역의 잠재적인 서비스의 제공능력에 맞추어 케이스에 맞는 원조목표를 설정하고, 개별화된 서비스와 원조를 통합해서 서비스의 계획을 작성한다.

넷째 단계는 클라이언트가 좋은 서비스를 원조받을 수 있도록 서비스의 계획을 실시하는 단계로서 사례관리자는[13] 서비스나 원조의 공급주체와 관련을 가지고 클라이언트가 서비스를 원활하게 이용할 수 있도록 변호적 기능을 포함한 개입을 한다.

다섯째 단계는 클라이언트 및 프로그램의 상황에 관한 재검토와 평가단계로서 서비스의 계획의 실시상황에 관하여 점검하고 클라이언트나 사회상황의 변동에 따라 욕구가 충족하지 못한 경우에 다시 사정으로 돌아가서 서비스의 계획을 변경한다.

마지막 단계는 종결이다.

이러한 단계론은 사례관리가 우리나라보다 먼저 도입된 일본의 견해인 만큼 보편적으로는 적용될 수 있는 사례관리의 기법에 의한 케어과정을 제시하면 다음과 같다.

① 사례의 발견과 접수단계(Intake)

② 사례의 분류 및 사정단계(Assessment)

---

13) 사례관리자란 사례관리에 관한 전문적인 지식과 기술을 소유하고 클라이언트와 사회자원체계와의 연계, 통합, 조정, 관계유지 등을 행하는 전문가들이다. 이들은 주로 능력부여자, 중개자, 옹호자, 동원자, 조정자, 지도감독자, 행동변화자, 평가자 등의 역할을 수행한다. 그리고 미국이나 캐나다의 경우에는 사례관리자의 4분의 3은 사회사업가이며 나머지는 간호사, 보건부, 작업치료사 등으로 구성되어 있다.

③ 사례의 목표설정과 케어계획단계(Planning)
④ 케어서비스 계획의 실천단계(Practice)
⑤ 욕구의 재사정과 계획의 변경단계
⑥ 서비스 종결과 사후관리단계

(3) 사례관리의 원리

사례관리의 구조나 원리에서 보호대상자의 사회생활 원조의 공통적인 원리를 살펴보면 다음과 같다.14)

1 사회생활의 전체성

사회생활의 모든 문제나 욕구는 상호 연관되고 중복되어 있으므로 사례관리를 통하여 사회생활 전체의 관점에서 욕구를 파악하여 사회자원을 활용해야 한다.

2 사회생활의 계속성

사회생활 상의 욕구나 문제는 항상 변화하고 문제의 내용도 변질되므로 계속적인 사정을 통해 사회생활의 계속성의 입장에서 사례관리를 실시하여야 한다.

3 사회생활의 개별성

사회생활에서 욕구를 충족시켜 주는 방법은 개개인이 주체적으로 선택하는 입장에서 사례관리를 실시하여야 한다.

4 사회생활의 지역성

사회생활의 문제나 욕구를 해결하는 방법은 개개인의 지역사회자원의 상

---

14) 白澤政和,『ケ-スマネ-ジメントの理論と實際』, 東京 : 中央法規出版, 1993, pp. 91~92.

황에 따라 차이가 난다. 사례관리에 있어서도 지역의 사회자원의 범위 내에서 계획을 작성, 실시하여야 한다.

2) 사례관리의 필요성과 전문성

(1) 사례관리의 필요성

일반적으로 지역사회복지에서 사례관리의 필요성을 살펴보면 다음과 같다.

① 탈시설화와 지역사회중심의 다원적인 서비스의 증가로 인한 서비스 형태의 변화

② 지역사회 내 중도(重度)의 장애를 갖게 되었거나 사회적 기능에 문제를 가진 보호대상자들의 증가

③ 개인의 사회적 기능수행에 사회적 지지와 사회적 관계망이 중요한 역할을 수행하고 있다는 사실의 인식[15)]

④ 서비스의 단편화와 비용의 효과성에 대한 평가기능의 강화

⑤ 사회복지 원조방법의 관심이 환경조정으로 변화하면서 지역사회복지에서 사례관리기법의 변화된 관심의 증가

⑥ 지방자치제의 실시와 함께 사회복지서비스 공급주체의 다원화

즉 가족기능의 저하와 보호대상자의 욕구의 다양화 · 고도화 · 전문화에 의해서 지역사회 차원에서의 자원개발과 재가보호대상자에 대한 지속적인 지역사회보호를 위해서 사례관리가 절실히 필요하다고 볼 수 있을 것이다.

(2) 사례관리의 전문성

재가복지를 중심으로 하는 지역사회복지는 주민들이 가능한 한 근접한 지역에서 생활 가능한 조건을 정비하고 욕구충족에 맞추어 공급측이 주민을 일방적으로 평가하는 것이 아니고, 욕구의 전체성을 조명하면서 개인에게 종합

15) 이근홍, "한국 재가노인의 사례관리 실천모형에 관한 연구", 중앙대학교 박사학위논문, 1996, p. 33.

적이고 통합적인 서비스를 제공하지 않으면 안 된다. 그리고 사례관리를 적절히 할 수 있는 공급체계를 구축하는 것도 지역사회복지의 전문성의 확립과 밀접한 관계를 가진다.

즉 지역주민이 근접한 장소에서 적절한 서비스를 받을 수 있도록 체제를 구축하는 것으로 그 주된 내용은 재가복지의 욕구의 파악, 정책의 입안, 계획화, 관련기관 · 시설의 연락조정, 서비스자원의 점검과 정비, 복지종사자의 확보, 정보제공, 주민참가계획 등이 포함된다. 또한 지역사회의 차원에서 지역사회보호를 원하는 보호대상자들의 욕구를 충족시켜 주기 위해서는 기존의 체계를 활용하는 것도 중요하겠지만 지역사회의 사회자원을 개발, 발전시키는 일도 사례관리의 전문성과의 관련성에서 중요하다.

특히 노인 등을 포함한 만성질환자는 가족의 보호와 같은 비공식적인 자원을 거의 가지고 있지 못한데다 복합적인 욕구를 가지고 있는 경우가 대부분이므로 보호를 제공해 줄 수 있는 잠재적 자원인 지역사회 내에서 관계망을 클라이언트가 활용할 수 있도록 해야 한다.

그리고 장기보호를 원하는 보호대상자들의 신체적, 사회적, 정서적인 모든 측면의 욕구를 충족시키기 위해서는 가족이나 인근 지역주민들을 보호자로서 또는 원조자로서 발굴하여 이들을 클라이언트와 연계시키는 기능이 중요하다.[16]

이러한 사례관리의 전문성에 기초하여 사례관리(care/case management)의 기법을 제시하면 ① 대인관계기술, ② 연계기술, ③ 옹호기술, ④ 협력기술 등이다.

① 대인관계기술(communication)은 인터뷰기술, 상담 및 치료기술 등으로 가장 기본적인 전문기술이다.

② 연계기술(linkage)은 클라이언트에게 서비스 자원을 연결하거나 개발하는 기술이다.

③ 옹호기술(advocacy)은 임파워먼트의 한 방법으로 클라이언트의 입장에서 협상, 타협, 설득과 같은 반응적 옹호(responsible advocacy)를 하거나 클

16) 장인협, 『지방화시대의 지역복지실천방법론』, 서울 : 서울대학교출판부, 1995, p. 155.

라이언트의 욕구나 입장에 더욱 밀착된 공격적 옹호(adversarial advocacy)의 기술이 있다.

④ 협력기술(collaboration)을 연계기술과 상관성이 있으며, 클라이언트의 서비스의 효과성을 높이기 위해 기관 내부나 외부의 의료, 보건, 심리, 공공기관과 협력하거나 조정하는 기술이다.

3) 사례관리의 주요대상

최근의 사회복지의 변화추세는 대인복지서비스 전달의 구성부분으로서 사례관리에 대한 관심이 높아지고 있으며, 민간부문은 물론 공공부문까지 광범위한 영향을 미치고 있다. 그리하여 사례관리를 활용하는 분야는 학교, 보건 및 정신보건진료소, 병원 등으로 확대되고 있으며, 재정상의 서비스에 대한 부가요소로서 사례관리를 계획하고 있다.

특히 사례관리는 허약한 노인, 시설에서 퇴원한 정신질환자, 발달장애를 지닌 아동과 성인 등에게 폭넓게 활용되고 있고, 만성질환자의 정신보건 및 신체상의 장애를 지닌 보호대상자들에게도 활용되고 있다. 이 외에도 기존의 대인서비스 전 영역에서 활용될 수 있으며, 여기에서는 노인, 장애인, 아동을 중심으로 사례관리의 적용을 살펴보고자 한다.

(1) 노인

최근의 산업화 · 도시화로 인하여 사회변동이 심화되고 정부의 복지재정 부담이 점점 커져 가면서 가족기능의 강화를 포함한 사회적 지지에 대한 관심이 나타나기 시작하였다. 지역사회에 거주하는 대부분의 재가노인들은 가족의 도움을 받고 있으며, 가족지지망의 강화가 노인의 사회적 · 심리적 및 신체적 복지에 가장 영향을 많이 주는 요인으로 나타나고 있다.[17)]

그러나 그들에게 서비스를 제공할 수 없는 경우에는 지역사회 내의 공식

17) 성규탁 · 박영란, "노인의 사회적 지원망에 관한 연구", 『사회복지』 제98호, 1988, p. 45.

적인 지원망을 통하여 그들에게 서비스를 제공하는 것이 바람직하다. 특히 사례관리가 지역사회에 기반을 두어 한정되고 결핍된 자원 내에서 서비스 전달의 효과를 최대화하며, 대인서비스 전달의 비용을 억제하는 측면에서 지역사회 내에서 인적 자원을 동원하여 재가노인들에게 서비스를 전달하는 기능을 해야 한다.

즉 재가노인들에게 가족보호와 같은 비공식 보호가 바람직한 것은 사실이나 대개 가족들은 어떤 서비스가 유용한가에 대해서 잘 알지 못하고 사회자원과의 연결도 가능하지 않은 경우가 많다. 이것은 노인과 가족들이 다차원적인 욕구를 가지고 있는 반면 이들이 필요로 하는 다양한 서비스에 대한 정보와 인식이 부족하고, 더욱이 서비스 전달체계가 복잡하며 자원이 부족하여 결과적으로 노인의 욕구와 서비스가 적절히 연결되지 못하고 있는 실정이다. 이러한 문제를 해결하는 데는 사회사업방법론의 새로운 분야인 사례관리를 활용하는 것이 바람직할 것이다.[18)]

이런 경우에 사례관리는 재가노인의 복잡한 욕구와 문제를 해결할 수 있는 서비스와 신속하게 연결시키고, 복합적인 욕구에 대처하기 위하여 서비스를 통합・조정하며 만성질환노인을 포함한 재가노인들에게 지속적인 보호를 제공할 수 있을 것이다.

(2) 장애인

장애인문제는 장애인의 심신 상 문제와 사회적인 성격을 함께 지니고 있기 때문에 복잡 다양한 측면을 지니고 있다. 그러므로 그 대책에 있어서도 다양하게 접근해야 한다. 장애인들의 지역사회 내 자립생활을 지원하기 위한 각종 대책이 강구되면서 시설중심의 장애인복지에서 재가복지를 중심으로 그 관심이 변화하였다. 즉 정상화의 이념과 통합화의 이념에 의하여 자립생활을 강조하기 시작하였다.

또한 장애인에 대한 연구방향도 수요의 다양화, 장애의 중복・복잡화에

---

18) 성규탁・이윤로, "사례관리 : 효과적 서비스의 전달을 위한 방법", 『사회복지』 제118호, 1993, p. 112.

따라 종래의 소수요인을 분석하는 연구방법에 의해서는 문제해결이 곤란한 상황이 되고 있다. 즉 체계적 방법을 활용함으로써 개인적 수준에서의 해결방법보다는 사회전체에서의 해결방법을 강조하고 있다.

그러므로 장애인 또는 그 보호자를 대상으로 보다 다양한 지지체계라 할 수 있는 단기보호, 장기보호, 재활서비스 등을 포함한 재가복지서비스를 실시하기 위하여 전문가에 의한 원조서비스의 계획이나 조정을 추진케 하는 사례관리의 필요성이 대두되고 있다. 사례관리에 의하여 서비스의 연계, 가족과 비공식 지원체계의 강화, 장애인의 사회적 기능향상을 목적으로 공공기관과 민간기관이 통합화함으로써 장애인문제를 효율적으로 해결할 수 있다.

(3) 아동

현대 아동문제에 대한 사회복지서비스는 아동들에게 보다 나은 생활과 발달을 보장하기 위하여 가족에 의한 아동양육을 지원 · 강화하는 서비스와 정신적 또는 신체적으로 장애를 가진 아동과 가족에 대한 의료, 심리임상, 재활서비스를 하는 전문적 서비스 및 가족의 부양이 어려운 아동에 대한 시설서비스 등이 주된 내용이다.

과거의 아동복지는 시설위주의 서비스에만 중점을 두어 왔지만, 앞으로는 지역사회를 거점으로 하는 대인복지서비스가 보다 많은 부분을 차지할 전망이다. 아동들에 대한 대인적 서비스를 제공하기 위해서는 지역사회 중심의 복지체계로 전환해야 하며, 아동들의 생활의 원천이 되는 재가복지서비스의 체계를 강화해야 한다.

아동을 위한 재가복지서비스는 일차적으로 가족, 친척, 이웃을 통한 지원체계를 활용해야 하겠지만, 사례관리를 통하여 지역사회주민을 교육시켜서 보호할 수 있는 능력을 함양시키고 자원봉사자의 활용을 통하여 지역사회자원과의 연계해야 한다.

이제 사례관리기법에 의하여 지역사회복지를 전개하려고 할 때 해결해야 할 과제들 중에서 중요한 과제를 제시하면 다음과 같다.

첫째, 사례관리를 실시하는 기관을 어떻게 조직하느냐 하는 문제이다. 다양한 문제나 욕구를 효율적으로 해결하기 위한 공급조직의 구성은 일반 사회복지의 전달체계와의 관련성에서 현재 우리나라의 복지수준, 정치적 여건 등을 감안하여 조직하여야 할 것이다.

둘째, 지역사회의 인구, 영역 등에 따라 사례관리의 체계를 어떻게 구성하는가 하는 문제이다.

셋째, 사례관리에 필요한 전문적 인력의 양성과 교육문제이다.

넷째, 현재 실시되고 있는 사회복지의 구성체계에 어떻게 효과적으로 통합시키느냐 하는 문제이다.

다섯째, 사례관리기법을 해당 지역사회와 클라이언트의 특성에 맞추어 어떻게 특성화시키는가 하는 문제이다.

4) 사례관리기법의 케어복지전망

재가복지사업에 있어서 사례관리(case/care management)기법은 지역사회라는 환경(in the community)에서 지역사회주민들의 참여에 의해서 서비스를 공급하는 기법이다. 모리스(Morris)는 1979년에 미국 시카고에서 열린 전국사회사업가협회 세미나에서 "앞으로의 사회사업방법론은 치료(cure)에서 케어(care)의 시대로 관심이 변화되고 있으며, 이러한 변화를 지원할 수 있는 방법론이 사례관리 방법이다."[19]라고 제시하였다.

일본에서는 개호(介護)라는 용어를 사용하면서 개호보험(care insurance)시대를 열고 있지만 우리나라는 간병, 요양, 수발 등의 다양한 용어가 혼용되고 있는 실정이다. 1999년 6월에 한국케어복지협회가 조직되어 전국의 사회복지학과와 관련학과가 회원 대학으로 가입되어 있어 고령화시대에 적합한 전문사회복지사의 역할을 담당하게 될 것으로 보인다.

사례관리의 필요성에서 논의한 바와 같이 지역사회 영역에서 이루어지는 재가복지사업은 케어매니지먼트기법을 중심으로 확산되어 갈 전망이다. 탈시설화를 시작으로 서비스전달의 분권화, 복합적인 욕구를 가진 대상자의 증가

19) Morris, R., Caring for vs Caring about People, Social Work, Vol. 22, No. 5, 1977, p. 357.

에 따라 기존 서비스의 단편성과 사회적 지원체계에 대한 인식이 증가하면서 등장한 사례관리기법은 이제 대인서비스의 비용효과에 대한 인식과 함께 더욱 확산·발전될 가능성이 충분하다.

제 11 장

지방자치와 지역사회복지

1. 지역사회복지의 정치환경 변화

1) 지방자치와 지방분권화요인

(1) 지방자치제도와 로컬 거버넌스

1 지방자치제도

지방자치라 함은 일정한 지역을 기초로 하는 단체가 그 지역 내의 공공사무를 자주 재원을 가지고 해당 지역주민의 의사와 책임 하에 처리하는 과정으로 말할 수 있다. 실질적 의미의 지방자치는 지방정부가 그 지역주민을 위하여 과연 어떠한 기능과 역할을 수행하며, 구체적으로 주민에게 어떠한 편익을 제공하는가 하는 점에서 찾아볼 수 있다. 즉 지방자치의 가치는 그것이 민주적 정치이념의 구현이라는 정치적 요청에 부합된다는 점도 있지만, 동시에 지역주민의 여망과 행정수요를 정확하게 파악하고 이를 가장 실효성 있게 해결하거나 충족시켜줄 수 있는 제도라는 점에도 있다.[1]

현재의 지방자치제도는 서구에서 발생한 것으로 그 유형을 「주민자치」와

1) 한국지방행정연구원, 『지방정부의 기능모형에 관한 연구』, 서울 : 지방행정연구원, 1987, p. 8.

「단체자치」로 분류할 수 있다. 주민자치는 영·미를 중심으로 발달한 제도로 지방정치에 주민의 참여에 중점을 둔 정치적 의미가 강한 제도로 대표를 주민이 직접 선출한다. 단체자치는 독일과 프랑스를 중심으로 발전한 제도로 자치단체는 국가와는 별개의 법인격을 갖추고 독자적으로 행정을 처리하는 법률적 의미의 자치개념이다. 실질적 의미의 지방자치와 사회복지를 연관시켜 보면 지방자치는 지방정부가 그 지역주민의 복지향상을 위하여 가장 실효성 있는 정책추진이 가능한 수단이 될 수 있다. 즉 지방자치제도는 복지사회를 실현하기 위한 수단의 선택이라고 말할 수 있다.

지방자치제도는 한 국가의 역사적 산물인 동시에 정치, 경제, 사회, 문화적 여건의 변화와 더불어 변화·발전해 나가는 것이다. 따라서 지방자치의 개념도 나라와 시대 그리고 단체자치와 주민자치의 유형에 따라 다양한 정의가 가능하다.

일반적으로 지방자치란 국가영역을 여러 지방단체로 구분해서 각 지방단체가 일정 범위 안에서 각자의 지역을 통치하는 권한이 부여되는 정치형태를 말한다. 지방자치도 내용적으로는 지방정치와 비슷한 의미를 지니고 있는데, 일본이나 우리나라에서는 지방자치란 용어를 많이 사용하고, 영미제국에서 널리 사용되는 말은 「local government」 또는 「local politic」이다. 즉 지방정부 또는 지방정치란 말이다.[2)]

그리고 지방자치에는 두 가지 면이 있는데, 하나는 중앙정부와 지방자치단체와의 관계이고 다른 하나는 지방자치 내에 있어서의 그 주민과의 관계이다. 이 중 어느 쪽에 중점을 두느냐에 따라 지방자치제에 대한 다양한 견해가 나온다.

전자의 경우에는 중앙정부가 갖는 국가의 권리에 대해 지방자치단체가 일정한 자치권을 행한다. 즉 단체로서의 자치권에 주목하는 것으로 단체자치에 중시하는 견해이다. 이에 대하여 후자의 경우에는 지방자치단체에 있어서 주

2) 부광식, "원점에서 본 지방자치의 과제와 전망", 『지방자치단체의 정책과제』, 대구 : 대구발전동우회, 1995, p. 22.

민 고유의 자치권을 스스로 참가해서 행한다고 하는 주민참여에 중점을 두는 소위 주민자치의 견해가 그것이다.

단체자치의 경우에는 중앙정부와의 관계에서 그 권한과 모순되지 않는 범위 내에서만 그 자치가 인정되는 데 반해, 주민자치의 경우에는 주민 스스로가 필요하다고 인정하는 데까지 무한(無限)자치가 인정되는 것을 말한다.[3] 근대국가 성립 이후의 단체자치·주민자치의 기원을 보면, 단체자치의 역사가 훨씬 길며, 주민자치는 근대에 이르러 비로소 생겨난 것이다.[4]

지방자치에 대한 이 같은 사고방식은 오늘날까지 이어지고 있지만, 역사적 과정 속에서 제도 면에 서로 영향을 미치면서 상호 접근이 이루어지곤 했다. 그러나 역시 근본적인 사고방식에 있어서는 서로 대립하고 있으며, 제도 면에서도 대조적인 특징이 있을 뿐만 아니라, 실제의 운영 면에서도 큰 차이를 보이고 있음에도 불구하고 현대 사회에서의 지방자치라 함은 이들 두 유형의 접근방향을 추구하는 것이라 할 수 있다.

지방자치가 지역주민의 복지증진에 기여해야 한다는 것은 당위론적인 논리가 된다. 지방자치가 사회복지에 주는 함의(implication)는 여러 가지를 들 수 있으나 그 중 하나는 그동안 중앙정부에서 기획하고 결정하여 획일적으로 지방정부에 시달되었던 사회복지정책이 상당부분 지방자치단체에서 정책결정과 집행이 가능해졌다는 것이다.[5]

2 로컬 거버넌스

최근 구미 각국에서의 지배적인 통치양식으로 거론되는 거버넌스(governance)의 개념은 집권화된 국가와 지방 사이의 직접적인 연계성을 갖는 낡은 유형의 정부로서 상징되는 관료적 위계체제로부터 연합, 파트너십 또는 네트워크 등과 같이 느슨하고 보다 상호작용적인 행정구조로의 이행을 지적하

---

3) 상게논문, p. 23.
4) 石幾村英日·星野光男,『地方自治讀本』, 東京 : 東洋經済新聞社, 1985, p. 6.
5) 고수현, 지방자치시대의 복지정책 모형에 관한 연구,『대구시정연찬 제8호』, 1997, pp. 150~151.

는 것으로 이해된다. 스토커(Stoker)[6]는 governance의 개념을 '상호의존성, 자원의 교환, 게임의 규칙과 국가로부터의 상당한 자율성을 특징으로 하는 자기조직적인 조직 간 네트워크'로 정의하고 있다. 즉 종래의 지방정부나 시민참여 개념을 포괄하는 로컬 거버넌스(local governance) 개념은 단순한 시민참여 개념보다 급진적이고 적극적인 개념으로서 국가기관인 행정기관, 자본영역인 기업, 시민사회구성원인 시민집단 간의 '관계'에 근거하여 공사 간의 협력과 참여라는 파트너십(partnership)을 통하여 지방의 공공문제를 해결해 나가는 방식으로 보고 있다.

로컬 거버넌스의 특징은 지방정부를 중심으로 한 제도적이고 공식적인 관계보다는 행정기관, 기업, 시민집단 간에 있어 각자의 전략적 목표와 이해관계를 비공식적인 네트워킹을 통해 반영, 조정, 통합해 나가는 것이다. 따라서 과거의 지방정치나 지방자치를 지방정부 주도로 일방적으로 운영해 가는 로컬 거버먼트(local government)방식과는 상당한 차별성이 있다. 거버넌스는 주로 협치(協治)로 번역이 되므로 'local governance'는 지방협치(地方協治)라는 개념이 무난할 것으로 본다. 이미 1990년대 이후 미국과 영국의 지방정부운영에서는 지방협치체제도의 현상이 일반화되어지고 있으며, 우리나라에서도 2000년대에 접어들어 기존의 지방자치제도는 지방협치체제도(地方協治體制度)의 개념이 강화되고 있는 추세에 있다.

governance의 개념은 government의 변화된 의미로 이해될 수 있으며, 이는 통치(governing)의 새로운 과정으로 볼 수 있다. 이러한 governance 개념은 논자에 따라 국가역할의 최소화, 기업주의적 통치, 새로운 공공관리 등의 의미로 다양하게 사용되기도 한다. 따라서 구드윈 등(Goodwin, M. and Painter, J)[7]은 정부(government)란 개념보다는 협치(governance)로 개념화하는 것은 반드시 국가의 공식적인 주체만 아니라 다양한 공간적 범주 내에서 정책과 정책집

---

6) Stoker, G., "Public-Private Partnerships and Urban Governance", In J. Pierre (ed.), *Partners in Urban Governance : European and American Experience,* London : Macmillan, 1997, p. 15.
7) Goodwin, M. and Painter, J., "Local Governance : the Crises of Fordism and the Changing Geographies of Regulation", *Transactions of the Institute British Geographers,* 21 : 635-648, 1996.

행에 영향력을 줄 수 있는 행위자 전체를 포함하는 광범위한 제도적 범위에 초점을 두고 있는 것으로 보고 있다.

(2) 지방자치제도의 변화

우리나라의 지방자치제는 해방 이후 지방자치법이 제정되어 지방자치의 기반은 구축하였으나 국내외 정치의 불안정과 한국전쟁, 그리고 시 · 읍 · 면장의 임명방법 등 제도상으로 많은 문제가 있어 지방의회제도가 본격적으로 실시되지 못하였다. 그러나 이 시기에 지방자치 제도의 기반을 법규상으로 확보했다는 점은 근대적 의미의 민주적 지방제도의 태동을 의미하고 있다.

그리고 5 · 16 군사쿠데타 이후 지방자치제가 폐지될 때까지 불과 9년간의 실시경험의 평가적인 면은 순기능적인 측면도 있겠으나 역기능적인 측면도 많았다고 볼 수 있다.

이러한 측면은 우리나라가 자생적인 지방자치의 경험이 없는 상황에서 지방자치제를 실시하였기 때문에 많은 문제점이 나타난 것으로 아무리 좋은 지방자치 제도를 갖추고 있다 하더라도 국민의 자치역량과 관련인사들의 지방자치에 대한 인식의 부족으로 인하여 지방자치제도의 실효를 얻지 못하였다.[8) 그리고 5 · 16 이후 폐지되었던 지방자치제도를 1970년대의 유신체제에 들어가서는 언제 이룩될지 모르는 통일 때까지 그 실시가 유보되어 구현 가능성은 더욱 희박해졌던 것이다.

그 이후 제3, 4, 5공화국에서 지방의회의 구성이 연기되어 오다가 제6공화국에서 비로소 지방의회의 구성에 대한 논의가 본격적으로 시작되어 1988년 4월에 지방자치법 제7차 개정과 함께 지방자치의 부활 노력이 구체적으로 일어났다고 볼 수 있다. 그럼에도 불구하고 지방의회 권한이 상급기관 대행으로 중앙집권적 행정풍토가 조성됨으로써 지방자치단체의 결정권한에서 자치단체의 고유권한 이전이 중앙의 권한으로 인지되어 자율적인 의사결정에 한계가 있었다고 할 수 있다.[9)]

8) 김안제 외, 『지방자치의 발전전략』, 서울 : 박문각, 1991, p. 123.
9) 상게서, p. 124.

1991년에 이르러 지방의회 의원선거에 의하여 지방의회가 개원되었고, 여러 가지의 시행착오를 거쳐 지방의회상이 제도화되어 가는 과정을 거쳤다. 그리고 1995년 6월에 지방자치 단체장의 선거를 통하여 주민의 의사를 광범위하게 수렴해 행정에 반영하고 지역발전, 주민 발전증진 등을 위한 지방자치의 시대를 열게 되었다.

2) 사회복지사업법 개정의 변화요인

(1) 사회복지사업법 개정의 의의

2003. 7. 30 사회복지사업법 개정으로 인한 지역사회복지의 변화요인의 특징은 ① 지역사회복지의 강화, ② 보건의료와 사회복지의 연계, ③ 사회복지법인의 공공성 강화, ④ 복지서비스 신청권리와 이용증서 도입, ⑤ 지방자치단체의 책임과 민관협력 강화 등으로 정리할 수 있다.

그리고 사회복지사업법 개정의 의의를 보면 다음과 같다.[10)]

① 복지서비스 제공주체의 책임을 국가(중앙, 지방정부)로 분명히 하였다.

② 지방정부의 역할을 구체화(지역사회복지계획, 지역사회복지협의체 구성)하여 권한과 책임을 부여하였다.

③ 지역사회복지협의체 설치의무화로 시범사회복지사무소[11)] 및 시범주민생활지원국 설치와 함께 지역사회복지 전달체계의 효율화를 가져왔다.

④ 빈곤계층, 실업자 등에게 포괄적이고 통일적인 복지환경을 제공할 수 있게 되었다.

---

10) 양진규, “사회복지 환경변화와 지역복지운동의 대응”, 『복지동향』, 2003. 11, 서울 : 나눔의 집 참고.

11) 시범 사회복지사무소는 9개 시 · 군 · 구에 설치 · 운영된 후 전국적으로 확대 설치될 예정이었으나 평가과정에서 중단되고 2007. 1. 1부터 53개 시 · 군 · 구에서 주민생활지원국을 시범운영한 후 전국적으로 확대 설치되었다.

(2) 개정 법률의 문제점

법 개정의 의의는 중앙정부와 지방정부의 지역사회복지 책임을 강화한 것에 있지만 다음과 같은 한계점을 제시할 수 있다.

① 복지재정 부담에 대한 명확한 의무조항의 규정이 미흡하여 안정적 재원조달의 문제가 있다.

② 중앙정부의 책임을 지방정부에게 부담시킬 수 있는 소지가 있다.

③ 정부부문 이외의 민간부문의 역할을 강조할 수 있는 여지가 있다.

④ 경제성장정책이 강화될 경우에는 복지정책이 둔화될 가능성이 여전하다.

2. 지방자치제도와 지역사회복지의 변화

1) 지역사회복지와 지방자치제의 관계

현대 사회에서 지역사회복지는 새로운 복지로서 또는 지방행정에 있어서 통합화의 목표로서 중요한 위치를 점하고 있다. 또한 국가복지가 아니고 지역사회복지를 중시하는가 하는 문제는 지역사회의 중요성에 있다. 즉 지역사회가 생활의 수준에서 사회체제를 구성하는 동시에 자치의 원점이라는 측면이다.

지역사회복지는 '지역'과 '(사회)복지'의 합성어로서 지역차원에서 지역주민에게 직접적으로 서비스를 제공하는 의미가 있다. 이오카밴(井岡勉)은 "지역복지란 지방단위의 사회복지로서 지역주민의 생활문제대책의 일환으로 고용, 노동정책, 사회보장 및 일반정책을 최종적으로 보완하는 활동이다."고 정의하고 있다. 그런데 지역사회복지가 우리나라에서 많이 알려지게 된 것은 지방자치제의 영향으로 지역단위의 복지대책을 강조하기 시작하면서이다. 중앙집권시대였던 1990년대 초기까지만 하더라도 지방정부에서는 중앙의 사회복지정책을 그대로 전달하는 시스템에 머물렀다.

그러나 1991년의 지방자치제 부활로 인하여 점차 지방정부와 민간이 주축이 된 사회복지계획이나 프로그램을 개발하는 데 관심을 기울이게 된 것이다. 특히 지방자치단체장 후보들이 득표를 의식한 선거공약으로 지역사회복지서비스를 활용한 것도 중요한 요인으로 작용하였다.

이러한 측면에서 지역사회복지는 '자치'와 '자율'의 동질성과 공통적인 목적을 가진 과제로 새로운 사회복지의 운영에 참가하는 것이다. 지역사회복지의 내실화는 지방자치의 구성요건의 하나로서 주민에 의한 자치를 의미한다. 그리고 지역사회복지는 지역사회에 있어 주민의 생활의 형성과정을 통해 주민의 복지, 지역사회의 계획과 운영의 참가를 통하여 지역사회를 기초로 복지를 주체적으로 형성하여 공동사회를 창조하는 것이다.

최근의 지방화시대는 지역사회의 시대, 지방자치단체의 시대, 지역사회복지의 시대라고 할 수 있는 것에서도 지역사회와 지방자치제의 관계를 상징적으로 알 수 있다.[12)]

지방자치제가 가지고 있는 이념적 측면과 기능적 측면은 지역사회복지의 이념과 기능에 쉽게 일치하게 된다. 한 사회의 이념적 목적이 인간화의 실현, 즉 인간 존엄성의 사회적 연대감의 성취에 있다면 그것은 지역사회문제해결의 방안으로서 지역사회복지의 차원과 맥을 같이하게 된다고 볼 수 있다. 즉 지방자치제가 지니고 있는 중심적인 이념과 행정적인 기능은 지역사회복지의 실현에 있다고 볼 수 있다.[13)]

특히 지방자치제에 의한 지방화의 시대에 있어서 사회복지의 주된 대상은 지역사회주민으로서 종래의 중앙집권적인 사회복지가 지역사회중심의 사회복지로 옮겨져 간다는 것이다. 따라서 지역사회중심의 복지체계는 지역사회의 특성과 욕구에 따라 복지정책이 수립, 집행되는 것이다.

그러나 중앙집권시대에는 지역사회복지사업이 중앙정부에 의해서 주도되어 왔기 때문에 지역사회의 특성과 개별성은 중요한 문제가 아니었다. 즉 빈

12) 右田紀久惠 編, 『自治型地域福祉の展開』, 京都 : 法律文化社, 1993, p. 8.
13) 조휘일, 전게논문, p. 50 참조.

곤문제, 노인문제, 아동문제, 보건의료문제, 주택문제 등의 사회문제가 지방정부와 지역사회주민의 참여 없이 중앙정부의 일률적인 정책지침에 의하여 시행되어 왔다.

이러한 중앙정부의 편중된 지역사회복지사업도 지방자치의 완성으로 인하여 지방자치단체는 지역사회 실정에 적절한 미래의 종합적인 복지모형을 설계하고 이를 집행하기 위한 독자적인 지역사회복지계획을 세워 지역사회복지사업을 강화하는 방향으로 전환해야 한다. 또한 지역사회복지의 문제는 중앙정부의 권위주의적 행정과 불균형적인 성장의 길을 벗어나 이제는 지방화와 자율화 그리고 복지화의 이념적 가치를 지녀야 할 것이다.

따라서 주민 스스로의 문제를 해결하려는 의식실천의 장으로 활용되어야 한다.[14] 그리고 구체적으로 지방자치제가 지역사회복지에 미치는 중요한 영향을 살펴보면 다음과 같다.

① 지방자치제의 실시로 인하여 지역사회와 지역주민들의 의견을 중요시하여 지방재정이 증가한다.

② 사회복지 기능의 강화를 위하여 사회복지관련 전문행정부서의 전문성과 활동범위가 넓어지게 된다.

③ 사회복지의 행정이 국가중심의 행정에서 지방중심으로 변화하게 된다.

④ 민간 사회복지단체의 육성이 강화되어 주민의 자발적 참여에 의한 자원봉사 또는 민간참여가 활발해지게 된다.

지역사회복지는 지방자치단체의 재정지원으로 이루어지는 공공복지와 지방자치단체와 관계없이 순수한 민간의 자발적인 재정으로 이루어지는 민간복지 부문으로 나누어 볼 수 있다.

지역사회복지에서 공공부문은 단기적으로 크게 발전할 전망이 희박하지만 장기적으로는 발전할 전망이 높다고 할 수 있다. 또한 민간복지도 공공부문과 같이 증가될 전망이다. 그러나 현재의 지방자치단체의 재정자립도에 의하면 지방자치단체의 사회복지증진의 전망이 밝다고만 할 수는 없다. 민간부문도 지역주민들의 기부금과 자원봉사적인 참여에 의하여 증진될 수밖에 없

14) 방휘덕, “지방자치제 실시와 지역사회복지”, 『사회복지』, 1987 여름호, p. 19.

고 단기적으로 증진될 가능성은 높지 않으므로 단기간의 민간모금에 의한 민간부문 사회복지의 증진도 기대하기는 어렵다.

이러한 측면에서 지방자치제의 실시에 의하여 지역사회복지의 증진에 대한 논란이 많으나 장기적으로 볼 때 지방자치단체의 주민복지와 지역사회복지에 대한 인식변화와 사회복지의 홍보와 사회복지사업에 대한 신뢰가 구축되어야 한다. 이로 인하여 사업의 효과성이 드러나고 지역공동체의 의식이 확산됨에 따라 민간부문의 지역사회복지가 활성화되는 관계성을 유지하게 된다.

2) 지방자치의 사회복지증진효과

지방자치제에 의하여 사회복지는 중앙정부의 사회복지정책의 방향이 사회복지의 문제를 그 지역사회의 특성에 맞도록 지역사회주민이 복지수요의 주체가 됨으로써 사회복지 실시의 책임의 명확화에 있다고 할 수 있을 것이다.

지방자치로 인한 사회복지의 증진효과를 신섭중의 견해를 중심으로 열거하면 다음과 같다.[15)]

① 지방자치제의 실시는 사회복지서비스의 내용면의 충실과 행・재정의 효율화를 통하여 복지행정의 강화에 기여하게 될 것이다.

② 지방자치제의 실시는 지역주민의 복지의식을 고취시켜 주민복지의 진전에 기여하게 될 것이다.

③ 지방자치제의 실시는 지역사회복지자원의 개발과 아울러 지역개발사업에 기여하게 될 것이다.

④ 지방자치제의 실시는 사회복지의 지역 간의 격차해소에 도움이 될 것이다.

⑤ 지방자치제의 실시는 사회복지의 증진에서 행정책임뿐만 아니라 민간사회복지기관 및 단체와 지역주민의 협력과 참여를 통하여 그 효과를 발휘할 수 있을 것이다.

---

15) 愼燮重,『韓國社會福祉政策論』, 서울 : 大學出版社, 1993, pp. 175～176 참조.

지방자치가 추구해야 할 중심적인 지도 이념은 일반적으로 민주성, 능률성, 분권성, 자율성, 책임성, 안정성, 개별성, 경영성, 자치성, 시민성 등 다양하게 제시되고 있다. 이러한 기본이념에 의해서 지방자치제의 실시에 따른 기대는 다양하게 접근해 볼 수 있다. 이러한 측면에서 지방자치에 의한 사회복지의 증진효과를 정리해 보면 다음과 같다.

① 지방자치는 주민들이 행정기관에서의 접근을 용이하게 하여 서비스의 생산과 전달이 어디에서 이루어지며, 국민이 원하는 것이 무엇인가를 이해하기 쉽게 한다.16)

② 중앙지향적인 통제의 수준을 감소시킴으로써 의사결정의 속도와 유연성을 증대시킨다.

③ 지역사회적인 독자성을 인정하는 분권화 정책이 강해진다.

④ 지역사회 차원에서 지역사회자원의 활용을 크게 증대시킨다. 즉 주민의 창의력과 자발성을 제고하여 국가 전체적으로 국민역량을 촉진시킨다.

⑤ 지방자치를 통하여 얻어지는 결과들은 지방자치의 운영에만 국한되는 것이 아니라 정당의 건전한 육성에도 기여하고, 국가정책의 운영에도 바람직한 영향을 주어서 지역사회복지뿐만 아니라 모든 사회복지정책의 방향을 결정하는 데 좋은 영향을 미친다.17)

⑥ 지방자치는 지역개발사업의 촉진과 지방자치단체의 건전한 발전을 유도하고 지역 간의 균형 있는 성장을 가능케 하며, 지역문제를 감소시키고 효율적인 국가발전을 가져오게 할 것이다.

⑦ 지방자치제가 본격적으로 발전하는 과정에서 사회복지를 위한 주민운동은 다양하게 일어나고 동시에 새로운 양상을 띠게 될 것이다.

지방자치제가 나아가야 할 바람직한 과제는 분권과 참여 속에서 자율통치체제의 구축과 사회복지의 향상과 환경보전의 조화를 도모할 수 있고 지속 가능성의 추구 및 정보화 사회에서 초래될 수도 있는 획일성에 대응하는 다양성

---

16) R. Common, Norman Flynn and Mellon, *Managing Public Services : Competition and Decentralization,* Oxford : Butter worth Heinemann, 1992.

17) 김안제 외, 전게서, p. 79.

의 추구라 하겠다.[18] 이러한 내용 중에서 지역사회복지와 관련된 지방자치제의 바람직한 방향을 살펴보면 다음과 같다.

① 지방자치에서 추구해야 할 과제 중의 하나가 개성 있고 풍요로운 지역사회를 건설하기 위한 독창적이고 다양한 정책을 펼쳐 나가야 한다는 것이다. 즉 지역사회의 주민들의 욕구는 그 나름대로의 고유한 특성을 지니고 있으므로 지역사회의 문제해결에 있어 중앙이나 다른 지역을 모방하려 하지 말고 독창성을 발휘하도록 해야 한다.

② 지방자치제는 정부와 주민과의 관계에 변화를 초래하는데, 여러 가지의 관계 변화가 일어나겠지만 그 중에서도 공공활동 부문에 있어서는 공동적으로 참여하여야 할 것이다. 물론 본질적으로 국가가 책임져야 할 부분과 민간이 함께 협조해야 할 부분이 있겠지만 지방자치제 하에서는 주민들이 정치·행정과정에 직접 또는 간접적으로 참여하는 경향이 강화되어야 할 것이다.

③ 지방자치제에 의하여 주민에 대해 행정서비스를 확장하는 한편 각종 다양한 계층에게 복지증진에 많은 노력을 하여야 한다. 그러나 지역사회의 중산층에게는 복지수요를 충족시켜 주고 힘이 약하거나 사회적 설득력과 목소리가 약한 주민들에게 상대적으로 복지서비스가 소홀히 될 가능성이 많으므로 지방선거를 의식한 지역사회복지정책은 바람직하지 않다.

18) 노융희, "지방행정환경변화 전망과 지방자치의 발전방향", 『21C의 바람직한 지방행정 좌표』, 서울 : 한국지방행정연구원, 1992, p. 11 참조.

3. 지역사회복지협의체와 전달체계 변화

1) 지역사회복지협의체

(1) 지역사회복지협의체의 의의

1 지역사회복지협의체의 개념

지역사회복지협의체는 사회복지사업법 제7조의2(지역사회복지협의체)의 규정에 의해 시 · 군 · 구에 설치하는 민관협력기구로서, 관할 지역 내의 사회복지사업에 관한 중요사항과 지역사회복지계획을 심의 또는 건의하고, 사회복지 · 보건의료 관련 기관 · 단체가 제공하는 사회복지서비스 및 보건의료서비스의 연계 · 협력을 강화하기 위한 것이다.[19)]

2 지역사회복지협의체의 구성배경

시 · 군 · 구 단위로 민 · 관이 협력하여 사회복지서비스 제공의 효율성과 효과성을 제고해야 한다는 필요성이 제기되어 온 것이 배경이 된다. 즉 지역사회의 복지문제를 스스로 해결하기 위해서는 지역사회복지계획의 수립, 서비스의 연계와 조정, 자원동원과 욕구조사, 지역사회복지 네트워킹을 통해 사회적 연대를 도모할 수 있는 기구를 만들어야 한다는 논의의 결과이다.

3 지역사회복지협의체의 구성목적

2001. 10 ~ 2002. 11까지 15개 시 · 군 · 구에서 지역사회복지협의체 시범사업을 거쳐 확대된 지역사회복지협의체의 구성목적은 대략 다음과 같이 요약할 수 있다.

- ○ 지역사회 내 복지문제를 해결하기 위한 민주적 의사소통 구조 확립
- ○ 지역사회 내 보건 · 복지서비스 연계로 수요자 중심의 통합적 서비스 제공

---

19) 광역자치단체인 시 · 도 단위의 민관협력기구는 '사회복지위원회'이며, 시 · 군 · 구 단위의 지역사회복지협의체와 유사한 기능을 수행한다.

- ○ 지역사회 내 잠재적 복지자원발굴과 확충을 통하여 지역사회복지자원의 효율적 활용체계 구축
- ○ 기타 복지와 보건 등의 서비스를 종합적으로 지원하여 주민만족도 향상에 기여

(2) 지역사회복지협의체의 구성과 기능

1 지역사회복지협의체의 구성

사회복지사업법 제7조의2의 규정에는 시장 · 군수 · 구청장이 다음에 해당하는 자를 위원으로 임명 또는 위촉하도록 되어 있다.

가. 사회복지 또는 보건의료에 관한 학식과 경험이 풍부한 자

나. 사회복지사업을 행하는 기관 · 단체의 대표자

다. 보건의료사업을 행하는 기관 · 단체의 대표자

라. 공익단체에서 추천한 자

마. 사회복지업무 또는 보건의료업무를 담당하는 공무원

그리고 시행규칙 제1조의3(지역사회복지협의체의 구성 및 운영) 내지 제1조의4(실무협의체의 구성 및 운영)에서는 위원장을 포함한 10인 이상 20인 이하의 위원으로 구성하도록 규정하고 있으며, 임기는 실무협의체 위원과 같이 2년이다(단, 공무원인 위원은 재직기간).

그 외에 위원장과 부위원장은 위원 중에서 호선하되, 공무원과 민간인 위원을 공동으로 선임 가능하다.

2 지역사회복지협의체의 기능

지역사회복지협의체는 업무를 효율적으로 수행하기 위해 실무협의체를 둘 수 있으며(법 제7조의2), 주요기능과 역할은 다음과 같다.

가. 지역사회복지계획의 수립, 시행과정 및 시행결과의 평가에 관한 사항

나. 사회복지서비스 및 보건의료서비스의 연계 · 협력에 필요한 사항

다. 지역주민의 복지욕구 조사, 지역 내 복지자원 조사 및 개발에 관한 사항

라. 시장・군수・구청장이 지역사회복지시책 추진을 위해 필요하다고 인정하는 사항

마. 그 밖에 위원장이 부의하는 사항

(3) 실무협의체의 구성과 기능

[1] 실무협의체의 구성

지역사회복지실무협의체는 지역사회복지협의체 위원장이 임명 또는 위촉(시행규칙 제1조의4)하고 실무위원장 1인을 포함한 10인 이상 20인 이하의 위원으로 구성하도록 하고 지역사회복지협의체 위원이 실무위원장 또는 실무부위원장 겸임 가능토록 규정(시행규칙 제1조의4)하고 있다. 실무위원은 다음에 해당하는 자 중에서 임명 또는 위촉된다.

가. 사회복지 또는 보건의료에 관한 실무지식과 경험이 풍부한 자

나. 사회복지사업을 행하는 기관・단체의 실무자

다. 보건의료사업을 행하는 기관・단체의 실무자

라. 공인단체에서 추천한 자

마. 사회복지업무 또는 보건의료업무를 담당하는 공무원

바. 기타 지역사회복지협의체에서 실무협의체에 참여가 필요하다고 인정하는 자

[2] 실무협의체의 기능

실무협의체의 주요기능은 다음과 같다.

가. 지역 내 사회복지서비스 및 보건의료서비스의 연계・협력에 관한 실무협의

나. 지역사회복지협의체에서 심의・건의할 분야별 안건의 검토

다. 지역사회복지 증진을 위한 세부사업 실무협의

라. 분야별 실무분과 간 연계・조정

마. 기타 지역사회복지협의체로부터 지시받은 업무

이 외에 각 협의체 회의는 재적위원 과반수 출석과 출석위원 과반수 찬성으로 의결되며, 시장·군수·구청장 또는 각 협의체 위원장이나 재적위원 3분의 1 이상이 요청 시 회의가 소집된다.

2) 공공 사회복지전달체계의 개편

(1) 사회복지전달체계의 개편추진경과

지방화에 따라 중앙정책의 지방이양 등 지방의 자율성, 책임성이 강화되고, 민간의 복지참여 확대로 민간분야의 복지기능 확대추세에 따라 1980년대 초부터 사회복지전달체계 개편에 대한 논의가 지속되었다. 사회복지사무소 설치에 관한 논의는 1980년대 초에 접어들면서 시작되었으나 재정적인 어려움과 정부의 사회복지적인 인식부족으로 연기되어 왔다. 1987년에는 정부에서 사회복지전문요원(사회복지사 자격증 소지자) 100명을 별정직 공무원으로 채용하여 빈민지역 동사무소에 배치하기 시작하였다. 그 추진경과를 보면 다음과 같다.

- ○ 1992년 사회복지사업법에 '복지사무전담기구'에 관한 규정을 신설, 법적 근거 마련
- ○ 1995년 사회보장기본법 제정으로 '사회보장전달체계' 구축의 원칙 명시
- ○ 1995년부터 1999년까지 4년간 5개 지역에서 '보건복지사무소' 시범사업 실시
- ○ 2001년부터 2002년까지 15개 시·군·구에서 '지역사회복지협의체' 시범사업 실시한 결과 효과성이 검증되지 않아 확산되지 못하고 종료됨
- ○ 2003년 참여정부의 국정과제로 '참여복지와 삶의 질 향상'을 위한 사회복지전달체계 개편방안으로 '사회복지사무소' 설치 추진
- ○ 2004년 '사회복지사무소' 시범지역 9개 지역 운영(2004. 7 ~ 2006. 6)하였으나 확산되지 못하고 종료됨
- ○ 2006년 7월부터는 주민생활지원 통합서비스체계 구축을 목표로 조직개편

- 전국 53개 시 · 군 · 구에서 행정기구 내에 주민생활지원국을 시범설치 운영 시작하여 234개 시 · 군 · 구로 확대 설치됨

(2) 공공 사회복지전달체계의 개편원칙

공공 사회복지전달체계의 개편은 여러 가지의 방안이 있겠으나 개략적인 설치원칙을 살펴보면 다음과 같다.

① 전문성과 통합성에 따라 설치해야 한다. 전문인력에 의한 복지행정이 실천되어야 하고 이용자 중심의 서비스가 통합되어야 한다.

② 효율성과 책임성을 견지해야 한다. 복지서비스 자원을 효율적으로 관리하고 클라이언트에게는 책임성을 가지고 대응해야 한다.

③ 신속성과 공정성이 유지되어야 한다. 클라이언트의 욕구에 신속하게 대응하고 공정하게 처우하여야 한다.

④ 일관성과 접근성이 동시에 고려되어야 한다. 복지서비스 업무의 조직적 관리로 일관성 있는 처리가 필요하고 주민들이 접근하는 데 불편함이 없어야 한다.

⑤ 연계성과 조정성이 가능해야 한다. 복지 · 고용 · 보건서비스가 연계되고 상호조정이 되어 사례관리가 이루어져야 한다.

(3) 지역사회복지전달체계의 개선

1 공공복지 인프라 강화

지역사회복지전달체계는 지역사회의 사회복지대상자나 서비스이용자들에게 급여나 서비스를 전달하는 체계(delivery system)를 의미한다. 이 중에서 공공복지 인프라를 강화하는 방안으로서는 사회복지전담사무소를 설치하는 것이 가장 유력한 대안이 된다.

기존의 지역사회복지전달체계는 공공전달체계로서 읍 · 면 · 동사무소가 있었고 보건소와 보건지소가 보건전달체계로서의 역할을 수행하였다. 그 외의 민간전달체계로 의료기관, 자원봉사센터, 자활후견기관, 사회복지시설, 사회

복지관, 지역시민단체 등이 상호 연계성이 부족한 상태에서 복지대상자와 지역주민에게 서비스를 공급하고 있었다.

따라서 공공전달체계와 민간전달체계의 연계가 어렵고, 공공복지전달체계도 일방적 · 수직적인 관계에서 여러 가지의 문제점이 노출되었다. 이러한 문제점에 대한 개선책으로서 김영삼 정부에서는 시 · 군 · 구와 읍 · 면 · 동의 각종 보건 및 복지전달체계를 통합한 '보건복지사무소'를 5개 지역에서 4년간 시범운영하였으나 확산되지 못하였다.

그리고 노무현 정부의 참여복지이념에 따라 9개 지역에 시범적으로 2년간 운영된 사회복지사무소도 복지업무를 효율화 · 전문화하고 기초생활보장 및 노인 · 장애인 · 아동 등에 대한 복지서비스를 보다 내실 있게 제공할 수 있는 시스템 구축에 목적을 두었다. 그러나 보건복지사무소 시범사업과 마찬가지로 확산되지 못하였고 주민생활지원국 설치로 전환된 것이다.[20)]

이러한 보건복지사무소나 사회복지사무소는 시 · 군 · 구의 복지전담기구로서 지역 내 다양한 복지공급자의 중심축으로서 역할을 수행하는 공공복지전달체계 강화의 대안으로서 여전히 고려되어야 할 부문이다.

② 공공 · 민간 복지네트워크 구축

공공전달체계와 민달전달체계를 네트워킹 하는 기구로서는 '지역사회복지협의체' 구성과 운영의 활성화가 대안이 된다. 이는 지역사회복지증진을 위해 민간의 참여기반을 마련함으로써 지역 내 복지문제를 해결하기 위한 민주적 의사소통구조를 구축하는 데 의의가 있다.

기존의 전달체계의 문제점이 공공과 민간의 연계성 부족뿐만 아니라 민간복지시설 상호 간의 연계에도 애로가 많았다는 점에서 새롭게 법제화된 지역사회복지협의체는 개선방안이 되는 것이다. 즉 공공복지전달체계와 여러 가지 형태의 민간복지 시설 · 기관이 네트워크를 형성하고 주민들이 필요로 하는 서비스를 One-Stop으로 제공하는 시스템인 것이다.

---

20) 주민생활지원국 산하에는 '주민생활지원과'와 '사회복지(사업)과'가 설치되며, 기존의 사회복지사무 이외에도 평생교육, 문화, 여가 생활 업무 등이 소관업무로 포함되었으며 이에 따라 읍 · 면 · 동의 행정체계로 주민문화복지센터 기능으로 변화되었다.

이는 지역사회의 민간자원을 적극적으로 활용하고, 국가재정 및 공공제도의 한계를 보완하는 복지다원주의의 이념과도 상통한다. 지역사회복지협의체를 구축하고 활성화하는 것은 지역사회복지를 구현하는 동력원으로 작용할 것이며, 그 전제조건은 주민참여에 기초해야 한다. 지역사회주민 모두가 지역사회복지공동체의 실현을 위한 복지공급자의 역할을 해야 하기 때문이다.

그리고 복지네트워크는 기관・시설 간의 지리적・인적 네트워킹뿐만 아니라 정보통신망 상으로도 구축되어야 한다. 지역사회에 대한 개념이 과거의 지리적 의미보다는 기능적 차원의 개념이 강화되고 있기 때문이다.

제12장

지역사회복지실천의 추진체계(Ⅰ)

1. 지역사회복지관의 근거와 사업

1) 지역사회복지관의 배경과 기능

(1) 정의와 추진배경

1 정의와 목표

지역사회복지관(social welfare center)[1]은 지역사회 내에서 일정한 시설과 전문인력을 갖추고 지역사회의 인적・물적 자원을 동원하여 지역사회 문제를 해결하고 주민의 복지욕구를 충족시키기 위한 종합적인 사회복지사업을 하는 사회복지시설을 말한다.

사회복지시설의 한 유형이기는 하지만 다른 사회복지시설과의 차이는 일반 사회복지시설이 사회복지대상자들을 직접 수용하는 생활시설의 성격을 지닌다면, 사회복지관은 사회복지대상자들이 개별가정에 살고 있으면서 지역적인 차원에서 사회복지서비스를 제공하는 이용시설의 성격을 지닌다는 점이다.

---

1) 지역사회복지관은 사회관(community center), 인보관(neighborhood center) 등으로 불리기도 한다.

즉 사회복지사업법 상에 근거한 사회복지관의 정의는 지역사회 내에서 일정한 시설과 전문인력 및 자원봉사자를 갖추고, 주민들의 복지수요에 부응하는 종합적인 사회복지사업을 수행하는 사회복지시설을 의미한다.

그리고 사회복지관은 사회복지서비스 욕구를 가지고 있는 모든 지역사회 주민을 대상으로 보호서비스의 제공, 자립능력 배양을 위한 교육훈련의 기회 제공 등 그들이 필요로 하는 복지서비스를 제공하고, 가정기능강화 및 주민상호 간 연대감 조성을 통한 각종 지역사회문제를 예방·치료하는 매체로서 지역사회주민의 복지증진을 위한 종합복지센터의 역할을 수행해야 하는 목표가 있다.

② 추진배경 및 선정기준

우리나라에서 사회복지관 사업이 시작된 것은 20세기 초로 상당히 오래되었지만 각 시·도의 저소득층 밀집지역이나 사회문제 다발지역에 종합적인 사회복지서비스기관을 설치한 것은 1980년대이다. 즉 사회복지전문직 및 자원봉사자의 활동을 통하여 포괄적인 사회복지서비스를 제공함으로써 저소득층과 취약계층의 사회·가정문제 발생을 사전에 예방하고자 1982년부터 각 시·도 단위로 종합사회복지관을 설치·운영하기 시작하였고 1983년부터 국고보조가 시작되었다.

사회복지관의 설치대상은 저소득 주민의 주거분포가 높은 지역으로서 공단지역 인근 등 사회문제가 많이 발생하는 지역이다. 또한 주민의 이용이 편리한 지역으로 사회복지 전문가 및 자원봉사자의 활용이 용이한 지역이다. 그러므로 초기에는 영구임대아파트단지를 중심으로 설치되는 경향이 많았다.

(2) 지역사회복지관의 기능과 역할

① 지역사회의 실정과 주민의 욕구파악 및 평가

지역사회의 인적·물적 환경의 특성과 주민들의 복지서비스 욕구를 합리적으로 파악·평가하는 것은 사회복지관의 사업개발과 주민의 참여를 위한 동기조성의 기초가 된다.

2 주민의 성장과 자립을 위한 종합복지서비스 제공

사회복지관은 주민생활의 현장에서 주민들의 성장과 발전, 그리고 사회적인 자립을 직·간접적으로 돕는 종합복지센터의 역할을 수행한다.

3 지역사회 통합의 매개 역할

지역사회주민들 상호 간이나 조직상호 간의 지역공동체 의식을 고취하고 주민의 자발적인 참여로 주민상호 간의 익명성·배타성을 탈피하여 지역사회 발전을 도모한다. 즉 지역사회주민 간의 통합을 가져오는 매개적 역할을 하게 된다.

4 지역사회 잠재자원의 발굴 및 활용

자원봉사자 등의 적극적인 개발 및 활용으로 사회복지에 대한 주민의 자발적인 참여와 연대의식을 고취하여 사회복지관의 한정된 예산과 인력을 보완할 수 있다.

5 주민을 위한 지역사회교육의 매체

저소득층 주민들의 생활향상과 자기실현을 위하여 새로운 생활정보의 보급, 지식·교양 수준의 증대, 자립의욕의 활성화를 돕기 위한 동기 조성, 지역사회 소속감의 부여를 위한 지역사회교육의 매체기능을 가진다.

그리고 지역사회복지관의 역할은 지역사회복지관의 주요기능과 연관하여 설명할 수 있으며, 다음과 같이 정리할 수 있다.

① 지역사회문제의 파악

② 다목적 서비스센터

③ 클라이언트의 대변자 및 중개자

④ 지역사회행동 촉진

⑤ 지역사회교육센터

⑥ 주민편의시설

⑦ 건전 레크리에이션센터

⑧ 취약계층의 직업훈련, 취업알선센터
⑨ 인적 · 물적 자원의 동원과 개발

(3) 지역사회복지관의 근거와 현황

1 사회복지관의 법적 근거

사회복지관은 사회복지서비스 욕구를 가지고 있는 모든 지역사회주민을 대상으로 보호서비스의 제공, 자립능력 배양을 위한 교육훈련의 기회 제공 등 복지서비스를 제공한다. 그리고 가정기능 강화 및 주민상호 간 연대감 조성을 통하여 각종 지역사회문제를 예방 · 치료하는 매체로서 주민의 복지증진을 위한 종합복지센터의 역할을 한다. 그 법적인 근거로서는 크게 네 가지의 조항을 들 수 있으며, 기존의 사회복지관 설치 · 운영규정(1989. 6. 29 보사부훈령 제568호)은 실효된 규정이다.

① 사회복지사업법 제2조(정의)
② 사회복지사업법 시행규칙(보건복지부령) 제21조(사회복지관의 설치 기준)
③ 사회복지사업법 시행규칙(보건복지부령) 제22조(사회복지관의 운영 기준)
④ 임대단지 사회복지관의 법적 근거
가. 주택법 제2조 제7호
나. 주택건설기준등에관한규정 제5조 제6호
다. 주택건설기준등에관한규칙 [별표 1]의 제5호

2 사회복지관의 연혁

- 1906년 : 원산 인보관운동에서 사회복지관사업 태동(미국 감리교 여선교사 메리놀즈가 여성계몽사업 시작), 보혜여자관(야학당)으로 발전(1926년)
- 1921년 : 서울에 태화여자관 설립(최초의 인보관)
- 1922년 : 개성에 '고려여자관' 설립

○ 1930년 : 서울에 인보관 설치(조선총독부)
○ 1956년 : 아현복지관 설립(최명환 목사에 의한 개인설립)
○ 1956년 : 이화여대에 대학부설 지역사회복지관 설립
○ 1971년 : 성심여대에 대학부설 지역사회복지관 설립
○ 1975년 : 국제사회복지관연합회 회원국 가입
○ 1976년 : 한국사회복지관연합회 설립(22개 사회복지관회원)
○ 1983년 : 사회복지사업법 개정(사회복지관 운영 국고보조)
○ 1988년 : 사회복지관 운영 · 국고보조사업지침 수립
○ 1989년 : 주택건설촉진법 등에 의해 저소득층 영구임대아파트 건립 시 일정규모의 사회복지관 건립을 의무화
○ 1989년 : 사회복지법인 한국사회복지관협회 설립(12월 29일)
○ 2001년 : 전국 351개소 설치 운영
○ 2002년 : 전국 356개소 설치 운영
○ 2004년 : 전국 370개소 설치 운영
○ 2007년 : 전국 395개소 설치 운영

3 사회복지관 운영의 기본원칙

① 지역성의 원칙

사회복지관은 지역사회의 특성과 지역주민의 문제와 욕구를 신속하게 파악하여 사업계획 수립 시 반영하여 지역사회의 문제를 해결하고 이에 따른 서비스를 제공하여야 하며, 주민이 적극적으로 참여토록 유도함으로써 주민의 역할과 책임을 조장하여야 한다.

② 전문성의 원칙

사회복지관은 다양한 지역사회문제에 대처하기 위해 일반적인 프로그램과 특정한 문제를 해결할 수 있는 전문적 프로그램이 병행할 수 있도록 지식과 기술을 보유한 전문인력이 사업을 수행하도록 하고, 이들 인력에 대한 지속적인 재교육 등을 통해 전문성을 증진토록 하여야 한다.

③ 책임성의 원칙

사회복지관은 지역사회 이용자 등에게 사업수행에 따른 효과성과 효율성을 입증하고 책임을 다하려는 다각적 노력을 기울여야 한다.

④ 자율성의 원칙

사회복지관은 다양한 복지서비스를 효율적으로 제공하기 위하여 복지관의 능력과 전문성이 최대한 발휘되도록 자율적으로 운영되어야 한다.

⑤ 통합성의 원칙

사회복지관은 사업을 수행함에 있어 지역 내 공공 및 민간복지기관 서비스 간에 연계성과 통합성을 강화시켜 지역사회복지체계를 효율적이고 효과적으로 운영되도록 해야 한다.

⑥ 자원활용의 원칙

사회복지관은 주민욕구의 다양성에 따라 다양한 기능 인력과 재원을 필요로 하므로 지역사회 내의 복지자원을 최대한 동원・활용해야 한다.

⑦ 중립성의 원칙

사회복지관은 정치활동, 영리활동, 특정 종교 활동 등에 이용되지 않게 중립성이 유지되도록 해야 한다.

⑧ 투명성의 원칙

사회복지관은 자원을 효율적으로 이용하고 운영과정의 투명성을 유지해야 한다.[2)]

4 지역사회복지관의 현황

지역사회복지관은 2007년 기준으로 전국에 395개소가 설치되어 있으나, 전국적으로 보면 기초자치단체(시・군・구) 지역에 미설치 되어 있는 경우도

2) 보건복지부 내부자료.

상당수 있다. 사회복지관의 구체적인 유형과 운영주체별 현황은 <표 12－1>, <표 12－2>와 같이 나타나고 있다.

사회복지관의 설립은 노태우 정부 시기인 1990년을 전후로 가장 많이 설립되었고, 운영주체별은 사회복지법인이 대다수(76%)를 차지하고 있다. 지방자치단체는 사회복지관 설치 후에 사회복지법인에 위탁하거나 직접 운영할 수 있다. 그리고 지역별로는 서울이 95개소, 부산 49개소, 대구 25개소, 경남 21개소, 광주 19개소, 대전 18개소, 전북 17개소, 전남 16개소, 인천 16개소, 경북 16개소, 충남 16개소 순이다. 이 중에서 임대아파트 지역에 156개소가 설치되어 있고 일반지역에 240개소가 설치 · 운영되고 있다.

표 12－1 사회복지관의 유형(2007년 기준)

유 형	기 준	개소 수
• 종합사회복지관(가형)	건축면적 2,000㎡(605평) 이상	151
• 종합사회복지관(나형)	건축면적 1,000㎡～2,000㎡(302～605평) 미만	202
• 사회복지관	건축면적 500㎡～1,000㎡(150～302평) 미만	42

자료 : 한국사회복지관협회 및 보건복지부 내부자료.

표 12－2 운영주체별 현황(2007년 기준)

(단위 : 개소)

구 분	계	사회복지법인	비영리법인			지방자치단체(직영)
			재단법인	사단법인	학교법인	
시설 수	395	290	49	9	25	22

자료 : 한국사회복지관협회 내부자료.

(4) 지역사회복지관의 사업

사회복지관은 지역특성, 지역주민의 욕구 등에 따라 다양한 사업을 수행하게 되는데, 사회복지사업법 시행규칙 제22조 제3항에 나타난 규정을 보면 사회복지관의 관장은 시행규칙의 [별표 2]에 해당하는 5개 분야 총 22개의 단위사업 중 지역사회의 특성과 지역주민의 복지욕구를 고려한 사업을 선택하여 복지사업을 수행하여야 한다. 5개 주요 분야로는 ① 가족복지사업, ② 지역사회보호사업, ③ 지역사회조직사업, ④ 교육문화사업, ⑤ 자활사업이 있다.[3)]

사회복지관의 제반 사업은 저소득 취약계층과 지역주민에 대한 실질적인 사회복지서비스가 이루어질 수 있도록 각 사업을 유기적으로 연계하여 실시하여야 한다. 사회복지관 사업의 내용을 구체적으로 보면 사회복지관은 지역사회의 특성과 지역주민의 복지욕구에 대한 조사결과를 바탕으로 사업내용을 자율적으로 결정하되, 아래 분야별 단위사업 중에서 해당 사회복지관의 실정에 적합한 프로그램을 선정하여 수행한다.

사회복지관 사업의 대상자는 사회복지서비스 욕구를 가지고 있는 모든 지역주민으로 한다. 다만, 다음 각 호의 주민을 우선적인 사업대상자로 해야 한다.

가. 국민기초생활보장 수급자, 차상위계층 등 저소득 주민

나. 장애인, 노인, 모·부자가정 등 취약계층 주민

다. 직업·부업훈련 및 취업알선이 필요한 주민

라. 유아, 아동 또는 청소년의 보호 및 교육이 필요한 주민

마. 기타 긴급지원이 필요하다고 인정되는 주민

다만, 위의 우선사업대상자들을 위해 8개 이상의 프로그램을 선정하여 수행하되, 우선사업으로 지정된 아래의 표에 나타난 프로그램 중에서 분야별로 각 1개 이상을 포함하여야 한다. 이 경우 관할 시장·군수·구청장이 지역적 특성을 감안하여 특히 필요하다고 인정한 때에는 사업 분야 및 단위사업을 조정하거나 별도의 사업을 개발·추진할 수 있다.

3) 보건복지부의 '사회복지관 운영지침'을 참조하여 재정리.

표 12-3 사회복지관의 사업내용

분야(5)	단위사업(22)	우선사업 대상 프로그램
1. 가족복지사업	- 가족관계증진 - 가족기능 보완 - 가정문제 해결 · 치료 - 부양가족지원	- 개인 및 가정문제 등 상담 - 방과후 아동보호 프로그램
2. 지역사회보호사업	- 급식서비스 - 보건의료서비스 - 경제적 지원 - 일상생활 지원 - 정서서비스 - 일시보호서비스	- 급식서비스(식사배달, 밑반찬배달, 무료급식 등) - 주간보호소 · 단기보호소 운영
3. 지역사회조직사업	- 주민조직화 및 교육 - 복지네트워크 구축 - 주민복지 증진 - 자원봉사자 양성 및 후원자 개발 · 조직	- 주민조직체 형성 및 운영 - 복지네트워크 구축
4. 교육 · 문화사업	- 아동 · 청소년 기능교육 - 성인 기능교실 - 노인 여가문화 - 문화복지	- 노인 여가문화 프로그램 - 아동 · 청소년 사회교육 프로그램
5. 자활사업	- 직업기능 훈련 - 취업알선 - 직업능력 개발 - 자활공동체 육성	- 취업 · 부업 안내 및 알선 - 취업 · 부업 기능훈련 및 공동작업장 운영

자료 : 보건복지부, 『사회복지관 운영지침』.

그리고 사회복지관 전체 바닥면적 중 1개 프로그램의 사업에 사용되는 바닥면적은 사무실 등의 공간을 제외하고 사회복지관 사업에 직접 사용되는 바닥면적의 40% 이상을 초과되지 않아야 한다. 다만, 기존(2002년 이전)에 신고 등 행정절차를 거친 사항에 대하여는 적용하지 아니한다. 사회복지관의 명칭은 "○○사회복지관" 또는 "○○종합사회복지관"으로 사용해야 하며 사회복지관의 구체적인 사업내용을 살펴보면 다음과 같다.

1 가족복지사업

① 가족관계 증진사업

가족원 간의 의사소통을 원활히 하고 각자의 역할을 수행함으로써 이상적인 가족관계를 유지함과 동시에 가족의 능력을 개발·강화하는 사업(가족문제 예방프로그램 포함)으로는 교육 및 훈련 프로그램으로서 가족교육, 부모교육, 가족역할훈련, 대인관계훈련, 의사소통향상교육 등과 상담 및 검사프로그램으로서 부부상담, 부모상담, 가족상담 등(법률·의료상담, 심리검사 등 포함)이 있다.

② 가족기능 보완사업

사회구조 변화로 부족한 가족기능, 특히 부모의 역할을 보완하기 위하여 주로 아동·청소년을 대상으로 실시되는 사업으로는 아동을 대상으로 한 방과후 아동보호 및 보육 프로그램과 청소년을 대상으로 한 공부방 및 도서관 운영(학습 및 독서지도 포함), 사회성 향상, 감성교육, 심성발달 프로그램, 진로탐색 및 지도, 학교사회사업 프로그램이 있다.

③ 가정문제 해결·치료사업

문제가 발생한 가족에 대한 진단·치료·사회복귀 지원 사업으로는 신체적 장애 관련 프로그램으로서 장애아동 조기교육, 음악·놀이·미술 등 특수치료, 장애인 사회적응 프로그램 등이 있고 정신적 장애 관련 프로그램으로서 정신보건서비스, 알코올 및 약물중독 치료, 정신장애인, 정신지체인, 발달장애인 서비스 등이 있다.

그리고 청소년 프로그램으로서 청소년 범죄예방 사업, 학교부적응 또는 징계학생을 위한 지도 프로그램 등이 있고 위기가정 문제 프로그램으로서 이혼가정, 해체위기가정 등과 폭력·학대 프로그램으로서 아동학대 및 방임, 노인학대, 성폭력, 가정폭력 등을 다룬다.

④ 부양가족 지원 사업

보호대상 가족을 돌보는 가족원의 부양부담을 줄여주고 관련 정보를 공유하는 등 부양가족 대상 지원 사업으로는 치매노인 가족지원, 장애인 가정지원, 만성질환자 부양가족모임, 장애아동 부모상담 그 밖에 부양가족 지원 사업이 있다.

2 지역사회보호사업

① 급식서비스

지역사회에 거주하는 보호대상 노인이나 결식아동 등을 위한 식사제공 사업으로는 식사배달, 밑반찬 배달, 경로식당, 무료급식 등이 있다.

② 보건의료서비스

노인, 장애인, 저소득층 등 재가복지사업 대상자들을 위한 보건・의료관련 사업으로는 의료서비스(통원 및 방문진료), 간병서비스, 물리치료, 재활치료, 보건교육, 방문간호(보건기관 연계), 영양서비스(영양지도 및 상담) 등이 있다.

③ 경제적 지원

경제적으로 어려운 지역사회 주민을 대상으로 생활에 필요한 현금 및 물품 등을 지원하는 사업으로는 의료비・교육비・생활비 등 지원, 후원금품 제공, 생활용품 지원 등이 있다.

④ 일상생활 지원

독립적인 생활능력이 떨어지는 보호대상자가 사회복지시설이 아닌 곳에서 자립적인 생활을 하도록 하기 위하여 필요한 기초적인 일상생활 지원 사업으로는 청소・세탁・장보기・취사 등 가사서비스, 목욕, 이・미용, 심부름, 차량지원, 주거환경개선 등이 있다.

⑤ 정서지원 서비스

지역사회에 거주하는 단독노인세대나 소년소녀가정 등 부양가족이 없는 보호대상자들을 위한 비물질적인 지원 사업으로는 말벗, 안부전화 등 노인정서안정 지원, 의형제・의부모 관계맺기 등이 있다.

⑥ 일시보호 서비스

독립적인 생활이 불가능한 노인이나 장애인 또는 일시적인 보호가 필요한 실직자 · 노숙자 등을 위한 보호 사업으로는 노인 주간 · 단기보호, 치매노인센터, 장애인 주간 · 단기보호, 실직자 쉼터, 노숙인 쉼터, 공동생활가정 등이 있다.

3 지역사회조직사업

① 지역사회복지를 위한 주민조직 강화 및 교육

주민이 지역사회 문제에 스스로 참여하고 공동체 의식을 갖도록 주민조직의 육성을 지원하고, 이러한 주민협력강화에 필요한 주민의식을 높이기 위한 교육을 실시하는 사업으로는 주민조직체 형성 · 운영을 위한 주민조직, 성인동아리 등의 지원, 지역주민이 주체가 되어 지역문제를 해결하는 사업으로 녹색가게, 소비자 이동고발센터, 쓰레기 재활용운동 등이 있다. 주민의식교육으로 주민지도자 교육, 사회복지교육 등 의식교육, 환경교육, 소비자교육 등이 있다.

② 복지네트워크 구축

지역 내 복지기관 · 시설들과 네트워크를 구축함으로써 복지서비스 공급의 효율성을 제고하고, 사회복지관이 지역사회복지의 중심으로서의 역할을 강화하는 사업으로 지역사회복지협의회 활동, 연계사업 등과 지역사회복지 중심기관 역할을 위한 지역사회복지 대변자로서의 활동, 지역문제의 발굴 등이 있다.

③ 주민복지 증진사업

지역단위 행사 또는 주민편의시설 운영을 통하여 주민복지를 증진하고 공동체 의식을 높이는 사업으로는 경로잔치, 절기행사, 마을잔치 등 지역주민행사 등의 지역행사, 시설대여, 경로당 운영, 주민사랑방 운영 등의 시설개방, 일상생활 및 복지관련 정보제공 등이 있다.

④ 자원봉사자 양성 및 후원자 발굴

지역사회 내에서 취약계층을 돕고자 하는 자원봉사자를 모집·양성하는 사업으로 자원봉사자가 희망하는 복지사업분야에서 활동할 수 있도록 연계·관리한다. 지역사회에서 복지사업에 관심이 있는 주민 또는 기업 등을 후원자로 개발·조직하는 사업으로 정기적 또는 비정기적으로 제공하는 후원금품을 노인, 장애인, 청소년 등 취약계층에게 직접 전달하거나 관련 복지사업비 등으로 사용한다.

4 교육·문화사업

① 아동·청소년 기능교육

아동 및 청소년을 대상으로 하는 기능교실 운영사업으로 주거환경이 열악하여 가정에서 학습하기 곤란하거나 경제적 이유 등으로 학원 등 타기관의 활용이 어려운 아동·청소년에게 필요한 경우 학습내용 등에 대하여 지도하거나 각종 기능교육(컴퓨터, 피아노, 미술, 태권도, 서예 등)을 실시한다.

② 성인 기능교실

기능습득을 목적으로 하는 성인사회교육사업(저소득층을 위한 직업훈련 및 일반주민을 위한 단순기능교육을 포함)으로 조리, 이용·미용, 양재, 포장, 제과·제빵, 도배 등 기능교육 및 자격증 취득을 위한 교육이 있고 꽃꽂이, 서예, 독서지도, 종이접기 등의 교양강좌가 있다.

③ 노인 여가·문화사업

노인을 대상으로 제공되는 각종 사회교육 및 취미교실운영사업으로는 체조교실, 생활체육, 단전호흡, 수영교실 등의 건강운동교실과 노래교실, 춤교실 등의 여가프로그램, 노인대학(교실), 컴퓨터, 한글교육 등의 교양교육 프로그램, 그 외 경로당 지원 사업이 있다.

④ 문화복지사업

일반주민을 위한 여가·오락프로그램, 문화 소외집단을 위한 문화프로그램, 그 밖에 각종 지역문화행사사업으로 일반주민 여가 프로그램, 장애인 문화체험, 한부모 또는 해체가정 청소년 일일캠프 등의 소외집단 대상 프로그램, 영화상영, 춤 축제, 음악회 등의 주민문화행사가 있다.

5 자활사업

① 직업기능훈련

저소득층의 자립능력배양과 가계소득에 기여할 수 있는 기능훈련을 실시하여 창업 또는 취업을 하도록 지원하는 사업으로 봉제, 이용·미용, 조리, 컴퓨터훈련, 공예품제작, 창업교실, 건축 관련 세부기술, 서비스교육이 있다.

② 취업알선

직업훈련 이수자 기타 취업희망자들을 대상으로 취업에 관한 정보제공 및 알선사업으로 가사도우미·산모도우미·간병인·경비직·조리원·사무원·일용직 등의 알선과 취업·부업안내센터, 창업정보센터, 창업지도, 고령자 취업센터운영이 있다.

③ 직업능력 개발

근로의욕 및 동기가 낮은 주민의 취업욕구 증대와 재취업을 위한 심리·사회적인 지원프로그램 실시사업으로 지역봉사자를 위한 전문지도, 재활프로그램, 근로의욕 고취프로그램이 있다.

④ 자활공동체 육성

비슷한 경험과 능력을 소지한 저소득층이 공동창업방식을 통하여 서비스 또는 제품의 생산으로 자립할 수 있도록 지원하는 사업으로 자활공동체 창업, 공동작업장, 노인부업실, 장애인자립작업장 등이 있다.

2. 사회복지관의 운영과 발전방향

1) 사회복지관의 설치 · 운영

(1) 사회복지관의 설치

1 시설의 설치 · 운영계획

시 · 도지사 및 시장 · 군수 · 구청장은 관내의 저소득층 밀집지역, 요보호대상자 및 인구수, 기타 지역의 특성 등을 고려하여 사회복지관의 설치 · 운영에 관한 중 · 장기 육성계획을 수립하고, 동 계획에 의하여 사회복지관이 설치 · 운영되도록 한다.

2 시설 설치의 우선순위

시 · 도지사 및 시장 · 군수 · 구청장이 사회복지관을 설치코자 할 때에는 저소득층 밀집지역에 우선 설치하되, 사회복지관이 일부 지역에 편중되지 않도록 한다.

3 설치 · 운영주체

사회복지관은 지방자치단체, 사회복지법인 및 기타 비영리법인이 설치 · 운영할 수 있다. 지방자치단체는 사회복지관을 설치한 후 사업의 전문성을 향상시키기 위해 운영능력이 있는 사회복지법인 등에 위탁하여 운영할 수 있다. 그리고 공공단체의 시설물을 위탁받아 사회복지관을 설치 · 운영하거나 사회복지법인 등에 위탁하여 운영할 수 있다.

4 시설설치 시 유의사항

사회복지관을 설치하고자 하는 자는 다음 사항을 준수하여 건축의 설계 및 시공을 해야 하며, 시장 · 군수 · 구청장은 사회복지관의 건축허가 시에 유의사항에서 정한 사항을 준수토록 지도해야 한다.

가. 지역실정에 부합되는 종합서비스 기능을 제공하기 위한 강당, 회의실, 자원봉사자실, 방음설비를 갖춘 상담실 등의 서비스 공간을 마련해야 한다.

나. 장애인, 임산부 및 노약자의 이용에 지장이 없도록 출입문 · 계단 · 화장실 등에 편의시설을 설치해야 한다.

다. 건축물의 시공에 있어서 에너지절약 및 화재예방 시설 등 시설물의 관리 및 안전점검 등에 필요한 설비를 갖추도록 한다.

라. 그 밖의 지역특성 및 주민의 욕구에 알맞은 설비를 갖추어야 한다.

(2) 사회복지관의 운영

1 사업계획의 수립

사회복지관의 사업계획 수립 시에는 지역주민의 복지욕구에 대한 조사, 주민간담회 및 공청회 등을 통하여 지역주민은 물론 시민단체, 관계행정기관 등 지역사회 구성원들의 의견을 충분히 수렴하여 반영하도록 한다.

2 행정기관 연계

시 · 도지사 및 시장 · 군수 · 구청장은 사회복지관이 지역사회복지협의체에 참여하여 시 · 군 · 구, 읍 · 면 · 동사무소 등 일선 행정기관과 연계하는 등 업무수행에 있어서 민 · 관의 파트너십 형성을 통한 관리 및 운영의 실효성이 높아질 수 있도록 적극 장려한다.

3 자원봉사자의 교육 및 활용

사회복지관장은 주민참여를 통해 사회복지관 사업의 효율을 높이기 위하여 사업의 전문분야별로 전문지식과 기술을 가진 자원봉사자를 발굴하여 교육 후 활용토록 한다. 그리고 자원봉사자에 대해서는 사회복지관 사업에 대한 예비지식을 사전에 충분히 숙지토록 하여 책임을 고양토록 하고, 항상 계획적이고 조직적으로 활용할 수 있도록 하여야 한다.

4 비용의 수납

사회복지관의 사업수행은 주민의 의타심을 방지하고 사업의 효과를 높이기 위하여 사업에 소요되는 최소한의 실비를 이용자로부터 수납할 수 있다. 다만, 실비이용료 수납 프로그램에 대하여는 국민기초생활보장 수급권자 등 무료 이용자를 20% 내외로 한다. 그리고 수납된 실비이용료는 사회복지관의 세입예산에 편입하여 실비이용료를 받는 사업의 자체비용에 충당하고, 그 외 남은 금액에 대하여는 국민기초생활보장 수급권자 등 저소득층을 위한 사업에 우선적으로 사용해야 한다.

5 관리운영규정

사회복지관 운영주체는 조직 · 인사 · 복무 · 보수 · 회계 · 물품 · 문서 등 사회복지관의 관리 · 운영에 관하여 필요한 규정을 정하여 시행해야 한다.

6 직원의 채용

법인이 운영하는 사회복지관의 직원은 정관이 정하는 바에 따라 법인의 대표이사 또는 관장이 임면한다.

(3) 경비의 부담

1 부지의 확보

사회복지관의 건립부지는 지방자치단체, 사회복지법인 또는 비영리법인이 확보한다.

2 건립비

사회복지관의 건립비는 지방자치단체, 사회복지법인 또는 비영리법인이 부담한다. 지방자치단체의 장은 사회복지관의 지역별 균형배치와 확충을 위하여 건립부지를 확보하고 있어야 하며, 건립 이후 운영계획이 합리적이고, 재원조달 등 사업수행 능력이 있는 지방자치단체, 사회복지법인(신규법인을 포함한다) 또는 비영리법인에 대하여 지방교부세법 및 지방재정법 등에 의하여 건립비를 지원할 수 있다.

③ 기능보강비

지방자치단체의 장은 사회복지관에 대해 시설물의 부족과 노후로 인한 시설 증·개축비와 직업보도장비, 도서실, 강당, 유아교육, 식당, 사무용설비 등의 장비구입비를 지방교부세법 및 지방재정법 등에 의하여 지원할 수 있다.

④ 운영경비

지방자치단체의 장은 지방자치단체, 사회복지법인, 비영리법인 등이 설치·운영하고 있는 시설로서 사업수행능력과 사업실적 등을 고려하여 사회복지관의 운영에 소요되는 운영경비를 지방교부세법 및 지방재정법 등에 의하여 지원한다. 그리고 다른 법령(사업지침 등을 포함)에 의하여 별도로 허가된 사업을 수행하는 경우 해당 법령에 의하여 지원하는 운영경비는 별개의 것으로 본다.

한편 지방자치단체의 장은 지역주민에게 보다 많은 양질의 복지서비스를 제공하기 위하여 필요하다고 인정하는 경우 그 사업에 소요되는 운영경비를 별도로 지원할 수 있다. 그리고 사회복지관 운영주체(법인 등)도 자체 재원을 확보하여 사회복지관 운영비를 추가로 지원할 수 있도록 노력하여야 한다.

(4) 사회복지관 운영위원회

2003. 7. 30 사회복지사업법 개정으로 시설의 개방화 및 지역의 참여 확대를 위하여 모든 시설에 운영위원회 설치를 의무화하였다. 모든 사회복지관은 시설운영위원회를 설치·운영(2004년 7월 31부터 시행)해야 하며 이해관계자가 이사회·운영위원회 회의록 등을 청구 시 공개하도록 규정하였다.

시설운영위원회의 기능(사회복지사업법 제36조)은 다음 각 호의 사항을 심의하도록 규정하고 있다.

가. 시설운영계획의 수립·평가에 관한 사항

나. 사회복지프로그램의 개발·평가에 관한 사항

다. 시설종사자의 근무환경 개선에 관한 사항

라. 시설거주자의 생활환경 개선 및 고충처리 등에 관한 사항

마. 시설과 지역사회와의 협력에 관한 사항

바. 그 밖에 시설의 장이 부의하는 사항

그리고 시설운영위원회의 구성은 사회복지사업법 시행규칙 제24조의 규정에서 정하는 바에 의하여 구성 · 운영(5인 이상 10인 이하의 위원)하며, 시행규칙 및 보건복지부장관이 따로 정한 사항 외에 위원회운영에 관하여 필요한 사항은 당해 사회복지관의 관장이 정하여 시행한다.

지역사회복지관의 이러한 사업내용은 사회복지시설평가에서도 평가기준이 되는데 사회복지사업법에 따라 1999년부터 시작된 제1차 평가에서는 2000년에 285개 사회복지관이 처음으로 평가되었으며, 2003년도와 2006년도에 이어서 각 3년 마다 평가가 이루어져 왔다.

2) 지역사회복지관의 발전방향

(1) 사회복지관에 대한 홍보

사회복지관에 대한 의식개혁과 지역주민들에 대한 지속적인 홍보를 통하여 사회복지관의 사업목표 및 내용 등에 대하여 알려야 한다. 현재는 지역사회주민들이 사회복지관을 특수한 계층만이 이용하는 시설로 알고 있는 경우가 많으므로 적극적인 홍보활동을 통하여 다양한 계층의 주민들이 참여하여 지역사회문제를 해결해야 한다.

(2) 지역에 적합한 프로그램과 지역균형적인 설치

사회복지관은 그 목적에도 나타나고 있듯이 구체적인 프로그램의 선정은 지역특성과 지역주민의 복지욕구에 대한 조사결과를 바탕으로 사업을 추진해야 한다. 그러므로 지역특성에 적합한 운영모형을 개발해야 한다. 즉 획일적인 종합적 복지사업보다는 사회복지관이 위치하고 있는 지역사회의 특성을 고려한 프로그램이 실시되고 개발되어야 한다.

그리고 지금까지 서울, 부산, 대구 등 대도시 지역에 집중적으로 건립되어 상대적으로 중소도시와 농·어촌지역에서의 복지수혜에 불균형을 가중시키고 있다. 따라서 2003년 이후부터 정부에서는 농어촌 우선의 복지시설 설치를 대안으로 제시하였다.

(3) 합리적 운영체계의 확립

지역사회주민들이 지니고 있는 다양한 복지욕구를 해결하기 위해서 사회복지협의회, 사회복지사협회, 의료기관, 행정기관 등의 시설과 기관의 협력관계를 유지해야 한다. 그리고 운영위원회를 구성해야 한다. 시설의 개방화 및 지역의 참여 확대를 위하여 모든 시설에 운영위원회 설치를 의무화(2003. 7. 30 사회복지사업법 개정)하였다. 시설운영위원회의 기능(법 제36조)은 다음 각 호의 사항을 심의토록 하고 있다.

가. 시설운영계획의 수립·평가에 관한 사항

나. 사회복지프로그램의 개발·평가에 관한 사항

다. 시설종사자의 근무환경 개선에 관한 사항

라. 시설거주자의 생활환경 개선 및 고충처리 등에 관한 사항

마. 시설과 지역사회와의 협력에 관한 사항

바. 그 밖에 시설의 장이 부의하는 사항

그리고 시설운영위원회의 구성은 사회복지사업법시행규칙 제24조의 규정에서 정하는 바에 의하여 구성·운영(5인 이상 10인 이하의 위원으로 구성)하며, 위 규칙 및 보건복지부장관이 따로 정한 사항 외에 위원회운영에 관하여 필요한 사항은 당해 사회복지관의 관장이 정하여 시행한다.

(4) 독립적인 재정의 확보

사회복지관에 대한 충분한 예산지원으로 사회복지사 및 사회복지관의 전문인력이 전문성을 발휘할 수 있도록 사업비를 지원해야 한다. 즉 사회복지관의 운영의 내실화를 기하기 위해서는 정부의 재정적 지원이 강화되고, 지역욕구에 적합한 시설을 갖춘 상태에서 사업이 시작되어야 할 것이다. 그리고 앞으

로도 사회복지관이 계속 증가될 것이므로 전문적인 사업평가에 의해 보조금을 지원하는 방안도 검토해야 할 것이다.[4] 한편 우리나라의 사회복지예산의 성격상 사회복지관의 운영에 소요되는 비용을 지역사회의 차원에서 자율적으로 해결하는 방법을 개발해야 한다. 이러한 취지에서 2004. 9. 6에 개정된 사회복지사업법 시행규칙에서는 2005년부터 사회복지관사업이 지방이양사업으로 선정되어 국고보조사업에서 분권교부세사업으로 재정지원 체계가 바뀌었다.

(5) 직원의 전문성의 확보

사회복지관이 지역사회에서 종합복지센터로 역할을 다하고 지역주민의 다양한 복지욕구를 충족시켜 주기 위해서는 사회복지사를 비롯한 사회복지관 직원들의 전문성이 확보되어야 한다. 그리고 복지상담서비스의 확충과 특수분야의 사업에서도 전문성을 확보하고 책임성을 평가해야 할 것이다. 한편 2002. 1. 1부터는 사회복지시설의 종사자에 대한 정년제(시설장 65세, 종사지 60세)를 실시하고 있으나 재직기간 동안의 재교육 등을 비롯한 전문화가 병행되어야 한다.

3. 자활후견기관

1) 자활후견기관의 의의

(1) 자활후견기관의 추진배경

김영삼 정부(문민정부) 시기인 1995. 3에 한국보건사회연구원이 「저소득

4) 지방자치단체 차원에서 정부지원금의 합리적인 기준 설정 및 선별적 지원체계의 마련을 위해서 서울시에서는 1996년부터 정부지원금의 합리적 기준 마련을 위한 조사연구에 착수한 바 있으며, 대구시에서는 타 시・도에 비하여 많은 시비추가지원금을 배정하고 있는 특징이 있다.

층의 실태변화와 정책과제」로 자활지원센터의 필요성을 제기하였고, '국민복지기획단'에서 설치를 건의하였다. 여기에서 그 추진배경을 정리하면 다음과 같다.

○ 1996. 6. 자활지원센터 출범(시범 5개소)
○ 1997. 6. 자활지원센터 6개소 추가 설치(11개소 시범운영)
○ 1998. 9~11. 자활지원센터 4개소 추가 설치(총 15개소)
○ 1999. 9~11. 자활지원센터 3개소 추가 설치(총 18개소)
○ 2000. 10. 자활후견기관으로 명칭 변경(국민기초생활보장법에 근거)
○ 2001. 4. 사단법인 자활후견기관협회 설립 인가(보건복지부)
○ 2004. 3. 자활후견기관 총 232개소 운영(광역자활지원센터 3개소 지정 : 인천 · 대구 · 경기)
○ 2006. 6. 자활후견기관 총 242개소 운영 중

(2) 자활후견기관의 개념

자활후견기관은 국민기초생활보장수급자를 비롯한 빈민지역의 주민들이 일정한 공간에서 공동으로 작업을 하여 소득을 얻거나 자영창업을 할 수 있도록 종합적으로 지원하는 보육센터(social incubator center) 역할을 하는 곳이다. 당초의 '자활지원센터'사업에서 2000. 10에 국민기초생활보장법 시행으로 '자활후견기관'으로 명칭 변경되었다.

시행초기인 1996년에는 시범적으로 전국의 5곳에 시설을 설치하거나 장비를 보강하는 차원에서 사회복지법인이나 비영리법인 등에게 사업비 5억 원을 사회복지기금에서 지원하였다. 1997년에도 5곳을 추가로 설치하게 됨에 따라 1개소 당 1억 원 정도의 설치비를 지원하였다.[5)]

5) 고수현, 『한국사회보장론』, 서울 : 형설출판사, 2001, p. 212.

2) 자활사업의 구성

(1) 자활후견기관사업

1 자활사업의 개요

2000년 10월부터 시행된 국민기초생활보장법 상 근로능력이 있는 저소득층에게 자활할 수 있도록 일자리 제공 및 자활능력을 배양하고자 하는 사업이다. 즉 절대빈곤층의 기초생활을 보장하는 한편으로 자립자활서비스를 제공하여 생산적 복지를 구현하는 데 목적이 있다. 그리고 이 제도의 주요목적은 근로능력이 있는 조건부 수급자들에게 자활사업에 참여하는 조건으로 생계비를 받도록 하는 데 있다.

2 자활사업 참여자

자활사업대상자는 ① 조건부수급자, ② 자활급여특례자, ③ 일반수급자, ④ 차상위계층의 4가지의 유형이 있다. 이 중에서 조건부수급자는 의무참여가 부과된다. 즉 조건부수급자는 이미 취업상태에 있는 자와 가구여건 등으로 일할 수 없는 자를 제외하고는 의무적으로 자활사업에 참여해야 한다.

이 외에 일반 수급자와 차상위계층 중에서 자활사업에 참여를 희망하는 자와 자활급여특례자는 희망참여자에 해당한다.

(2) 청소년자활지원관 사업

자활후견기관은 당초 공동작업장을 중심으로 하는 자활프로그램체계와 자활사업 참여자들이 자녀교육 및 보육 상의 문제를 해결해 주기 위한 '청소년자활지원관' 프로그램으로 나누어진다. 이 두 가지의 프로그램은 각기 별도의 체계를 가지지만 주로 자활후견기관의 부설형태로 운영되어진다.

청소년자활지원관의 연혁을 보면 1997년 7월에 자활지원센터의 부설로 청소년교실 10개소가 보건복지부의 지정 위탁되어 출발하였다. 그 후 2001년 1월에 '청소년자활지원관'으로 명칭변경이 이루어진 후 그 해 7월에는 10개소가 추가로 지정 위탁되었다. 그리고 2004년 7월에 5개소가 신규로 지정 위탁되어 전국 25개소로 확대 운영되고 있으며 확대 설치되고 있다.

3) 자활사업의 내용

(1) 자활 주요사업

자활후견기관을 중심으로 하는 자활사업의 주요 내용을 정리하면 다음과 같다.

① 근로능력이 있는 저소득층의 자활의욕고취를 위한 교육

② 자활을 위한 정보제공 및 상담

③ 직업교육 및 취업알선

④ 창업지원, 생업을 위한 자금융자알선, 기술 · 경영지도

⑤ 자활공동체의 설립 · 운영지원

⑥ 기타자활을 위한 각종 사업

(2) 조건부수급자 자활사업

자활사업에 참여하는 조건으로 생계급여를 받는 조건부수급자는 크게 ① 비취업대상자, ② 취업대상자로 구분된다. 이 중에서 비취업대상자가 자활후견기관에서 자활공동체사업에 참여하고, 취업대상자는 주로 노동부가 주관하는 자활사업에 참여하게 된다.

세부적으로 보면, 자활사업은 사회적 일자리창출사업과 시장진입형 자활근로사업이 대표적인데 사회적 일자리형 자활근로사업단은 사업의 수익성은 떨어지나 자활능력과 의지를 고취하여 향후 시장진입을 준비하는 사업을 말한다. 이에 비하여 시장진입형 자활근로사업단은 '자활공동체' 창업을 통하여 투입예산의 20% 이상 수익금이 발생하고 시장진입이 가능한 사업을 의미한다.

시장진입형 자활근로사업의 5대 전국표준화 사업은 ① 간병, ② 집수리, ③ 폐자원재활용, ④ 청소, ⑤ 음식물재활용 사업이며 지역실정에 맞는 특화된 사업을 적극 개발하여야 한다.

이 외에도 비취업대상자에게 주어지는 자활급여 종류로는 각종 '도우미' 형태의 일자리 급여가 있다.

① '복지도우미'는 시 · 군 · 구 또는 읍 · 면 · 동 사회복지담당공무원의 임무수행을 보조 · 지원하는 역할을 수행한다.

② '복지시설도우미'는 사회복지시설(조건부신고시설 · 민간보육시설 · 미신고시설 등)의 보조인력으로 자활사업참여자를 적극 활용한다.

③ '자활사업도우미'는 자활후견기관 등의 자활사업에 참여하는 자 중 1명을 보조인력으로 활용한다.

④ 기타 '보육지원도우미', '급식도우미' 등의 사회적 일자리형이 있다.

(3) 자활공동체

1 자활공동체의 개념

자활공동체는 2인 이상의 수급자 또는 저소득층이 조합 또는 공동사업자(부가가치세법상)의 형태로 탈빈곤을 위해 자활사업을 운영하는 업체이다. 국민기초생활보장법에 의한 자활공동체 요건을 갖추어야 하며, 보장기관(시 · 군 · 구)으로부터 인정을 받은 경우에 해당된다.

2 자활공동체의 운영

생활보장기관(시 · 군 · 구)으로부터 지원대상으로 인정받은 자활공동체는 결정한 날로부터 2년간 보장기관이나 자활후견기관을 통해 간접으로 지원을 받을 수 있는데 필요 시 3년까지 지원이 가능하다.

그리고 자활공동체로 인정받기 위해서는 조합형식 등의 공동설립이 되어야 하고 기초생활수급자가 1/3 이상이 구성원으로 참여하여야 한다. 뿐만 아니라 모든 구성원에게 자활근로임금 이상의 수익금이 배분될 수 있어야 한다.

제13장

지역사회복지실천의 추진체계(Ⅱ)

1. 사회복지협의회

1) 사회복지협의회의 중요성

역사적으로 영국과 미국의 자선조직협회(COS)에서 그 기원을 찾을 수 있는 사회복지협의회는 본격적인 지방자치제의 실시로 지역사회의 차원에서 지역문제에 접근하여 문제를 해결하는 주민복지향상의 주체로서 중요한 과제를 안고 있다. 그러나 현실적으로 지역주민의 복지문제를 지역사회의 차원에서 해결할 수 있는 사회적 조직이 미흡하다는 문제점이 존재하고 있다. 지역사회복지조직으로서 한국사회복지협의회는 전국적인 조직을 구성하고 있는 비영리공익법인의 형태이다.

사회복지사업법 제33조 사회복지사업법시행령 제12조의 규정에 의하여 비영리공익법인으로 전국 광역단위에 16개소의 지방사회복지협의회가 한국사회복지협의회의 지부 성격이 아니라 독립된 법인의 성격으로 설치되어 있으며, 시 · 군 · 구의 지역사회복지협의회도 사회복지사업법의 적용을 받는 법정

단체가 되었다. 그리고 2000년도부터는 보건복지부의 육성지원사업으로 지정되면서 확대일로에 있다.[1)]

사회복지협의회는 사회복지의 실천적 관점에서 본다면 지역사회복지 영역에서 주로 논의되어 왔고, 지역사회개발이나 지역사회조직과 같은 사회사업 이론이나 기술의 실천적 장으로서 그 의미가 강조되어 왔다. 또한 사회복지사업은 지역주민의 이해와 협력에 의한 참가와 협조에 의해서 추진되어야 하고, 특히 지역사회복지는 주민의 지역공동체적인 측면에서 접근해야 한다.

그러므로 사회복지협의회는 지역주민들의 연대감을 형성하고, 주민참여를 유도하고 광범위한 지역사회복지의 추진을 위하여 주도적인 역할을 해야 한다. 그리고 이러한 역할을 수행하기 위하여 공사의 협조관계를 유지해야 하지만 본질적으로는 민간의 자주적인 역할이 강조되어야 한다.

2) 한국사회복지협의회의 변천과정

우리나라에서 사회복지협의회는 한국전쟁 직후인 1952년 2월 15일 당시 민간 사회사업기관들의 모임인 '한국사회사업연합회'가 그 시초였다. 그 뒤 1954년 5월에 민간사회사업연합회 최초의 정관이 통과되고 1959년 7월 31일에 국제사회복지협의회(ICSW)에 가입하였고, 1961년 6월 25일에 16개의 사회복지단체를 병합하여 사단법인 '한국사회복지사업연합회'로 명칭을 변경하였다. 1970년 5월 22일에는 사회복지사업법 제33조 동법 시행령 제12조에 의거 현재의 명칭인 사회복지법인 '한국사회복지협의회'가 되었다.

그리고 1983년 5월 21일에 개정된 사회복지사업법은 협의회를 법정 단체화함으로써 사회복지분야에서 사회복지협의회의 위치와 성격에 있어 괄목할 만한 변화를 가져왔다. 그리고 1985년 12월에는 12개소의 지방사회복지협의

1) 최초의 지역사회복지협의회는 1995년 5월의 부천시사회복지협의회가 되며 1999년 2월에 정식으로 창립되었다. 그리고 같은 해 9월에 원주시사회복지협의회가 설립되었으며, 원주시사회복지협의회는 한국사회복지협의회 정관에 의해 최초로 승인을 받은 기초 행정구역 단위 협의회이다.

회가 조직되었다. 그 후 1998년 12월에는 '시 · 도 사회복지협의회'가 독립법인으로 설립되었으며, 2003년 7월 30일에는 사회복지사업법 개정으로 시 · 군 · 구 사회복지협의회가 법정 단체화된 것이다.

그러나 이러한 역사적 변천에도 불구하고 사회복지협의회의 사업내용과 역할은 지역사회복지에 뚜렷한 영향을 미치지 못하고 있는 것이 현실이며, 일본에 비하여 그 역할이 미미한 존재로서 유지하여 왔다고 볼 수 있다.

3) 사회복지협의회 구성과 사업내용

(1) 구성

한국사회복지협의회의 조직 및 직원 현황은 회장, 사무총장과 행정지원부, 복지사업부, 자원개발부, 미디어홍보부, 재정사업부 새생명지원센터의 6개 부서와 사회복지연구원으로 구성되어 있다. 그리고 단체회원으로서는 서울특별시사회복지협의회를 비롯한 16개 시 · 도 협의회가 있고 회원(단체 · 개인)의 자격은 사회복지사업법 시행령 제13조에 다음과 같이 규정되어 있다.

① 시 · 도 사회복지협의회장

② 사회복지법인 및 사회복지사업과 관련 있는 비영리법인 대표자

③ 경제 · 언론 · 종교 · 문화 · 보건의료계 등을 대표하는 자

④ 기타 사회복지사업수행에 필요하다고 인정되어 회장이 추천하는 자

(2) 사업내용

한국사회복지협의회는 사회복지사업법 제33조 제1항과 동법 시행령 제12조에 의거, 설립된 비영리 공익법인으로서 민간사회복지증진을 위한 협의조정, 정책개발, 조사연구, 교육훈련, 자원봉사활동의 진흥, 정보화사업, 사회적 취약계층을 위한 사업을 수행하고 있다. 한국사회복지협의회가 실시하고 있는 세부사업으로는 사회복지사업법시행령 제12조에 다음과 같은 사업을 수행한다고 명시되어 있다.

① 사회복지에 관한 조사 · 연구

② 사회복지에 관한 교육 · 훈련

③ 사회복지에 관한 자료수집 및 간행물 발간

④ 사회복지에 관한 계몽 및 홍보

⑤ 자원봉사활동의 진흥[2)]

⑥ 사회복지사업에 종사하는 자의 교육훈련과 복지증진

⑦ 사회복지에 관한 학술도입과 국제사회복지단체와의 교류

⑧ 보건복지부장관이 위탁하는 사회복지에 관한 업무[3)]

⑨ 기타 중앙협의회의 목적달성에 필요하여 정관으로 정하는 사항

(3) 시설평가와 자원봉사인증사업

[1] 사회복지시설평가사업

1998. 8 사회복지사업법 개정으로 3년 마다 1회 이상 사회복지시설 평가를 받도록 규정하였다. 사회복지사업법 제43조(시설의 평가)와 시행규칙 제27조의 규정에 의하면 보건복지부 장관 및 시 · 도지사는 매년 3년 마다 1회 이상 시설에 대한 평가를 하도록 되어 있다. 그리고 그 평가의 기준은 다음과 같다.

① 입소정원의 적정성

② 종사의 전문성

③ 시설의 환경

④ 시설 거주자에 대한 서비스 만족도

⑤ 기타 시설의 운영개선에 필요한 사항

이러한 시설평가의 목적은 장기적으로 ① 사회복지시설의 투명성과 서비스의 질 향상을 통한 사회복지시설 이용자와 국민의 복지수준향상에 기여, ②

---

2) 자원봉사활동의 진흥사업은 사회복지봉사활동인증관리규정(2001. 11 보건복지부장관 승인, 2003. 8 개정규정승인)에 의하여 사회복지협의회가 '사회복지봉사활동 인증관리사업'을 수행하고 있다.

3) 사회복지협의회에서는 보건복지부의 위탁사업으로 2004년부터 사회복지시설평가사업을 수행하고 있다.

사회복지시설 평가결과를 반영한 예산집행의 효율성과 합리성을 유도, ③ 사회복지시설 운영의 선진화를 지원하는 데 있다.

그리고 단기적으로는 ① 입소 및 이용시설에 대한 평가를 통하여 효과적인 사회복지시설의 운영기반을 정착시키고 시설 간의 경쟁을 유도, ② 시설 이용자의 인권보호와 지역사회와의 연계한 사회복지시설 운영, ③ 사회복지시설 실태파악을 통하여 국가 지원 수준에 대한 과학적인 근거로 삼는 데 있다.

한편, 한국사회복지협의회는 2005년 3월 공모를 통하여 사회복지시설평가위탁기관으로 선정되었다. 평가방법은 중앙(보건복지부)・지자체・시설의 공동평가로서 시설의 자체평가를 바탕으로 시・도가 현장평가를 하면 중앙에서 확인평가를 하게 되며, 상대평가와 절대평가를 병행한다. 절대평가는 우수(A), 양호(B), 보통(C), 미흡(D)의 4개 등급으로 구분하여 공개한다.

2 사회복지자원봉사인증사업

사회복지사업법 제9조, 동법시행령 제25조 제2항과 사회복지봉사활동 인증관리규정(2001. 11 보건복지부 승인)에 의한 자원봉사인증제도는 한국사회복지협의회와 시・도사회복지협의회가 주관하고 보건복지부와 지방자치단체가 주체가 된다. 그리고 자원봉사자 양성・관리기관(법인・단체・시설 등)이 사업을 수행하고 있다.

사업의 운영체계를 보면 한국사회복지협의회의 '사회복지정보센터'가 총괄운영하고 시・도사회복지협의회의 사회복지정보센터가 시・도지역 인증관리사업을 총괄한다. 그리고 사회복지 분야의 법인・단체・시설의 '사회복지봉사활동인증센터'가 ① 자원봉사자 교육훈련, ② 사회복지봉사활동 실적 등록관리, ③ 사회복지봉사활동 인증서 발급 업무를 담당한다.

이러한 사회복지자원봉사활동 인증관리사업의 목적은 다음과 같이 세 가지가 있다.

① 사회복지봉사활동의 실적인증관리를 통한 신뢰성 구축

② 사회복지봉사활동 관련단체 상호 간 협력체계 구축

③ 사회복지봉사활동의 체계적이고 조직적인 관리를 통한 활성화 기반조성

4) 사회복지협의회의 발전방향

(1) 지역사회복지협의회(시 · 군 · 구)의 설립 · 운영

사회복지협의회의 조직은 주민주체의 원칙에 기초하여 시 · 군 · 구의 지역을 기본단위로 하여 시 · 도 및 전국의 각 단계까지 계통적으로 조직되어야 한다. 그리하여 지방자치제의 실시에 따라서 시 · 군 · 구 사회복지협의회를 지원하는 지방의회와 지방공공단체의 제도화 작업이 이루어져야 하고, 이러한 조직체계를 활성화하기 위하여 지역사회복지협의회를 전문적, 과학적으로 운영하여야 한다.

그리고 지역사회복지협의회의 조직적 기능을 활성화하기 위해서는 시 · 도지방사회복지협의회와 중앙사회복지협의회의 관계개선과 유기적인 협조체계를 유지하고, 시 · 도 및 시 · 군 · 구 단위에서 지역사회복지센터로서의 역할을 효과적으로 수행하기 위하여 조직개편을 위한 제도적 장치를 마련해 주어야 한다.

(2) 민간복지전달체계의 중추기능

사회복지협의회는 단순한 사회복지시설과 기관의 대표자회의나 형식적인 역할을 넘어서 사회복지의 민간분야로서 중추적인 역할을 증대시켜야 한다. 그리하여 지역주민들에게 직접적인 서비스를 공급하는 동시에 지역조직화활동을 활성화하여 민간부문의 기능을 강화시키는 지역사회복지의 중추적인 기능을 담당해야 한다.

즉 사회복지협의회의 활동을 “지역사회” 내의 사회복지기관이나 시설 간의 네트워크 구성의 개념에서 “원조를 필요로 하는 사람”들에게도 방향을 바꾸어서 사업과 활동을 실시해야 한다. 또한 복지국가의 발전을 위해 민간사회복지는 그 역할이 감소했다고 보는 경향도 있으나 재가복지와 지역사회복지로의 이행으로 그 중요성이 더욱더 강조되고 있다. 따라서 사회복지협의회가 민간부문으로서의 역할이 강조되어야 할 부분을 정리하면 다음과 같다.

① 공적 부문에 우선하여 새로운 욕구에 대응하는 선구적 · 전문적 역할을 수행해야 한다.

② 공적인 대책이 완성할 수 없는 욕구에 대한 서비스의 제공을 담당한다.

③ 공적인 서비스를 받지 못하는 취약계층을 위한 대변자 역할을 한다.

④ 참여의 다원주의, 소수자의 이익을 지키는 역할을 수행한다.

⑤ 자주적 참가의 장과 기회를 제공한다.

(3) 사업 분야의 확대

사회복지협의회의 기능은 협의회의 기본기능으로서 사회복지사업의 활동조장, 국민 참여의 촉진, 국가 사회복지의 향상 발전에 기여하기 위해 정부, 회원 및 관련단체, 지역사회, 국제기구와의 관계를 갖는다. 특히 지방자치제 하에서는 사업 분야가 확대되어야 할 것이다. 현재 주된 부분을 차지하고 있는 지역조직화활동과 복지사업활동에서 직접서비스의 확대와 대인복지서비스의 증가 등을 통하여 사회복지협의회의 사업 분야를 확대하고 전문서비스를 강화해야 한다.

그리고 사회복지협의회의 사업 분야를 확대하기 위해서는 다음과 같은 사항에 중점을 두어야 한다.

① 지역사회복지계획 수립에 적극 참여해야 한다.

② 재가복지서비스의 공급주체를 확보해야 한다.

③ 지역사회복지활동의 토대가 되는 조직화활동을 강화해야 한다.

④ 지역사회복지교육을 해야 한다.

⑤ 상담활동과 복지정보 제공활동을 해야 한다.

⑥ 보건과 복지 간의 협동 활동의 촉진 등에 초점을 맞추어야 한다.

(4) 지방사회복지협의회 재정의 자립

지방사회복지협의회의 주된 재원은 회비, 공동모금, 보조금, 위탁비, 기부금 등으로 구성되고 있는데, 사회복지협의회의 활성화와 전문적 전개방향은 자립적인 재정의 확보가 중요한 문제이다. 그러므로 정부의 지원과 더불어 민간의 복지재원을 확보할 수 있는 프로그램의 개발과 발굴에 관심을 가져야 할 것이다.

2. 사회복지공동모금회

1) 공동모금제도의 의의

(1) 공동모금의 개념

공동모금은 민간사회복지사업의 재원 확보를 위한 목적을 가지고 있다. 지역사회주민들의 조직적인 사회복지재정 참여를 도출하기 위한 것이며, 주로 공동캠페인을 통하여 기금을 모집하고 그것을 배분하게 된다. 그리고 이를 주관하는 민간사회복지조직은 공동모금회가 된다. 따라서 세계 각국에서 공동모금제도는 사회복지 민간부문에 상당한 역할을 해 오고 있으며 해당 국가에 따라 운영방식도 차이가 있다.

미국에서의 공동모금에 대한 용어로는 커뮤니티 체스트(Community Chest)로 시작하여 1950년대에는 유나이티드 펀드(United Fund)라는 용어를 사용하였고 최근에는 유나이티드 웨이(United Way)라는 용어가 통용되고 있다. 그리고 일본과 우리나라에서는 '커뮤니티 체스트'라는 용어가 주로 사용된다.

한편 우리나라의 사회복지공동모금회법 제2조(정의)에서는 "사회복지공동모금이라 함은 사회복지사업 기타 사회복지활동의 지원에 필요한 재원을 조성하기 위하여 기부금품을 모집하는 것을 말한다."라고 되어 있다.

(2) 공동모금제도의 필요성

① 공동모금은 사회복지에 대한 민간의 참여와 역할을 활성화하고 확대함

으로써 국민의 삶의 질을 향상시키는 데 국민 스스로 크게 기여할 수 있는 방편이 된다.

② 공동모금은 지역사회내의 공동체 의식과 함께 나누는 삶의 양식을 증진시키고 지역사회 내 문제를 주민 스스로 해결하는 데 크게 기여할 수 있다.

③ 공동모금은 사회복지서비스의 책임성과 서비스 수준을 향상시킬 수 있다.

④ 공동모금은 우리나라 사회복지계의 구조개편에 하나의 전환점을 제공할 잠재력을 가지고 있다.4)

⑤ 공동모금은 배분과정에 있어서 주민의 감시 내지는 관여를 허용하여 사회복지사업의 투명성 제고의 기능을 한다.

(3) 사회복지협의회와의 관계성

사회복지협의회는 1980년대에 시 · 도 단위에 조직되었고 2000년도부터는 시 · 군 · 구 단위에도 설립이 확대되고 있어서 모름지기 지역사회복지향상을 위한 중심역할을 하게 될 것으로 보인다.

한편 1997년의 '사회복지공동모금법' 제정에 따라 1998년에 설립된 사회복지공동모금회는 지역사회 내에서 사회복지협의회와 함께 지역사회복지의 주체로서 상호보완적 관계성을 가지고 있다.5)

일반적으로 미국의 경우는 전통적으로 공동모금회가 많은 힘을 보유하고 있는 반면 일본의 경우는 오히려 사회복지협의회가 활동영역이 넓다. 여기에서 검토할 수 있는 사안은 지역사회단위에서의 사회복지협의회와 사회복지공동모금회의 역사적인 관계이다.

미국에서 공동모금회의 연혁은 제1차 세계대전 때의 '전시모금회(War Chests)'가 전쟁 후에는 '평화시모금회(Peacetime Chests)'로 명칭을 바꾸어 지역공동모금활동을 활성화하게 되자 20세기 초반에는 사회복지협의회와 공동

---

4) 성민선 외, 『공동모금회의 운영 및 기능에 관한 연구』, 한국사회복지협의회, 1997, pp. 4～6.

5) 양자 간에는 상호 간의 '협의회형'과 상호 별개의 기관으로서 협력기능을 하는 '공존형'이 상호보완성 유지에 유력한 형태이나 모금회가 독립하여 자체사업을 추진하는 '독립형'일 경우에는 사회복지협의회와는 긴밀한 협조가 용이하지 않을 수도 있다.

모금회가 '복지연맹(Welfare Federations)'을 결성하였다. 처음에는 미국지역사회조직연합회(America Association Community Organization : AACO)의 회원조직으로 연합하였다가 '미국지역공동모금 및 협의회(Community Chests and Councils of America : CCCA)'로 명칭변경하였다. 1956년에는 또 다시 'United Community Funds and Councils of America (UCFCA)'로 개칭하였으며 오늘날에는 미국공동모금회(United Way of America)로 지칭하고 있다.

이러한 역사적 배경에서 알 수 있는 바와 같이 사회복지협의회는 지역사회문제에 대한 직접적으로 해결할 수 있는 재정적 능력이 없는 반면, 공동모금회는 모금액을 바탕으로 배분사업을 할 수 있다는 측면에서 다소 유리한 입장에서 지역사회복지사업을 전개할 수 있다. 그러므로 양자 간에는 이견이 발생할 수도 있고 상호보완적인 기능을 기대할 수도 있는 관계이다.

2) 세계의 공동모금제도

공동모금제도는 영국과 미국 등지에서 1860~1880년대에 민간자선단체들이 우후죽순과 같이 설립되고 이들 단체들이 경쟁적인 구호활동을 펼치게 되자 이중구호나 누락 등의 문제가 발생하여 자선조직협회(Charity Organization Society)가 결성된 것에 기원한다.

세계공동모금회는 전세계 45개국에서 각 나라에 맞는 모금 및 배분사업을 하고 있으며, 이들을 회원국 및 회원단체로 하는 UWI(United Way International)는 2년에 1회씩 전세계 활동의 정책 아젠다 및 정보 교환을 위한 총회를 개최하고 있다. 세계동모금회의 심벌마크는 아래의 <그림 13-1>과 같다.

【그림 13-1】 세계공동모금회 심벌마크

(1) 미국의 공동모금제도

미국의 공동모금제도의 발전과정을 좀 더 세부적으로 보면 시기적으로 다음과 같이 정리할 수 있다.

① 1880년대에 자선조직협회 결성과 함께 추진된 공동모금회 결성에 시초한다. 즉 1873년에 오하이오주 클리브랜드시 최대의 자선단체인 베텔구제협회가 난립 · 경쟁적이던 자선모금의 조직화를 제창하여 1880년 덴버시 자선조직협회에서 23개 회원기관 중 15개 기관이 재정부족 문제를 해결하기 위하여 공동모금제도를 도입한 후 1895년까지 약 100여 개 시에서 실시하였다.

② 1913년 클리브랜드시 상공회의소가 '자선박애연맹'의 명칭으로 행한 모금이 공동모금의 공식적 최초였고, 1918년에 로체스터시에서 커뮤니티 체스트(Community Chest)라는 명칭을 사용한 것이 '공동모금'으로 부르게 된 근원이다.

③ 1949년에는 디트로이트시 공동기금(United Fund)을 시작으로 공동모금조직이 전국으로 확산되어 오늘날의 전국공동조직인 미국공동모금회(United Way of America)가 결성되었다. 현재의 미국공동모금회의 상징은 '손과 무지개 로고(Hand and Rainbow Logo)'를 채택하고 있다<그림 13-2>.

【그림 13-2】 미국공동모금회 심벌마크

(2) 일본의 공동모금제도

일본의 경우는 지역사회의 필요성에 따라 민간모금이 시작되었으나 국가가 적극적 지원을 하여 전국화한 사례로서 그 발전과정은 다음과 같다.

① 1921년에 나가사끼현(長埼縣)에서 사회복지기관협의회가 행한 모금운동이 최초이다. 그 후 1933년에 동경도(東京都)에서 동경시설 사회사업연맹이 중심이 되어 가두모금을 전개하기도 하였다.

② 오늘날로 이어진 공동모금운동은 1947년에 시작되었다. 1946년 2월에 연합군 총사령부에서 정부와 민간조직의 복지사업재정을 분리하라는 제시를 하자 1947년 6월에 후생성에서는 '사회사업공동모금중앙위원회'를 결성한 것이다.

③ 1948년 11월에 재단법인 중앙공동모금위원회를 발족하였다가 1951년에 사회복지법인으로 바꾸고 1952년에는 중앙과 지방에 사회복지협의회를 구성하였다. 모금기간도 10월 1일부터 1개월간으로 시작되었다가 현재는 12월 31일까지로 변경되었다.

한편 일본공동모금회의 심벌마크는 아래의 <그림 13-3>과 같다.

【그림 13-3】 일본 공동모금회 심벌마크

(3) 미국과 일본 공동모금제도 비교

이상에서 설명된 미국과 일본의 공동모금제도를 양국의 법적 위치, 국가나 정부와의 관계, 국가지원과 사회복지협의회와의 관계성, 모금과 배분방법을 기준으로 비교하면 다음과 같다.

① 법적 규정

미국의 경우는 특정한 법령이 없고 해당 주마다 비영리법으로 등록하도록 되어 있고, 일본은 사회복지사업법 상에서 규정하고 있는 민간 활동단체이다.

② 국가 · 정부와의 관계

미국은 자발적으로 발전해 온 특성으로 국가로부터의 자율성이 강하고, 일본은 국가 또는 지방공공단체가 간섭할 수 없다는 법적 내용이 있지만 실제로는 운영 상의 정부개입이 이루어진다.

③ 기부액에 대한 세제혜택

미국은 기부액에 대하여 개인은 소득의 50%까지 면세하고, 기업은 소득의 100%까지 면세하고 있다. 일본은 개인은 소득의 25%까지 면세를 하고 기업에 대해서는 전액 손비 처리한다.

④ 사회복지협의회와의 관계

미국은 1970년부터 완전히 분리되어 협조관계에 있고, 일본은 객관적으로는 상호 별개의 조직이지만 모금과 배분기능에는 사회복지협의회가 영향력을 행사한다.

5 모금과 배분방법

미국은 연중 지속적인 모금으로 주로 근로자 기부(Payroll Deduction)와 기업기부에 의존하고 있고 일본은 일정시기를 중심으로 모금하고 호별 방문과 기업기부가 대부분을 차지한다. 그리고 배분은 미국은 사회문제별, 프로그램 중심으로 이루어지고 일본은 사회복지시설, 단체, 기관 중심으로 배분된다.

이처럼 현재 공동모금은 세계 약 41개국에서 해당국가의 역사적 경험과 문화적 특성에 따라 각기 다르게 발전해 왔다. 단지 크게 나눈다면 미국과 같이 자발적으로 발전해 온 국가와 일본과 같이 국가가 민간 모금을 주도해 온 국가로 나눌 수 있다.[6)]

3) 우리나라의 공동모금제도

(1) 사회복지공동모금회의 발전과정

1 공동모금제도의 발전과정

우리나라의 공동모금의 역사를 실정법 제정을 기준으로 보면 1951년 11월 17일에 제정된 '기부금품모집금지법'을 시초로 볼 수 있다. 이 시기는 한국전쟁 이후 자유당 정부시절로서 정치권을 비롯한 사회전반의 기부요청행위가 사회적 문란을 야기하게 되자, 정부에서 모금행위를 허가제로 규제하였다. 그러므로 국내의 사회복지사업은 외국원조기관의 지원으로 이루어지고 있었다.

그러나 이런 외원기관들이 1970년부터 대부분 철수하게 되자 정부는 1970년 1월 1일자로 공포된 사회사업법에서 사회복지법인형태로 한국사회복지공동모금회를 설립하도록 규정하였다. 이것은 사회사업 축소의 위기에서 민간주

---

6) 일본은 민간복지사업의 자금 확보를 위해 매년 1회, 후생대신(厚生大臣)이 정하는 기간에 한정하여 도·도·부·현(都·道·府·縣)의 구역을 단위로 실시된다.

도의 사회복지재원을 마련코자 선진국형태의 공동모금제도를 도입한 것으로 보인다.[7)]

이 시기의 사회복지공동모금회는 사회복지사업법 제2조 제4항의 규정에 따라 사회복지사업을 하는 사회복지법인의 기관이나 시설에 배분하기 위해서는 기부금품모집금지법 제3조의 규정에 따라 내무부장관의 허가를 얻어야 가능하도록 되어 있었다. 그리고 이 규정도 1983년의 사회복지사업법 개정으로 삭제되어 사회복지공동모금회는 1997년 3월 27일 '사회복지공동모금법'[8)]이 공포될 때까지 법인 휴면상태로 보건복지부에서 관할하고 있었다.

1980년대와 1990년 중반까지는 관주도의 불우이웃돕기모금운동이 중심을 이루었다. 1980년에 제정된 '사회복지사업기금법'에 기초한 연말 이웃돕기모급형태가 지속된 것이다. 그 후 1998년 7월 1일[9)]에는 이성재 의원 외 20명 명의로 발의된 '사회복지공동모금법 폐지법률안'이 상정되었고 1999년 3월에는 '사회복지공동모금회법'으로 전면 개정되었다.

2 사회복지공동모금회의 발전과정

1994년 2월에 감사원의 감사결과 일부 지방자치단체가 이웃돕기성금의 모금과 배분에 물의가 빚어지면서 민간이양의 필요성이 제기되었고 곧바로 공무원의 모금행위가 금지되었다. 1971년 11월 12일에 설립된 '사회복지법인 한국사회복지공동모금회'는 1972년 11월 1일부터 12월 31일까지 공동모금운동을 전개한 후 유명무실한 조직이 된 후, 정부주도의 모금운동이 전개된 문제점이 드러난 결과인 것이다.

한편 1997년 3월에 공포된 사회복지공동모금법이 1998년 7월 1일에 발효되었지만 여전히 국가의존성의 법률조항이 있었으므로 이 법률의 폐지법률안과 개정법률안이 국회에 상정된 우여곡절 끝에 1998년 11월 30일에 가서 사회복지법인 사회복지공동모금회가 설립되었다.

---

7) 법률 제2171로 공포된 사회사업법에 따라 한국사회복지협의회가 조직되고 그 이듬해인 1971년 11월 12일에 '한국사회복지공동모금회'가 설립되었다.

8) 시행 시기는 1998년 7월로 1년간 연기되었다.

9) 사회복지공동모금법이 발효된 시기이기도 하다.

현재는 '사회복지공동모금회법'의 근거 하에 사회복지법인 사회복지공동모금회(중앙회)와 16개 시 · 도에 지방모금회가 설치 · 운영되고 있다. 그리고 로고는 '사랑의 열매'를 상징으로 하고 있고 분과 실행위원회로는 ① 기획분과, ② 모금분과, ③ 배분분과, ④ 홍보분과로 구성되어 있다.[10)]

그리고 사회복지공동모금회의 CI[11)]/로고와 심벌(Corporate Symbol) 마크는 아래의 <그림 13-4>와 같다. 사랑의 열매는 사회복지공동모금회의 정신을 담고 있는 상징이자 심벌이다. 세 개의 빨간 열매는 나, 가족, 이웃을 의미하고 빨간색은 따뜻한 사랑의 마음을, 한줄기로 모아진 열매는 함께 사는 사회를 만들어가자는 의미를 담고 있다.[12)]

사랑의 열매
사회복지공동모금회
Community Chest of Korea

【그림 13-4】 우리나라 공동모금회 로고와 심벌마크

10) 모금과 배분분과는 분리운영하지만 기획과 홍보분과는 통합하여 운영하는 지회도 있다.

11) CI란 코퍼레이트 아이덴티티(Corporate Identity) 또는 코퍼레이트 아이덴티피케이션(Corporate Identification)의 약자로서 '법인 조직', '단체의', '단체 집약적'이라는 의미를 가지고 있는 코퍼레이트와 철학에서는 주체성, 심리학에서는 동일성, 사회학에서는 존재증명의 뜻을 갖고 있는 아이덴티티의 합성어이다. 원래는 코퍼레이트 이미지(Corporate Image)의 약자인데 코퍼레이트 아이덴티티(Corporate Identity)로 바꾸어 부르기 시작한 것은 뉴욕의 CI전문회사인 리빙코트 & 머큘리즈에서부터 시작되었다고 한다. 정신분석 학자 에릭슨은 아이덴티티를 발달 단계에서 획득하는 자아 동일성이라고 정의하기 때문에 코퍼레이트 아이덴티티는 기업의 자아동일성이라고 정의할 수 있고 기업경영 이미지로도 개념화 할 수 있다.

12) 우리나라에서 사랑의 열매는 1970년 초부터 불우이웃돕기성금을 모금할 때 이웃돕기추진운동본부에서 상징으로 사용해 왔으며, 산열매를 형상화한 것이다. 한편 2003년 2월 산림청에서 '백당나무'를 이 달의 나무로 선정하면서 사랑의 열매와 닮은 점을 언급해 눈길을 끌었다.

(2) 사회복지공동모금회의 사업

사회복지공동모금회법 제5조(사업)에서 규정하고 있는 사업은 다음과 같이 8가지 사업으로 되어 있다.

① 사회복지공동모금사업
② 공동모금재원의 배분
③ 공동모금재원의 운용 및 관리
④ 사회복지공동모금에 관한 조사, 연구, 홍보 및 교육훈련
⑤ 지회의 운영
⑥ 사회복지공동모금과 관련된 국제교류 및 협력증진사업
⑦ 다른 기부금품 모집자와의 협력사업
⑧ 기타 모금회의 목적달성에 필요한 사업

그리고 모금회의 사업에 필요한 경비는 동법 제17조(재원)에서 다음과 같이 4가지 재원으로 충당하도록 되어 있다.

① 사회복지공동모금에 의한 기부금품
② 법인 또는 단체가 출연하는 현금 · 물품 · 그 밖의 재산
③ 복권발행으로 조성되는 자금
④ 기타 수입금

이상의 각 사업들은 사회복지공동모금회의 설립목적과 기능에 따라 분류한다면 크게 모금과 배분의 두 가지 사업으로 구분할 수 있다.

1 모금사업

공동모금의 장점은 개별모금보다 기금을 많이 모을 수 있다는 것이다. 반면에 개별모금기관의 자유가 상실되기 쉬운 단점도 있다. 현행 법률에서는 연중 모금사업을 시행할 수 있도록 규정되어 있으나 대부분 연말연시의 전국적 캠페인에 의한 모금에 집중되고 있다. 이 시기에는 신문과 방송 등의 언론홍보에 주로 의존하고 있는 실정이다.

그러므로 사회복지공동모금회는 상시 모금제도를 개발하고 활용하는 방안이 요구되는데 월급 자동공제모금(Payroll Deduction), 사업장 중심의 모금

운동, 행사장 중심의 모금운동, 가두모금, 가정방문모금, 은행지로용지를 통한 모금운동 등의 방법이 강구될 수 있다. 이를 모금원으로 구별하면 기업중심형, 단체형, 특별사업형, 개인별 형태로 나눌 수 있다.

[2] 배분사업

사회복지공동모금회는 1차적으로 시민들에게 공동체 의식과 나눔의 문화를 홍보하고 기부(donation)문화를 선진화함으로써 사회복지재원을 민간차원으로 모금하는 데 주요역할이 있지만 이를 배분하는 역할 또한 동시에 가지고 있다. 그러므로 그 배분의 투명성과 전문성이 요구되며 선진 배분프로그램의 개발이 있어야 한다.

사회복지공동모금회의 배분방식에는 사회복지기관이나 시설, 그리고 시민단체에 정부지원금의 부족분을 채워 주는 형식이 주가 되어 왔으나 최근에는 사회적으로 적절한 프로그램을 신청 받아 심사 후 배분해 주는 방식이 선호되고 있다. 배분과정은 배분분과위원회가 중심이 되어 공고 및 신청접수 → 적격여부판정 → 서류심사 → 면접심사 → 현장방문심사 → 지원사업사정 및 계수조정 → 운영위원회 결정 → 심사결과통보의 순으로 이루어진다.

그리고 이 배분사업과 모금사업은 동전의 양면과 같이 연계되어 있는 만큼 별도의 사업으로 보기는 어렵다. 이 외에도 기획사업이 있으나 배분사업의 영역과 중첩되므로 별도의 사업으로 볼 수는 없다. 배분사업의 종류로는 사회복지공동모금회 정관 제27조의2(배분사업의 종류)에서 규정하고 있는데 ① 신청사업, ② 지정기탁사업, ③ 기획사업, ④ 긴급지원사업 등 네 가지이다.

(3) 사회복지시설의 후원금 운영

우리나라는 공동모금제도를 실시하지만 사회복지시설의 후원금은 기부금품모집규제법이나 공동모금법과 직접 관계가 없다. 종교단체나 개별모금단체는 종전과 같이 후원금을 받을 수 있고, 모금할 필요가 있으면 사회복지공동모금회와 똑같이 기부금품모집규제법에 따라 허가를 받아 모금을 할 수가 있기 때문이다.

그러나 구체적인 사용규정이 미비한 관계로 사회복지시설에서 자의적으로 후원금을 사용하는 것을 막고, 시설운영의 투명성을 제고하기 위하여 후원금 사용비율을 규정하고 있다. 후원금의 관리관련 법규인 사회복지법인재무회계규칙 제4장의2를 보면 다음과 같다.

가. 후원금 : 아무런 대가 없이 무상으로 받은 금품 및 기타의 자산

나. 수령자 : 법인의 대표이사와 시설의 장

다. 사용용도 : 후원자가 지정한 사용용도

라. 수입 · 지출 및 관리에 명확성 유지(세입세출예산에 편성)

마. 후원금 전용계좌 개설 : 법인명의의 후원금 전용계좌나 시설의 명칭이 부기된 시설장명의의 계좌를 개설하여 사용(법인 및 시설이 필요 시에는 2개 이상의 복수통장 사용 가능)

사. 영수증 교부 : 후원금을 받은 때에는 시장 · 군수 · 구청장이 부여한 일련번호가 기재된 후원금영수증(동규칙 별지 제35호서식)을 후원자에게 즉시 교부하여야 함(금융기관 또는 체신관서의 계좌입금을 통해 받은 경우는 제외)

아. 보고 : 매 반기 종료 후 10일 이내에 후원금수입 및 사용결과보고서를 시장 · 군수 · 구청장에게 제출

자. 후원금의 수입 및 사용내용 통보 : 법인의 대표이사와 시설의 장은 연 1회 이상 해당 후원금의 수입 및 사용내용을 후원금을 낸 법인 · 단체 또는 개인에게 통보하여야 함(법인 발행 정기간행물 또는 홍보물 등을 이용하여 일괄 통보 가능)

차. 후원금의 공개 : 시 · 군 · 구청장은 제출받은 후원금의 수입 및 사용결과 보고의 내역과 후원금 전용계좌 등의 후원금 입출금 내역을 매 반기 종료 후 30일 이내에 인터넷 등을 통하여 공개한 후, 3개월 간 누구든지 볼 수 있도록 게시. 다만, 후원자 성명(법인의 경우는 그 명칭)은 공개하지 않음

카. 후원금의 용도 외 사용 금지 : 법인의 대표이사와 시설의 장은 후원금을 후원자가 지정한 사용용도 외의 용도로 사용하지 못함

타. 후원금의 수입 · 지출은 세입 · 세출예산에 편성하여 사용하여야 함

하. 후원금 사용 : 후원금은 후원자가 지정하는 용도로 사용하되 총 후원금의 10% 범위 내에서 모금 홍보 및 사후관리 비용으로 사용할 수 있으며, 비지정 후원금은 시설운영비로 사용하되 간접비 집행은 50%를 초과하지 못하며, 시설장 등 임직원 판공비 · 정보비(직책보조비 포함)나 별도 기금 설치 운영, 법인전출금, 다른 시설이나 법인에 대한 지원에 사용하지 못함

한편 사회복지법인재무회계규칙과 사회복지관 운영지침에 규정된 사회복지시설의 운영비 구분은 <표 13-1>에서와 같다.

표 13-1 사회복지시설운영비의 구분

과 목		직접비	간접비
관	항	목	
사무비	인건비	○ 제수당 중 법정수당 - 시간외근무수당 - 야간근무수당 - 휴일근무수당	○ 급여 ○ 상여금 ○ 일용잡금 ○ 제수당 중 비법정수당 - 직급수당 등 ○ 퇴직금 및 퇴직적립금 ○ 사회보험부담금 ○ 기타 후생경비
	업무추진비		○ 기관운영비 ○ 직책보조비 ○ 회의비
	운영비	○ 공공요금 ○ 차량비	○ 여비 ○ 수용비 및 수수료 ○ 제세공과금 ○ 기타 운영비
재산조성비	시설비		○ 시설비 ○ 자산취득비 ○ 시설장비 유지비

사업비	운영비	○ 생계비 ○ 연료비 ○ 피복비 ○ 의료비 ○ 장의비 ○ 직업재활비 ○ 자활사업비 ○ 특별급식비 ○ 수용기관경비	
	교육비	○ 수업료 ○ 학용품비 ○ 교통비 ○ 급식비 ○ 교복비 ○ 이미용비 ○ 도서구입비 ○ 학습지원비 ○ 수학여행비 ○ 기타 교육비	
	○○사업비	○○○사업비	
전출금	전출금		○ 법인회계전출금
과년도지출	과년도지출		○ 과년도지출
상환금	부채상환금		○ 원금상환금, 이자지불금
잡지출	잡지출		○ 잡지출
예비비	예비비		○ 예비비

자료 : 보건복지부, 『사회복지관 운영지침』.

3. 사회복지사협회

1) 한국사회복지사협회의 설립

사회복지사협회의 정식 명칭은 "사단법인 한국사회복지사협회(KOREA ASSOCIATION OF SOCIAL WORKERS : KASW)"다. 한국사회복지사협회는 사회복지사업법 제46조에 의한 법정단체이며, 사회복지에 관한 전문지식과 기술을 개발·보급하고 사회복지사의 자질 향상을 위한 교육훈련 및 사회복지사의 복지증진을 도모함을 목적으로 1967년 4월 22일에 설립되었다. 그러나 현재와 같은 한국사회복지사협회로 개칭된 것은 1985년 7월이다.

2) 한국사회복지사협회의 변천과정

사회복지협의회가 한국전쟁 직후인 1952년에 민간 사회사업기관들의 모임인 '한국사회사업협의회'를 그 시초로 하듯 사회복지사협회는 제3공화국 시기인 1965년 7월에 개별사회사업가협회로 출발하였다. 그 뒤 1967년 3월에 한국사회사업가협회로 명칭변경하였으며 초대회장에 하상락 교수가 취임하였으며, 1969년 6월에 사회단체 한국사회사업가협회로 정식 인가를 받았다. 1972년 9월에 이르러 국제사회복지사연맹(IFSW) 회원국으로 가입하였고 1977년 사단법인 '한국사회사업가협회'로 명칭을 변경한 후 보건복지부 소관의 법인으로 허가(민법 제32조)를 받게 되었다. 그 후 1985년 7월에 가서야 현재의 '한국사회복지사협회'로 개칭하게 된다.

그리고 1983년 5월 21일에 개정된 사회복지사업법은 사회복지협의회와 함께 사회복지사협회도 사회복지사업법 상의 법정단체로 인정됨에 따라 괄목할 만한 변화를 가져왔다. 즉 1982년 1월 15일에 제정한 사회복지사윤리강령을 1988년 3월 26일에 제1차 개정을 한 것을 시작으로 2001년 12월 15일에는 제3차 개정을 하는 등 사회복지사의 전문성과 윤리성에 대한 인식을 강화해 왔다. 그러나 이러한 역사적 변천에도 불구하고 사회복지협의회의 사업내용과 역할은 지역사회복지에 뚜렷한 영향을 미치지 못하고 있는 것이 현실이며, 일본에 비하여 그 역할이 미미한 존재로서 유지해 왔다고 볼 수 있다.

3) 사회복지사협회 구성과 사업내용

(1) 구성

한국사회복지사협회의 조직현황은 회장, 수석부회장과 부회장, 이사로 구성되어 있다. 그리고 단체회원으로서는 서울특별시사회복지사협회를 비롯한 16개 시 · 도 협회와 3개 산하단체가 있고 회원(개인)의 자격은 사회복지사 자격을 갖추고 협회에 가입된 자로 하고 있다.

(2) 사업내용

한국사회복지사협회는 사회복지사업법 시행령 제22조 및 협회 정관 제4조에 의하여 다음과 같은 사업을 수행한다고 명시되어 있다.

① 사회복지사에 대한 전문지식과 기술의 개발・보급

② 사회복지사의 전문성 향상을 위한 교육훈련

③ 사회복지사와 관련된 조사연구 및 홍보・출판

④ 국・내외 사회복지관련 전문가 단체와의 교류・협력 등

이 외에도 추가적으로 다음과 같은 사업을 수행하고 있으며 특히 사회복지사 국가시험제도를 정부로부터 수탁하여 추진하고 있으며 시험은 주로 매년 12월 중에 공고 및 개별 접수하여 익년도 3월 초에 시험이 실시된다.[13)]

① 사회복지사에 관한 자료수집과 간행물 발간

② 산하단체와의 사회복지업무 협력 및 조정

③ 정부 또는 지방자치단체의 사회복지사업 수탁업무

④ 원격평생교육시설 운영

⑤ 그 밖의 이 회의 목적달성에 필요한 사업

이상과 같이 지역사회복지의 주요 실천현장은 앞장에서 논의한 지역사회복지관, 자활후견기관, 사회복지협의회, 사회복지공동모금회가 주축을 이루고 있으며, 최근에는 사회복지사협회, 시니어클럽(구 노인인력지원기관), 재가복지시설 등의 다양한 분야가 그 역할을 증대하고 있고 이들 기관은 기존의 지역사회복지행정기관이나 지역사회복지협의체, 사회복지위원회 등의 주요 기구와 연계하여 사업을 전개하고 있는 실정이다.

---

13) 사회복지사협회에서는 사회복지사들이나 예비사회복지사들의 대표홈페이지라 할 수 있는 Welfare.net을 운영하고 있으며, 전문사회복지사들의 취업과 시험 및 주요자료를 제공하고 있으므로 관심을 가져야 한다.

제14장

지역사회복지계획

1. 지역사회복지계획의 의의

1) 지역사회복지계획의 배경

지역사회복지계획의 이론적 계보를 살펴보면 지역사회복지론의 주요 이론인 지역사회보호 이론(community care theory), 지역사회조직 이론(community organization theory)과 지역사회개발 이론(community development theory)의 실천방법에 연관된 계획행정으로 볼 수 있다. 즉 지역사회복지계획은 지역사회복지의 향상을 위해 주민의 복지욕구를 정확하게 파악하고, 이를 바탕으로 지역주민을 조직화하여 주민참가를 강화시키고 자조 · 협동 의식을 개발해 가는 역사적 배경을 가지고 있다.

(1) 영국의 지역사회복지계획

영국에서는 시봄 보고서(Seebohm Report)라 불리는 1968년의 지방자치제 대인사회서비스 위원회(Committee Local Authority and Allied Personal Social Services)안에 기초하여 1970년에 제정된 지방자치제사회복지법(Local

Authority Social Services Act)이 시초가 된다. 이 법에 의하여 영국정부는 사회복지서비스를 지방자치단체에 이양함과 동시에 '보건복지계획' 수립을 의무화하였다. 이는 지역사회보호 이론에 근거한 1980년의 패치 시스템(patch system : 소지역사회복지) 도입으로 이어졌다.

(2) 미국의 지역사회복지계획

미국에서는 지역사회복지를 '지역사회조직'이라고 불렀으나 1970년대 이후 여기에 '사회계획(social planning)'을 더하여 '지역사회조직 및 사회계획(community organization and social planning)' 또는 '사회계획 및 지역사회조직(social planning and community organization)'으로 지칭함으로써 계획적인 사회행동의 개념으로 바뀌었다. 이에 따라 연방정부는 지방자치단체에 있어서 지역사회조직과 사회계획 또는 사회복지계획의 수립을 의무화하였다. 이는 1960년대 이후 확산된 정상화(nomalization)의 이념에 기초한 사회행동의 실천으로 볼 수 있다.

(3) 일본의 지역복지계획

일본에서는 지역사회복지를 주로 지역복지로 칭한다. 일본의 지역복지계획은 1960년대 초의 전국사회복지협의회(全國社會福祉協議會)의 기본요항에 의해 시・정・촌(市・町・村)의 사회복지협의회가 지역복지계획의 책정을 규정한 것이 시초이다. 그러나 1973년의 석유위기를 계기로 1975년 일본정부는『향후의 사회보장의 형태에 대해』라는 사회개발방식의 지역계획을 내놓은 것이 국가차원의 시초라고 보는 것이 타당하다. 그 후 1984년에는 전사협이『지역복지계획 -이념과 방법-』을 간행하여 전국의 시・정・촌의 사협에 지역복지계획의 책정을 지도하였다. 그리고 무엇보다도 대표적인 것으로는 1989년의 '고령자보건복지추진 10개년전략(Gold Plan)'을 들 수 있다. 그리고 2000년 6월에 개정된 사회복지법에 규정된 지역복지계획은 2003년부터 실시되고 있다.

(4) 우리나라의 지역사회복지계획

우리나라의 지역사회복지계획은 1970년대의 지역사회개발사업이 시초가 된다. 1970년대와 1980년대는 세계적으로 석유위기상황에서 감속경제이행기에 있었던 시기였지만 선진국들로부터 어느 정도의 보호무역체제를 인정받았던 우리나라는 '새마을운동'을 통하여 지역사회개발전략을 시도하고 있었던 시기였다.

그리고 사회보장영역에서 본다면 사회보장기본법에 의해 1999년부터 5년마다 수립되는 '사회보장장기발전계획'이 있다. 2004년 1월에 '참여복지5개년(2004~2008)계획'으로 발표된 것이 명칭만 바꾼 것이지 제2차 사회보장장기발전계획에 속한다. 그리고 지역보건법 제3조에 규정된 '지역보건의료계획'도 여기에 속한다. 지역의료보건계획은 1997년부터 시행되어 매 4년 마다 기본계획을 수립하고 연차별 시행계획을 매년 수립토록 되어 있다.[1)]

그런데 지역사회복지계획을 직접적으로 다룬 것은 2003년 7월에 개정된 사회복지사업법에서 찾아야 한다. 지역사회복지계획은 시・군・구 기초자치단체장이 수립하도록 되어 있고, 지역주민 등 이해관계자의 의견을 들은 후 지역사회복지협의체의 심의를 거쳐 수립하며, 시・도지사는 시・도 지역사회복지계획을 수립하여 사회복지위원회의 심의를 거쳐 보건복지부 장관에게 제출하도록 되어 있다. 이 때 지역보건의료계획과 연계하도록 하고 있다.

---

1) 시・군・구의 지역보건의료계획의 내용에는 다음 각 호의 사항이 포함되어야 한다.
  1. 지역보건의료계획의 달성목표
  2. 지역현황과 전망
  3. 지역보건의료기관과 민간의료기관 간의 기능분담 및 발전방향
  4. 법 제9조의 규정에 의한 보건소업무의 추진현황과 추진계획
  5. 지역보건의료기관의 확충 및 정비계획
  6. 지역보건의료와 사회복지사업 간의 연계성확보계획

2) 지역사회복지계획의 개념과 성격

(1) 지역사회복지계획의 정의

지역사회복지계획은 역사적 배경에서도 알 수 있는 바와 같이 지역사회조직사업을 근거로 하며 지역사회보호이념에 따른 지역사회차원의 복지계획이다. 사회계획을 국가차원에서 다루는 것이 아니라 지역이나 지역사회차원에서 접근하는 방식인 것이다. 경제개발계획과 마찬가지로 행정주체에 의한 '행정계획'에 속하지만 주민참가에 기초하여 공·사 협동에 의한 합의형성에 초점이 있다는 점에서 본다면 '사회계약'이기도 하다.

지역사회복지계획은 지역사회주민이 스스로 인간다운 삶을 추구할 수 있는 복지지역사회(welfare community)를 만들기 위하여 주민들과 행정기관이 협력하여 지역사회복지증진에 관한 사항을 정한 계획이다. 지역사회복지계획은 주민의 복지욕구를 정확하게 파악하는 것에서부터 이에 대응할 지역사회 내의 인적·물적 자원을 활용하는 계획을 포괄해야 한다. 뿐만 아니라 계획한 서비스의 만족 정도를 평가하고 개선해 나가는 노력도 수반되어야 한다.

그러므로 지역사회복지계획은 이미 드러난 지역사회복지욕구를 해결하는 계획과정만을 의미하는 것이 아니라 지역사회주민들이 참가하여 그들의 복지욕구를 표출할 수 있도록 교육하고 행정주도의 실행계획에서 벗어나 주민이 힘(power)을 가지고 스스로 해결할 수 있도록 하는 일련의 적극적인 과정을 의미한다.

(2) 지역사회복지계획의 의의

한편 지역복지계획이 함유하고 있는 의의를 가와무라 마사요시(川村匡由)[2)]의 견해에 따라 정리하면 다섯 가지로 제시할 수 있다.

① 지역복지의 제도화이다. 지역복지계획은 국가 및 지방정부의 종합적인 행정계획 속에 위치하게 함으로써 제도로서 보장하는 의의가 있다.

---

2) 이영철·서화자 역, 『지역복지계획론』, 서울 : 홍익재, 1996, pp. 55～70.

② 사회복지서비스의 수급조정과 계속화이다. 과거에는 주민 한 사람이 필요한 복지욕구가 있을 때 개별적 서비스에 의존했다면 앞으로는 각종 서비스를 종합조정하게 된다. 아울러 배분서비스의 수요와 공급표를 만들어 계속화를 기한다.

③ 서비스 공급주체의 다원화이다. 중앙집권행정에서는 국가와 지방공공단체가 각기 정책주체와 실시주체의 역할을 해 왔던 것에 비하여 자원봉사조직, 시민단체, 사회복지협의회 등이 실제적인 주체로 나설 수 있는 것이다.

④ 사회자원의 조달 및 적정배분이다. 사회자원으로서는 복지시설서비스와 재가복지서비스, 복지자금조달이 중요한데, 주민참가에 의해 사회자원개발과 적정배분이 가능하다.

⑤ 복지지역사회의 형성이다. 일반지역사회와는 달리 주민이 지역복지문제나 과제에 관심을 보이고, 공・사 협동을 통해 지역복지공동체를 형성하고 실현하는 것이다.

(3) 지역사회복지계획의 성격

1 사회계획의 성격

사회계획은 사회정책의 일반적인 방침결정과 일상적인 행정실무 사이의 의사결정단계이고 그 사회정책을 실시하기 위해 필요한 우선순위의 결정, 자원의 배분, 서비스공급체제의 설계 등을 하는 것이다. 그러므로 사회계획 가운데 지역사회수준의 사회계획이 지역사회계획이고, 지역사회에 있어서 사회정책으로서 사회복지에 관한 계획을 지역사회복지계획이라고 할 수 있는 것이다.

2 사회복지실천의 성격

지역주민의 지역사회복지참가는 사회복지실천이라는 관점에서 이루어지게 된다. 따라서 지역사회복지계획은 사회복지의 여러 계획을 통합하여 종합적으로 복지서비스가 전개될 수 있도록 실천적인 자원체제를 구축하는 계획의 성격이 있다.

이러한 관점은 하라다 마사키(原田正樹)[3)]의 견해로서 지역사회복지계획은 행정의 사회복지기반 구축과 주민의 실천적인 활동이라는 양면성의 성격을 가진다고 볼 수 있다.

3) 지역사회복지계획의 필요성

(1) 지역사회복지 비전의 구체화

지역사회복지계획은 4년 마다 계획을 수립하도록 되어 있다. 그러므로 계획을 수립하는 해를 기준으로 본다면 4년간의 지역사회복지비전을 제시한 것이라 할 수 있다. 흔히 사회복지는 계획보다도 재정확보가 중요한 요인이 된다고 보는 견해가 있지만 계획이 부실하면 재정확보를 하기는 쉽지 않다. 계획은 말 그대로 현재가 아니라 미래를 향한 전망을 정한 것이다. 그러므로 4년 후 혹은 8년 후의 지역사회복지수준을 계획을 통하여 제시하고 이를 구체적으로 추진하기 위한 전략들이 포함되어야 하며, 주민들 스스로도 복지는 소비가 아니라 사회적 안정을 위한 투자라는 인식의 정립이 필요하다.

(2) 지역사회복지서비스의 자원 확대

지역사회복지계획을 수립하는 것은 지역사회복지욕구에 대응할 수 있는 지역사회 내의 사회자원을 파악하고 이를 결집하는 내용을 포함하는 것이 중요하다. 물론 자원의 공급량을 확대하는 것이 중요하지만 그 이전 단계에서는 복지욕구의 수준을 조사하는 것이 우선되어야 한다. 욕구가 있는 곳에 자원공급이 이루어지는 적절성이 요구되기 때문이다. 적절한 욕구파악이 되지 못할 경우에는 민간차원의 자원 확보나 정부예산의 확보에도 장애(barrier)가 발생할 수 있는 것이다.

---

3) 原田正樹, “地域福祉計劃の策定過程とその視点”, 『地域福祉計劃と地域福祉實踐』, 万葉舍, 2001, pp. 110～111.

(3) 지역사회 파트너십 형성

지역사회복지계획을 수립하게 되면 공·사 단체와 구성원 간의 협력이 강화될 수 있다. 지역사회주민의 최저생활을 보장하는 책임은 원칙적으로 국가의 영역에 해당하지만 주민들이 쾌적하고 좀 더 편리한 서비스를 제공받기 위해서는 지역사회 내부 구성원들이 합심하여 노력하는 과정이 따라야 한다. 중앙 정부가 추진하는 사업의 경우에는 교부세(분권교부세 등)나 국고보조금을 제대로 확보하는 노력이 중요하며, 미진할 경우에는 지방정부나 지역주민, 그리고 수요자가 부담해야 하는 문제가 발생할 수도 있다.

그러므로 지역사회의 파트너십은 행정과 민간의 기능분담이 중요한데 생활보장기능은 행정이 맡고, 새로운 사회자원 개발기능은 민간에서 맡는 시스템이 이루어져야 한다. 이를 위해서는 계획을 수립하고 실시하는 과정에서의 파트너십이 필요한 것이다.

(4) 주민복지의식개선과 평생교육

지역사회복지계획의 수립은 주민참가에 기초해야 한다. 지역사회에 거주하는 주민은 이미 정규적인 학습 시기를 지난 성인과 노인세대가 많은 만큼 이들에게는 지역사회복지전문가를 통한 성인학습기회의 제공이 필요하다. 지역사회복지계획에 대한 기본적인 지식이나 마인드가 없는 상태에서는 관주도로 계획이 수립될 소지가 다분하다. 그렇게 된다면 실제로 지역주민들의 사회복지실천기능이 약화될 개연성이 있고 결과적으로 제대로 된 복지계획으로 평가받기는 어렵다.

그러므로 지역사회의 자생조직이나 인위적인 교육모임을 구성하여 지역사회문제해결에 대한 학습을 시키거나 주민상호 간의 '토론학습' 방식의 평생교육이 실시되는 것이 바람직하다.

(5) 지방행정의 복지시스템화 계기

지역사회복지계획의 수립은 사회복지행정의 재편성과 종합적인 복지서비스시스템 구축의 계기가 된다. 세계적으로는 1970년대 이후 사회복지의 보편화가 확산되기 시작하였고 우리나라의 경우는 1980년대 후반에 이르러 노동자계층의 복지욕구 확산으로 보편화가 가속화되었다. 자본주의사회의 발달과정으로 볼 때 1970년대까지는 경제성장위주의 산업사회에서 경제활성화 시스템이 주축이 되었지만 1980년대 이후에는 소자녀화(저출산) · 고령화사회로의 진전과 함께 산업구조도 변모하였다. 즉 경제보다는 사회복지의 기능이 필요하게 된 것이며, 지역사회복지계획은 지방행정조직의 복지기능을 강화하는 계기로 작용하게 된다.

우리나라의 경우 시범사회복지사무소의 설치운영이나 시 · 군 · 구의 주민생활지원국 설치와 지역사회복지협의체 구성, 시 · 군 · 구 사회복지협의회의 법정화 등이 지방행정의 복지화의 근거가 된다. 이러한 변화는 사회복지 관련부서가 아닌 다른 행정조직이나 기구에 소속된 구성원들에게도 '행정의 복지화'를 인식하게 하는 '배리어 프리(barrier free)'를 가져오게 한다.

4) 지역사회복지협의체의 역할

(1) 사회복지협의회의 역할

지역사회에 존재하는 복지전달체계로는 지방정부의 사회복지부서나 주민생활지원부서로 구성되는 지역사회복지행정기관이 공적인 부문(public sector)을 맡고 있다면, 사회복지협의회, 사회복지공동모금회, 사회복지시설협의회 등은 민간비영리단체(private non-profit organization)로서 민간부문(private sector)의 역할을 수행한다. 이 중에서 사회복지협의회는 일본의 경우에 중앙의 전사협, 도 · 도 · 부 · 현의 사협, 시 · 정 · 촌의 사협에 이르기까지 완전하게 구축되어 지역복지의 추진을 위한 중추조직으로서 행정의 위탁이나 단독적인 재가복지서비스를 추진하고 있다.

한편 우리나라의 경우는 2004년 7월부터는 시 · 군 · 구의 사회복지협의회도 사회복지법인이 될 수 있는 길이 열렸지만 활성화된 단계는 아니며, 특히 사회복지공동모금회가 별도의 역할을 하고 있어서 일본에 비하여 그 역할의 범주가 미약하다. 즉 기초 사회복지협의회가 구축되고 제 역할을 하기에는 기간적으로 한계를 가지고 있으며, 그 와중에 사회복지사업법 개정으로 '지역사회복지협의체'가 성립된 것이다.

일본은 1983년 기초자치단체인 시 · 정 · 촌(市 · 町 · 村)의 사회복지협의회가 사회복지사업법 상 법정화 되었고, 주민참가에 의해 복지커뮤니티를 축으로 지역복지를 추진하였기 때문에 지역사회복지계획의 실제적인 기능을 담당한다. 이 외에도 일본의 지역복지계획은 시대적인 계보를 가지고 있는데, 우선 제2차 세계대전 이후의 지역사회조직(CO)의 방법으로서 실천된 계보가 있다. 그리고 1960년대의 지역사회개발(CD)로서 도시개발, 경제개발, 사회개발과 관련된 계보에 이어서 1970년대 이후부터 1990년의 사회복지관계8법 개정으로 법정화가 된 노인보건복지계획(재가복지중심)과 관련된 계보가 그것이며, 2000년 6월에 '지역복지계획'이 법정화가 되어 2003년부터 실시되었다.

(2) 지역사회복지협의체의 역할

지역사회복지계획의 수립과 실천에 있어서 실질적인 역할이 바로 시 · 군 · 구 단위의 '지역사회복지협의체'[4]에게 주어져 있다. 아울러 지역사회복지협의체는 '실무협의체'를 둘 수 있도록 하고 있기 때문에 실제로는 지역사회복지실무협의체가 주체가 된다. 그리고 분야별로 실무분과를 둘 수 있으며, 이들 역할을 효과적으로 수행하기 위해 상근 유급직원까지 둘 수 있도록 규정되어 있다. 그렇다면 기초 사회복지협의회는 실질적으로 지역사회복지계획의 수립과 실천에는 많은 역할을 수행하기는 어렵다. 일본의 사례를 적용한다면 지역사회의 사회복지협의회가 중추적인 역할을 맡게 되지만 우리나라의 경우는 법제적으로 차이가 있다.

사회복지사업법 제7조의2에 의하면 지역사회복지협의체가 지역사회복지계획의 주요 역할을 맡도록 규정되어 있기 때문이다. 즉 지역사회복지협의체

4) 시 · 도 단위에서는 사회복지위원회가 설치 · 운영되어 역할을 맡고 있다.

는 관할지역 안의 사회복지사업에 관한 중요사항과 지역사회복지계획을 심의 또는 건의하고, 사회복지 · 보건의료관련 기관 · 단체가 제공하는 사회복지서비스 및 보건의료서비스의 연계 · 협력을 강화하는 것으로 되어 있다.

(3) 양자 간의 관계 정립

지역사회복지계획에서 실제로 중요하고 반드시 유념해야 할 것은 지역사회복지기관이나 시설을 운영하거나 종사하는 지역사회복지관계자들의 지역사회복지계획에 대한 인식문제이다. 복지기관이나 시설의 경우 같은 법인 내에서만 전직이 가능하고 일부의 경우에는 동일 법인이라도 생활시설과 이용시설 간의 직원이동도 제한되고 있어서 자신이 속한 기관 · 시설의 이익만을 생각하는 경향이 많다. 이는 지역사회 전체의 복지향상을 위해서는 역기능으로 작용하게 되기 때문에 인식전환이 우선되어야 한다.

지역사회복지협의체는 지역사회복지관계자뿐만 아니라 지역사회복지전문가, NGO 등의 주민대표를 포함한 포괄적인 협의체가 중심이 되어야 한다고 보면 기관이나 시설 간의 갈등요인은 해소되어야 하는 것이다. 즉 지역사회주민의 복지향상을 위해 공급자인 기관이나 시설 중심의 서비스체제가 아닌 지역사회주민과 수혜자 중심으로 거듭나야 하는 것이다. 이를 위해서는 지역사회복지협의체에 사회복지협의회의 관계자들이 포함되고 개별위원들은 전체성의 관점에서 자기 기관이나 시설의 긍정적인 역할을 모색할 수 있는 자세정립이 요구된다.

2. 지역사회복지계획의 목표와 이념

1) 지역사회복지계획의 목표

(1) 시설복지와 재가복지의 통합

지역사회를 기반으로 하는 복지서비스는 시설복지부문과 재가복지부문으로 구성된다. 우선 시설복지는 주로 아동, 노인, 장애인, 부랑인 등의 대인서비스 유형별로 일정한 규모의 시설과 전문인력을 갖추고 제도적 서비스(institutional service)가 이루어진다. 이에 비하여 재가복지는 일본의 경우에는 재택(在宅)복지로 불리며 말 그대로 집을 소유하고 있거나 임차형태로 지역사회에서 거주하는 요보호자에게 홈 헬퍼(home helper)를 파견하거나 데이케어(day care)나 쇼트 스테이(short stay) 서비스를 제공하게 된다.

그런데 이 두 가지의 복지서비스는 그 배경이 다르고 각기 장단점을 가지고 있는 바, 상호보완하고 통합할 수 있는 지역사회 차원의 계획이 요구된다. 우리나라와 일본의 경우는 1990년대 이후 재가복지가 중시되는 경향이 있으나 시설복지의 전문성이나 장점들을 원용할 필요가 있고 아울러 생활시설의 경우에도 시설의 지역사회화가 계획을 통하여 이루어져야 한다.

(2) 보건의료와 복지의 연계

지역사회에 있는 생활시설이나 재가시설이 통합서비스를 제공하기 위해서는 보건의료부문과 사회복지부문의 연계가 필요하다. 여기에서 '연계'라고 하는 의미는 물리적인 연계를 의미하는 것보다는 기능적인 연계의 의미가 강하다. 각각의 입장에서 서비스의 목표를 설정하고 그것을 달성하기 위하여 노력하는 활동에서 더 나아가 합의형성과 전문 인력 간의 네트워킹이 요구된다.

지역사회의 보건소(정신보건센터)와 읍・면・동사무소, 민간의료센터(병원)가 그 본래의 역할분담을 유지하면서 협력할 수 있는 협의체를 구성하고 계획을 통하여 서비스를 조정할 수 있다. 우리나라의 경우 보건소와 사회복지 사무소를 통합한 '보건복지사무소'를 시범사업으로 추진한 경험도 지역사회 복지계획에서 고려하여 연계할 수 있는 것이다. 특히 지역사회복지계획은 보건의료계획을 고려하여 수립되도록 한 것은 이와 같은 맥락으로 보아진다.

(3) 주민생활환경의 정비

1990년대 이후 강조되기 시작한 지역사회복지의 배경에는 정상화의 이념이 존재한다. 즉 사회취약계층인 노인이나 장애인, 아동 그리고 정신박약자 등이 생활시설이 아닌 평상시의 생활환경에서 어려움을 겪지 않고 정상적으로 생활을 영위할 수 있도록 정비해야 하는 것이다. 재가복지시설인 주간보호센터나 단기보호센터뿐만 아니라 일상생활이 이루어지는 주변 환경의 시설을 복지적으로 재구축해야 한다. 개인주택이나 공동주택 등의 거주시설에서부터 도로, 공원, 학교, 관공서, 은행, 극장 등의 주민이용시설에서 쉽게 접근하고 이동할 수 있도록 환경을 정비하도록 계획하여야 한다.

특히 현대사회는 고령화로 인하여 노인인구나 장애인의 인구가 늘어나는 추세에 있고 자연스럽게 의료복지의 욕구가 늘어나는 만큼 이에 대응한 지역사회차원의 복지적 대응이 긴요하다. 즉 정상화나 재가화의 이념에 배경한 재가복지환경이 계획적으로 조성되어야 하는 것이다.

(4) 지역사회의 조직화

지역사회복지계획은 그 역사적 계보로 볼 때 지역사회조직(CO)과 긴밀한 관계가 있다. 다시 말해서 지역사회구성원들의 지역사회복지향상을 위한 조직적인 활동이 전제될 때 지역사회복지계획은 가능한 것이다. 당초 케이스워크나 그룹워크에 비하여 전문화가 늦었던 지역사회조직이 사회복지의 전문적 방법론으로 인정된 것은 도시지역사회를 중심으로 한 지역사회조직화의 기술이 시대적으로 요구되었기 때문이다.

특히 1970년대 이후에는 사회계획(social planning) 이론이 지역사회조직 이론과 합성되어 지역사회조직화 및 사회계획(community organization and social planning)으로 발전해 오고 있다. 그러므로 지역사회복지계획에서는 지역사회주민들이 스스로 조직화하여 복지향상을 꾀할 수 있도록 격려하고 지원하는 조직화의 목표로 강조될 필요가 있다.

(5) 지역사회복지시스템의 구축

지역사회복지계획에서는 재가복지나 시설복지체제를 아우르는 서비스의 네트워크를 구축하는 조직이 형성되어야 한다. 즉 지역사회복지사업을 통합하고 조정하며 연계하는 조직(기구 및 인력)이 요구된다. 우리나라의 경우는 이미 지역사회 단위에서 다양한 서비스 체계가 독립적으로 연합체계를 형성하여 협의회를 구성하고 있지만 실제적인 활동측면에서는 개별성이 강하고 전체성이 부족한 실정이다. 아동복지시설연합회, 노인복지시설연합회, 장애인복지시설연합회, 지역사회복지관협회 등이 별도로 체계를 구축하고 있으나 시설을 운영하는 사회복지법인 등의 규모의 차이나 기타 요인으로 횡단적인 서비스시스템이 구축되어 있지는 못하다.

따라서 지역사회복지계획은 노인복지계획, 장애인복지계획, 아동복지계획 등의 대인서비스계획은 물론 의료서비스계획을 망라한 전체성을 갖춘 시스템의 목표가 있다.

한편 오오하시 켄사쿠(大橋謙策)[5]는 지역복지계획의 목표를 다음의 세 가지 목표로 구분하고 있다. 이는 지역복지계획의 개념을 개관하는 데 도움이 될 수 있다.

① 과업목표(task goal)

지역복지계획에는 주민의 복지욕구를 충족시키기 위한 서비스 목표량이나 서비스를 제공하기 위한 시스템 구축과 같은 과업의 목표가 있다.

② 과정목표(process goal)

계획의 책정과 실천에 있어서 주민의 사회복지 관심과 이해도를 높이고

---

5) 大橋謙策 編,『地域社會計劃策定の視点と實踐』, 第一法規, 1996, pp. 24~25.

실질적인 주민참가를 도모하는 과정의 목표가 포함되어 있다.

3 관계목표(relationship goal)

지방자치단체에 있어서 사회복지에 대한 사회적 · 정치적 역학의 변화를 추구하는 관계성의 목표가 있다.

2) 지역사회복지계획의 이념과 원칙

(1) 지역사회복지계획의 이념

1 지역성과 개별성의 이념

국가차원의 사회복지계획이 아닌 지역차원의 지역사회복지계획은 우선 지역성이 가지고 있는 각기 다른 개별성에 기초를 두고 구상되어야 한다. 지역사회 특유의 복지여건이 있고 그에 따른 복지환경이 영향을 미치게 될 것이기 때문에 개별적인 지역사회진단(community diagnosis)에 의한 지역사회복지사업이 계획되어야 하는 것이다.

농촌사회, 도시사회의 특성에 따른 지역성이 있을 수 있고 주택지역이나 아파트 지역에 따른 주거생활권의 특성도 다를 수 있다. 아울러 공업지대, 상업지대나 생산지대, 소비지대에 따라 개별적 특성이 있다고 본다면 생활권역에 기초한 지역성과 개별성의 이념이 중시된다.

2 인권성과 평등성의 이념

지역사회복지는 크게는 사회복지에서 추구하는 인권옹호(protection of human rights)와 행복추구권, 생존권 등이 개인에 따라 차별성 없이 실천되어야 하는 근본적인 이념을 계승하고 있다. 지역사회주민 모두가 가족이나 이웃의 보호(care)로 그 지역사회를 벗어나지 않고 신체적 · 정신적으로 건강한 삶을 유지하고 보장받을 수 있어야 하는 것이다.

특히 오늘날과 같은 다문화 · 다민족 사회에서는 인종, 종교, 성별, 신념,

신분의 차이에도 불구하고 평등하게 최저생활권을 존중받아야 하는 복지국가 사상이 지역사회복지계획에서도 명시되고 지켜져야 한다.

3 생활향상성 이념

사회복지는 삶의 질을 향상하는 이념을 가지고 있다. 그런데 이러한 삶의 질은 근본적으로 인간의 기본적 욕구에 기초하는 것이므로 인간이 가지고 있는 경제적, 사회적, 심리적 차원의 욕구수준을 현재수준에서 보다 나은 단계로 향상시켜서 복지수준을 보장하는 것이 된다. 그것이 화폐로 평가되는 경제적 생활수준이든 비화폐적으로 평가되는 사회·심리적인 생활수준이든지를 막론하고 보다 나은 단계를 지향하는 원리이다.

흔히 국가최저한의 수준(national minimum)이 있는 것과 마찬가지로 지방이나 지역사회도 그 지역사회의 최저수준(local minimum)을 설정하고 지방자치단체와 민간부문이 그 이상의 수준으로 향상시키고자 하는 공통의 지역사회복지계획이 되어야 한다.

4 참가성과 협력성의 이념

사회복지는 현대 복지국가에 있어서 국가의 책임이라는 이념이 농후하다. 특히 자본주의국가는 시장 메커니즘에서는 이른바 '보이지 않는 손'에 의하여 자본축적이나 생산관계는 유지되지만 소득보장이나 의료보장 등의 공공재(public goods)는 시장실패 국면이 발생하게 된다. 그러므로 국가는 개입을 통하여 최저한의 생활수준을 보장하는 복지정책을 전개하게 된다.

그러나 개별 국민들의 기본적인 욕구가 아닌 부가적인 욕구나 특별한 욕구에 대해서는 민간영역의 선택적인 활동으로 보완될 필요가 있다. 비영리 민간단체에 의한 복지사업의 참여나 기업을 통한 기업복지가 협력성을 발휘할 때 지속가능한 복지체제가 유지될 수 있는 것이다. 특히 지역사회복지는 지방정부가 주도하는 것이 아니라 주민 단체의 참가에 의한 협의체가 협력적으로 계획하고 추진해야 하는 원리가 있다.

5 종합성과 연계성

지역사회복지계획은 민간사회복지기관이나 시설의 협력체를 구성하고 이를 지역사회의 행정기관과 공통으로 구상하고 실천하는 하나의 과정이다. 여기에서 협력체를 구성하는 의미는 기존의 방식인 노인복지시설, 장애인복지시설, 아동복지시설 등의 내부적인 연계・협력이 아니라 횡단적인 의미의 종합성을 갖추어야 한다는 것이다.

뿐만 아니라 인간이 가지고 있는 복지욕구는 대상자에 따라 다양하고 복합적인 것이 대부분이므로 사례에 따라 복지와 의료부문의 서비스가 연계(linkage)되어야만 제대로 관리될 수 있다. 그러므로 지역사회복지계획은 복지와 의료라는 개별속성을 초월하여 종합적이고 포괄적인 서비스 이념에 기초해야 한다.

(2) 지역사회복지계획의 원칙

1 지역성 존중의 원칙

지역사회복지계획은 중앙정부에서 제시하는 일정한 변화목표가 아니라 해당 지역사회가 가지고 있는 역량이나 개별성에 기초하여 계획되고 실천되어야 한다. 그러므로 가능하면 지역사회주민에게 필요한 서비스는 일상생활권 단위로 공급하는 시스템을 갖추고 불가피한 사정이 있을 경우에는 인접 지역사회나 광역단위와 관계를 형성하여 공급하는 방법을 택하는 것이 원칙이다.

2 이용자 권리의 원칙

지역사회복지서비스 역시 사회복지서비스와 마찬가지로 그것을 이용하고 소비하는 주민들이 선택하는 권리가 보장되어야 한다. 사회복지에 대한 기본권 의식이 발달된 사회에서는 복지욕구를 가진 계층이 적극적으로 요구하는 경우도 나타나지만 만약에 취약계층들이 그들의 욕구를 제대로 표현하지 못하는 경우에는 권리의식을 강화해 주는 조치가 따라야 한다.

③ 서비스 연계의 원칙

사회적 약자의 위치에 있는 복지수요자들은 대개의 경우 다수의 복지욕구나 의료욕구를 동시에 가지고 있는 특성이 있다. 그러므로 지역사회복지계획에서는 보건・의료・복지 부문이 횡적으로 네트워킹이 된 시스템을 구축하여야 하는 원칙이 있다. 이는 공급주체들 간의 협력과 협동에서 비롯될 수 있는 원칙이다.

④ 협력과 강화의 원칙

협력과 그를 통한 서비스 공급의 강화는 민간단체뿐만 아니라 공공단체와 민간단체 간의 업무에서도 필요하다. 흔히 공・사 간의 협력은 수평적 조건이 아니라 수직적 조건이 작동될 소지가 있는 만큼 상호 동등한 관계형성이 적용되어야 가능한 원칙이다.

⑤ 주민참가와 다원화의 원칙

지역사회복지계획의 주체는 다종다양한 복지공급원을 참가시킴으로써 지방정부의 복지급여 한계를 보완하고자 하는 의미도 있다. 자원봉사조직, 일본의 복지공사 형태(NGO, NPO) 등을 활용한 수익자 부담의 복지급여방식도 보충해야 한다. 사회복지대상자 중에는 어느 정도 자부담을 할 수 있는 계층이 있고 주민 스스로 이들을 포용할 수 있는 복지공급체계를 도입하여 다원화하는 원칙이 채택될 수 있다.

3. 지역사회복지계획의 수립 · 내용 · 평가

1) 지역사회복지계획의 수립

(1) 지역사회복지계획의 수립주체와 절차(사회복지사업법 제15조의3)

[1] 시 · 군 · 구 지역사회복지계획

① 수립주체는 시장 · 군수 · 구청장이 된다.

② 수립절차는 사회복지사업법 시행령 제7조의2에 다음과 같이 규정되어 있다.

· 지역주민의 복지욕구 및 지역 내 복지자원 등에 대한 자료수집 및 조사를 실시한다.

· 복지욕구 및 복지자원 실태조사 결과에 따라 당해 지역에 필요한 사업내용을 종합적으로 고려하여 수립하되, 사회보장기본법 제20조의 규정에 의한 사회보장증진을 위한 장기발전방향에 부합하여야 한다.

· 계획의 주요 내용을 20일 이상 공고하여 지역주민 등 이해관계인의 의견을 수렴(필요시 공청회 개최)한 후 지역사회복지협의체의 심의를 거쳐 시장 · 군수 · 구청장이 확정한다.

③ 지역사회복지계획의 제출(시행령 제7조의2)은 시 · 군 · 구청장이 지역사회복지계획 및 그 연차별 시행계획을 계획시행 전년도 6월 말까지 시 · 도지사에게 하도록 되어 있다.

④ 지역사회복지계획은 매 4년 마다 수립하되 수립연도는 지역보건의료계획의 수립 시기와 일치하도록 한다. 다만, 그 연차별 시행계획은 지역사회복지협의체의 심의를 거쳐 매년 수립한다(시행령 제7조의3).

[2] 시 · 도 지역사회복지계획

① 수립주체는 시 · 도지사가 된다.

② 수립절차는 사회복지사업법 시행령 제7조의2에 다음과 같이 규정되어 있다.

· 지역주민의 복지욕구 및 지역 내 복지자원 등에 대한 자료를 수집하고 조사한다.
· 시 · 군 · 구에서 제출받은 지역사회복지계획을 종합 · 조정한다.
· 복지욕구 및 복지자원 등에 대한 조사결과와 시 · 군 · 구 지역사회복지계획을 종합하여 계획을 수립한다.
· 시 · 도사회복지위원회의 심의를 거쳐 시 · 도지사가 확정한다.

③ 지역사회복지계획의 제출은 시 · 도지사가 시 · 도 지역사회복지계획을 계획시행 전년도 11월 말까지 보건복지부로 제출한다.

한편 시 · 도지사 또는 시장 · 군수 · 구청장은 지역사회복지계획을 수립함에 있어서 필요할 경우에는 사회복지관련 기관 · 단체 등에 대하여 자료제공 및 협력을 요청할 수 있다.

(2) 지역사회복지계획의 수립시기(사회복지사업법 시행령 제7조의3)

1 당초 계획수립

지역사회복지계획은 4년 마다 수립하되 수립 연도는 지역보건의료계획의 수립 시기와 일치하도록 한다. 그리고 연차별 시행계획은 지역사회복지협의체의 심의를 거쳐 매년 수립하도록 되어 있다.

수립 시기는 시 · 군 · 구 지역사회복지계획과 시 · 도 지역사회복지계획이 다 같이 4년 주기이지만 제출 시기는 기초자치단체는 계획시행 전년도 6월 말까지로 하고 광역자치단체의 경우에는 계획 시행 전년도 11월 말까지가 된다.

2 계획변경

시 · 군 · 구청장과 시 · 도지사는 지역사회 내의 복지환경의 급격한 변화에 따라 필요할 때는 지역주민, 사회복지 및 보건의료관련기관 · 단체, 전문가의 의견을 들은 다음에 시 · 도는 사회복지위원회, 시 · 군 · 구는 지역사회복지협의체의 심의를 거쳐서 계획변경이 가능하다.

(3) 지역사회복지계획의 조정권고와 변경(사회복지사업법 시행령 제7조의3)

[1] 지역사회복지계획의 조정권고(법 제15조의3 제4항 및 규칙 제6조의2)

① 조정권고주체는 보건복지부장관과 시・도지사가 된다.

② 조정권유사유는 시행규칙 제6조의2에 다음과 같이 규정되어 있다.

- 지역사회복지계획의 내용이 관계법령에 위반된 경우
- 지역사회복지계획의 내용이 국가 또는 시・도의 사회복지시책에 부합되지 아니한 경우
- 지역사회복지계획의 내용이 지방자치단체의 행정구역과 주민생활권역 간의 차이를 반영하지 아니한 경우
- 지역사회복지계획의 내용이 그 이상의 지방자치단체에 걸쳐 있음에도 당해 지방자치단체 간 협의를 거치지 아니한 경우
- 지방자치단체 간 지역사회복지계획의 내용에 현저한 불균형이 있는 경우

[2] 지역사회복지계획의 변경(시행령 제7조의3)

① 변경주체는 시・도지사 또는 시장・군수・구청장이 된다.

② 변경절차는 다음과 같다.

- 지역주민, 사회복지 및 보건의료관련기관・단체, 전문가의 의견을 들은 후 사회복지위원회 또는 지역사회복지협의체 심의를 거친다.
- 시・도지사 또는 시장・군수・구청장이 확정한다.
- 보건복지부장관 또는 시・도지사에게 변경된 계획을 제출한다.

2) 지역사회복지계획의 내용과 단계

(1) 지역사회복지계획의 내용

2003년에 개정된 사회복지사업법에서는 2005년 7월부터 지역사회복지계획을 시행하도록 하였다. 따라서 시범지역에서는 2004년에 지역주민의 욕구

조사 및 자원조사를 실시하고, 2005년 상반기까지 지역사회복지계획을 수립하도록 하였다. 이후부터는 다른 시·군·구와 함께 지역보건의료계획수립 시기에 맞춰 수립하도록 하며, 외부 전문 연구기관에 용역을 의뢰할 수 있다.6)

지역사회복지계획의 주요내용은 가용복지자원의 실태 및 확충 필요자원의 분석과 지역사회복지전망 및 정책방향 설정, 정책우선순위 결정 등이 된다. 여기서는 동법 제15조의4에 규정된 내용을 정리하면 다음과 같다.

① 복지수요의 측정 및 전망에 관한 사항
② 사회복지시설 및 재가복지에 대한 장·단기 공급대책에 관한 사항
③ 인력·조직 및 재정 등 복지자원의 조달 및 관리에 관한 사항
④ 사회복지전달체계에 관한 사항
⑤ 사회복지서비스 및 보건의료서비스의 연계제공방안에 관한 사항
⑥ 지역사회복지에 관련된 통계의 수집 및 정리에 관한 사항
⑦ 그 밖에 대통령령이 정하는 사항7)

(2) 지역사회복지계획의 단계

일반적으로 정책수립이나 계획의 단계는 욕구조사를 바탕으로 계획에 나아가게 된다. 즉 욕구조사계획과 본 계획의 2단계로 구분이 된다. 그러나 흔히 '계획'이라고 말할 때에는 욕구조사를 전제하거나 간과하는 관계로 계획 그 자체만을 의미하기도 한다. 왜냐하면 계획을 수립하기 위해서는 기본적으로 구상이 있거나 사회조사를 통한 현실의 인식이 필요하기 때문이다.

그런데 욕구조사나 기본구상단계를 제외한 계획단계 자체만을 두고 보더라도 기본계획(Plan)과 실시계획(Do)으로 구분이 된다. 그리고 최근에는 정책

---

6) 시범지역을 포함한 전국적인 차원의 지역사회복지계획수립과 시행시기는 2007~2010년까지를 제1차 계획 기간으로 하고 있으며, 이 기간은 지방자치단체장 선출을 민선으로 바꾼 지 제4기에 해당한다.

7) 시행령 제7조의4에서 정하고 있는 사항은 다음과 같다.
① 지역사회 사회복지 및 보건의료분야 현안문제해결을 위한 사업개발계획
② 사회복지 및 보건의료기관·단체 간 협력체계 운영 방안
③ 지역사회복지계획 추진과정에 대한 주민참여촉진 방안
④ 기타 지역사회 특성 상 계획수립의 필요성이 인정되는 사항

대상자나 계획과 관련된 일반 대중들의 알고자 하는 욕구에 따른 평가계획(See)이 추가되기도 한다. 뿐만 아니라 기본계획의 전단계인 기본 구상을 구상계획으로 단계화하여 ① 구상계획, ② 기본계획, ③ 실시계획, ④ 평가계획의 4단계로 보는 관점도 있다. 그러면 지역사회복지계획의 시행을 위한 단계별 계획의 주요내용을 보면 다음과 같다.

1 구상계획(기본구상)

구상계획단계에서는 행정적으로는 기본구상에 해당하는 것으로서 지역사회복지의 기본 이념을 명확하게 하기 위한 욕구조사(사회조사)를 하고 목표를 설정하거나 변화하고자 하는 기본적인 방침을 정한다. 그러므로 지역사회에 대한 일반현황이나 역사성을 이해하고 여러 가지의 통계자료를 바탕으로 해당 지역사회의 복지문제를 진단하게 된다. 사회조사를 바탕으로 사회지표(social index)를 획득하거나 분석하는 데는 전문적인 기법이 요구된다.

2 기본계획(과제구상)

과제를 구상하는 단계이므로 과제계획이라고도 할 수 있으며 행정적으로는 기본계획에 해당한다. 이미 설계된 구상계획을 실현하기 위한 과제를 정하는 단계인 것이다. 그러므로 주민의 복지욕구나 인적 · 물적 자원의 동원 및 개발에 관한 검토가 필요하며, 변화를 위한 지역사회의 조직화를 위한 동기부여(empowerment) 전략이나 일종의 시범사업을 제시하기도 한다. 이 단계에서는 주로 달성 목표를 구체적으로 제시하고 계획 내용을 결정하며, 계획기간도 단기 · 중기 계획 혹은 전기 · 후기 계획으로 설정하게 되며 이러한 과정에서 전단계의 구상계획이 다시 고려되기도 한다.

3 실시계획(실천)

실시계획은 전단계에서 개발된 정책에 대하여 시범사업의 구체화가 이루어진다. 뿐만 아니라 전면 실시계획의 경우에는 실시주체, 역할조정, 관리 · 운영 시스템, 서비스 급여 방법 등을 계획내용에 포함한다. 일단 실시계획의 내용이 정해지면 실시연도의 결정이나 사업비의 배분 등을 재정여건과 긴급성의 판단에 따라 재설정하는 단계를 거쳐 구체적으로 실천해 가는 단계로 나아간다. 그러므로 실시계획은 계획의 최종적인 결정단계에 해당한다.

④ 평가계획(평가 · 환류)

평가계획은 실시계획이 구체적으로 실천된 부문에 대하여 사업의 효과성을 측정하는 것을 의미한다. 물론 평가에는 사전평가와 중간평가가 포함되지만 지역사회복지계획에서는 사업의 달성도, 주민의 만족도, 변화를 위한 지역사회의 조직도, 그리고 계획책임의 소재나 경비소요의 적절성 등을 검토하게 되므로 사후평가적인 의미가 강하다.

그리고 평가된 결과는 재책정계획(Cycle)으로 환류하기 위한 시스템에 기본적인 자료로 활용되게 되며, 사업성과가 있는 경우에는 강화기법을 통하여 지속되지만 상대적으로 사업효과성이 낮을 경우에는 일시적으로 중단시키거나 폐지하는 단계이다.

3) 지역사회복지계획의 평가 · 과제

(1) 지역사회복지계획 시행결과의 평가

지역사회복지계획은 그 시행결과를 평가하고 공표할 수 있도록 하고 있는데 이와 관련된 내용을 살펴보면 다음과 같다.

① 시장 · 군수 · 구청장은 시 · 군 · 구의 지역사회복지계획 또는 그 연차별 시행계획의 시행결과를 매 시행년도 다음 해 2월 말까지 시 · 도지사에 제출하여야 한다.

② 시 · 도지사는 시 · 도의 지역사회복지계획 또는 그 연차별 시행계획의 시행결과를 매 시행년도 다음 해 3월 말까지 보건복지부 장관에게 제출하여야 한다.

③ 시 · 도지사 또는 보건복지부 장관은 제출받은 지역사회복지계획 또는 그 연차별 시행계획의 시행결과를 평가한다.

④ 시・도지사 또는 보건복지부 장관은 지역사회복지계획 또는 그 연차별 시행계획의 시행결과에 대한 평가를 공표할 수 있다.

⑤ 시・도지사 또는 보건복지부 장관은 각 사회복지사업에 대한 국고보조에 지역사회복지계획의 평가결과를 반영할 수 있다.

(2) 지역사회복지계획의 주요과제

[1] 지역사회복지계획 관계자의 교육

지역사회복지계획은 지역사회를 기반으로 하는 복지계획이다. 그리고 먼저 시행된 지역보건의료계획도 포괄하여야 한다. 그러나 지역사회의 주민복지서비스 기관의 구성 체계를 보면 크게는 사회복지기관・시설과 보건・의료시설로 양 대분되고 있으므로 평소 이들 기관에 종사하는 전문직 상호 간의 교류활동이 미진한 실정이다. 좀 더 세부적으로 본다면 사회복지기관은 지역사회복지관과 노인복지관, 장애인복지관 등의 이용시설로 구성되어 있지만 이용자가 다르고 서비스 내용도 각기 차별성이 있어서 업무관계 상 유대가 거의 없다. 사회복지시설의 경우에도 아동, 노인, 장애인, 부랑인 등의 생활(수용)시설로 구분되어 있고 별도의 연합회를 구성하고 있기 때문에 업무연찬을 위한 워크숍 등도 개별적으로 갖고 있다.

뿐만 아니라 보건・의료시설 역시 공공조직인 보건소(정신보건센터)와 민간조직인 지역병원이 있으나 보건소는 예방의학이나 공중보건활동에 치중하고 있고 병원은 질병치료에 주된 관심을 갖고 있어 세부적으로 보면 크게 중첩되는 부문이 적은 실정이다. 따라서 이처럼 각기 다른 업무 영역에서 개별적으로 서비스를 공급하는 전문직이나 관계직원을 대상으로 하는 의식화작업이 요구된다. 지역사회복지계획에 대한 올바른 인식과 지식함양을 위한 워크숍, 포럼, 연찬회, 간담회 형식의 교육기회가 지속적으로 필요하다. 경우에 따라서는 복지행정공무원과 지방의회의 정치인들에게도 지역사회복지의식을 갖도록 하여 지역사회복지계획에 대한 공감대를 구축해야 한다.

2 지역사회복지계획수립의 지원과 통제

지역사회복지계획수립을 위해서는 지역사회복지 관계자들을 중심으로 협의체와 실무협의체를 구성하도록 규정되어 있다. 이 협의체의 위원들은 실질적으로 지역사회복지계획을 수립하고 적극적으로 간여해야 되지만 실제에 있어서는 지역사회에 소재한 대학이나 전문 연구 기관에 용역사업으로 계획이 수립되는 것이 일반적이다. 그리고 위원의 구성체계도 법규정 상에서 정한 기관・단체의 대표자와 실무자로 위촉되지만 구체적인 계획 작성과 실천에서는 역할이 미미한 정도이다. 이 경우에 지역사회복지계획수립 업무를 지원하고 통제해야 할 사회복지부서나 주민생활 사원부서에 소속된 실무위원들도 전체적인 계획절차와 실천과정에 대한 인식이 미약할 경우에는 그야말로 실천력이 없는 서류작업(paper-work)이 될 수밖에 없는 우려가 있다.

따라서 주민복지향상에 실질적으로 기여할 수 있는 지역사회복지계획이 되기 위해서는 일차적으로는 지역사회복지관계자들의 의식화가 요구되지만 이차적으로는 계획을 직접 수립하고 결정하는 복지공무원, 복지위원들이 전문지식을 갖추고 계획의 구상단계에서부터 실행, 평가단계까지 지원하고 통제하는 기능을 발휘해야 한다.

3 지역사회복지계획수립의 주민참가

계획은 그것이 사회계획이든 사회복지계획이든 그리고 지역사회복지계획이든지를 막론하고 계획을 수립하는 단계에서 대외적으로 공개하지 않음으로 인해 발생할 갈등요인을 고려해야 한다. 과거 지역주민의 지식수준이나 의식수준이 비교적으로 평준화를 이루지 못했던 시기에는 소수의 전문가와 추진세력에 의해 정보가 제한되고 세부적인 내용을 공개하지 않았던 경향이 있어왔다. 그러나 오늘날과 같은 지식정보화사회에서는 이러한 계획수립방식은 선호되거나 유지되어서는 오히려 난관에 봉착할 우려성이 많다.

특히 지역사회복지계획은 그 이념이 지역성이 중시되고 주민참가에 의한 합의성에 바탕하고 있다는 점을 감안한다면 계획수립의 초기단계에서부터 완전히 공개하고 진행하는 방식을 취해야 한다. 전통사회와는 달리 지역사회의 인구규모나 물리적인 제약 때문에 전체주민을 대상으로 참가 기회를 보장하는 것은 방법론 상으로 불가능하지만 적어도 관계되는 주민을 대상으로 사전에 알려 주는 홍보 전략은 필요하다. 지역사회복지계획은 군사계획이나 전시자원 동원계획과 같은 기밀보호보다는 주민참가에 의한 공사협동의 '사회계약'의 과정이 중요하기 때문이다.

그렇다고 주민들이 가지고 있는 모든 욕구문제가 사회계약으로 채택되는 것은 아니다. 계획은 주민들의 욕구를 구체화시키고 촉진시키거나 드러나지 않는 욕구를 현재화시키는 측면도 있지만 욕구수준을 조절하거나 억제시키는 측면도 있으므로 공개로 인하여 계획수립에 차질을 빚는 일은 많지 않다. 오히려 지역사회가 가지고 있는 사회문제를 해결하는 데 필요한 인적 · 물적 자원을 획득하거나 사업의 우선순위(priority)를 정하는 데 도움이 될 수 있다는 인식이 필요하다.

④ 의료복지서비스의 네트워크화

지역사회복지계획을 수립하는 주요목적은 산재되어 있는 지역사회의 복지관련 공급원들을 연계하여 체계화하고 서비스 기능을 향상시키는 데 있다. 지역사회복지관계자들을 교육시키고 대표자나 실무자들을 위원으로 위촉하는 것도 결과적으로는 일정한 직함보다는 서비스를 연계하여 주민들에게 공급하고자 하는 것이기 때문이다.

특히 복지서비스는 민간서비스 기능에 의해서는 실패할 수 있는 공공재(public goods)의 성격이 강한 만큼 지방정부는 이들을 상호 연계하여 네트워크를 형성할 수 있도록 적극 개입할 필요가 있다. 그렇지 않을 경우 개별 서비스 기관이나 시설들은 직접적인 이용자나 소비자에게만 관심을 갖게 되고 타 기관이나 시설에 협력을 요청하거나 스스로 파트너십을 발휘할 수도 없다.

극단적으로는 사회복지시설은 지역사회주민들과는 단절된 시설 내 서비스(indoor service)에만 치중하고 지역사회복지관도 소수의 내담자를 위한 사업에만 관심을 두게 될 수도 있다. 뿐만 아니라 보건 · 의료기관이나 시설과의 연계가 필요하지만 원만한 네트워크가 안 될 경우 종합적인 서비스를 제공하거나 안내하기는 어렵다. 그러므로 지역사회복지관련 기관과 시설의 관계자들의 친밀도를 바탕으로 서비스 네트워킹을 강화하는 것이 주요과제가 된다.

5 실천과 평가체제

지역사회복지계획은 지역사회의 변화와 지역사회주민의 욕구를 해결하기 위한 지역사회복지의 계획적 접근방법을 의미한다. 그러므로 계획수립단계의 전문성과 충실성은 물론이고 계획이 실시(실천)되고 해당 사업의 효과측정이나 평가체제와도 상관성을 갖추어야 한다.

현행 사회복지사업법 시행령에서는 지역사회복지계획의 시행결과를 차상급 기관에 제출하고 평가를 받도록 하는 규정을 두고 있지만 그 평가결과를 공표하고 인센티브를 제공하는 세부적인 명시가 없다. 따라서 지역사회복지계획이 사회복지사업법으로 그 시행이 규정되어 있기는 하지만 시・군・구나 시・도 단위의 적극적 조치를 기대하기는 쉽지 않다.

사회복지는 상당부분이 사회심리적이고 그 실천결과도 계량적으로 나타내는 것이 한계가 있다는 측면도 없지 않다. 그러나 사회복지시설 등의 평가제도 역시 시행 초기에는 부정적인 견해가 없지 않았지만 시행과정을 통해 개선해 왔던 만큼 지역사회복지계획도 같은 맥락에서 접근될 수 있다. 특히 개별사회복지시설에 대한 평가에 비하여 전체적인 연계성이나 주민참가성 등이 중요한 평가기준으로 적용될 때 지역사회복지의 보편적인 발전에 도움을 줄 수 있을 것이다.

제15장

주민참여와 자원봉사활동

1. 주민참여

1) 주민참여의 개념과 배경

복지국가에서 사회복지를 증진시키기 위한 일차적이고 직접적인 책임은 국가에 있다고 보지만 민간부문의 역할이 축소되거나 감소되어서는 안 된다. 사회복지대상자의 범위가 넓어지고 그들의 욕구가 고도화 · 전문화됨에 따라서 보다 전문적인 서비스가 증대하고 이에 따라 민간부문의 역할도 보다 더 중요한 것이다.

공적 부문의 사회복지사업은 재정적으로 비교적 방대한 지출을 계속적으로 부담하며 통일적으로 행하는 특성이 있는 반면, 민간부문의 사회복지사업은 제도나 규칙에 구애됨 없이 인적 특성을 충분히 살려 인간을 통하여 클라이언트의 사회복귀나 생활지도를 할 수 있다는 특성이 있다.[1)]

민간부문 사회복지의 구체적인 내용을 살펴보면 다음과 같다. ① 사회가 아직도 충분히 그 대책의 필요성을 인정하고 있지 못하나 긴급한 구제를 필요

1) 愼燮重,『韓國社會福祉政策論』, 서울 : 大學出版社, 1993, p. 72.

로 하는 사업, ② 현행 사회복지법규의 기준에 맞지 않기 때문에 공적인 구제를 받을 수는 없더라도 그대로 방치해 둘 수 없는 사업, ③ 가족 케이스워크와 같이 내면적 지도를 요하는 사업, ④ 산업화, 도시화, 핵가족화로 인한 가족해체나 청소년비행 등 인간관계에 의한 지도를 주로 하는 사업 등 주민참여에 의한 지역사회복지의 사업 분야의 확대가 강조되고 있다.

지방자치제의 실시와 더불어 사회복지 욕구의 확대는 서비스 공급체제의 확충을 필요로 하며, 특히 개별적 대응이 요구되는 재가복지서비스 등과 같은 지역사회복지사업은 공평성과 획일성을 주요기준으로 하는 기존의 공적부문의 사회복지서비스만으로는 한계성을 가진다. 그러므로 개인, 가족 및 지역사회 등을 중요대상으로 하는 민간부문의 역할과 기능이 중요해지며, 이에 대해서 민간부문의 역할을 증대시킬 수 있는 제도적 장치를 마련해야 한다.

또한 사회복지 공급에 있어서도 가능한 지역사회주민과 밀접하고 필요에 대하여 보다 정확한 정보를 가지고 지방자치단체와 민간부문이 중심이 되어서 업무를 수행해야 한다. 따라서 지방자치단체는 사회복지를 구현하는 방법에 있어서 새로운 접근을 요구한다. 이러한 새로운 접근이 공공서비스에 대한 공급체계에 있어서 비영리단체나 주민의 직 · 간접적 역할이 증대될 수 있는 민간부문 기능과 책임성이 증대해야 한다는 것을 나타낸다.[2)]

이렇게 볼 때 주민참여의 개념은 지역주민들이 공식적인 정부의 의사결정과정에 관여하여 주민들의 욕구를 정책이나 계획에 반영되도록 하는 적극적인 행동으로 정의할 수 있다. 특히 지방자치제와 같은 정치환경의 변화과정에서는 지역사회주민들이 그들의 필요와 복지욕구를 획득하기 위한 여러 가지 역량강화가 요구된다.

1970년대의 새마을운동은 주민의 정신혁명을 촉진하여 도 · 농 간 소득균형을 달성하되 주민의 참여에 의한 사업의 조직화와 지역사회개발을 추진하고자 했다. 마을의 기초생활환경개선을 위한 '새마을가꾸기사업'의 일환으로 전국 3만 3,000여 개 마을에 시멘트와 철근이 지급되고, 마을개발위원회 주도로 주민들의 토지와 노동력을 제공하여 마을안길, 교량 정비 등 마을에 절실한 사

2) 김안제 외, 『지방자치의 발전전략』, 서울 : 박문각, p. 398.

업을 추진하도록 했다. 그러나 새마을운동에서 주민참여는 주민의 실질적 역량강화로까지 이어지지 못한 채 '형식적 참여'로 그치고 말았다. 1979년 10월의 박정희 대통령 저격사건 이후 그 구심점이 무너지자 새마을운동도 유명무실화된 것도 주민참여단계의 미성숙에서 배경을 찾을 수 있다.

2) 주민참여의 역할과 효과

지방자치제와 관련하여 실현시켜야 할 지역사회복지의 개념을 보다 더 구체적으로 살펴보면, 지역사회복지란 지역사회를 단위로 지역주민들의 주체적 참여와 공동성이 전제되고 사회복지제도와 기타 사회제도의 통합・확보 및 지역사회문제의 예방・해결을 위한 조직화된 활동을 통해 상부상조하는 공동체사회를 구현하는 것이라 할 수 있다.3)

이러한 측면에서 일반적으로 주민참여는 지역사회 또는 지방자치단체 단위에서 이루어지는 정치 및 행정에 지역주민들이 직・간접적으로 참가하는 것으로서 지역사회복지에서 주민참여는 지역사회복지의 정책・계획, 운영 및 실시에 주민이 참가・계획하는 것을 통하여 지역사회복지의 민주화를 도모하고 사회복지의 수준을 높이고자 하는 것이다.

한편 지역사회복지에서 주민참여의 역할과 효과는 다음과 같이 정리할 수 있다.

① 전통적으로 상호부조의 활동과 이념에 의하여 지역사회복지가 전개되기 시작하였다. 즉 현대의 지역사회복지도 새로운 사회변화에 의하여 상호부조의 활동을 재조직화 하는 것이다.

② 지역사회복지의 활동은 제도적・전문적 서비스로서의 성격도 중요하지만 생활의 공동체로서 원조하는 성격도 강하다. 즉 전문적인 활동이나 업무가 전부가 아니라 지역주민의 참여에 의한 원조활동 역시 중요한 부분을 차지한다.

---

3) 조휘일, "지역사회복지와 자원봉사활동", 『한국지역사회복지운동연구회 발표논문집』, 1995년 추계학술회의, p. 51.

③ 지역주민참여는 고령화 사회를 맞이하여 지역사회의 세대 간 연대를 강화시켜 준다.

④ 지방정부의 의사결정의 효율성을 제고시켜 준다.

⑤ 지방정부에 불평등을 완화시키도록 압력을 주는 효과가 있다.

⑥ 주민투표, 주민발의, 주민소환과 같은 주민참여를 통하여 지방정부기관 간의 갈등완화에 기여할 수 있다.

그러므로 지역사회복지에 있어 주민참여는 본질적으로는 주민주체의 이념인 지역의 주권자와 생활의 권리주체로서 사회복지에 참여한다는 주민자치의 일환이며, 사회복지의 민주적 확립인 동시에 선진복지국가의 공통적인 추구과제이다.[4] 지역사회복지가 효과적으로 실현되려면 전문인력과 함께 주민의 자발적인 참여에 의한 많은 자원봉사인력이 필요하다. 이것은 사회복지의 경향이 사회복지의 대상자들이 수혜자인 동시에 자원이며, 서비스의 공급자로서의 역할까지 수행하는 주민참여적인 의의를 지역사회복지에서 찾아야 함을 말해준다.

그러나 주민참여는 다음과 같은 부정적인 효과도 지적될 수 있는 만큼 제도적 보완이 요구된다.

① 공청회, 주민투표 등의 행정비용이 소요된다.

② 전문성이 있는 사업계획에 전문성이 결여된 주민이 참여할 경우 계획입안이나 실시에 차질이 발생한다.

③ 지역사회주민들 간의 의견충돌로 인한 갈등유발의 가능성이 많다.

④ 참여대표자를 선정하는 과정에서 오류가 발생할 수 있으며, 이 경우에는 전체 주민의사가 반영되지 않는다.

---

4) 愼燮重 外譯, 『日本 現代福祉學總覽』, 서울 : 대학출판사, 1995, p. 523.

3) 주민참여의 방법과 단계

(1) 주민참여의 방법

1 일반적인 방법

정책기획가나 의사결정자가 일반적으로 사용하는 방법에는 네 가지의 유형이 있다. 즉 전시회, 공청회, 설문조사, 대중매체홍보가 많은 시간과 비용이 소요되지 않는 방법이 된다.

① 전시회는 주민과 접촉이 쉬운 곳에서 내용이 간단하고 이해하기 용이한 전시물을 사용해야 한다.

② 공청회는 모든 주민을 공개 초청하여 진행하거나 제한하여 운영하는 방법이 있다.

③ 설문조사는 과학적인 분석도구로써 주민들의 선호도나 태도를 파악하여 문제점과의 관계분석이 가능하다.

④ 매스미디어를 사용한 대중홍보는 정책주체의 계획이나 정책대안을 홍보하고 그 과정에서 주민의견을 반영할 수 있다.

2 전문적인 방법

대중을 대상으로 하는 일반적인 방법에 비하여 평균 이상의 지식층의 참여를 유도하고 이들을 통하여 주민들의 욕구를 밀도 있게 파악하는 방법이다. 델파이 방법, 명목집단 방법, 샤레트 방법, 게임 시뮬레이션 방법 등이 있다.

① 델파이 방법(Delphi Method)은 익명성을 보장한 상태에서 전문가집단의 설문조사기법이다.

② 명목집단 방법(Nominal Group Method)은 충분한 의사전달의 기회가 부족할 때 개별적인 해결방안을 제시하는 기법이다.

③ 샤레트 방법(Charrette Method)은 각 분야 전문가들의 조언을 들을 수 있는 집회를 여는 방법으로 지역주민, 관료, 정치가들이 상호 의견을 자유롭게 개진하여 합의된 제안을 작성하는 기법이다.

④ 게임 시뮬레이션 방법(Gaming Simulation Method)은 실제처럼 꾸민 상황을 컴퓨터로 구현하여 사용자가 간접 경험을 하도록 만든 모의 게임이라고도 한다. 단순 오락용, 훈련용, 실험용 등이 있다. 비행기 · 자동차 · 탱크 등을 조정하는 조정 시뮬레이션, 일정 기간 동안 캐릭터를 성장시키는 육성 시뮬레이션, 주어진 공간 안에서 전투를 벌이는 전략 시뮬레이션, 국가나 도시를 대상으로 경제를 책임지는 경영 시뮬레이션 등이 주된 대상이나 최근에는 주민의 정치참여 등에도 활용되고 있다.

(2) 주민참여의 단계

주민참여의 당초 의미는 주민의견 청취(consultation)였는데 아른슈타인(Arnstein)[5]은 이를 비판하며 주민참여 사다리 모형을 통하여 주민참여를 개념적으로 분석하였다. 주민참여는 하나가 아니라 여러 가지 형태로 해석될 수 있는데 Arnstein은 주민이 갖는 의사결정 권한의 크기에 따라 참여의 형태가 다양하다는 것을 강조하고 있다. 중요한 점은 주민참여 자체가 아니라 의사결정과정에서 주민들에게 어느 정도의 발언권 내지 결정권한을 부여하느냐 하는 것이다<그림 15-1>.

8	주민통제(citizen control)	주민권력 참여단계 (degree of citizen power)
7	권한 위임(delegated power)	
6	협동동반 관계(partnership)	
5	회유(placation)	형식적 참여단계 (degree of tokenism)
4	자문(consultation)	
3	정보제공(informing)	
2	치료(therapy)	비 참여단계 (non-participation)
1	조작(manipulation)	

Serry R. Arnstein, "A Ladder of Citizen Participation", (in) *Journal of the American Institute for Planners,* Vol. 35, 1969, p. 217 참고 재작성.

【그림15-1】 Arnstein의 주민참여사다리 모형

5) S. R. Arnstein, "A Ladder of Citizen Participation", (in) *Journal of the American Institute for Planners,* Vol. 35, 1969, p. 217.

Arnstein은 주민들이 의사결정에 아무런 역할도 하지 못하는 상태를 정부에 의한 조작(manipulation), 치유(therapy)로 규정하며 비참여 단계로 간주한다. 이 단계를 지나면 정부가 무엇을 하고 있는지 주민들에게 알려주고(informing), 주민들의 의견을 듣기(Consultation)는 하나 결정권은 여전히 정부가 갖고 있는 회유(Placation) 등 명목상의 참여단계가 있다. 이어서 정부가 주민을 대화의 상대방(Partnership)으로 인정하고 결정권을 위임(Delegated Power)하거나 주민들이 의사결정은 물론 집행(Citizen Control)까지 하는 진정한 참여단계가 있다.

주민참여는 그 정도에 따라 다양한 영향과 효과를 기대할 수 있는데, 여기서는 위 그림에서 나타난 아른슈타인(Arnstein)이 제시한 주민참여 8단계를 살펴보고자 한다.

1 비 참여(non-participation)단계

1단계는 조작(manipulation)단계로서 공무원이 일방적으로 교육, 설득시키고, 주민은 단순히 참석하는 수준이다. 주민참여라는 이름으로 사람들을 교육시키거나 그들의 지지를 얻기 위하여 자문위원회에 참여시키는 것이다. 진정한 주민참여라기보다 참여를 PR 수단으로 왜곡하는 것이다.

2단계는 치료(therapy)단계로서 주민욕구불만을 일정한 사업에 분출시켜서, 일방적으로 행정지도하는 수준이다. 주민참여라는 가면을 쓰고 반대집단을 치료(치유)하려는 것으로 반대 주민들을 환자와 동일시한다. 님비의 원인을 찾아내 해결하기보다 사회적 병리현상으로 보고 치료하는 데 초점을 맞춘다.

2 형식적 참여(degree of tokenism)단계

3단계는 정보제공(informing)단계로서 행정이 일방적으로 정보를 제공하지만 환류는 잘 일어나지 않는다. 주민들에게 그들의 권리, 책임 및 대안을 알리는 것이 진정한 주민참여를 향하는 첫 걸음이다. 그러나 행정기관으로부터 주민에게로 정보의 일방적인 흐름을 강조하고 쌍방통행(feed back)이나 협상의 권한은 전혀 주지 않는다. 예를 들어 정보가 기피시설 계획의 최종 단계에서 주어질 때 주민들은 그 계획에 영향을 미칠 기회를 거의 갖지 못한다. 일방통행적인 보도자료, 포스터, 질문에 대한 답변 등으로 정보를 제공한다.

4단계는 자문(consultation)단계로서 공청회나 집회 등의 방법으로 행정에 참여하기를 유도하고 있으나 형식적인 수준에 머무는 정도이다. 주민들의 의견을 듣는 것은 참여를 보장하는 중요한 방법이다. 그러나 주민들의 자문을 받는 것이 다른 형태의 참여와 결합되지 않을 경우 이 단계는 속임수에 불과하다. 왜냐하면 주민들의 관심사와 아이디어들이 계획에 고려된다는 보장이 없기 때문이다. 주민들의 자문을 받기 위해 가장 자주 사용되는 방법은 여론조사, 반상회, 공청회 등이다. 행정기관이 주민참여를 이 수준에 국한할 때 참여는 전시행정에 불과하다. 주민참여의 정도는 얼마나 많은 사람들이 회의에 참석하고, 설문지를 받고, 거기에 응답하는가에 의해 측정된다. 주민들이 이것을 통해 무엇을 성취했는가 보다 행정기관이 무엇을 얼마나 했는지가 참여의 증거가 된다. 특히 여론조사가 주민들의 참여를 파악하는 척도가 된다.

5단계는 회유(placation)단계로서 각종 위원회 등을 통해 주민참여가 이루어지지만 최종판단은 행정기관에서 한다. 주민들이 어느 정도 영향력을 가지게 되는 단계이다. 회유는 몇몇 주민들이 각종 위원회에 참여하는 것이다. 위원회에 참여하는 주민들이 지역공동체에 대한 책임이 없거나, 기득권 세력이 다수를 점유할 경우 이들은 머리수로 이길 수 있다. 행정기관이 주민들을 회유하는 정도는 위원회에 참여하는 주민들이 원하는 것을 얻기 위해 사용하는 전문지식의 수준과, 지역공동체의 조직화 수준에 따라 다르다. 미국에서 운영하는 '살기 좋은 도시 만들기' 프로그램의 주민참여 형태 대부분이 회유에 해당한다.

[3] 주민권력 참여(degree of citizen power)단계

6단계는 협동관계(partnership)가 이루어지는 단계로서 최종결정은 행정기관이 하지만 협상이 가능하다. 이 단계에서 권력은 사실상 주민과 행정기관간의 협상으로 재분배된다. 주민과 행정기관은 갈등을 해결하기 위해 정책위원회, 계획위원회와 같은 조직을 통해 의사결정의 권한과 책임을 공유한다. 주민들은 주고받는 방식의 일방적인 변화에 동조하지 않는다. 동반자 관계는 첫째, 주민 대표들이 지역공동체에 조직화된 권력기반이 있을 때, 둘째, 주민들이 대표들의 노력에 합당한 수당을 지불할 재원을 가지고 있을 때, 셋째, 주민들이 필요한 전문가, 변호사, 기술자들을 고용 또는 해고할 수 있는 재원을 가지고 있을 때 실효성이 있다. 이러한 요소들을 갖추었을 때 주민들은 계획의 결과에 영향을 미칠 수 있는 협상력을 갖는다.

7단계는 권한위임(delegated power)이 이루어지는 단계로서 주민들이 결정권을 가지고 집행단계에서도 강력한 권한을 가진다. 주민과 공무원 간의 협상은 중요한 계획에 관해 의사결정 권한을 갖게 하였다. 이 수준의 참여에서는 주민들이 계획의 책임성을 확보하는 중요한 역할을 하게 된다. 입장과 이해관계의 차이를 해결하기 위하여 행정기관은 압력이 아닌 협상을 하게 된다. 권한위임의 또 다른 형태는 의견의 차이를 협상으로 해소하지 못할 경우 주민거부권을 부여함으로써 주민과 행정기관 간의 관계가 대등한 관계로 바뀐다.

8단계는 주민통제(citizen control)가 이루어지는 단계로서 주민들이 입안, 결정, 집행을 스스로 하고 평가단계까지도 통제하는 수준이다. 이는 진정한 주민참여단계로 볼 수 있다. 지역공동체가 학교, 동네, 복지시설 등을 관리하려는 욕구가 증가하고 있다. 주민들은 단순히 사업계획이나 정책을 결정할 수 있는 권한을 보장하는 정도가 아니라 집행하고 관리하며 변화시킬 수 있기를 바란다. 이러한 의미의 실험적 조직들이 이미 환경, 사회복지 분야의 공공 서비스를 생산, 관리하고 있고 또 다른 분야의 조직은 개발단계에 있다.

4) 주민소환과 주민투표

(1) 주민소환제

주민들이 지방자치체제의 행정처분이나 결정에 심각한 문제점이 있다고 판단할 경우, 단체장 등을 통제할 수 있는 제도이다. 일정한 절차를 거쳐 해당 지역의 단체장을 불러 문제 사안에 대한 설명을 들을 뒤 주민투표를 통해 단체장 등을 제재할 수 있다. 정치인에 대한 가장 확실하고 직접적인 통제수단으로 지방자치단체장들의 독단적인 행정운영과 비리 등 지방자치제도의 폐단을 막기 위한 것이 목적이다. 일정 수 또는 일정 비율의 선거인이 청원하면 지방자치단체의 장 및 지방의회의원(비례대표선거구 시・도의회의원 및 비례대표선거구자치구・시・군의회의원은 제외)에 대해 임기 전에 선거를 다시 실시하고, 선거에 지면 공직을 떠나게 할 수 있는 제도이다. 미국에서는 지방의원・교육위원・단체장 등 지방공직자에게 광범위하게 적용된다.

우리나라에서는 2006. 5. 24에 「주민소환에 관한 법률(법률 제7958호)」이 제정되어 2007. 5. 25부터 시행되고 있다. 이 법제는 「지방자치법」 제13조의8의 규정에 의한 주민소환의 투표 청구권자・청구요건・절차 및 효력 등에 관하여 규정함으로써 지방자치에 관한 주민의 직접참여를 확대하고 지방행정의 민주성과 책임성을 제고함을 목적으로 한다.

그리고 주민소환투표는 다음 각 호에 해당하는 주민의 서명으로 그 소환사유를 서면에 구체적으로 명시하여 관할선거관리위원회에 주민소환투표의 실시를 청구할 수 있다.

① 특별시장・광역시장・도지사 : 당해 지방자치단체의 주민소환투표청구권자 총수의 100분의 10 이상
② 시장・군수・자치구의 구청장 : 당해 지방자치단체의 주민소환투표청구권자 총수의 100분의 15 이상
③ 지역선거구 시・도의회의원 및 지역선거구 자치구・시・군의회의원 : 당해 지방의회의원의 선거구 안의 주민소환투표청구권자 총수의 100분의 20 이상

(2) 주민투표

2004. 1. 29에 제정(법률 제07124호)된 주민투표법은 지방자치단체의 주요결정사항에 관한 주민의 직접참여를 보장하기 위하여 지방자치법 제13조의2의 규정에 의한 주민투표의 대상・발의자・발의요건・투표절차 등에 관한

사항을 규정함으로써 지방자치행정의 민주성과 책임성을 제고하고 주민복리를 증진함을 목적으로 한다.

주민투표의 대상은 주민에게 과도한 부담을 주거나 중대한 영향을 미치는 지방자치단체의 주요결정사항으로서 그 지방자치단체의 조례로 정하는 사항(법 제7조①)과 중앙행정기관의 장이 지방자치단체의 폐치(廢置)·분합(分合) 또는 구역변경, 주요시설의 설치 등 국가정책수립에 관하여 주민의 의견을 듣기 위하여 필요하다고 인정하는 때에 주민투표의 실시구역을 정하여 관계 지방자치단체의 장에게 주민투표의 실시를 요구한 사항(법 제8조)이다.

그러므로 다음 각호의 사항은 이를 주민투표에 부칠 수 없다.

① 법령에 위반되거나 재판 중인 사항

② 국가 또는 다른 지방자치단체의 권한 또는 사무에 속하는 사항

③ 지방자치단체의 예산·회계·계약 및 재산관리에 관한 사항과 지방세·사용료·수수료·분담금 등 각종 공과금의 부과 또는 감면에 관한 사항

④ 행정기구의 설치·변경에 관한 사항과 공무원의 인사·정원 등 신분과 보수에 관한 사항

⑤ 다른 법률에 의하여 주민대표가 직접 의사결정주체로서 참여할 수 있는 공공시설의 설치에 관한 사항

⑥ 동일한 사항에 대하여 주민투표가 실시된 후 2년이 경과되지 아니한 사항

주민투표의 실시요건을 보면 다음과 같이 네 가지의 사례에 따라 각기 다르게 정해진다.

① 주민에 의한 투표청구의 경우

'주민투표청구권'자 총수의 20분의 1 이상 5분의 1 이하의 범위 안에서 당해 지방자치단체의 조례로 정하는 수 이상의 서명이 있어야 한다(법 제9조②).

② 지방의회에 의한 투표청구의 경우

재적의원 과반수의 출석과 출석의원 3분의 2 이상의 찬성으로 지방자치단체 의장에게 주민투표를 청구할 수 있다(법 제9조⑤).

③ 지방자치단체의 장의 직권실시의 경우

지방자치단체의 장은 직권에 의하여 주민투표를 실시하고자 하는 때에는 지방의회 재적의원 과반수 출석과 출석의원 과반수의 동의를 얻어야 한다(법 제9조⑥).

④ 중앙행정기관에 의한 투표요구의 경우

- 중앙행정기관의 장이 미리 행정자치부장관과 협의하여야 한다(법 제8조①).
- 지방자치단체의 장은 중앙행정기관의 장으로부터 주민투표의 실시를 요구받은 때에는 지체 없이 이를 공표하여야 하며, 공표일로부터 30일 이내에 그 지방의회의 의견을 들어야 한다(법 제8조②).
- 지방의회의 의견을 들은 지방자치단체의 장은 그 결과를 관계 중앙행정기관의 장에게 통지하여야 한다(법 제8조③).

2. 자원봉사

1) 자원봉사의 의의와 배경

(1) 자원봉사의 의의

① 자원봉사의 개념

자원봉사에 대한 개념은 우리나라의 경우 일반적으로 통용되는 용어이기는 하지만 세부적인 개념은 여러 가지이다. 1988년의 서울 올림픽 개최에 따른 자원봉사 인력 등의 활동이 사회적으로 긍정적인 평가를 받게 된 것이 일반화된 계기였고, 그 이후에도 사회봉사(social service)라는 용어와 같이 사용되고 있다.

자원봉사라는 말이 공식적으로 사용된 것은 1930년의 세계 사회사업가 대회였으나 서구에서도 자원 봉사의 개념은 용어에서조차 통일되지 않고 있다. 'Volunteerism'과 'Voluntarism'이라는 용어가 중첩적으로 사용되고 있는 것이다. 물론 '자원봉사자(volunteer)'에 중심을 둔 '볼룬티어리즘'을 공식적으로는 많이 사용하는 경향이 있으나 '볼룬타리즘' 역시 보편적으로 쓰이는 용어이다.

원래 자원봉사의 어원은 인간 본연의 자발적인 의지(will)와 욕망 · 바램(desire)을 의미하는 라틴어의 자유의지(voluntas)에서 기원한 것이다. 따라서 자원봉사는 자유의지에 기초한 활동이어야 함을 말한다. 자기 스스로 선택한 행위(voluntary action)의 하나임을 의미하는 것이다.

여기서 우리는 인간의 자기 스스로 선택한 모든 행위가 자원봉사활동이 아님을 인식할 필요가 있다. 스스로 선택한 행위가 봉사적인 영역에 적용되었을 때 자원봉사활동으로 불릴 수 있다. 그리고 자원봉사와 다소 혼용되고 있는 사회봉사의 개념은 자원봉사의 의지를 가진 자원봉사자들이 사회를 위하여, 그리고 '사회'라는 장소와 공간에서 활동을 한다는 이중적인 의미가 있는 것으로 볼 수 있다.

그러나 최근에 법적인 처벌의 형태로 이루어지고 있는 '사회봉사명령'은 자원봉사의 의지와는 거리가 있는 개념인 것이다. 법을 어긴 당사자에게 자신의 의지와는 상관이 없이 '사회'라는 공간이나 장소에서 봉사활동을 하라는 '명령'에 해당하는 것이다. 단지 남을 위해서 봉사활동을 해 봄으로써 자신의 범법행위를 반성하게 하는 기회를 부여하는 절차인 것이다.

2 자원봉사의 이념

우선 1990년에 미국의 일슬리(Ilsley)는 지원봉사활동의 이념을 여덟 가지의 특성으로 설명하고 있다. 즉 이타주의, 헌신, 자유의지, 학습, 무급성, 조직, 심리적 보상, 희생이 그것이다.[6] 그리고 일본대판자원봉사자협회는 1993년에 그 특성을 자발성, 복지성, 무급성, 계속성 등의 네 가지로 들고 있다.[7]

국내에서도 여러 학자들이 자원봉사활동의 특성을 두고 여러 가지로 설명하고 있는데, 양창삼은 1997년에 이타성, 자발성, 무보수성, 자아실현성, 조직

---

6) Ilsley, P. J., *Enhancing the Volunteer Experience,* San Francisco : Jossey-Bass Publishers, 1990, pp. 7～12.

7) 大阪ボランテイア協會編, ボランテイアー參加する福祉, 京都 : シネルヴァ書房, 1993, pp. 30～32.

성, 교육성, 지속성, 복지성, 민주성, 개척성, 공공성 등의 11가지로 제시하고 있다.[8]

여기에서는 일본 오사카 자원봉사자협회의 4가지 이념을 중심으로 설명하고자 한다.

첫째, 자발성은 자유의지를 강조하는 것으로서, 타인의 강요나 억압에 의해서 이루어지는 것이 아니라 타인을 스스로 돕고자 하는 이타성을 포함하는 이념이다. 법정의 사회봉사명령은 바로 자발성을 결여하고 있으며, 학생들의 사회봉사활동 역시 학점이나 시간을 채우기 위한 비자발성이 잠재해 있는 활동이라고 할 수 있다.

둘째, 복지성은 자원봉사활동이 자유의지에 의해 시작되었다고 하더라도 자신의 자아실현에 그쳐서는 안 되며 지역주민이나 어려움에 처한 사회구성원들의 복지향상에 초점이 맞추어져야 한다는 점이다.

셋째, 무급성은 금전적인 보수나 대가를 바라지 않고 무보수로 행해져야 한다는 이념이다. 아무리 자발적으로 복지성 있는 활동을 한다고 해도 경제적 보상을 기대하는 것이라면 의미가 감소할 수밖에 없다는 것이다. 그러나 최근에는 자원봉사활동에 직접적으로 소요되는 경비나 수단은(예를 들어 교통비, 식사비, 재료비 등) 받을 수 있다는 견해가 많다. 이러한 실비의 보상은 자원봉사활동을 촉진한다는 의미에서 어느 정도의 대가는 허용하는 입장이다.

넷째는 계속성의 이념이다. 이는 자원봉사활동에서 흔히 범하기 쉬운 것으로서 일단 시작한 자원봉사활동은 그것이 종료할 때까지 성실히 수행되어야 한다는 것이다. 흔히 자원봉사활동은 무계획적으로 시작되어 수행과정에서 갈등을 유발하면 중도에 끝내버리는 경우가 많으나 이러한 우려는 사전의 교육으로서 막을 수 있다.

(2) 자원봉사의 도입

현대국가는 복지사회 건설을 목표로 하고 있으며, 국민들도 복지에 대한

---

8) 양창삼, "사회봉사의 철학과 기능", 대학의 사회봉사, 한양대출판원, 1997, pp. 30~32.

관심이 짙어지고 복지욕구도 증대되고 있다. 복지사회는 물질적 지원이나 행정만으로는 소기의 목적이 달성될 수 없으며, 정신적 기반으로서 주민의 자발적 공동참여가 복지적 필요를 충족시켜 줄 때 복지사회는 건설되는 것이다.[9] 이런 점에서 자원봉사(Voluntarism)는 지역사회의 제 문제에 주민 스스로가 참여하여 복지의 대상인 개인이나 가정의 기능을 회복 내지 보완하고 나아가서는 지역사회의 제 기능을 회복시키기 위한 성숙한 결집이라는 데 중요한 의미가 있다.

특히 최근 지방자치제의 실시와 함께 행정도 종래의 전국적이고 제도적인 접근에서 진정으로 그 지역사회의 문제가 어디에 있는가 하는 문제 중심적 접근으로 변모하고 있다. 즉 커뮤니티 행정(Community Administration)으로 전환하고 있는 이 시점에서 해당지역의 사회문제를 가장 핵심적으로 알고 있는 지역사회주민에게 주도적 역할을 부여하고 자발적으로 해결토록 하는 자원봉사 이론은 사회복지의 접근방법으로서 요구되고 있다.

선진제국에서는 이미 자원봉사가 일반화된 용어로 사용되고 있으나, 우리나라에서는 전문사회사업가나 사회복지기관에서 사용하는 정도이다. 그것도 자원복지에 대한 이해가 부족하거나 제대로 이해하고 있지 못한 경우가 많아서 자칫 사회발전에 장애가 될 요인마저 있다. 그것은 이 분야의 연구논문이 적고 연구하는 학자가 많지 않음에도 기인한다고 할 수 있으나 실제 지역사회에서는 자원봉사가 일반화되고 있는 추세이다.

선진복지국가에서의 사회복지 흐름은 그간의 복지국가 개념에서 복지사회로 지향하고 있는 추세이다. 이것은 국가중심의 획일적이고 수동적인 복지에서 국민에 의한 자발적이고 능동적인 참여를 기본으로 하는 민간중심의 복지로 전환하고 있다는 개념이기도 하다. 여기에서 자원봉사(Voluntarism)에 대한 개념규정을 확실히 하고자 하는 이유는 우리나라에서 사용하는 용어자체가 자원봉사자 또는 자원봉사활동의 개념과 혼용되고 있어 자칫 사회발전의 한 방법으로 전개되는 자원복지의 개별행동에 야기될 수도 있는 문제를 해결하기 위해서이다.

9) 대한적십자사, "사회복지와 자원봉사", 『적십자사와 자원봉사』, 1983, p. 47.

우리나라에서는 '86아시안게임과 '88올림픽, '93대전엑스포, 2002월드컵 등 대규모의 정부주도 행사를 준비하고 전개하는 과정에서 자원봉사 프로그램이 행해짐으로써 자원봉사에 대해 역사와 전통이 깊지 못하였던 상황에서 새로운 장을 열 수 있다는 긍정적인 반향을 불러일으킨 것이 사실이다. 그러나 자원봉사에 대한 이론적이나 국민정서적인 확고한 바탕이 없이 급작스레 계획하고 추진한 데서 온 혼선도 많다는 것을 인정해야 할 것이다.

이것은 자원봉사의 개념이 우리나라에서 발간된 사회복지학이나 사회학사전 등에서 명확한 규정이 없는 실정에서도 단적으로 나타난다. 단지 김영호[10]가 "자원복지는 인간의 공동복지 목표를 달성하기 위한 공동참여 노력이 중요한 것으로 생각되는 것인데, 이것은 ① 인간상애(人間相愛)를 기반으로 하는 자발정신 · 자유의지(Voluntarism), ② 자원복지활동(Volunteer Activity), ③ 자원복지기관(Volunteer Organization)을 통합한 개념이라는 데 그 특징이 있다."라고 언급하고 있다.

또한 일본의 경우 오사까(大阪)자원봉사자협회[11]에서는 "자원봉사는 인류와 민족과 지역사회의 역사 속에서 사람과 더불어 존재해 왔으며, 각각의 문화와 교육과 의료, 그리고 사회복지의 발전에 공헌해 왔다. 이는 주민의 위치에서 개발되고 만들어지고, 형식화되고 실행되어 가는 정신이었으며 퇴폐와 비복지적인 것에 대항하여 정화, 변혁해 온 정신이며 실천행동이다."라고 규정하고 있다.

(3) 사회변화와 자원봉사

현대사회는 흔히 산업사회에서 탈 산업사회로 이행되는 과정에 있다고 표현한다. 산업사회가 물질적 재화의 축적에 목적을 둔 사회였다면 탈 산업사회는 정보와 서비스 창출에 비중을 두는 사회라고 할 수 있다. '정보화 사회'나 '지식 · 정보화 사회'라고 하는 것은 바로 현대인들이 서비스적인 욕구가 강하

---

10) 김영호, 『자원복지이론과 실제』, 서울 : 홍익제, 1986, p. 16.
11) 大阪ボランティアー協會 編, 『ボランティアー參加する福祉』, 京都 : ネルヴァ書房, 1981, p. 27.

고 사회는 이를 충족시켜야 하는 시대적 의미를 가지고 있는 것이다. 그동안 자본주의사회의 발전을 가져오게 한 것은 전체적으로 산업화라는 이데올로기였다. 이 산업화를 이끌어 가는 하부체계는 교통・통신과 기계적 정보시스템으로 이루어진다.

따라서 인간사회를 둘러싸고 있는 도덕・윤리적 가치는 등한시되고 기술체계가 인간을 조정하는 상황이 전개되는 것이다. 인간의 직업체계에서도 기계적 관료화 조직이 적용되고 인간은 오직 조직 속의 생산 메커니즘의 한 부분으로 살아갈 것을 강요받게 되는 것이다. 인간이 원래 상호 간의 정신적이고 물리적인 도움을 통해서 사회를 형성한다고 보았을 때 정신적 교류는 등한시되었다고 할 수 있다.

이에 반해서 탈 산업사회는 물질적 재화의 생산이 아니라 '의미론적 정보'가 중시되고, 생활의 본질적 의미와 인간의 본질적 가치 및 '자기-타자' 관계에 있어서 공감적이고 자율적이며, 연대가 삶의 질을 규정하는 사회이다. 탈 산업사회에서 자원봉사주의는 상실된 인간성과 기계화된 인간관계를 회복할 수 있는 마지막 보루로 받아들여지고 있다.[12)]

이렇게 볼 때 자원봉사는 지난 20세기 동안 지속되어 온 자본축적위주의 인간사회를 치유하고 새로운 복지 공동사회(welfare community)를 구축할 수 있는 대안이 된다고 할 수 있다. 경제적 성장을 위한 산업화와 도시화는 전통적 농촌사회를 몰락시켰고, 확대된 경제규모는 그것을 관리할 행정기능도 늘어나게 하여 국가의 기능이 인간 상호 간의 공동체 의식을 몰아내는 기능을 한 것이다. 산업화과정의 폐해는 기존의 공동체사회에서 벗어나는 현상에까지 이르렀다고 할 수 있다. 이것은 지난 한 세기 동안의 산업화 이데올로기가 인간을 기계의존적이고 이웃과는 소외되어 서로 돕고 살아가는 지역사회의 의식을 약화시킨 것에 기인하는 것이다.

다시 말하면, 급속한 산업화과정은 사회 전체적인 물량의 증대를 가져왔지만, 그 와중에서 빈부의 격차는 더욱 심해지고, 사회체계에서 일탈하거나 부적응한 계층에게는 '풍요와 결핍'의 극한적 갈등을 가져왔다. 물론 현대국가는

---

12) 佐藤慶幸,『生活世界と對話の理論』, 文眞堂, 1991, p. 42.

복지국가의 지향하고 있고, 국가는 사회적으로 열등한 계층을 부양할 대책을 강구해야 할 것이다. 그러나 지난 세기를 반성해 보면 그러한 제도 의존적 산업화 이데올로기의 폐해는 분명해진다. 국가는 더 이상 인간복지를 해결할 수 있는 무한한 능력을 보유하고 있지 못하다는 것이다. 더욱이 정보화・개방화 사회에서는 사회복지의 일차적 수혜계층뿐만 아니라 대다수의 시민계층이 다양한 복지욕구(welfare needs)를 갖고 있고, 국가는 지속적으로 이들의 욕구에 대응한 노력이 강구되어야 하는 것이다.

이러한 시대적 요청과 절박한 당위성은 결국 인간이 그들의 자발적 의지의 결집을 통한 자원봉사(voluntarism)에 의존할 수밖에 없다. 인간이 상호 간의 이해관계에 의한 경제적 서비스가 아닌 자기가 남을 사랑하는 이타주의(altruism)에 바탕을 둔 봉사 영역이 필요한 것이다. 물론 여기서의 봉사는 협의의 자선사업적 서비스를 하는 자로서 인식되어서는 한계가 있는 것이며, 지역사회의 주민생활과 관련된 공동의 문제를 해결하고자 하는 상호부조의 개념이어야 할 것이다. 즉 국가가 제공하는 사회복지의 영역이 아닌 시민 스스로의 지역사회 공동체의식에 기반을 한 자발적 사회복지 영역이 되기 위해서는 서로 돕는 자원봉사의 개념이 있어야 한다.

흔히 자원봉사를 산업화 사회가 불러온 사회문제를 해결할 수 있는 대안으로 제시하고 있지만 국가는 시민의 자원봉사 의지를 제대로 결집하고 사회적 행동으로까지 이어질 수 있는 대책을 강구해야 한다. 특히 주부나 학생층 등의 시간적 여유가 있는 계층에만 치중하는 일회적인 대책보다는 직장을 가지고 생업에 종사하는 직업인들도 그들의 전문지식과 자원봉사의지를 사회화할 수 있는 종합적인 대응책이 요청된다.

2) 지역사회봉사활동의 필요성

우리나라도 2001년 11월부터 사회복지봉사활동인증제[13]를 시행하고 있다.

---

13) 한국사회복지협의회에서는 전국 자원봉사단체・기관 상호 간 네트워크 체계를 구축하

즉 봉사자별로 봉사시간을 데이터베이스화해 일정 기준이 넘은 사람에게 금배지(봉사시간 1천 시간 이상), 은배지(5백 시간), 녹색배지(2백 시간) 등을 지급하고, 자원봉사품앗이 제도를 도입해 50시간 이상 봉사실적이 있는 봉사자는 실적 시간 내에서 타인의 봉사를 받을 수 있도록 하는 제도이다.

보건복지부는 봉사 실적 인증을 한국사회복지협의회에 위임해 총괄하며 실제 업무는 협의회가 사회복지관, 사회복지시설, 기업체 사회공헌팀 등을 대상으로 전국에 인증센터를 지정해 담당하도록 했다. 인증센터의 지정과정은 다음 <그림 15-2>의 절차와 같다.

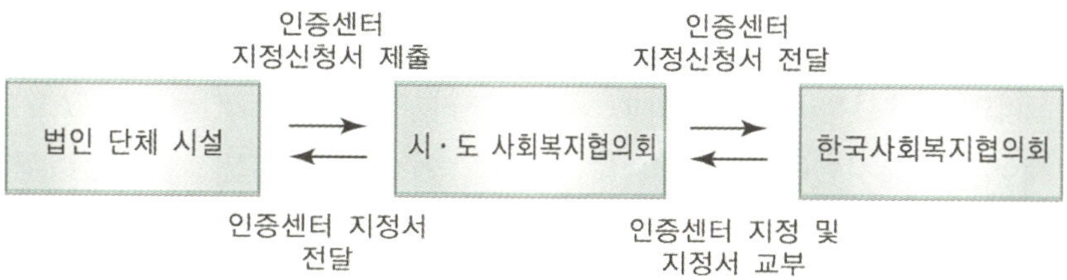

【그림 15-2】 사회복지자원봉사 인증센터 지정

그리고 사회복지 자원봉사 로고는 아래 <그림 15-3>에서와 같다.

【그림 15-3】 사회복지자원봉사 로고와 심벌마크

지역사회봉사활동의 필요성은 여러 가지 측면에서 논의될 수 있는데 지역

여 자원봉사자의 봉사실적을 정확하고 체계적으로 누적관리하고 나아가 봉사실적에 대한 인센티브 제공의 기반을 마련하기 위한 인증관리사업을 하고 있다.

사회문제의 해결을 통한 지역사회주민의 복지향상이라는 지역사회복지적인 차원에서는 다음과 같이 정리할 수 있다.

(1) 지역사회주민의 사회복지 가치관 전환

사회복지의 이념이 생존권 보호라는 국민의 기본권 확보에 있음은 오늘날의 일반적인 인식으로 정착되고 있다. 그러나 아직도 우리 사회는 그 대상을 사회 · 경제적 약자에 두고 있다. 즉 빈곤(Destitution), 질병(Disease), 비행(Delinquency)으로 정상적인 일상수준에서 낙오된 장애인이나 노인, 소년 · 소녀가장, 생활보장대상 수급자 등만으로 한정하는 경향이 강하다. 다시 말해서 사회복지의 대상이 전 국민이 될 수 있다는 것은 간과하고 있는 것이다.

따라서 자신은 사회복지의 대상과는 거리가 먼 상태로 인정하고 있기 때문에 자발적 봉사활동에 적극적이지 못하며, 참여하더라도 목적의식이 뚜렷하지 못한 경우가 적지 않다. 또한 그간의 경제성장 위주의 정책에서 대두된 사회문제를 해결하기 위한 방법으로서 사회복지는 지금까지의 보충적인 개념인 빈곤정책에서 더 나아가 보편적인 인간성 회복에 이르는 개념으로 정부시책이 바뀌고 있는 만큼, 지역사회주민도 지역사회에 소재하는 문제는 자발적으로 참여하여 해결하고자 하는 의식전환의 계기를 마련해야 할 것이다.14)

(2) 지역사회복지 전문화에 기여

현대사회사업의 특징은 전문화인데, 사회복지사업의 전체가 전문직에 의해 수행된다고는 볼 수 없다. 특히 지역사회복지 분야처럼 문제의 소재가 해당 지역의 특수성을 갖게 된 경우에는 자원복지활동이 주된 역할을 담당해야 하며, 이때 자원복지요원은 필수조건이 된다. 단지 사회복지전문가는 이들을 조직화하고 지원해 주는, 그야말로 지도감독자(supervisor) 역할에 치중하여야 하는 만큼, 자원복지는 사회복지 전체의 전문화에 기여하는 분야이다.15)

---

14) 고수현, "지역사회의 자원복지에 관한 연구", 『대구시정연찬』, 1994, p. 169.
15) 김영호, "한국에 있어서의 Volunteer 활동의 육성과 조직화 과정", 『강남사회복지대 논문집』, 1980, pp. 173~174.

다시 말하면 사회복지의 전문화는 사회복지사 및 행정요원 그룹과 사회복지시설이나 기관을 이용하는 클라이언트(client)나 이용자(user)그룹, 그리고 양 그룹 간의 원활한 관계형성에 기여하는 자원봉사자(volunteer) 내지는 후원자(sponsor)그룹이 균형을 이룰 때 촉진될 수 있다.

(3) 지역사회문제 해결을 위한 기회 제공

지역사회복지의 근본사상은 사회문제해결을 위한 상호부조정신에 있다. 즉 인간사회의 태동 이후 인류는 어려움이 있을 때마다 공동적 대처로 위기를 극복해 온 것이다. 산업혁명 이후 도시빈민 문제가 그러했고 1990년 말의 외환위기 때에도 대량 실업사태에 대응한 우리 사회의 민간사회안전망의 활동도 그 예가 된다.

서구 선진 산업국가를 비롯한 대부분의 자본주의 국가들이 1인당 국민소득이 5천 달러에서 1만 달러 사이에 이르렀을 때 소득불균형에 따른 빈부격차로 인한 빈민문제, 아동, 장애인, 노인 등의 사회복지 서비스문제를 경험했었고, 이에 제대로 대처하지 못할 경우, 더 이상의 경제성장이 어려워지는 결과를 초래했었다. 따라서 선진자본주의사회의 공통점은 이러한 사회문제 해결에 정부와 시민의 자원봉사활동을 통한 공동 노력이 있었다는 것이다.

한편 인간에게는 상부상조의 정신과 사회적 연대의식이 있음을 가정할 때, 시민들에게 사회문제 해결을 위한 자원봉사의 참여기회를 제공하는 의미도 있다. 자기보다 사정이 어려운 사람에게 봉사함으로써 얻게 되는 사랑의 감정과 자기실현감은 지역사회의 자원봉사관리조직이 촉진하여야 할 것이다. 정부와 민간은 사회문제의 해결을 비롯한 사회복지발전을 위한 공동노력자이며 훌륭한 동반자(partner)의 기능이 요구된다.

(4) 지역사회복지 자원개발과 욕구충족

사회복지의 기본은 최저생계선 확보라는 수혜자의 욕구충족에 있다. 여기에서 최저생계선은 경제적 · 사회적 · 심리적으로 인간다운 생활을 유지할 수 있는 기본선(basic line)을 의미한다. 그런데 우리의 현실은 국민기초생활보장 대상자에게 지급되는 생계비마저도 이보다 낮은 수준에 있고 그 주된 원인은 복지예산확보에 있다. 또 한편으로는 시설과 지역사회에 거주하는 사회복지대상자의 대부분이 사회·심리적 지원과 조력을 필요로 하고 있지만 인적 자원에 있어서도 부족하다.

최근 우리나라도 국제무역수지나 외형적인 경제성장은 어느 정도 달성되었지만 사회기반시설 투자 등 생산기반비용이 아닌 사회취약계층에 대한 사회보장비용은 여전히 소비적인 비용으로 인식되고 있어서 국가예산의 10% 정도에 머물고 있다. 사회복지사를 비롯한 전문인력을 사회복지행정기관이나 사회복지시설에 확보하는 비율도 낮은 수준에 있다.

그러므로 사회복지기관이나 시설의 인력과 재정부족에 대한 복지자원의 개발차원에서도 자원봉사자나 후원자는 필요하다. 정부가 복지사회건설을 위하여 투자하는 사회복지자원의 인프라는 어디까지나 공식적이고 한계가 있는 만큼 비공식적 차원인 자원봉사활동은 정부활동의 틈새를 메울 수 있는 자원이 된다. 특히 정부지원이 미약한 미인가시설이나 사회복지의 사각지대에 있는 저소득층에게는 욕구충족의 주요 자원이라고 할 수 있다.

3) 지역사회봉사활동의 원칙

(1) 동기부여의 원칙

지역사회봉사활동을 활성화시키기 위한 원칙의 기본은 자원봉사를 할 수 있게 하거나 지속하게 만드는 동기부여(motivation)에 있다. 라틴어의 'movere'가 움직인다는 의미가 있듯이 지역사회주민이 자원봉사활동을 하도록 움직이게 만드는 동기부여성이 중요하다. 사회복지사를 비롯한 사회복지전문직은 그들의 직업적 활동을 통하여 보수(pay)나 수수료(fee)를 지급받게 되지만 자원봉사자는 대부분 금전적 대가를 바라지 않고 활동을 하게 된다. 그야말로 자유의지에 의하여 그 자신이 좋아서 하는 경우가 많다.

그렇다면 그들이 대가를 바라지 않으면서도 일하고자 하는 의지를 촉진하는 방법을 강구하여야 하는데, 그것이 바로 동기부여방법인 것이다. 물론 중·고등학생과 같이 봉사학습차원에서 제도적으로 일정시간의 봉사활동을 규정하거나 사회적 범법자에게 '사회봉사명령'을 통하여 봉사활동을 하도록 하는 것은 자원봉사의 본래 의미와는 거리가 멀다. 그것보다는 지역사회 내 시민들의 자유의지를 사회화할 수 있는 동기부여가 있어야 한다는 것이다.

(2) 사전교육의 원칙

지역사회에서 봉사인력을 모집하는 것도 중요하지만 이들을 현장에 배치하려면 사전교육이 따라야 한다. 단순한 노력봉사에서부터 상담봉사 등의 전문봉사에 이르기까지 다양한 자원봉사자가 자원봉사를 원할 때 사회복지기관이나 단체에 신청을 하게 되는데 이 때 그 기관·단체는 반드시 사전교육(pre-education)단계를 마련해야 한다. 즉 교육을 거친 후에야 자원봉사자의 자격을 갖추게 되는 것이지 그 전 단계에서는 봉사의지만 있는 신청자에 불과하다는 인식이 필요한 것이다.

일반적으로 자원봉사교육은 사회복지나 자원봉사에 대한 기초지식 강의에서부터 기존 자원봉사자의 사례발표 및 실무교육으로 이루어지고 있으나 우리나라의 실정 상 개별기관에서 각기 다르게 교육하고 있고, 사전에 자원봉사자에 대한 욕구나 교육수준의 진단 없이 일괄적으로 시행하는 경우가 많아 문제점이 있다. 특히 자원봉사과정에서 발생할 수 있는 클라이언트와의 갈등관계나 좌절감에 대한 사전훈련이 부족하므로 일단 시작한 자원봉사활동이 장기간 지속되지 못하는 경우도 허다하다.

이에 대한 대책으로는 자원봉사대상별로, 그리고 자원봉사자의 특성별로 사전진단을 거친 후 몇 단계의 교육훈련과정을 이수하도록 하는 전문화도 요구된다. 사전교육은 전문화의 기초가 되기 때문이다. 자원봉사자가 특정분야의 전문성을 가진 전문가일 경우에는 예외가 되겠지만 어느 정도의 준전문가(para-professional)의 수준에 이르도록 하는 교육이 원칙이다.

(3) 지역사회중심의 원칙

자원봉사자가 활동하는 영역을 지역사회로 한정하거나 특정 영역에 제한하는 것은 원칙적으로 바람직하지 못하다. 그러나 인간은 국가 전체적인 문제보다는 자기가 평소에 거주하고 있는 지역사회의 문제에 더욱 관심을 가지게 된다. 역사적으로 서구의 자선조직화운동이나 인보관운동, 그리고 우리 역사에서의 향약이나 계에서도 그 바탕은 지역사회에 있었다. 같은 지역사회에 살고 있는 사람은 지역적으로나 정서적으로도 유대감을 소유하게 되므로 특성 있는 자원봉사활동이 가능하다.

지방자치가 중앙통제에서 보다 지역의 특성을 잘 알고 있는 지방정부가 중심이 되어 행정을 구현하는 특징이 있다면 지역사회복지 차원의 자원봉사활동도 그 지역사회의 인적 자원을 이미 파악하고 있는 대상자에게 서비스를 전개하는 것이 보다 효율적일 수가 있다. 그러나 거주지와 직장이 다른 성인 직장인들의 경우는 거주지가 아닌 직장의 근무지에서도 지역사회중심의 접근이 가능하다.

이것은 과거 전통사회와는 달리 주거지역, 상업지역, 공업지역, 업무지역이 어느 정도 구분되어지는 현대사회의 특징에 기인한다. 단지 대부분이 인적 서비스가 중심이 되는 자원봉사활동은 주거지역에서 수행되는 경우가 많은 만큼 여전히 지역사회는 주거지역을 기준으로 일컬어지고 있는 것이다.

(4) 의도적 통제의 원칙

지역사회복지의 수행이 정부의 보조금 혹은 프로그램의 위탁운영을 위한 지원금으로 이루어지는 특성이 있는 만큼 정부기관의 관리·감독 등의 통제활동이 필수가 되고 있지만 자원봉사는 말 그대로 민간의 자원봉사의지의 표출이다. 그러므로 가능하면 자율적인 조직과 자율적인 프로그램 운용이 바람직하며, 본래의 장점을 최대한 유지할 수 있다. 그런데 최근에는 자원봉사에도 일부 영역(교육비, 활동비 등)에 정부의 보조금이 주어지는 것이 현실인 바, 차츰 관료적인 통제가 늘어나고 있는 실정이다.

그러나 자원봉사자의 능력개발과 지역사회복지의 향상이라는 공통목표를 달성하기 위해서는 의도적인 통제활동이 있어야 한다. 자원봉사관리의 입장에서는 자원봉사자들을 지도 · 감독하여 계획된 결과를 창출하여야 하고 자원봉사자 입장에서도 무작정 봉사활동에 임하는 것보다는 자원봉사능력을 강화(empowerment)시키는 자원봉사관리자의 조언이 필요하다. 그렇지 않을 경우, 자신의 능력적 한계나 어려움에 처했을 때 그만두는 사례도 있을 수 있고, 중간점검이 없을 경우 나태해질 가능성도 있는 것이다. 따라서 형식적이고 관료적인 통제가 아닌 능력향상과 목표달성을 위한 지도 · 감독이나 통제는 요구되는 것이 원칙이다.

3. 지역자원봉사센터

1) 자원봉사센터의 개념

행정자치부의 지침 및 시 · 군 · 구 조례에 의해 설치 · 운영되어 왔던 자원봉사센터는 2005. 8. 4 공포된 '자원봉사활동기본법'에 의해 설치근거를 마련하였다. 동법 제3조(용어의 정의)에는 "자원봉사센터라 함은 자원봉사활동 개발 · 장려 · 연계 · 협력 등의 사업을 수행하기 위하여 법령과 조례 등에 의하여 설치된 기관 · 법인 · 단체 등을 말한다."라고 명시되어 있으며 "자원봉사활동이라 함은 개인 또는 단체가 지역사회 · 국가 및 인류사회를 위해 대가 없이 자발적으로 시간과 노력을 제공하는 행위를 말한다."라고 명시되어 있다.

2) 자원봉사센터의 기능과 역할

자원봉사센터는 조직화된 자원봉사활동을 위하여 각 센터와 지역사회조직 간의 교류 및 연계망의 구축 등을 수행하기 위해 다음의 기능을 한다.

① 자원봉사자의 모집, 배치 등의 수급조정에 관한 사항
② 자원봉사 프로그램의 개발 및 보급에 관한 사항
③ 자원봉사활동 인정 및 보상에 관한 사항
④ 자원봉사활동 상담 및 조언에 관한 사항
⑤ 자원봉사자 교육 · 훈련 및 연수에 관한 사항
⑥ 자원봉사 홍보 · 연계에 관한 사항
⑦ 자원봉사활동 네트워크 구축에 관한 사항
⑧ 자원봉사욕구조사 및 지역사회조사에 관한 사항
⑨ 자원봉사활동 진흥에 관한 사항
⑩ 자원봉사자의 안전대책에 관한 사항

3) 자원봉사센터의 운영

자원봉사센터는 행정자치부 소관의 '자원봉사센터'와 보건복지부의 '사회복지정보센터', 여성분야의 '여성자원활동센터', 그리고 청소년분야의 '청소년활동진흥센터'가 고유 목적사업을 수행하고 있다.

자원봉사센터의 운영상황을 부처별로 구분 · 설명하면 다음과 같다.

1 자원봉사센터

자원봉사활동기본법 제19조에 의하여 시 · 군 · 구 단위에 설치 · 운영되고 있다. 운영방식은 직영 또는 비영리법인에 위탁하거나 법인형태로 직영가능하다.

2 사회복지정보센터

사회복지사업법 제9조에 설치근거를 두고 시 · 도 단위에 설치되며, 사회복지법인으로 운영된다.

③ 여성자원활동센터

여성발전기본법 시행령 제35조에 근거하여 시 · 군 · 구 단위에 설치되며, 직영으로 운영한다.

④ 청소년활동진흥센터

청소년기본법 시행령 제4조에 설치근거를 두고 시 · 도 단위에 설치되며, 법인으로 운영된다.

4) 자원봉사센터협의회의 운영

사단법인 '한국자원봉사센터협회(Korean Association of Volunteer Centers)'의 주요사업(정관 제4조)은 다음과 같다.

① 지역 센터 간 정보교류 및 협력사업
② 자원봉사관련 정책개발사업
③ 자원봉사활동에 관한 조사연구사업
④ 자원봉사활동 계몽 및 홍보사업
⑤ 국제협력 및 교류사업
⑥ 자원봉사자 및 센터종사자의 자질 향상사업
⑦ 기타 목적달성에 필요한 사업 및 수익사업

제16장

시민단체와 지역사회복지운동

1. 시민단체와 사회복지민간단체

1) 시민단체

(1) 시민단체의 개념

사회복지의 정책이나 제도형성은 내용(contents) 자체의 자동적인 발달과정보다는 사회복지를 둘러싼 외부환경(environment)의 영향요인이 크다.[1] 그 중에서도 시민사회적 환경은 정치환경과 같은 공공영역(public sector)도 아니고, 또한 이윤추구를 중심으로 하는 사적 영역(private sector)도 아닌 제3의 영역(the third sector)이라고 할 수 있는 NGO의 활동과 영향력을 의미한다.

시민단체의 정체성은 사회행동의 원리에 의한 시민운동을 전개하여 시민들에게 유리한 정책결정을 이루어내는 데 있으며, 시민사회의 오랜 전통이 있는 서구사회는 절대왕권에 대응한 자유 시민계급사회에서 그 연원을 찾을 수 있지만 우리나라의 경우는 1987년 이후의 민주주의적 정치체제의 이행과정에서 급격한 성장추세를 나타내었다.

1) 사회복지환경에는 정치·행정적 환경, 경제적 환경, 시민사회적 환경이 있으며, 자세한 내용은 고수현,『사회복지정책 이행과정』, 교육과학사, 2006 참조.

시민단체는 일반적으로 NGO(비정부민간조직)로 칭해지나 영리를 추구하는 시장부문(market sector)과의 차이를 강조하는 NPO(비영리조직)를 구분하기도 한다. 이렇게 볼 때 NGO와 NPO는 정부기관과 민간 기업을 제외한 시민사회의 자발적 결사체(voluntary civil associations)를 말한다. 그러므로 NGO와 NPO는 양자 간에 중첩되는 의미도 있고, NGO에는 기업부문이 포함되고 NPO에는 정부부문이 포함되는 구분된 의미도 있다.

2007년 1월 기준으로 비영리민간단체는 전국 6,490개가 등록되어 있으며 이 중에서 716개는 중앙행정기관(32개 부처)에, 5,774개는 시 · 도에 등록되어 있다.

(2) 시민단체의 주요 유형

1 경제정의실천시민연합

경실련은 1989년에 설립된 시민운동단체의 최초이며, 대표적 조직이라고 할 수 있다. 경실련의 규약 제2조(목적)에서는 경제정의와 사회정의를 실현하는 평화적 시민운동을 통하여 민주복지사회구현을 목적으로 한다고 규정되어 있다.

경실련의 주요활동사업은 정책대안의 제시, 대외적인 홍보활동, 시민행동, 연대사업을 전개하고 있다. 활동사업 중 사회보장제도의 확충, 저소득층의 주거안정확보 등에 대한 정책연구를 전개하고 있으며, 경실련의 사회복지운동으로서의 활동은 시민운동 차원으로 확대시켰다는 점에서 의의가 있다.[2)]

2 참여민주사회시민연대

참여연대는 1994년 9월에 진보적 시민운동과 변혁지향 시민사회운동을 내세우며 200여 명의 회원과 10여 명의 상근활동가(간사)들로 출발하였다. 창립 당시는 문민정부 초기의 금융실명제 실시와 같은 의욕적 개혁추진이 기득권층의 반발로 실시가 연기되던 시기였다. 참여연대 안내팸플릿에서는 창립취

---

2) 이택룡 · 노무지, 『지역사회복지론』, 양서원, 2002, p. 193.

지를 요약하는 말로 국가의 횡포와 재벌에 대한 시민의 개입과 실천의 뜻으로 '참여', 그리고 학연과 지연 등의 문제점을 극복하고 사익이 아닌 공익을 위해 뭉치자는 뜻을 '연대'로 나타내고 있다.

참여연대의 4대 활동방향은 시민참여, 시민연대, 시민감시, 시민대안이며, 대표적인 사회복지운동으로서는 1994년 12월의 '국민생활최저선확보운동'을 들 수 있다. 참여연대는 시민사회의 성장을 배경으로 사회복지이슈를 시민운동으로 발전시키는 데 중추적 역할을 했다는 점이 특징적이다.

3 환경운동연합

환경운동연합은 그 전신이 1982년 한국공해문제연구소, 1988년 공해추방운동연합 창립에 이어 1993년 4월에 환경오염과 파괴를 반대하며, 환경적으로 지속가능한 사회건설을 이념으로 발족되었다. 사회구조적으로 발생하는 환경위기를 그 누구도 자발적으로 나서서 해결하지 않기 때문에, 환경위기의 원인을 파악하고 환경오염문제들을 적극적으로 해결하는 것을 목적으로 삼고 있다.

환경운동은 발생원이 기본적으로 전국적인 사안보다는 지역적인 성격이 강하므로 지역사회환경보호운동이 많으며, 운동의 이념은 생존권 보장, 생활환경 개선, 생활양식 전환 등에 두고 있다.

4 노동운동관련단체

노동운동단체는 시민사회운동단체와는 어느 정도 구별이 되는 성격을 가지고 있다. 서구의 경우도 시민운동이 주로 정치적 자유를 위해 투쟁해 왔다면 노동운동은 자본가(기업)를 대상으로 산업노동자들이 저임금이나 열악한 작업조건을 개선하려는 노동조합운동으로 나타났다.

그러나 우리나라의 경우는 1987년 정치적 민주화 과정에서 노동자들의 '6·10 항쟁운동'이 큰 역할을 하였고 때로는 노동복지 향상이라는 목적을 두고 시민단체와 연합하기도 하여 사회복지환경의 주요요인으로 볼 수 있다.

2) 사회복지민간단체

(1) 사회복지민간단체의 개념

민간단체라고 한다면 비정부·비영리단체(NGNPO)라고 규정할 수 있다. 흔히 NGO, NPO로 구분하여 사용하기는 하지만 중첩된 역할이 많은 단체이다. 그리고 Non-GO, Non-PO라는 부정적이고 배타적인 수식을 하고는 있지만 엄밀하게 말한다면 대부분의 시민단체는 정부와 기업의 지원을 받거나 교류하게 되는 특성이 있다.

사회복지민간단체도 이러한 측면에서는 마찬가지이다. 특히 사회복지라는 영역의 특성 상 서비스 활동은 현대국가에서는 국가의 책임으로 인식되는 부문이므로 국가의 보조금과 시민들의 기부금·후원금을 재정으로 복지활동을 전개하는 단체라는 성격이 있다. 그러므로 경우에 따라서는 사회복지서비스 조직과의 관계에서도 중첩되거나 상충성이 있어서 상호 간의 조화나 협력이 요구되기도 한다.

(2) 사회복지민간단체의 유형

1 사회복지공동모금회

세계최초로 기록된 모금 캠페인은 1883년 영국의 리버풀시에서 이루어졌지만 기금모금 캠페인이 자리를 잡게 된 것은 전시공동모금의 경험을 가진 미국에서이다. 공동모금에 대한 용어는 각 국가에 따라서 차이가 있으나 미국은 초창기의 커뮤니티 체스트(Community Chest)라는 용어를 거쳐 유나이티드 웨이(United Way)로 부르고 있으며 일본과 우리나라는 커뮤니티 체스트로 사용하고 있다.

우리나라는 1951년에 제정된 '기부금품모집규제법'[3]에 의해 사회복지기

3) 기부금품모집규제법은 폐지되고 '기부금품의 모집 및 사용에 관한 법률(법률 제7908호)'이 2006. 3. 24 제정되어 2006. 9. 25부터 시행되고 있다. 이 법률에 의하면 기부금품을 모집하고자 하는 기관이나 시설은 시·군·구청장에게 신고하면 기부심사위원회의 심사를 거치는 과정을 두고 있다. 이는 기부금품모집규제법 상에서의 시·도지사나 행정자치

관, 사회복지시설에서 후원금을 모금하는 것이나 여타의 기관·단체에서의 모금 캠페인을 하는 모금활동이 제한되어 왔다. 그러나 '사회복지공동모금회법'에 의해 설립된 사회복지공동모금회에서는 제도적으로 모금활동을 하게 되었고, 그 활동경비도 10%까지 사용할 수 있다. 새로 제정된 '기부금품의 모집 및 사용에 관한 법률'에서는 활동경비가 15%까지로 되어 있으나 정치자금법이나 사회복지공동모금회법 등의 법률에 적용되는 경우는 제외토록 하고 있다.

2 사회복지협의회

사회복지협의회의 기원은 1869년에 영국에서 처음 만들어진 C.O.S에서 찾을 수 있으며, 미국의 경우는 1877년에 버팔로시에 창설된 자선조직협회(C.O.S)라고 할 수 있다. 이와 같은 자선조직협회가 발전과정을 거쳐 현대적 의미의 지역사회복지협의회가 되었다. 최초의 지역사회복지협의회는 1908년 피츠버그시에 설립된 '자선연합회(Associated Charities)'와 '중앙협의회(Central Council)'로 보고 있다.4)

우리나라의 사회복지협의회는 1952년 2월에 결성된 '한국사회사업연합회'로 시작되었다. 그리고 1970년 5월에 현재의 명칭인 '한국사회복지협의회'로 바뀌었다. 현재 국제사회복지협의회(International Council of Social Welfare ; ICSW)의 회원국으로서 국제기구와의 관계를 유지하고 있으며, 사회복지공동모금회와 함께 지역사회의 복지증진을 위한 사회복지사업 활동을 조장하는 역할을 한다.

3 사회복지사협회

사회복지사협회의 시초는 1921년에 미국에서 만들어진 '미국사회사업가협회(American Association of Social Workers)'에서 찾을 수 있다. 그 후 1946년에 설립된 '지역사회조직연구협회(Association for the Study of Community

---

부장관의 승인을 받도록 했던 허가제에서 변화된 것이다.

4) Arthur Dunham, *The New Community Organization,* New York : Thomas Y. Crowell Co., 1970, p. 438.

Organization)'를 포함한 6개의 전문가협회가 1955년에 통합되어 '전미사회복지사협회(National Association of Social Workers ; NASW)'가 되었다.

우리나라의 사회복지사협회는 1965년 7월에 '개별사회사업가협회' 창립총회를 가졌고, 1967년 3월에 '한국사회사업가협회'로 명칭 변경하여 창립총회를 가졌으며 1967년 4월 22일에 '한국사회복지사협회'로 정식 발족하였다. 그 후 1972년 9월에 국제사회복지사연맹(IFSW)에 회원국으로 가입하였고 사회복지포털(welfare.net)을 운영하는 등의 지역사회복지사의 전문성 향상에 기여하고 있다.

4 지역사회복지협의체와 사회복지위원회

지역사회복지협의체는 2003년의 사회복지사업법 개정으로 시 · 군 · 구 단위의 '지역사회복지계획'을 수립 · 시행토록 하였고 그 업무를 주관하는 역할을 한다. 기존의 사회복지협의회가 민간중심의 지역사회복지기능을 했다면 지역사회복지협의체는 시 · 군 · 구의 사회복지부서 공무원이나 사회복지사무소 직원이 포함된 공 · 사 간 협력기능을 추구한다. 한편 지역사회의 보건 부문과도 연계토록 하고 있다는 점에서 본다면 '지역사회보건복지협의체'의 성격을 가지고 있다.

지역사회복지협의체는 시 · 군 · 구 단위의 1년 단위의 단기 지역사회복지계획과 4년 단위의 중기계획을 수립 · 시행하는 데 핵심적인 기능을 하며, 대표협의체와 실무협의체로 구성되어 있다. 한편, 시 · 도 단위에서는 사회복지위원회가 구성되어 지역사회복지협의체와 유사한 기능을 하고 있다. 그리고 지역사회복지협의체와 사회복지위원회는 여타의 사회복지민간단체의 성격과는 다소의 차이가 있으며, 위원회의 성격도 보유하고 있다.

5 기타 복지운동단체

기타 사회복지 민간단체로는 대인서비스의 대상인 아동 · 청소년, 노인, 장애인, 여성의 복지와 권익에 관련된 비영리민간단체가 전국단위와 광역 단위, 혹은 광역 단위와 기초지역 단위나 기초지역인 시 · 군 · 구 단위로 활동하고 있다. 이들 단체는 주로 문제 또는 이슈 중심(issue-based)의 복지운동을 전개하는 것이 특징이다.

예를 들어 굿네이버스는 1991년 3월에 '한국이웃사랑회'로 출발하여 아동학대문제, 해외자원봉사, 북한지원사업, 긴급구호사업 등을 기독교정신에 입각하여 활동하고 있는 사회복지분야의 비영리단체이다. 한편 월드비전은 1950년 한국전쟁당시에 '한국선명회'로 설립되어 전세계 100여 개 국가에서 긴급구호사업 및 지역사회개발사업을 하고 있는 세계 최대의 기독교 비영리단체이다. 그리고 각 지역의 지역사회복지운동단체들이 여기에 속한다.

이들 단체는 지역사회의 복지시설이나 기관을 운영하기도 한다.

2. 시민사회운동과 사회복지운동

1) 시민사회운동

(1) 시민(사회)운동의 개념

시민사회운동은 시민운동 또는 사회운동으로도 지칭되는 것으로서 사회행동(social action)의 기본원리를 이용하여 추구하고자 하는 목표가 의식적·계획적·조직적인 차원에서 이루어지는 것을 전제한다. 이에 비하여 사회행동은 지역사회주민들의 생활에 영향을 미치는 중요한 결정에 대해 주민들의 통제력을 향상시키기 위한 집단적인 행동을 의미하는 보다 포괄적인 개념이다. 정부, 대기업, 거대한 공사조직에서 일어나는 결정들은 주민들의 복지에 반하거나 이익을 주지 못하는 것일 수 있다. 이처럼 거대한 힘을 가진 집단에 대하여 지역주민이 힘을 합하여 그들에게 유리한 결정이 이루어지도록 영향력을 행사하는 노력이 사회행동인 것이다.[5]

---

5) Herbert J. Rubin & Irene Rubin, *Community Organization and Development,* Columbus, Ohio : Merrill Publishing Co., 1986, p. 209.

이러한 사회행동이 지역사회복지에서 중요한 모델로 채택될 수 있는 가능성은 1987년 6월의 노동자중심의 시민사회가 벌인 민주항쟁에 의해 이루어진 노태우 정부의 '6 · 29 선언'에서 찾을 수 있다. 1980년대 중반까지의 지역사회복지모델이 지역사회개발이나 지역사회계획의 모델에 한정되어 왔다면 1990년대 이후는 사회행동 모델의 기본원리를 이용한 시민사회운동이 일반화되는 전환점이 된다.

특히 1991년부터의 지방자치제의 실시환경은 지역사회중심의 사회행동으로 변화시키는 계기가 되었고, 지역사회주민들이 그들이 추구하고자 하는 목표를 달성하기 위하여 정부, 대기업과 공사조직을 상대로 그들의 이익을 옹호하려는 사회운동을 조직적으로 전개할 수 있게 하였다. 그리고 시민이 중심이 된 사회운동의 이슈는 사회복지문제 등의 직접적인 사안보다는 정치, 경제, 환경, 노동 등의 사회복지를 둘러싼 외재적인 정책환경의 이슈가 일반적이다.

(2) 시민(사회)운동의 유형

1 정치관련운동

시민사회가 중심이 된 정치운동은 일정한 사회적 이슈와 관련하여 정치와 행정의 영역에 영향력을 행사하여 제도나 행정 상의 변화를 추구하는 활동을 의미한다. 어떤 의미에서는 비영리민간단체인 시민단체가 벌이는 중심적인 운동영역이 되고 활동의 범위는 지역사회 차원에서부터 국가나 국제사회에 이르기까지 다양한 차원에서 전개된다. 그러므로 때로는 경제문제나 환경문제, 노동문제를 채택하여 정치운동으로 발전시키는 사례도 있으며 우리나라의 '국민기초생활보장법' 제정을 이끌어 낸 비영리민간단체들의 연대활동도 이에 속한다.

2 경제관련운동

시민단체의 경제관련 사회운동은 경제일반, 기업, 주택 · 토지, 노사, 농업문제를 이슈로 기업과 자본가 영역에 영향력을 행사하는 활동으로 나타난다. 우리나라의 경우 경제정의를 표방하면서 발족한 경실련이 정치, 환경, 사회 영역과 함께 가장 비중 있게 경제관련 시민운동을 전개하고 있다. 또한 참여연대도 1997년부터 최근까지 5대 재벌과 그 중심계열사에 대해 경영총수와 경영진들의 불법, 편법행위와 경영의 불투명성에 대한 소송과 소액주주운동 등을 전개하고 있다. 이들 시민운동은 경제적으로 경제활동과정에서의 공정성과 경제질서 전체의 합리성을 가진 시민경제주권시대를 열어가는 데 목적이 있다.

[3] 환경관련운동

사회운동은 하나의 운동 이데올로기에 이론적 바탕을 둔 개념이며 운동의 목적과 그에 따른 주제가 비교적 단일하고 선명하다는 점에서 본다면 우리나라의 '환경운동연합'이 전개하는 환경관련운동은 경실련이나 참여연대의 사업영역에 비하여 사회운동 본래의 특성을 유지하고 있다. 1980년대에 접어들면서 나타난 '신사회운동'이 중앙집권적 조직에 반대하고 후기 산업사회의 특징인 다양한 소규모의 사회이슈를 사안별로 투쟁하는 개념이라는 점에 비하면 사회운동은 환경문제에서도 중앙집권적인 전국적인 조직에 의해 해결하려는 방식을 선호한다.

[4] 사회관련운동

사회관련 시민운동은 사회복지운동을 포괄하여 교육, 정보, 사회, 여성, 언론, 의료적 이슈를 대상으로 시민단체가 전개하는 유형이다. 참여연대를 비롯한 시민단체들의 1999년 의약분업 실행운동은 건강보험재정의 악화로 이어져 시민단체의 책임론이 제기되기도 하였고, 여성운동, 교육문제를 대상으로 한 다양한 이슈를 가지고 사회운동을 전개하여 백화점식 운동이라는 비판도 있다.

이제 우리나라의 현대적 시민사회운동도 15년 이상의 역사를 가지고 있는 만큼 사회운동에서 신사회운동으로 전이되는 세계적 추세와 외부의 비판을 성찰하여 발전을 도모해야 하는 단계에 있다고 볼 수 있다.

2) 사회복지운동

(1) 사회복지운동의 개념

사회복지운동은 크게 보면 시민운동의 한 갈래에 속한다. 사회복지운동의 주체는 사회복지관련단체나 일반시민단체, 사회복지전문직단체가 되고 이들 단체는 정치권력의 장악보다는 사회복지증진이라는 목적으로 시민사회의 동원을 위하여 상호 연대하는 경우가 많다. 그러나 서구의 경우는 일찍이 사민당을 비롯한 이념정당이 정권획득을 시도해 왔고 우리나라의 경우에도 최근에는 ‘복지대통령 만들기’, ‘복지시장 만들기’, ‘복지국회의원 만들기’ 운동이 전개되고 있는 것을 볼 때 정치와 무관한 것은 아니다.

우리나라에 있어서 사회복지운동은 노동운동이나 여타의 시민운동에 비하여 시민사회를 동원하는 조직력이 비교적 약한 수준이나 사회구성원(시민)들의 삶의 질을 향상시키기 위한 목적을 지닌 사회운동이며 시민운동으로 볼 수 있다. 지금까지의 사회복지운동의 쟁점은 전국적 규모의 사회복지이슈를 중심으로 한 유형과 지역사회 단위의 복지문제에 기반을 둔 유형으로 구분이 된다. 후자의 경우에는 운동의 주체가 지역사회주민의 참여가 중요한 요건이 되는데 사회복지운동의 발달수준이 낮은 우리나라의 경우는 전문가나 특정단체가 주도하는 한계점이 있다. 그러므로 지역사회주민, 클라이언트, 전문가의 조직화를 통한 사회복지운동의 전개가 과제가 된다.

(2) 사회복지운동의 유형

1 공공부조관련운동

국가 사회복지의 주된 사업은 공공부조사업이다. 최저생계수준에 미치지 못하는 저소득층을 대상으로 자산조사를 거쳐 공공부조대상자로 선정하고 최저생활수준을 보장하는 가장 기본적인 영역이 되기 때문이다. 즉 국가에서 정한 빈곤선(poverty-line) 이하에 있는 국민에게 최저생계를 비롯한 인간다운 생활을 영위할 수 있도록 하는 사회보장제도인 것이다. 그런데 국가에서 정하는 국민최저생활선(national minimum)은 해당국가나 사회에 따라 차이가 있기 때문에 실제로 인간다운 삶을 유지하기에는 충분치 못하다는 논란의 여지가 많다. 1994년 12월에 참여연대가 벌인 국민생활최저선 확보운동은 공공부조관련 사회복지운동의 대표적인 사례가 된다.

② 사회보험관련운동

사회보험은 공공부조와는 달리 저소득층 위주보다는 중산층을 위한 사회보장제도이며 그 프로그램에 있어서도 다양한 유형이 있으므로 사회복지관련단체의 운동도 다양하게 전개되는 분야이다. 국민연금, 의료보험(국민건강보험), 산재보험, 고용보험 등의 제도별로 다양한 유형이 발생할 수 있는 것이다. 이 중에서 시민단체가 주로 관심을 가지고 참여하는 분야는 국민연금기금운용관련 손해배상청구소송, 지역의료보험료 부과처분 취소청구소송 등이다. 이러한 운동은 정부의 정책결정에 영향을 주어 의료보험의 통합이나 연금기금의 합리적 운용에 기여하였고 노동자들의 재해보상에도 영향을 미치는 결과를 가져오기도 하였다.

③ 사회복지서비스관련운동

시민사회단체나 사회복지관련단체가 전개하는 사회복지운동은 사회행동의 형태나 공익소송, 복지관련 법제의 개정과 입법운동으로 나타나는데 사회복지서비스에 관련된 사회복지운동의 형태는 다양한 유형을 띠고 있다. 뿐만 아니라 사회복지서비스예산 증액운동이나 국회나 지방의회의 예·결산 및 법안, 조례에 대한 의정감시활동 등의 새로운 형태도 나타나고 있다. 이것은 사회복지서비스의 대상이 특수한 욕구를 가진 노인이나 장애인 등의 대인서비스 영역이라는 특성과 함께 공공부조나 사회보험과는 다르게 지역사회 단위의 각종 협(의)회나 단체 등의 조직을 가지고 있어서 지역사회조직화가 유리하다는 장점이 있기도 하다.

지역사회복지는 그 모델이 지역사회개발, 지역사회계획/정책, 사회행동의 유형으로 나뉘고 그 중에서도 사회행동모델에 근거한 사회복지운동은 지역사회주민들의 조직화가 기본적으로 필요하다는 점에서 본다면 사회복지서비스 운동은 사회복지향상의 목적을 가진 지역사회나 전체사회의 운동전개가 용이한 측면이 있다. 특히 선거를 염두에 둔 사회복지운동은 중앙이나 지방정부의 정치권에도 영향을 줄 수 있다는 점에서 발전의 가능성이 높은 부문이 된다.

3. 지역사회중심의 복지운동

1) 지역사회운동

(1) 지역사회운동의 개념

사회운동이 사회행동의 원리를 채택한 시민들의 의식적이고 조직적인 행동이라는 점에서 볼 때 지역사회운동은 지역성을 근거로 일어나는 사회운동의 부문운동의 성격이 있다. 사회운동이 정치적 자유화의 영향요인을 많이 받는 특성이 있음에 비하여 지역사회운동은 지방화·분권화의 정치적 변화로 확산되는 특성을 찾을 수 있다. 따라서 시민사회운동에 비한다면 지역이기주의나 지역중심주의라는 비판의 대상이 되는 국면도 많이 발생하게 된다. 예컨대, 해당 지역사회에 쓰레기집하장이나 화장장 · 납골당 등의 비선호시설이 입지하거나 심지어 장애인복지시설 등이 들어서는 것조차도 집단적으로 반대하는 경우가 있는데 이는 올바른 지역사회운동의 개념과는 왜곡된 집단이기주의 현상으로 볼 수 있다.

지역사회운동은 전체 지역사회체계의 구조적 모순에 대항한 위기극복차원에서 근거해야 하며 집단적이고 의식적인 지역사회의 정체성 실현과 나아가서 그 지역사회뿐만 아니라 전체지역사회의 구조적 모순 해결에도 목적이 있어야 한다. 그리고 지역사회운동은 사회적 상황에 따라 다양한 국면으로 나타나며 복지문제에 중심을 둔 지역사회주민운동 이외에도 교육, 환경, 노동문제에 걸쳐 여러 가지 유형으로 전개될 수 있다.

(2) 지역사회운동의 유형

1 지역사회교육운동

지역사회교육은 지역사회복지론의 영역에서 볼 때 지역사회주민의 변화를 위한 교육적 방법론을 사용한 실천의 의미가 있다. 즉 지역사회개발, 사회계획/정책, 사회행동의 모델과 함께 지역사회교육은 하나의 접근방법론이 될 수 있다. 그러나 그동안의 사회인식은 교육을 복지와 구별된 영역으로 보는 관점이 강했고 지역사회 내에 있는 학교들이 중심이 되어 지역사회주민들의 복지증진에 관심을 가지는 지역사회학교운동(community school movement)에 한정하는 경향이 많았다.

우리나라에서는 1969년 1월에 '한국지역사회학교후원회'라는 민간단체가 발족되었고 1989년에 '한국지역사회교육협의회'로 개칭하여 지역사회교육운동을 전개하고 있다. 그 외에도 각급학교의 평생교육원과 종교단체 및 복지관련 단체에서도 사회교육 프로그램을 운영하고 있다. 뿐만 아니라 인터넷 환경을 이용한 사이버대학이 평생교육법에 의한 교육시설로 확산된 것도 예가 된다. 이렇게 볼 때 지역사회교육은 교육법이나 고등교육법에 의한 본래적인 교육의 관점보다는 복지적인 관점에서 접근되는 운동으로 재정립되어야 한다. 특히 최근에 제기되고 있는 교육과 복지의 합성개념인 '교육복지' 차원의 운동으로 변화해야 하는 과제가 있다.

한편, 지역사회교육운동의 목적을 살펴보면 다음과 같이 네 가지를 설정하고 있다.[6)]

① 지역주민의 성장과 발전

배우기를 원하거나 배움이 필요한 지역주민 모두에게 평생학습의 기회를 제공한다. 개개인의 소질과 능력을 발굴, 개발함으로써 지역주민 모두가 자아실현을 도모해 나갈 수 있도록 돕는다.

② 가정의 성장과 발전

부모교육을 통해 올바른 자녀지도의 기술과 방법을 익힌다. 가족구성원

---

6) 최일섭 · 류진석, 『지역사회복지론』, 서울대학교출판부, 2002, pp. 468～469 재인용.

간의 효과적인 인간관계형성은 물론 성장의 기회를 제공하는 데 힘쓴다.

③ 학교의 성장과 발전

학교는 지역주민 모두의 것임을 인식하고 좋은 학교를 만들어 나가는 데 힘쓴다. 학교와 가정의 긴밀한 협력에 의하여 자녀들이 건전하게 성장할 수 있도록 한다.

④ 지역사회의 성장과 발전

지역사회의 문제를 주민 스스로가 찾아내고 그 문제를 함께 해결해 나감으로써 지역사회의 발전을 돕는다. 만남의 기회를 통해 이웃을 넓히고, 새 이웃을 만들어 나감으로써 공동체의식을 함양해 나간다.

이러한 목적을 가진 지역사회교육운동은 결국 지역사회주민의 교육 욕구를 해결하고, 지역사회주민, 가정, 학교, 지역사회의 성장과 발전을 도모하는 데 핵심이 있으며, 지역사회를 중요한 기반으로 하고 있음을 알 수 있다.

2 지역사회(주민)운동

주민운동은 집단적 주민참여 형태에 의한 목적지향적이고 한시적인 의미를 가진 인위적인 지역사회운동을 의미한다. 그러므로 사회운동과 지역사회운동의 하위개념이면서 협의의 지역사회운동의 개념이 된다. 그러므로 지역사회주민운동의 개념 속에는 도시빈민운동, 개발사업반대운동, 환경 및 공해반대운동, 소비자보호운동, 시·군·구의 조례제정운동, 청소년보호운동 등의 지역사회의 구조적 특성과 밀접한 관계성이 포함되어 있다.

이러한 주민운동을 지역사회복지운동의 개념으로 보는 견해도 있으나 주민운동의 특징은 전체적 복지성 보다는 참가자들의 개별성이나 일상생활성, 지역성에 근거한다는 것이다. 따라서 주민들의 직접적 생활 이익과 연관되고 침해에 대항하는 활동이 중심이 된다.

3 지역사회환경운동과 노동운동

지역사회환경운동은 지역자원의 고갈·부족, 생존 및 생활환경파괴, 오염에 의한 피해에 대응하여 지역주민들이 주체가 되어 기업, 국가, 시민을 대상으로 벌이는 환경개선과 생존권보장운동이다. 주민운동의 대상이 국가나 정부이고 노동운동의 대상이 기업(자본가)이 된다는 측면에서 본다면 운동의 대상이 광범위한 특징이 있다.

환경운동은 자본주의적 산업화와 도시화에서 비롯된 자연환경의 파괴와 오염으로 인한 대책과 환경보호를 목적으로 국지적으로 전개되며 경우에 따라서는 시민(주민)단체 간의 갈등도 일어난다. 1990년대 초반의 대구 위천공단 페놀발생사건 때에 부산시민단체와 대구시민단체 간의 충돌은 그 예가 될 수 있다.

한편 지역사회노동운동은 저임금, 열악한 작업여건, 노동소외 등을 이슈로 자본가를 대상으로 경제적 권리를 쟁취하는 운동이다. 이는 사회적으로 불평등한 자원배분과 상관이 있으며, 자본에 의한 지역생활수단의 독점, 지역 노동력의 착취에 대항하여 정형화되고 지속적인 노동조합체계를 갖추고 벌이는 계급운동의 성격이 함축된 사회변혁성을 내포하고 있다.

2) 지역사회복지운동

(1) 지역사회복지운동의 개념

사회복지운동이 지역성과 별로 상관없는 전국 규모의 복지향상운동이라는 특징이 있다면, 지역사회복지운동은 지역사회주민의 복지와 관련된 주민참여형 복지운동의 특징이 있다. 그러나 여기에서 말하는 주민참여형 복지운동은 지역사회조직 이론이나 지역사회개발 이론의 본래적인 의미의 참여의 개념과는 다소 구분하여야 한다. 특히 주민의 합의와 자발적이고 자생적인 참여를 강조하는 지역사회개발의 개념에서는 공청회, 심의회, 각종 위원회에 참여하는 제도적 의미가 강한 반면 지역사회복지운동에서는 목적지향적이고 의도된 참여형태를 취하게 된다.

즉 지역사회복지운동으로서의 주민참여는 사회운동과 시민운동방식으로 이루어지는 비제도적 성격을 띠게 되며, 지역사회의 사회복지이슈를 중심으로 단기간에 추진된다. 우리나라의 경우에는 1970년대부터 일어난 도시빈민지역 철거반대운동이 대표적이며 최근에는 광역행정구역이나 기초행정구역을 기반으로 한 다양한 지역사회복지이슈에 개입하는 실정이다. 뿐만 아니라 지역사회복지관련운동으로서는 지역개발반대운동, 공해피해보상운동, 소비자보호운동, 환경보전운동 등의 개별성과 일상생활성을 가진 형태가 포함될 수 있다.

(2) 지역사회복지운동의 단체와 원칙

① 지역사회복지운동 단체

지역사회복지운동을 전개하는 단체로는 참여연대의 사회복지위원회, 경실련의 사회복지위원회 등의 전국 규모의 단체와 '경기복지시민연대'와 대구의 '우리복지시민연합' 등의 광역 단위의 단체, 그리고 서울 관악구의 '관악사회복지'를 비롯한 성남, 안산, 천안 지역의 기초지역단체가 지역사회 차원의 복지이슈를 중심으로 운동을 확대하고 있다. 이 중에서도 대구의 우리복지시민연합은 1994년 9월부터 사회복지학교를 개설하여 참여연대가 1995년부터 개최한 사회복지학교와 함께 대표적인 사업이 되고 있으며, 1999년부터는 '복지아카데미'로 확대·운영하고 있다.

이 외에도 빈곤문제연구소, 장애우권익문제연구소 등의 학술단체성격의 학술포럼도 지역사회복지운동의 한 형태로 볼 수 있으며 향후에는 더욱 많은 지역사회 단위의 복지운동단체가 활성화될 것으로 예상된다.

② 지역사회복지운동의 원칙

지역사회복지란 지역사회주민의 생명과 생활의 향상을 위해 공공과 민간기관이 협동하고 조직화하여 생존환경을 개선하는 사회적 방법을 의미한다. 그렇다면 지역사회복지운동은 지역사회주민의 생명과 생활에 대한 복지욕구를 해결하기 위해 지역사회 내의 공공기관과 민간조직이 협동하고 지역사회자원을 조직화함으로써 지역사회의 생존환경을 개선하는 운동을 말한다. 여기서 지역사회차원에서 이루어지는 지역사회복지운동이 사회변혁을 위한 시민운동으로서 지켜야 할 원칙을 정리해 보면 다음과 같다.

우선 지역사회복지제도의 운영과 관리 등의 사회복지행정에 지역사회주민의 참여가 제도적으로 가능하도록 해야 한다. 사회복지가 지역사회주민의 생명과 생활의 향상을 목적으로 한다는 점에서 지역사회주민이 사회복지제도의 틀 속에 위치하는 것은 당위성이 있다.

둘째는 지역사회복지가 지역사회와 민간의 역량을 중시하는 이념이 있더라도 지역사회복지예산은 원칙적으로 국가책임으로 조달되어야 한다. 사회복지는 원래 국가책임이며 이를 보장하는 예산이 지원되지 않을 경우는 지역 간의 사회복지부담의 차이가 발생하며 결과적으로 사회복지의 통일성이 훼손될 수 있다.

셋째는 국가복지가 공공부조대상자를 중심으로 최저생활을 보장하는 선택적인 복지에 치중하게 되는 점에 비하여 지역사회복지는 사회복지서비스 대상자를 비롯한 지역사회주민 다수를 위한 보편적인 복지시책에 관심을 가진 운동이어야 한다.

넷째는 지역사회 내의 민간 사회복지시설과 의료시설의 사회화를 지향하고 지역사회주민들이 저렴한 비용부담으로 이용할 수 있도록 접근성을 높여야 한다.

부 Ⅱ 록

【부록 Ⅰ】 재가복지봉사센터[사회복지관 부설] 운영규정

1. 총칙

가. 목적

○ 가정에서 보호를 요하는 장애인, 노인, 소년·소녀가장, 편부·편모가정 등 가족기능이 취약한 저소득 소외계층과 국가유공자, 지역사회 내에서 재가복지서비스를 원하는 사람에게 가사, 간병, 청소, 의료, 결연 등의 서비스를 제공하는 재가복지봉사센터의 설치·운영에 관하여 필요한 사항을 정함으로써 지역사회 복지증진에 기여하기 위한 것이다.

나. 정의

○ "재가복지봉사센터"라고 함은 지역사회에서 일정한 시설과 전문인력 및 자원봉사자를 갖추고 필요한 재가복지서비스를 제공하는 사회복지시설을 말한다.

다. 재가복지봉사센터의 기능 및 역할

재가복지봉사센터는 다음과 같은 다양한 기능과 역할을 수행한다.

1) 조사·진단의 역할

재가복지서비스 대상자 및 가정의 욕구조사와 문제의 진단 등을 통해 필요한 서비스의 종류를 선정한다.

2) 서비스 제공의 역할

재가복지서비스 대상별 측정된 욕구와 문제의 진단내용에 따라 직 · 간접적 서비스를 제공한다.

3) 지역사회 자원동원 및 활용의 역할

재가복지서비스의 내실화와 대상자 및 가정의 욕구와 문제해결을 위해 지역사회 인적 · 물적 자원을 동원, 활용한다.

4) 사업평가의 역할

재가복지서비스사업을 평가하기 위하여 서비스기능, 분야별 효과, 자원동원 및 활용효과 등에 관하여 자체 평가하고 그 결과가 사업에 활용되도록 한다.

5) 교육기관의 역할

자원봉사자 및 지역사회 주민들에게 재가복지서비스사업, 사회복지사업 및 취미 · 교양 등에 관한 교육을 제공한다.

6) 지역사회 연대의식 고취의 역할

지역사회 내 인적 · 물적 자원 연계를 통한 계층간에 연대감을 고취시킨다.

라. 운영의 기본원칙

1) 적극성의 원칙

서비스 대상자의 요청을 기다리지 아니하고 적극적으로 서비스 요구를 발굴하여 필요한 서비스를 제공하여야 한다.

2) 능률성의 원칙

최소의 비용으로 최대의 효과를 거두기 위하여 인적 · 물적 자원을 효율적으로 운영하여야 한다.

3) 연계성의 원칙

다양한 서비스 욕구를 적절히 충족시키기 위하여 행정기관, 사회복사단체 등 관련기관과 수시 연계체계를 갖추고 알선, 자원봉사 등을 수행하여야 한다.

4) 자립성의 원칙

요보호 대상자에 대한 서비스는 본인의 신체적, 정신적, 사회적 자립 및 자활을 조성하는 데 주안점을 두어야 한다.

2. 시설의 설치

가. 설치대상

설치 · 운영 중인 사회복지관 부설로 설치하여 기존 복지관의 시설, 인력, 장비를 공동 활용하되, 재가복지서비스의 효율성 제고를 위하여 별도의 전담인력 및 장비를 추가 지원하여 설치 · 운영한다.

나. 설치면적

사회복지관 내 서비스 대상자와 자원봉사자가 이용하기에 편리한 곳에 설치하되 면적을 33㎡ 이상으로 한다.

다. 설치 · 운영주체

사회복지관을 설치 · 운영 중인 사회복지법인, 지방자치단체 및 비영리법인 등으로 하되, 지방자치단체는 본 사업의 전문성을 향상시키기 위하여 운영 능력이 있는 사회복지법인 등에 위탁 · 운영할 수 있다.

3. 전담인력 및 장비

가. 인력

1) 사회복지관의 관장은 재가복지봉사센터의 장을 겸직하고 업무를 총괄, 지휘한다.

2) 재가복지봉사센터를 효율적으로 운영하기 위하여, 사회복지관내에 전담인력을 두되, 사회복지사 2인(과장급 1인 포함), 운전기사 1인 등 총 3인을 우선 배치하여 운영토록 한다.

3) 전담인력의 채용은 법인의 정관이 정하는 바에 따라 법인의 대표이사 또는 사회복지관 관장이 채용하되 그 자격기준은 <별표 1>과 같다. 다만, 지방자치단체가 설치 · 직영하는 봉사센터의 경우에는 예외로 한다.

그리고 운전기사를 채용 시에는 사회복지사 자격증 소지자를 우선 채용할 수 있다.

4) 봉사센터에 근무하는 전담인력의 업무분장은 <별표 2>와 같다.

5) 전담인력의 보수지급은 재가복지봉사센터를 운영하는 사회복지관의 운영주체가 보수지급에 관한 규정을 정하여 시행하여야 하며, 운전기사의 경우 운전경력을 근무경력으로 인정하여 호봉 산정을 할 수 있고, 필요한 경우 별도의 기술수당을 지급할 수 있다.

나. 장비

봉사센터의 효율적 사업수행을 위하여 다음과 같은 장비를 설치토록 하며 각 봉사센터는 자체 장비관리규정을 제정하여 이를 관리 · 운영하되, 차량의 경우 <별표 3> "재가복지봉사센터 차량관리기준"에 의한다.

① 차 량 : 재가복지서비스 활동의 기동성을 위한 승합차량 1대

② 전산장비 : 자원봉사자 및 대상자 관리를 위한 컴퓨터 및 프린터 각 1대

③ 기타장비 : 업무수행을 위한 책상, 의자, 전화기, 캐비닛, 파일박스 등 행정장비

별표 1 재가복지봉사센터 전담직원 자격기준

구 분	경력 및 자격기준
과 장	1. 사회복지사 자격증소지자로서 사회복지사업에 5년 이상 근무한 경력이 있는 자 2. 사회복지사 자격증소지자로서 사회복지관에서 5년 이상 근무한 경력이 있는 자 3. 기타 사회복지사 자격증을 소지하고 사회복지사업에 실무경험이 있는 자로서 사회복지장관이 제1호 내지 제2호에 준하는 자격이 있다고 인정하는 자
사회복지사	사회복지사 자격증 소지자
운전기사	운전면허증 소지자로서 사회복지관 관장이 자격이 있다고 인정하는 자

별표 2 재가복지봉사센터 전담직원 업무분장

구 분	업 무 분 장
사회복지사 (과장급 포함)	1. 프로그램 개발 및 수립에 관한 사항 2. 자원봉사자 재교육 계획 수립에 관한 사항 3. 지역사회 자원 발굴 및 활용에 관한 사항 4. 지역사회 유지 및 지도자 조직화에 관한 사항 5. 봉사센터 사업홍보에 관한 사항 6. 봉사센터 전담인력 관리에 관한 사항 7. 지역사회조사에 관한 사항 8. 요보호대상자 가정방문 및 욕구조사에 관한 사항 9. 봉사원 관리 및 상담에 관한 사항 10. 봉사원 파견 및 배치에 관한 사항 11. 기타 재가복지봉사사업에 관한 사항
운전기사	1. 요보호대상자 및 봉사자 수송에 관한 사항 2. 지원물품 수송 및 전달에 관한 사항 3. 차량관리 및 관리대장 기록에 관한 사항 4. 기타, 차량관리 및 집기관리 등에 관한 사항

※ 사회복지관 관장은 봉사센터 업무를 총괄한다.

별표 3 재가복지봉사센터 차량관리기준

1. 목적

이 기준은 사회복지관부설 재가복지봉사센터(이하 "봉사센터"라 한다)에서 관리・운영하는 차량관리의 합리화를 기함을 목적으로 한다.

2. 정의

이 기준에서 사용하는 용어의 정의는 다음과 같다.

(가) "차량"이라 함은 재가복지봉사센터가 운행하는 승합차량을 말한다.

(나) "차량의 교체"라 함은 동일 차량의 다른 차량으로 교체하는 것을 말한다.

3. 적용범위

이 기준은 재가복지봉사센터가 관리 · 운영하는 모든 차량에 적용한다.

4. 차량의 사용용도

차량은 자원봉사자와 요보호대상자간의 연계, 요보호대상자와 자원봉사자의 수송 및 재가복지봉사센터 업무에 사용한다.

5. 차량 교체승인

(가) 봉사센터가 운영하는 차량이 불용차량으로 결정되었을 경우 시 · 도지사의 승인을 얻어야 한다.

(나) 차량의 최초 등록일로부터 차량별 최단 운행기준 연한(대통령령 제16326호 '관용차량관리규정' 준용)의 3분의 2가 경과한 차량으로써 차량의 상태가 극히 노후하여 수리사용이 불가능한 경우와 수리비가 당해 차량 잔존가액의 2/3를 초과하는 경우, 이 경우에는 1급 자동차 정비사업기관의 검사확인이 있어야 한다.

(다) 기타 시 · 도지사가 차량의 교체가 필요하다고 인정하는 경우

6. 비치서식 및 대장

(가) 봉사센터 차량관리 대장

(나) 차량정비 대장

(다) 유류 수불 대장

(라) 차량 운행 일지

【부록 Ⅱ】 사회복지공동모금회 정관

〔일부개정 2004. 7. 19〕

제1장 총 칙

제1조(목적) 이 회는 사회복지공동모금회법(이하 "법"이라 한다)에 의하여 설립된 법인으로서 공동모금운동을 통하여 사회복지에 관한 국민의 이해와 참여를 촉진하고, 국민의 자발적인 성금으로 공동모금된 재원을 효율적이고 공정하게 관리·운용함으로써 사회복지 증진에 이바지함을 목적으로 한다.<개정 2004.7.19>

제2조(명칭) ① 이 회는 "사회복지법인 사회복지공동모금회"(이하 "모금회"라 하며 지회와의 구분이 필요할 때에는 "중앙회"라 한다)라 한다.<개정 2003.1.13>

② 모금회의 영문표기는 "Community Chest of Korea"로 하며, 약칭은 "CCK"로 한다.

제3조(주된 사무소의 소재지) 모금회의 주된 사무소는 서울특별시에 둔다.

제4조(사업) 모금회는 제1조의 목적을 달성하기 위하여 다음 각 호의 사업을 행한다.

1. 사회복지공동모금사업
2. 공동모금재원의 배분 및 평가
3. 공동모금재원의 운용 및 관리
4. 사회복지공동모금에 관한 조사·연구·홍보 및 교육훈련
5. 사회복지공동모금회지회(이하 "지회"라 한다)의 운영
6. 사회복지공동모금에 관한 국제교류 및 협력증진사업
7. 다른 기부금품모집자와의 협력사업
8. 기타 모금회의 목적달성에 필요한 사업

제4조의2(수익사업) 모금회는 제4조 각호의 사업의 원활한 수행을 위하여 필

요한 경우 복권및복권기금법에 의한 복권발행수탁사업 · 임대사업 기타 수익사업을 할 수 있다.
[본조신설 2004. 7.19]

제2장 임 원

제5조(임원) 모금회는 다음의 임원을 둔다.
1. 회장 1인
2. 부회장 3인
3. 이사(회장 · 부회장을 포함한다) 15인 이상 20인 이하
4. 감사 2인

제6조(임원의 선임) ① 이사회는 다음 각호의 1에 해당하는 자 중에서 제11조에 의한 인선위원회의 추천을 받아 이사를 선임한다.
1. 경제계 · 언론계 · 법조계 · 의료계 · 종교계 · 노동계 · 사회복지관련학계 · 시민사회단체 등에 종사하는 자
2. 사회복지전문가
3. 기타 학식과 덕망이 있는 자

② 회장은 5인 이상의 이사로부터 추천을 받은 이사 중에서 재적이사 과반수의 찬성으로 선출한다.
③ 부회장은 이사 중에서 회장이 추천하여 이사회의 의결로 선임한다.
④ 감사는 3인 이상의 이사로부터 추천을 받은 자 중에서 이사회의 의결로 선임한다. 다만, 감사 중 1인은 공인회계사, 세무사 또는 변호사의 자격이 있는 자로 한다.
⑤ 임원을 임면한 경우에는 이를 보건복지부장관에게 보고한다.<개정 2003.1.13>

제6조의2(임원의 임기) 임원의 임기는 2년으로 하되, 1회에 한하여 연임할 수 있다.
[본조신설 2003.1.13]

제7조(임원의 보선) 임원이 임기 중 궐위된 때에는 제6조의 규정에 의하여 2월 이내에 보선한다.

제8조(결격사유 해당임원에 대한 조치) 임원 중 법 제11조에 해당하는 사유가 발생한 경우에는 그 발생한 날에 모금회의 임원직을 상실하며, 임원 선임 당시 법 제11조에 해당하는 사유가 있었던 사실이 발견된 때에는 모금회는 즉시 당해 임원의 선임을 취소한다.

제9조(임원의 직무) ① 회장은 모금회를 대표하고, 소관업무를 통할하며, 소속 직원을 지휘·감독한다.

② 부회장은 회장을 보좌하고 회장이 위임한 사무를 수행하며, 회장이 유고 또는 궐위된 때에는 회장이 지명한 부회장 또는 부회장 중 연장자순으로 회장의 직무를 대행한다.

③ 이사는 이사회에 출석하여 모금회의 업무에 관한 사항을 심의·의결하며 이사회 또는 회장으로부터 위임받은 사항을 수행한다.

④ 감사는 다음 각호의 직무를 수행한다.

1. 모금회의 재산상황에 대한 감사
2. 이사회의 운영과 모금회의 업무집행에 관한 사항의 감사
3. 감사결과 불법 또는 부당한 점이 있음을 발견한 때에 이사회에 보고하는 일
4. 제3호의 보고를 위하여 필요한 경우 회장에게 이사회의 소집을 요구하는 일
5. 이사회에 출석하여 발언하는 일

제10조(임원의 대우) 임원은 명예직으로 하고 보수를 지급하지 아니한다. 다만, 임원의 활동에 필요한 경비는 실비를 지급할 수 있다.

제11조(인선위원회) ① 이사 및 분과실행위원 추천을 위하여 인선위원회를 둔다.

② 인선위원회는 이사회 추천 3인, 배분대상 대표 3인, 공익 대표 3인으로 구성한다.

③ 인선위원회의 구성과 운영에 관하여 필요한 사항은 이사회의 의결을 거쳐 별도의 규정으로 정한다.<개정 2004.7.19>

제12조(명예회장 및 고문) ① 모금회는 필요한 경우 명예회장과 약간 명의 고문을 둘 수 있다.

② 명예회장과 고문은 이사회의 의결로 추대한다.

제3장 이사회

제13조(이사회의 구성) 이사회는 모금회의 최고의결기구로서 회장・부회장 및 이사로 구성한다.

제14조(이사회의 소집 등) ① 이사회는 정기이사회와 임시이사회로 구분한다.

② 정기이사회는 매년 3월과 11월에 소집하고 임시이사회는 다음 각호의 1의 경우 그 소집요구일부터 14일 이내에 소집한다.<개정 2003.1.13>

1. 재적이사 3분의 1이상이 회의목적을 명시하여 소집을 요구한 경우
2. 제9조제4항제4호의 규정에 의하여 감사가 이사회의 소집을 요구한 경우
3. 회장이 필요하다고 인정한 경우

③ 이사회를 소집할 때에는 회의 7일전에 회의목적・일시 및 장소를 명시하여 이사에게 통지하여야 한다.

제15조(이사회 의결사항) 이사회는 다음 각호의 사항을 심의・의결한다.

1. 매 회계연도의 사업계획 및 예산에 관한 사항
2. 공동모금계획 및 배분계획에 관한 사항
3. 배분기준에 관한 사항
4. 정관변경 및 규정의 제정・개폐에 관한 사항<개정 2004.7.19>
5. 매 회계연도 사업결산에 관한 사항
6. 임원의 선임 및 해임에 관한 사항
7. 지회장의 임면에 관한 사항
8. 기본재산의 처분에 관한 사항
9. 이사 3분의 1이상이 부의한 사항
10. 기타 회장이 부의한 사항

제16조(의결정족수) ① 이사회는 임원의 해임, 정관변경, 기본재산의 처분, 지회장의 해임에 관한 사항은 재적이사 3분의 2이상의 찬성으로 의결한다.

② 이사회는 회장의 선임 및 규정의 제정・개폐에 관한 사항은 재적이사 과

반수의 찬성으로 의결한다.<개정 2004.7.19>

③ 이사회는 이 정관에서 별도로 정한 경우 외에는 재적이사 과반수의 출석으로 개회하고 출석이사 과반수의 찬성으로 의결한다.

제17조(의결제척사유) 다음 각호의 1에 해당하는 이사는 그 안건에 대하여 의결권을 행사 할 수 없다.

1. 이사의 해임에 있어 자신에 관한 사항
2. 금전 및 재산의 수수를 수반하는 사항으로서 모금회와 당해 이사의 이해가 상반하는 경우
3. 이사가 소속된 법인・단체의 배분에 관한 사항

제18조(위임) ① 이사가 불가피한 사유로 이사회의 참석이 불가능할 경우 부의된 안건의 처리에 관한 의견의 표시 및 표결권을 다른 이사에게 위임할 수 있으며 대리인을 참석시켜 부의된 안건의 처리에 관한 의견을 진술하게 할 수 있다.

② 제1항의 규정에 의하여 위임할 경우 이사는 회장에게 위임장을 제출하여야 하며, 위임장에는 부의 된 안건에 대한 찬・반의 표시 및 의견을 첨부할 수 있다.

제19조(서면결의 등) ① 회장은 긴급히 처리할 필요가 있는 안건 등에 대하여 서면결의를 할 수 있다.

② 제1항의 서면결의는 보건복지부장관의 허가・승인・보고사항에 대하여는 서면결의를 할 수 없다.

제20조(회의록) 이사회 회의록은 회장과 참석한 부회장이 기명날인하여 모금회에 보존하여야 한다.

제4장 분과실행위원회

제21조(분과실행위원회의 심의사항) 법 제13조의 규정에 의한 분과실행위원회는 제4조의 사업 및 제15조의 이사회의 의결사항 중 각 해당분야에 관한 사항과 회장이 심의 요청한 사항을 심의한다.<개정 2003.1.13>

제22조(분과실행위원회의 구성) 각 분과실행위원회는 위원장 1인, 부위원장 2인을 포함한 다음 각 호의 위원으로 구성한다.

1. 모금분과실행위원회는 20인 이상
2. 기획분과실행위원회, 홍보분과실행위원회 및 배분분과실행위원회는 각 10인 이상 20인 이하<개정 2003.1.13>

제23조(분과실행위원회의 위촉) ① 분과실행위원은 인선위원회의 추천과 해당 분과실행위원회의 위원장의 제청으로 이사회의 의결을 거쳐 회장이 위촉한다.

② 분과실행위원회의 위원장은 이사 중에서 회장이 위촉하며, 부위원장은 2인으로 하되 해당 분과실행위원 중에서 호선한다.<개정 2004.7.19>

제24조(분과실행위원회 운영 등) ① 분과실행위원은 명예직으로 하고 보수를 지급하지 아니한다. 다만, 분과실행위원회의 활동에 필요한 경비는 예산의 범위 안에서 실비를 지급할 수 있다.

② 분과실행위원회의 운영에 관하여는 제16조, 제17조제3호, 제18조, 제19조제1항 및 제20조의 규정을 준용한다.<개정 2003.1.13>

③ 각 분과실행위원회는 심의안건의 심도 있는 검토가 필요한 경우 전문분야별 소위원회를 둘 수 있다.

④ 제3항의 규정에 의한 소위원회의 구성과 운영 등 분과실행위원회 운영에 관한 세부사항은 별도의 규정으로 정한다.

제5장 모금 및 배분

제25조(모금원칙) ① 모금회는 국민의 자발적 참여에 기초하여 모금활동을 행한다.

② 모금회는 모금활동의 효율성을 위하여 노력하여야 한다.

③ 모금회는 개별모금관련단체 등과의 협력을 추구한다.

제26조(배분원칙) ① 모금회는 공동모금재원의 배분을 통해 지역사회 복지증진과 사회복지 서비스의 활성화를 기하여야 한다.

② 배분은 사회복지사업 및 사회복지활동 사회복지프로그램을 행하는 자를 넓게 포괄하여야 한다.

③ 배분은 지역, 단체, 대상자, 프로그램별로 복지수요가 공정하게 충족되도록 하여야 한다.

④ 배분은 과정과 결과가 투명하게 진행되어야 한다.

⑤ 배분은 평가를 바탕으로 하여 효과적이며 효율적으로 실시되어야 한다.

제27조(배분기관) ① 공동모금재원의 배분은 지회를 통하여 배분한다.

② 제1항의 규정에 불구하고 전국규모의 사회복지사업, 긴급지원사업, 시범사업 등 지회를 통하여 배분하기 곤란한 사업은 중앙회가 직접 배분한다.<개정 2003.1.13>

제27조의2(배분사업의 종류) ① 모금회는 효과적인 배분사업을 위하여 배분사업의 종류를 신청사업, 지정기탁사업, 기획사업, 긴급지원사업으로 한다.

② 법 제2조제2호의 규정에 의한 기타사회복지활동은 다양한 사회복지욕구에 부응하는 국내외의 각종사회복지사업과 활동으로 한다.

제28조(배분평가) 모금회는 지역사회 복지증진과 사회복지서비스의 활성화를 위하여 배분사업을 평가하고 그 결과를 차기 배분기준에 반영하여야 한다.

제29조(지정기부금품의 배분) ① 모금회는 법 제27조의 규정에 의하여 기부자의 지정 취지에 따라 배분할 경우 법령 또는 모금회의 사업목적에 위반되거나 유사한 보호대상자 보다 보호수준이 현저히 높은 경우에는 그 사실을 기부자에게 설명하고 다시 지정하게 하거나 일반기탁금으로 전환하도록 요구하여야 한다.

② 모금회는 기부자가 제1항의 요구를 거부할 경우에는 지정기부금품의 접수를 거부할 수 있다.

제30조(배분결과의 공고 등) ① 모금회가 법 제24조의 규정에 의하여 공고하여야 할 명세는 다음 각호와 같다.

1. 기부금품 모집실적 현황
2. 배분실적 현황

② 제1항의 실적세부내용은 사업보고서 및 인터넷 홈페이지 등을 통해 공고한다.<개정 2003.1.13>

제31조(배분규정) 배분에 관하여 법과 이 정관에 규정되지 않은 세부사항은 이사회의 의결을 거쳐 별도의 규정으로 정한다.

제6장 재산 및 회계

제32조(재산) ① 모금회의 재산은 기본재산과 보통재산으로 구분한다.

② 기본재산은 다음 각호의 재산으로 하며 그 이외의 재산은 보통재산으로 한다.

1. 모금회가 소유한 부동산
2. 사회복지사업기금에서 이관된 금전 및 재산
3. 이사회의 결의에 의하여 기본재산에 편입된 재산
4. 법 부칙 제3조제1항의 규정에 의하여 승계한 지역공동모금회의 기본재산

제33조(재산의 관리) ① 기본재산을 취득・매도・증여・교환・임대 또는 담보에 제공하거나 그 밖의 권리의 포기, 의무의 부담 등의 처분을 하고자 하는 때에는 이사회의 의결을 거쳐 보건복지부장관의 허가를 얻어야 한다.

② 재산의 관리・운영과 재무・회계에 관하여는 사회복지법인재무・회계규칙을 적용하되 동 규정을 적용하기 곤란한 사항에 대해서는 이사회의 의결을 거쳐 별도의 규정으로 정한다.

제34조(경비충당) 모금회의 사업비는 모금된 재원, 정부 및 지방자치단체 보조금, 기본재산에서 발생하는 과실, 그 밖의 수입금으로 충당한다.

제35조(회계연도) 모금회의 회계연도는 1월1일부터 12월31일까지로 한다. <개정 2003.1.13>

제36조(사업비 이월 등) ①법 제25조제3항에 의하여 당해 연도 지출이 어려운 경우에는 이사회의 의결을 거쳐 다음연도에 이월하여 지출할 수 있다. <개정 2003.1.13>

② 법 제25조제3항제1호에서 규정한 모금목적사업의 특성상 당해 회계연도에 지출을 완료하기 어려운 경우라 함은 다음 각호를 말한다.

1. 기부자가 배분지역 · 배분대상자 또는 사용용도를 지정하였으나 해당지역 · 대상자 · 사용용도를 확정하거나 심사 · 확인 등 절차에 따른 시간이 필요하여 회계연도가 이월되는 경우
2. 기금의 성격으로 기탁된 기부금을 연차적으로 사용하거나 과실금을 사용하도록 지정하는 경우<신설 2003.1.13>

③ 적립금의 한도, 운용방법, 용도 등 적립금의 조성과 운용에 필요한 사항은 이사회의 의결을 거쳐 별도의 규정으로 정하고, 매 회계연도 적립금운용계획을 법 제26조제1항의 규정에 의한 사업계획 및 예산안에 포함한다.

제37조(모금경비 등의 사용한도) 모금회는 법 제25조제4항에 규정한 범위내에서 기부금품모집과 모금회의 사업 및 관리운영에 필요한 비용의 사용한도를 중앙 및 지회별로 실정에 따라 정할 수 있다.<개정 2003.1.13>

제38조(잉여금의 처리) 모금회의 매 회계연도 결산잉여금은 다음 회계연도에 이월하여 사용하는 것을 원칙으로 한다.

제7장 사무조직 및 운영

제39조(사무처) ① 모금회의 업무를 효율적으로 처리하기 위하여 사무처를 둔다.

② 사무처에는 사무총장 1인을 두고, 업무의 전문적 수행에 필요한 조직과 직원을 둔다.

③ 사무총장은 회장의 명을 받아 사무처를 지휘 · 통할하고 소속 직원을 지도 · 감독한다.<개정 2003.1.13>

④ 사무총장은 사무총장후보자추천위원회를 구성하여 추천위원회가 회장에게 추천한 2인의 후보자 중에서 이사회의 의결을 거쳐 회장이 임명한다. <개정 2004.7.19>

⑤ 사무총장후보자추천위원회의 구성 및 운영에 관하여 필요한 사항은 별도의 규정으로 정한다.<신설 2004.7.19>

⑥ 사무총장의 임기는 3년으로 하되, 1회에 한하여 연임할 수 있다.<개정 2004.7.19>

제40조(사무조직 운영) 사무조직의 직제와 운영 및 직원의 임용・복무・보수 기타 사무조직의 운영에 필요한 사항은 이사회의 의결을 거쳐 별도의 규정으로 정한다.<개정 2004. 7.19>

제8장 지 회

제41조(지회의 명칭 등) ① 지회의 명칭은 "사회복지공동모금회"와 "지회"사이에 시・도의 명칭을 넣은 것으로 한다.

② 지회 사무소는 특별시, 광역시 및 도청소재지에 둔다.

제42조(지회의 기능) 지회는 다음 각호의 사항을 담당한다.

1. 지역단위 사회복지공동모금사업
2. 지역공동모금재원의 배분 및 그에 대한 평가
3. 지회소관 재원 및 자산의 운용 및 관리<개정 2003.1.13>
4. 사회복지공동모금에 관한 홍보 및 교육사업
5. 기타 지회의 사업수행에 필요한 사항

제43조(지회의 운영위원회 및 감사) ① 지회에는 다음 각호의 자로 구성되는 운영위원회를 두고, 감사 2인을 둔다.

1. 지회장 1인
2. 부지회장 3인 이내
3. 운영위원(지회장・부지회장을 포함한다) 10인 이상 15인 이하

② 지회의 운영위원 및 감사에 관하여 이사회의 의결을 거쳐 별도의 규정으로 정한 것을 제외하고는 이 정관 중 임원관련 조항을 준용한다.<신설 2004.7.19>

제44조(지회장의 임명 등) ① 지회장은 운영위원회에서 선출하여 이사회의 의결을 거쳐 회장이 임명한다.

② 부지회장은 운영위원 중에서 지회장이 추천하여 운영위원회의 의결을 거쳐 선임한다.

③ 운영위원은 지역사회의 경제계・언론계・법조계・의료계・종교계・

노동계·사회복지관련학계·시민사회단체 등에 종사하는 자, 사회복지전문가, 기타 학식과 덕망이 있는 자 중에서 운영위원회에서 선임한다.<개정 2004.7.19>

④ 감사는 운영위원으로부터 추천을 받은 자 중에서 운영위원회의 의결로 선임한다. 단, 감사 중 1인은 공인회계사, 세무사 또는 변호사의 자격이 있는 자로 한다.

제45조(지회의 배분) 지회는 법과 이 정관 및 이 정관에 의한 규정의 범위 내에서 지역의 특성에 맞게 모금하고 배분할 수 있다.

제46조(지회에 대한 지원 등) ① 모금회는 지회에 대하여 지회의 운영과 사업수행에 필요한 예산을 지원할 수 있다.<개정 2003.1.13>

② 지회에 대한 지원은 당해 지역의 복지욕구, 인구수, 재정자립도, 모금실적 및 운영평가결과 등을 고려하여야 한다.

제47조(지회분과실행위원회) ① 지회의 업무를 전문적으로 심의하기 위하여 해당분야의 전문가와 시민대표 등으로 구성된 기회·홍보·모금·배분분과실행위원회를 둘 수 있다.<개정 2003.1.13>

② 지회분과실행위원회의 구성과 운영에 관한 사항은 제21조 내지 제24조를 준용한다.

제48조(지회 사무국) ① 지회의 업무를 효율적으로 처리하기 위하여 지회 사무국을 둔다.

② 지회 사무국에는 사무국장 1인을 두고, 업무의 전문적 수행에 필요한 조직과 직원을 둔다.

제49조(지회자산의 관리 등) ① 지회의 기본재산을 제33조제1항의 규정에 의하여 처분하고자 할 경우에는 이사회의 의결에 앞서 운영위원회의 의결을 거쳐야 한다.

② 지회의 기본재산에서 발생하는 수익금은 지회의 수입으로 한다.

③ 지회는 자산관리, 예산, 결산 및 회계에 관하여 구분 경리함을 원칙으로 한다.<개정 2003.1.13>

제50조(지회사무의 위임) ① 회장은 지회의 예산, 인사, 자산, 모금 및 배분 등

지회의 관리・운영에 관한 사무를 모금회의 제 규정(회규관리규정 제2조제2호의 규정을 말한다. 이하 같다)에서 정하는 바에 의하여 지회장에게 위임한다.<개정 2004.7.19>

② 지회장은 이 정관 및 모금회의 제 규정에 따라 지회를 운영한다.

제51조(지회운영규정) ① 지회의 운영에 관하여 필요한 세부사항은 이사회의 의결을 거쳐 별도의 규정으로 정한다.

② 지회는 이 정관과 모금회의 제 규정의 범위 내에서 당해 지회의 업무처리에 필요한 지침(회규관리규정 제2조제4호의 지침을 말한다)을 정할 수 있다.<개정 2004.7.19>

제9장 보 칙

제52조(정관개정) 이 정관을 개정하고자 하는 때에는 재적이사 3분의 2이상의 찬성으로 의결하여 보건복지부장관의 허가를 받아야 한다.

제53조(공고방법) 법령과 이 정관에서 특별히 공고방법을 정한 경우를 제외하고는 공동모금회의 게시판에 공고하도록 한다.

제54조(준용) 정관에 규정되지 아니한 사항은 사회복지사업법과 민법 중 재단법인에 관한 규정 및 보건복지부장관및소속청장의소관에속하는비영리법인의설립및감독에관한규칙을 준용한다.

부 칙〈1999. 6.19〉

제1조(시행일) 이 정관은 보건복지부장관의 인가를 받은 날부터 시행한다.

제2조(임직원 등에 대한 경과조치) ① 이 정관 시행당시 전국 및 지역공동모금회의 임직원 등은 이 정관에 의하여 임원, 지회임원, 분과실행위원, 직원 등으로 각각 선임 또는 임명된 것으로 본다. 단, 이 경과조치로 분과실행위원이 법 제13조제3항의 규정에 의한 정원을 초과하는 경우 이 정관 시행일부터 1월 이내에 정원과 일치하도록 하여야 한다.

② 제1항의 규정에 의한 임원, 지회임원, 분과실행위원, 사무총장의 임기는 1998년 11월 13일부터 기산한다.

③ 제1항의 규정에 의한 운영위원의 현원이 제43조제3호의 정원을 초과한 때에는 2000년 11월 12일까지 별도정원이 있는 것으로 본다. 단, 별도정원이 있는 지회는 결원이 발생하더라도 보선하지 못한다.

제3조(업무에 관한 경과조치) 종전의 규정에 의해 추진된 전국 및 지역공동모금회의 업무 중 1999년 4월 1일 이후에도 계속 집행되는 업무는 1999년 4월 1일부터 이 정관에 의하여 추진된 것으로 본다.

제4조(지회 전환에 따른 경과조치) 법 부칙 제3조제1항에 의하여 모금회가 승계한 지역공동모금회의 조직, 자산, 사업 등은 1999년 4월 1일부터 해당지역의 지회에 이관된 것으로 본다.

제5조(회계연도 변경에 따른 경과조치) ① 이 정관 변경당시 모금회의 회계연도는 1999년 1월 1일부터 1999년 9월 30일까지로 한다.

부 칙〈2000.12.27〉

이 정관은 보건복지부 장관의 변경허가를 받은 날로부터 시행한다.

부 칙〈2003.1.13〉

제1조(시행일) 이 정관은 보건복지부 장관의 인가를 받은 날로부터 시행한다.

제2조(회계연도 변경에 따른 경과조치) 이 정관 변경에 따른 모금회의 2003년 회계연도는 2003년 1월 1일부터 시작한다.

부 칙〈2004.7.19〉

제1조(시행일) 이 정관은 보건복지부 장관의 인가를 받은 날로부터 시행한다.

제2조(사무총장의 연임제한에 따른 적용례) 이 정관 시행당시 종전의 규정에 의하여 임명되어 재임 중인 사무총장은 제39조제6항의 개정규정에도 불구하고 현임기개시일에 최초임명된 것으로 본다.

참‖고‖문‖헌

[국내 문헌]

고수현, 『사회복지정책 이행과정』, 서울 : 교육과학사, 2006.
고수현, 『사회복지실천윤리와 철학』, 서울 : 양서원, 2005.
고수현, 『새로운 노인복지론』, 서울 : 양서원, 2006.
고영복, 『현대사회문제』, 서울 : 사회문화연구소출판부, 1992.
곽효문, 『복지정책론』, 서울 : 제일법규, 1995.
권태준 · 김광웅, 『한국의 지역사회개발』, 서울 : 法文社, 1985.
김경동 · 이온죽, 『사회조사연구방법』, 서울 : 박영사, 1986.
김광웅 · 김신복 · 정정길, 『지역사회개발론』, 한국방송통신대학, 1990.
김남선, 『지역사회개발론』, 서울 : 형설출판사, 1987.
김남선, 『지역사회개발학개론』, 서울 : 형설출판사, 1991.
김범수, 『재가복지론』, 서울 : 홍익재, 1993.
김범수, 『21세기 지역사회복지론』, 서울 : 홍익재, 2000.
김안제, 『地方自治의 發展戰略』, 서울 : 博文閣, 1994.
김영모, 『지역사회복지론』, 한국복지정책연구소출판부, 1995.
김영호, 『자원복지이론과 실제』, 서울 : 홍익재, 1986.
김융일 외, 『사회사업실천론』, 서울 : 나남출판, 1995.
김익균 · 고순철, 『한국지역사회복지론』, 서울 : 대학출판사, 1995.
김종서 · 주성민, 『지역사회학교의 이론과 실제』, 서울 : 교육과학사, 1990.
김종서 · 황종건, 『교육사회학－지역사회와 학교』, 서울 : 교육과학사, 1987.
김종서 · 황종건, 『학교와 지역사회』, 서울 : 익문사, 1975.
김종일, 『지역사회복지론』, 서울 : 현학사, 2004.
김주연, "지역사회보호와 재가복지서비스", 『한국사회복지의 이해』, 서울 : 한울아카데미, 1996.
남정걸, 『사회교육행정론』, 서울 : 교육과학사, 1993.
문병집, 『지역사회개발원리 강의(Ⅰ)』, 서울 : 내무부지방행정연수원, 1974.
문병집, 『지역사회개발론』, 서울 : 법문사, 1982.

박봉실, 『現代의 地域福祉』, 서울 : 大永文化社, 1988.
백상기, 『PR론』, 서울 : 형설출판사, 1982.
사회복지사 I 급시험연구회, 『1급사회복지사 지역사회복지론』, 서울 : 나눔의 집, 2005.
성규탁, 『사회복지행정』, 서울 : 文化社, 1988.
신섭중, "한국사회보장제도의 과제와 발전 방향", 『신한국의 정책과제』, 서울: 나남출판, 1993.
신섭중, 『韓國社會福祉政策論』, 서울 : 大學出版社, 1993.
신섭중 외 역, 『日本現代福祉學總覽』, 서울 : 大學出版社, 1995.
오정수 · 류진석, 『지역사회복지론』, 서울 : 학지사, 2004.
윤희중, 『PR론』, 이대출판부, 1974.
이규환 · 최운실 · 최정숙, 『지역사회와 교육』, 한국방송통신대학교, 1991.
이순형, 『교육적 사회론』, 서울 : 양서원, 1989.
이영철 · 서화자, 『지역복지』, 서울 : 홍익재, 1996.
장동일 외, 『韓國公共扶助論』, 서울 : 大學出版社, 1996.
전재일, 『사회사업방법론』, 대구대학교출판부, 1993.
정지웅 · 김지자, 『지역사회개발 : 그 이론과 실제』, 서울 : 배영사, 1973.
주성민, 『한국의 지역사회학교운동』, 한국지역사회교육후원회, 1992.
차배근, 『사회과학연구방법』, 서울 : 세영사, 1984.
최일섭, 『지역사회복지론』, 서울대학교출판부, 1995.
최일섭 · 류진석, 『지역사회복지론』, 서울대학교출판부, 1996.
최재석, 『한국농촌사회연구』, 서울 : 一志社, 1978.
최재원 외, 『지역사회개발론』, 서울 : 백산출판사, 1991.
통계청, 『인구주택총조사보고』, 1990, 1995, 2000.
표갑수, "지역사회사업", 『현대사회복지론』, 한국복지정책연구소, 1982.
한국보건사회연구원, 『최저생계비 측정에 관한 연구』, 1989.
한국보건사회연구원, 『사회복지장기발전계획』, 1992.
한국사회복지협의회, 『사회복지사전』, 1994.
한국사회복지정책연구원, 『신한국의 사회복지정책』, 1994.
한국정부학회, 『지방분권과 지역발전』, 2003년도 춘계학술대회자료집, 2003.
한국지방행정연구원, 『지방정부의 기능모형에 관한 연구』, 1987.

[기타]

사이버사회복지선교교육원 자료(http://www.cyberwelfare.or.kr)
한국사회복지공동모금회, 내부자료(http://www.chest.or.kr)
한국사회복지관협회, 내부자료(http://www.kaswc.or.kr)
한국사회복지협의회, 내부자료(http://www.kncsw.or.kr)

[국내 논문]

고수현, “지방자치시대의 사회복지행정모형에 관한 연구”, 『시정연찬』, 대구광역시, 1996.

고수현, “지역사회의 자원복지에 관한 연구”, 『시정연찬』, 대구광역시, 1994.

김만두, “1990년대 사회복지관의 활동동향”, 『지역복지의 이론과 실제』, 한국사회복지관협회, 1995.

김영호, “한국에 있어서의 Volunteer 활동의 육성과 조직화 과정”, 『강남사회복지대논문집』, 1980.

김영호, “21세기 복지사회와 자원봉사활동”, 『복지사회와 자원봉사활동』, 강남대학교 자원복지센터, 1996.

김익기, “한국의공업화의 신흥공업도시의 생성”, 『한국의 상업화와 사회변화』, 한국정신문화연구소, 1990.

김정애, “사회복지재원의 동향 및 안정화에 관한 연구”, 『사회복지』 1988 여름호, 한국사회복지협의회.

노융희, “지방행정환경변화 전망과 지방자치의 발전방향”, 『21C의 바람직한 지방행정좌표』, 서울 : 한국지방행정연구원, 1992.

대한적십자사, “사회복지와 자원봉사”, 『적십자사와 자원봉사』, 1983, 대한매일, 2002.11.5(화), p. 21.

방휘덕, “지방자치제실시와 지역사회복지”, 『사회복지』 1987 여름호.

변철식, “사회복지관의 현황 및 정책방향”, 『지역복지의 이론과 실제』, 한국사회복지관협회, 1995.

보건복지부, 『사회복지관 설치 · 운영규정』, 1995, 2002.

보건복지부, 『보건복지백서』, 각 년도.

부광식, “원점에서 본 지방자치의 과제와 전망”, 『지방자치단체의 정책과제』, 대구발전동우회, 1995.

성규탁 · 박영란, “노인의 사회적 지원망에 관한 연구”, 『사회복지』 제98호, 1988.

성규탁 · 이윤로, “사례관리 : 효과적 서비스의 전달을 위한 방법”, 『사회복지』 제118호, 1993.

신복기 외, “공공사회복지체계와 민간사회복지체계의 연계모델”, 『사회복지연구』, 부산대학교 사회복지연구소, 1995.

신섭중, “재가복지사업의 정책과제”, 『지역복지의 이론과 실제』, 한국사회복지관협회, 1995.

양진규, “사회복지 환경변화와 지역복지운동의 대응”, 『복지동향』, 서울 : 나눔의 집, 2005. 1.

양창삼, “사회봉사의 철학과 기능”, 『대학의 사회봉사』, 서울 : 한양대출판원, 1997.

오정수, “사회복지화의 통합적 접근 – 거시적 접근과 미시적 접근의 이중구조 분석과 통합적(정합적) 발전전망", 『한국사회복지의 통합적 접근』, 한국사회복지학회 춘계학술대회자료집, 1996.

원석조, "지방자치제하의 지역복지 모델에 관한 연구", 『사회정책연구』 제9집, 한국정책연구소, 1987.

윤 욱, "地域福祉의 方法論 接近에 關한 硏究", 大邱大學校 博士學位 論文, 1983.

이근홍, "한국재가노인의 사례관리 실천모형에 관한 연구", 중앙대학교 박사학위 논문, 1996.

이춘기, "地域社會福祉의 展開方法", 大邱大學校博士學位論文, 1988.

장인협, 『지방화시대의 지역복지실천방법론』, 서울대학교출판부, 1995.

조홍식, "재가복지사업의 전문화 방안", 『지역복지의 이론과 실제』, 한국사회복지관협회, 1995.

조휘일, "지역사회복지와 자원봉사활동", 『한국지역사회복지운동연구회 연구 발표논문집』, 1995년 추계 학술회의.

최성재, "보건복지사무소의 설치와 지역사회복지의 전망", 『제4회 경남사회복지대회 자료집』, 1994.

최일섭, "사회계획수립의 모형에 관한 연구", 『사회과학과 정책연구』 제10호, 1988.

[영미 문헌]

American Association of Social Workers, *Social Work Year Book, 1951,* New York, 1951.

Arrnstein, S. R., "A Ladder of Citizen Participation", *(in) Journal of the American Institute for Planners*, Vol. 35, 1969.

Battern, T. R., "The major issues and future direction of community development", *Journal of Community Development Society,* Vol. 15, No. 1, 1973.

Battern, T. R., *Communities and Their Development*, Oxford Univ, Press, 1957.

Bennett, A., "Professional staff member's contributions to community development", *Journal of Community Development Society*, Vol. 4, No. 1, 1973.

Boone, J. Edgar, *Developing Programs in Adult Education*, Prentice Hall, Inc, 1985.

Boyle, G. Patrick, *Planning Better Programs*, McGraw - Hill Book Company, 1981.

Bradiord, W. Sheafor R. Horejsicharles and A. Horesijsi Gloria, *Techniques and Guidelines for Social Work Practice*, Boston : Allyn and Bacon, 1991.

Brager, G., H. Specht, and J. Torczyner, *Community Organizing, 2nd ed.*, New York : Columbia University Press, 1987.

Burbach, J. Harold and Larry E. Decker (Eds.), *Planning and Assessment in Community Education*, Pendell Publishing Company, 1977.

Charles F. Grosser, "Community Development Programs Serving the Urban Poor", in Ralph M. Kramer and Harry Specht, eds., Readings in Community Organization Practice, Englewood Cliffs, New Jersey : Prentice Hall, Inc., 1969.

Checkoway B., "Six strategies of community change", *Community Development Journal*, Vol. 30, No. 1, 1995.

Christenson, J. A. Lim Fendley, J. W. Robinson, Jr., *Community Development*, in J. A. Christenson and J. W. Robinson, Jr. (ed.), *Community Development in Perspectives*, Iowa University Press, 1989.

Common, R. Norman Flynn and Mellon, *Managing Public* Services : *Competition and Decentralization*, Oxford : Butter worth Heinemann, 1992.

Conyers, D., *An Introduction to Social Planning in the Third Worlds*, John chichester : Wiley & Sons, 1982.

Cunningham, T. John, "Evaluation of Public Relations Effectiveness", *Public Relations Journal*, Vol. 19, 1962.

Cutlip, Scott M. and Allon H. Center, *Effective Public Relations*, Prentice Hall, Unc, 1964.

Darendorf, R., "Out of Utopia : Toward a Reorientation of Sociological Analysis", *American Journal of Sociology,* Vol. 74, Sept., 1958.

Dawn, M. Patterson, *Develping an Overall Public Relations Plan and Budget*, in Simerly, G. Robert and Associates (eds.), *Handbook of Marketing for Continuing Education*, Jossey - Bass Publishers, 1989.

Decker, Larry E., *People Helping People : An Overview of Community Education*, Pendell Publishing Co., 1980.

Devito, A. Joshep, *Communicology : an Introduction to the Study of Communication*, Harper & Row, 1978.

Dunham A., "Community Development in North America", *Community Development Journal*, Vol. 10, No. 2, 1972.

Dunham A., *The New Community Organization*, Thomas Y. Crowell Company, 1970.

Ellis, S. J., *Volunteer Centers : Gearing up for the 1990s,* Washington D. C : United Way of America, 1989.

Fellin, Phillip, *The Community and the Social Worker,* 3rd ed., Itasca, IL : F. E. Peacock Publishers, Inc, 2001.

Fisher, M. A., *The Practice of Community Development*, in J.A. Christenson and J. W. Robinson, Jr. (ed.), *Community Development in Perspectives*, Iowa University Press, 1989.

Friedlander, W. A. and Apte R. E., *Introduction to social welfare,* 4th ed., New Jersey : Prentice Hall, Inc., 1974.

Gajanayake, Stanley and Jaya Gajanayake, *Community Empowerment : A Participatory Training Manual on Community Project Development*, Office of International Training and Consultation, Northern Illinois Univ., 1993.

Gallaher, A. Jr. and F. A. Santopolo, "Perspectives on agent roles", *Journal of Cooperative Extension*, Vol. 5, No. 4, 1967.

Great Britain Colonial Office, Social Development in British Clonial Tenitories, *Reports of the Cambridge Conference of Social Development*, 1954.

Grossman, Lawrence, "Program Action Issues and Action Organizing Tasks", Ralph M. Kramer and Harry Specht(eds.), *Readings in Community Organization Practice,* Englewood Cliffs, New Jersey : Prentice-Hall, 1969.

Hargreves, D., The Challenges for the Comprehensive School, in S. Ranson & J. Tomlinson (eds.), *The Government of Education*, George Allen & Unwin, 1985.

Hill, M., *Understanding Social Policy*, Oxford : Blackwell, 1983.

Holdcroft, E. Lane, *The Rise and Fall of Community Development in Developing Countries*, 1950 - 1965, in G. E. Johns and M. J. Rolls(ed.), *Progress in Rural Development and Community Development*, Vol. 1, John Wiley & Sons, Ltd., 1982.

Homan, S. Mark, *Promoting Community Change : Making It Happen in the Real World,* Brooks / Cole Publishing Company, 1994.

Ilsley, P. J., *Enhancing the Volunteer Experience,* San Francisco : Jossey - Bass Publishers, 1990.

Kadushin, A. "Homemaker Service", *Child Welfare Service*, New York : MacMillan Publish Co. Inc, 1980.

Kaplan, Michael H., *A Nine-Phase Approach to Community Education Development*, in H. J. Burbach and L. E. Decker, *Planning and Assessment in Community Education*, Pendell Publishing Co., 1977.

Kelly, J. B., A. L. Balderrabano P. and E. Briseno L., "The role of community development workers in the U. S. and Mexico", *Community Development Journal*, Vol. 21, No. 1, 1986.

Kortler, P., *Marketing Management : Analysis, Planning and Control*, Prentice Hall, 1984.

Kramer, R. & H. Specht, *Readings in Community Organization Practice*, 3rd ed., Prentice Hall, 1983.

Lengrand Paul, *An Introduction to Lifelong Education*, UNESCO, 1970.

Lippitt, Ronald and others, *The Dynamics of Planned Change : A Comparative Study of Principles and Techniques,* New York : Harcourt, Brace, Jovanovich, 1958.

Linston and Turroff (eds.), *The Delphi Method : Techniques and Applications*, Addison - Wesley Publishing Company, 1975.

Lovett, Tom, Chris Clarke and Avila Kilmurray, *Adult Education and Community Action : Adult Education and Popular Social Movements*, Croom Helm, 1983.

Martin Ian, *Community education : Towards a theoritical analysis*, in Richard Edwards, et al (eds.), Adult Learners, Education and Training, Routledge, 1993.

Max Siporin, *Introduction to Social Work Practice*, New York : Macmillan Publishing Co., 1975.

Meyer Schwartz, "Community Organization", *Encylopedia of Social Work*, Inc., New York, 1977.

Minzey, J. D. and C. E. LeTarte, *Community Education : From Program to Proceed to Practice - The School's Role in a New Educational Society*, Pendell Publishing Co., 1979.

Minzey, J. D. and Olsen, C. R., *Community Education : An Overview*, in H. W. Hickey, C. Van Voorhees & Associate(ed.), *The Role of School in Community Education*, Pendell Publishing Co., 1969.

Murray G. Ross., *Community Organization : Theory and Principles,* New York, Haper and Brothers, 1955.

Murphy, Combell G., *Community Organization Practice*, Boston : Houghton Miffin Company, 1954.

NASW, *Encyclopedia of Social Work, 19th.,* 1995.

Newstetter, W. I., *The Social Intergroup Work Process*, Proceedings of the National conference of Social work, 1947.

Petergsky, D. W., *Left - Wing Democracy in English Civil War,* 1940.

Poplin, D. E., Community : A *Survey of Theories and Methods of Research*, Macmillan Publishing Co., Inc., 1979.

Qualter, H. Terence, *Propaganda and Psychological Welfare*, Random House, 1962.

Rados, D. L., *Marketing for Nonprofit Organization*, Boston : Auburn House, 1980.

Redfield, E. Charles, *Communication in Management*, The University of Chicago Press, 1958.

Reuven Cohen, *The Kibbutz Settlement,* Hakibbutz Hameeuchad Publishing House, 1972.

Robert A. Polson, "Community Development in the Philippines : Observations and Comment", in Socorro C. Espirno and Chester C. Hunt, *Social Foundations of Community Development : Readings on the Philippines,* Manila : R. M. Garica Publishing House, 1964.

Robinson, J. W. Jr., *The Conflict Approach*, in J. A. Christenson and J. W. Robinson, Jr.

(ed.), *Community Development in Perspectives*, Iowa University Press, 1989.

Rothman, J. with J. E. Tropman, *Models of Community Organization and Macro Practice Perspectives*, in F. M. Cox, et al. (eds.), *Strategies of Community Organization : Macro Practice*, 3th ed., F. E. Peacock Publishing, Inc., 1987.

Rothman, J., "A Model of Case Management : Toward Empirically Based Practice", *Social Work*, 36(6), Silver Spring, MD : Nation Association of Social Worker, Inc., 1991.

Rubin, Herbert and Irene Rubin, *Community Organizing and Development 3rd ed*, Boston : Allyn and Bacon, 2001.

Rubin, H. J. and I. Rubin, *Community Organization & Development*, Merrill Publishing Co., 1986.

Rubin, H. J. and Iron Rubin, *Community Organization and Development*, Ohio : Bell & Howell Company, 1986.

Sanders, I. T., "Theories of Community Development", *Rural Sociology*, Vol. 23, No. 1, 1958.

Sanders, I. T., *Making Communities Better,* revised ed., Lxington : University of kentuky Press, 1953.

Seay, Maurice F. and Associates, *Community Education : A Developing Concept*, Pendell Publishing Co., 1977.

Sherrad T. D., "Community Development and Community Organization - Common Elements and Major Differences, in Rural and Urban Community Development in the United States of America", *Report of United States Committee to Eleventh International Conference of Social Work*, Rio de Janeiro, 1962.

Simerly, G. Robert and Associates (eds.), *Handbook of Marketing for Continuing Education*, Jossey - Bass Publishers, 1989.

Trecker, H. B., "Planning", in Harper, E. B., *Community Organization in Action*, N. Y. : Association Press, 1966.

United Nations, Ad Hoc Group of Experts on Community Development, *Community Development and National Development*, 1963.

United Nations, *Social Progress through Community Development*, United Nations Bureau of Social Affairs, 1955.

U S International Cooperation Administration, *Community Development Programs in India, Pakistan and the Philippines,* Washington D. C., 1955.

Warner, P. D., *Professional Community Development Roles*, in J. A. Christenson and J. W. Robinson, Jr. (ed.), *Community Development in Perspectives*, Iowa University Press, 1989.

Warren R. L., *Community Development and Social Work Practice,* NASW, 1962.

Warren R. L. *The Community in America*, 3rd ed., Rand McNally, 1978.

Wilcox, D. L., P. H. Ault and W. K. Agee, *Public Relations : Strategies and Tactics*, Harper & Row, 1986.

Wilensky, Harold L. and Lebeaux, Charles N., *Industrial Society and Social Welfare*, New York : Free Press, 1958.

Weil, Marie Overby and Gamble, Dorothy N., "Community Practice Models", NASW *Encyclopedia of Social Work,* 19th., 1995.

Warren, Roland, "The good community : what would it be?" In Warren and L. Lyon, eds., *New Perspectives on the American Community*, Homewood : Dorsey Press, 1983.

Weil, Marie, "Model development in community practice: an historical perspective" *Journal of Community Practice 3(3/4)*, 1996.

Wright, R. G., Heiman, J. R., Shupe, J. & Olvera, G., "Defining and measuring stabilization of patients during 4years of intensive community support", *American Journal of Psychiatry,* 146.

[일본 문헌]

石幾村英日・星野光男,『地方自治讀本』, 東京 : 東洋經濟新聞社, 1985.

一番ケ瀨康子,『障礙者の福祉と人格』, 東京 : 光生館, 1989.

京極高宣,『社會福祉學とは何か』, 東京 : 全國社會福祉協議會, 1995.

京極高宣, "社會福祉に關する一斷面",『社會福祉學』30-1號, 東京 : 中央法規出版, 1989.

大阪ボランティア-協會,『參加する福祉』, 京都 : ミネルヴァ書房, 1981.

大橋謙策,『地域福祉論』, 東京 : 放送大學教育振興會, 1995.

佐藤慶幸,『生活世界と 對話の 理論』, 文眞堂, 1991.

社會福祉 研究情報 センタ一, "ドキュメント",『月刊福祉』8月, 全國社會福祉協議會, 1995.

白澤政和,『ケ-スマネ-ジメントの理論と實際』, 東京 : 中央法規出版, 1993.

白澤政和,『事例管理の理論と實際』, 東京 : 中央法規出版, 1992.

鈴木五郎,『地域福祉展開の方法』, 東京 : 簡井書房, 1993.

全國社會福祉協議會,『在宅福祉サービスの戰略』, 東京 : 全國社會福祉協議會, 1980.

竹內祀三,『現代地域福祉研究』, 京都 : 永田文昌堂, 1987.

東京都社會福祉協議會, 東社協住宅福祉研究委員會報告書,『住宅福祉と社會活動』, 1985.

仲村像一,『在宅福祉への指標』, 東京都社會福祉協議會, 1985.
永田幹夫,『地域福祉論』, 全國社會福祉協議會, 1988.
濱野一郎・遠藤興一,『社會福祉の原理と思想』, 東京 : 岩崎學術出版社, 1998.
福祉士養成講座編輯委員會,『社會福祉援助技術』, 東京 : 中央法規出版, 1988.
福祉士養成講座編輯委員會,『社會福祉援助技術總論』, 東京 : 中央法規出版, 1991.
福祉士養成講座編輯委員會,『地域福祉論』, 東京 : 中央法規出版, 1992.
福武直,『都市と農村の福祉』, 東京 : 中央法規出版, 1988.
松原日郎・右田紀久恵,『地域福祉講座2』, 東京 : 中央法規出版, 1986.
右田起久恵, "自治型地域福祉の展開", 京都 : 法律文化史, 1993.
右田起久恵, "社會福祉の改革と地域福祉",『日本の地域福祉』1巻, 東京 : 中央法規出版, 1987.
村田降一,『地域福祉の構想』, 井書房, 1995.
與栝寛, ボランティアの歴史から考える,『窓』20, 東京 : 窓社, 1994.

찾 ‖ 아 ‖ 보 ‖ 기

내 용

가

가정간호사업 • 207
가정봉사원파견사업 • 201
가족복지사업 • 250
가족상담 • 172
가족제도 • 28
가족치료(family therapy) • 159
가치갈등주의 이론(value conflict theory) • 44
간접원조기술 • 161
갈등기능주의(conflict theory) • 33
갈등주의(conflict theory) • 33
개별지도사업(case work) • 53
개인상담 • 172
개인주의(Individualism) • 194
개호보험(care insurance) • 221
거버넌스(governance) • 225
게슈탈트(Gestalt) 이론 • 34
게슈탈트(형태주의)상담 • 173
게임 시뮬레이션 방법(Gaming Simulation Method) • 326
결사적 공동체(Association Community) • 99
경로우대사업 • 209
경실련 • 350
경제개발(Economic Development) • 125, 184
경제공황(Economic Panic) • 181
경제활동기회촉진법(Economic Opportunity Act) • 76
고려여자관 • 246
고령화 사회 • 23
공공부조 • 359
공공재(public goods) • 318
공동기금(United Fund) • 279
공동사회(Gemeinschaft) • 20
공동체(community) • 158
과업중심의 목표(task goals) • 188
과정역할 이론(process role theory) • 35
과정중심의 목표(process goals) • 188
관계중심의 목표(relationship goals) • 188
교류분석(TA)상담 • 173
교외지역(suburban areas) • 17
교육문화사업 • 250
교환적 갈등주의(exchange conflict theory) • 33
교환행동주의(exchange behaviorism) • 36
구조-기능주의(structural functionalism) • 31
구조적 역할 이론(structural role theory) • 35
국가발전(national development) • 148
국가최저한의 수준(national minimum) • 307
국내자원봉사(VISTA) • 76
국민기초생활보장법 • 356

국민복지기획단 • 264
국민운동조직(NMO : National Movement Organization) • 99
국민총생산(GNP) • 25
국제공동모금회(United Way International) • 76
국제사회복지사연맹(IFSW) • 290
국제사회복지협의회(International Council of Social Welfare ; ICSW) • 353
국제사회사업협의회(International Conference of Social Work) • 74
굿네이버스 • 355
권한위임(delegated power) • 329
그리피스 보고서(Griffiths Report) • 207
근로자 기부(Payroll Deduction) • 282
근린공동체(Neighborhood Community) • 99
근린청년단(Neighborhood Youth Corps) • 76
근면 · 자조 · 협동 • 179
기능별 공동체(Functional Community) • 99
기능주의(functionalism) • 31
기본구상단계 • 313
기부금품모집금지법 • 282
기업(산업)상담 • 172

나

남북전쟁(Civil War) • 73
네겐트로피(negentropy) • 37
노년부양인구 • 23
노사관계법(National Labor Relations Act) • 75
노인보호주택(sheltered housing) • 206
노인복지법 • 202
노인종합복지관 • 211
농촌지역사회(Rural Community) • 193
뉴딜 정책(New Deal Policy) • 182

다

다학제적인 접근(inter-disciplinary approach) • 183
단기보호사업(short stay service) • 201, 207, 209
단기보호센터 • 304
단기상담 • 173
대인보호서비스(personal care service) • 52
대학상담 • 172
데이비스(Davis) • 20
델파이 방법(Delphi Method) • 325
도시빈민운동 • 362
도시지역(urban areas) • 17
도시지역사회(Urban Community) • 194
도시지역주의(Urbanism) • 194
도시화 • 27
동기부여(empowerment) • 314
동류의식(sense of identity) • 96
동맹(alliances) • 144
디트로이트공동기금(United Foundation, Detroit) • 76

다

런던 자선조직 및 걸식 억제 협회 • 72
로스만(Jack Rothman) • 17
로컬 거버넌스(local governance) • 226
로컬 거버먼트(local government) • 226

마

명목집단 방법(Nominal Group Method) • 325
명확성(clarity) • 37
모샤브(Moshav) • 196

물리적 자본(physical capital) • 184
물리치료사 • 211
물적 자원(physical resources) • 95
미국공동모금회(American Association for Community Organization) • 73, 76, 278
민간사회사업연합회 • 270
민권운동(Civil Rights Movement) • 76
민중운동(peoples movement) • 180

바

바리오위원회(Barrio Committee) • 198
반응적 옹호(responsible advocacy) • 217
방문간호사업 • 210
배리어 프리(barrier free) • 300
버팔로 자선조직협회(Buffalo Charity Organization Society) • 73
법인전출금 • 288
베버리지 보고서(Beveridge Report) • 87
변증법적 갈등주의(dialectical conflict theory) • 33
변화매개인(change agent) • 135
보건복지사무소 • 238
보건소 • 210
보건의료계획 • 69
보사부훈령 • 210
보육지원도우미 • 267
보혜여자관 • 246
복지권리운동(welfare rights movement) • 106
복지기관상담 • 172
복지네트워크 • 241
복지도우미 • 267
복지시설도우미 • 267
복지연맹(Welfare Federations) • 278
복지지역사회(welfare community) • 296
부부(커플)상담 • 172
부흥부 • 84
분권교부세사업 • 263
분석가(analyst) • 143
불우계층주민들(disadvantaged segment) • 106
브렌다이스(Brandeis)대학교 • 113
블루마운틴 레츠(Blue Mountain LETS) • 78
비공식적 조직(informal organization) • 100
비복지(diswelfare) • 126
비영리법인 • 93
비영리조직(NPO: Non-Profit Organization) • 99
비정부·비영리단체(NGNPO) • 352
비정부조직(NGO : Non-Governmental Organization) • 99
비판 이론(Critical functionalism) • 33
비행(Delinquency) • 340
빈곤선(poverty-line) • 358
빈민운동 • 106

사

사례관리(Case/Care Management) • 160
사설개업상담 • 172
사이버대학 • 361
사적 영역(private sector) • 349
사회개발(Social Development) • 125, 176, 184
사회계획(Social Planning) • 100, 160
사회긴장 이론(social tension theory) • 44
사회민주주의연합(Social Democratic Federation) • 87
사회변동론(social change theory) • 42
사회병리론(social pathology) • 42
사회보장법(Social Security Act) • 75
사회보험 • 359
사회보호(social care) • 69
사회복지공동모금회 • 283
사회복지공동모금회법 • 283
사회복지관계8법 • 301
사회복지관련단체 • 359
사회복지관장 • 258

사회복지담당공무원 • 267
사회복지법인재무회계규칙 • 288
사회복지사무소 • 238
사회복지사업법 • 67, 202, 246
사회복지사윤리강령 • 290
사회복지상담원조 • 166
사회복지서비스법(Local Authority Social Service Act) • 87
사회복지시설 평가 • 272
사회복지욕구 • 66
사회복지운동 • 358
사회복지정보센터 • 273
사회복지학교 • 364
사회복지협의회 • 270
사회봉사(social service) • 332
사회봉사교환소(social service exchange) • 74
사회봉사명령 • 334
사회사업(Social Work) • 68
사회사업교육협의회(Council on Social Work Education) • 77
사회심리학(social psychology) • 34
사회운동 • 360
사회자본(social capital) • 184
사회체계 이론(social system theory) • 38
사회측정(sociometric) 이론 • 34
사회해체론(social disorganization) • 42
사회행동(social action) • 70, 100
산업조직회의(Congress of Industrial Organization, CIO) • 75
산업혁명(Industrial Revolution) • 81
상징적 상호주의(symbolic interationism) • 35
상호작용주의 이론(interactionism) • 35
새마을운동 • 68, 322
새마을장학생조례 • 86
생산 조직(productive organization) • 100
생태도(eco-map) • 48
생태체계 이론(eco-systems theory) • 39
샤레트 방법(Charrette Method) • 325
서류작업(paper-work) • 317
선의 은행(Good Will Bank) • 89
성인사회교육사업 • 255
소비자보호운동 • 106
소수인종집단(racial and ethnic minorities) • 106
수혜자(recipients) • 143
스콧 자선협회(Scot's Charitable Society) • 88
슬럼지역(Slum Area) • 194
시니어클럽 • 291
시민사회단체 • 359
시민사회운동 • 357
시민사회조직(Civil Society Organization) • 99
시민자원보존단(Civilization Conservation Corps) • 88
시범사회복지사무소 • 300
시봄 보고서(Seebohm Report) • 206
시설 내 서비스(indoor service) • 318
시설보호(institutional care) • 201
시설운영위원회 • 261
식민지방행정관회의 • 180
실천가(implementer) • 142

아

아노미(anomie) • 42
아베스 보고서(Aves Report) • 87
안내자(guider) • 142
압력자(oppressors) • 107
어소시에이션(Association) • 12
엔트로피(entropy) • 37
연계(linkage) • 308
연극주의(dramaturgical theory) • 35
연대의식(sens of community) • 18
연소부양인구 • 23
연차별 시행계획 • 315
연합(coalition) • 144
오웬주의 선전협회(Owenite Propagandist Society) • 81

와이트 차펠(White Chapel) 지역 • 72
욕구조사 • 313
워렌(Warren) • 20
월급 자동공제모금(Payroll Deduction) • 285
월드비전 • 355
웨이(United Way) • 276
위대한 사회 프로그램(Great Society Program) • 88
유기체론 • 31
유나이티드 펀드(United Fund) • 276
유연성(flexibility) • 37
의료법 • 202
이용자(user) • 341
이익사회(Gesellschft) • 20
이타성(altruism) • 151
인구이동 • 27
인권옹호(protection of human rights) • 306
인보관 운동(Social Settlement Movement) • 71
인보관(Settlement House) • 72
인보사업운동(Social Settlement Movement) • 87
인적 자원(human resource) • 95
인적 조직(personal organization) • 100
인지치료상담 • 173
일반체계 이론(general system theory) • 37
일본대판자원봉사자협회 • 333
일탈행위론(deviant behavior) • 42
임파워먼트(empowerment) • 34, 165

자

자기 결정(self-determination) • 119
자문(consultation) • 328
자본주의사회(capitalistic society) • 186
자선법(Charity Act) • 87
자선연합회(Associated Charities) • 353
자선조직협회(COS : Charity Organization Society) • 71
자원복지기관(Volunteer Organization) • 336
자원복지활동(Volunteer Activity) • 336
자원봉사(Voluntarism) • 335
자원봉사관리자(Volunteer Manager) • 149
자원봉사센터 • 93, 345
자원봉사자(volunteer) • 333
자원봉사활동기본법안 • 92
자원조직(voluntary organization) • 127
자유의지(voluntas) • 333
자활공동체 • 266
자활근로사업단 • 266
자활사업 • 250
자활후견기관 • 239, 264
재가보호(home care) • 201
재가복지서비스 • 203
전국사회복지협의회(全国社会福祉協議会) • 294
전문가(expert) • 142
전미사회사업가협회(NASW) • 53, 96
전시모금회(War Chests) • 277
절차적 사회행동(procedual social action) • 109
접촉차이 이론(differential association theory) • 42
정보제공(informing) • 327
정상화(normalization) • 54, 139
정신과 상담 • 172
정신질환법왕립위원회 • 69
젠트너(H. Zentner) • 14
조건부신고시설 • 267
조기교육(Head Start) • 76
조력자(enabler) • 142
조례제정 • 362
조사자(researcher) • 142
조작(manipulation) • 327
조정(Coordination) • 119
종교기관 상담 • 172
종합사회복지관 • 244
주간보호(day care or day service) 사업 • 201, 207, 209
주민발의 • 324
주민생활지원국 • 239

주민소환 • 324
주민소환에 관한 법률 • 330
주민소환투표 • 330
주민통제(citizen control) • 329
주민투표 • 324
주민투표법 • 330
주민편의시설 • 254
준전문가(para-professional) • 343
중상주의(mercantilism) • 86
중앙사회복지협의회 • 274
지방교환교역시스템(Local Exchange Trade System : LETS) • 78
지방사회복지협의회 • 269, 270
지방자치제 • 234
지방자치제사회복지법(Local Authority Social Services Act) • 293
지역개발(regional development) • 181
지역개발계획(regional development plan) • 182
지역복지계획 • 294
지역사회(Community) • 12, 181
지역사회개발(community development) • 80, 100, 102, 175
지역사회개발 이론(community development theory) • 293
지역사회개발사업(community development work) • 157
지역사회개발운동(community development movement) • 81, 196
지역사회개입(community intervention) • 53
지역사회개혁프로그램(Community Action Program) • 76
지역사회관계(community interaction) • 100
지역사회문제 • 11
지역사회변화 • 29
지역사회변화운동(Comprehensive Community Initiative, CCI) • 79
지역사회보호 • 69
지역사회보호 이론(community care theory) • 293
지역사회보호 행동 의제(Community Care : Agenda for Action) • 207
지역사회보호(community care) • 201
지역사회보호(community care)운동 • 202
지역사회보호법(The National Health Service and Community Care Act) • 207
지역사회보호사업 • 250
지역사회복지(Community Welfare) • 68
지역사회복지계획 • 67, 228, 235
지역사회복지관(social welfare center) • 102, 243
지역사회복지실무협의체 • 237
지역사회복지협의체 • 228, 235
지역사회사업(Community Social Work) • 68, 176
지역사회사업가 • 137
지역사회실천(community practice) • 53
지역사회운동 • 360
지역사회조직 이론(community organization theory) • 293
지역사회조직(Community Organization) • 68, 176
지역사회조직사업 • 250
지역사회조직행동(community organization action) • 97
지역사회조직화 • 67
지역사회주민조직(People Organization) • 99
지역사회중심재활(Community Based Rehabilitation : CBR) • 77, 202
지역사회진단(community diagnosis) • 306
지역사회학교운동(community school movement) • 361
지역사회해체(community disorganization) • 23
지역사회행동프로그램(Community Action Program, CAP) • 79

지원서비스(support service) • 207
직접원조기술 • 161
직접행동(direct action) • 109
집단교육적 상담 • 172
집단상담 • 172
집단역학(group dynamics) 이론 • 34
집단지도사업(group work) • 53
집산주의(collectivism) • 196

차

차상위계층 • 250
참여연대 • 350
청소년기관상담 • 172
촉매자(catalyst) • 142
최적의 대안(optimal alternative) • 189
출산율 • 24
치료자(therapist) • 142

카

커뮤니티 체스트(Community Chest) • 276, 352
커뮤니티 행정(Community Administration) • 335
커뮤니티워커(community worker) • 132
커뮤니티케어(community care) • 139
케어매니지먼트(care management) • 213
클라이언트 • 212
클라크(Clark) • 20
키부츠(Kibbutz) • 196
키부츠운동(Kibbutz Movement) • 197
킹스레이(Kingsley)관 • 73

타

탁노소 • 209
탈시설화 • 216
태화기독교사회관 • 90
태화여자관 • 246
통합화(integration) • 55
투과성(permeability) • 37

파

파트너십(partnership) • 226
패치 시스템(patch system : 소지역사회복지) • 294
페이비언협회(Fabian Society) • 87
평화봉사단 • 88, 102
평화시모금회(Peacetime Chests) • 277

하

하위문화론(subculture theory) • 42
학교상담 • 172
학생운동(Student Movement) • 76
한국사회복지공동모금회 • 282
한국사회복지사협회 • 289
한국사회사업가협회 • 290
한국여성개발원 • 91
한국자원봉사센터협회(Korean Association of Volunteer Centers) • 347
할렌벡(Hallenbeck) • 12
합리적 선택 이론(rational choice theory) • 36
행정자치부 • 345
현장방문심사 • 286
협동관계(partnership) • 328
협동적 공동체(Cooperative Community) • 99

협치(governance) • 226
홀론(holon) • 37
홈 헬퍼(home helper) • 203
확대가족 • 28
확대재생산(expanded reproduction) • 185
환경운동연합 • 351
회유(placation) • 328
후기 산업사회 • 25
휴먼서비스(human service) • 139

인 명

가

갤러허와 센토폴로(Gallaher & Santopolo) 145
거어틴(Stephen Gurteen) • 73
구린(Arnold Gurin) • 97
그로서(Charles F. Grosser) • 143
그로스만(Grossman) • 144
그린(Green) • 12
길버트 • 135, 192

나

뉴스테터(W. I. Newstetter) • 97

다

다니엘 폰 하이텍(Daniel Von Heydtek) • 72
다렌돌프(Darendorf) • 33
다윈(Charles Robert Darwin) • 32
던햄(Arthur Dunham) • 21, 97
듀이(Dewy) • 35

라

레이건(Ronald Reagan) • 79
레인(Robert P. Lane) • 98, 117
로버트 오웬(Robert Owen) • 81
로스(Murray G. Ross) • 13, 76, 97, 177
로스만(Jack Rothman) • 46, 102
리차드 그린(Richard Green) • 72
리피트(Ronald Lippitt) • 135
린데만(Eduard C. Lindeman) • 98

마

마르크스(Marx) • 33
마사요시(川村匡由) • 296
마틴(Martin) • 38
매이버(Maiver) • 45
메리 리치몬드(Marry Richmond) • 74
메키버(Robert M. MacIver) • 12

바

발독(Baldock) • 59
배턴(Battern) • 176

버제스(Burgess) • 14
버클리(Buckley) • 38
베네트(A. Bennett) • 145
베버(Weber) • 33
베일리(Joe Bailey) • 38
벨과 뉴우비(Bell & Newby) • 45
브루너(Bruner) • 12
브탈란피(Von Bertalanffy) • 46
블라우(Blau) • 36

사

샌더즈(Irvin T. Sanders) • 143, 191
쉐라드(Sherrad) • 103
스테이너(Jesse F. Steiner) • 20, 74
스토커(Stoker) • 226
스트로우프(Stroup) • 12
스펙트 • 135, 192
스펜서(Herbert Spencer) • 31
시포린(Max Siporin) • 52

아

아른슈타인(Arnstein) • 326
앨린스키(Saul Alinsky) • 75
에드워드 데니슨(Edward Denison) • 72
오코너(O'Connor) • 38
오토 랭크(Otto Rank) • 33
옥타비아 힐(Octavia Hill) • 72
워렌(Roland L. Warren) • 113
웨인 맥밀런(Wayne McMillen) • 75
이오카밴(井岡勉) • 229
일슬리(Ilsley) • 333

자

저메인(C. B. Germain) • 150
제인 애덤스(Jane Addams) • 73
제임스(James) • 35
젠트너(H. Zentner) • 14
짐멜(Simmel) • 33

차

차알스 로크(Charles S. Loch) • 71
찰스 보산케트(Charles Bosanquet) • 72

카

캐논 바네트(Canon Samuel Augustus Barnett) • 72
커츠(Russel N. Kurtz) • 98
커트 레윈(Kurt Lewin) • 96
콜먼(James Samuel Coleman) • 43
콤프톤과 갤러웨이(Compton & Gallaway) • 40
콩트(Auguste Comte) • 31
쿨리(Cooley) • 35
클라크(Clark) • 45

타

타임달러(Time Doller) • 78
토인비 홀(Toynbee Hall) • 88
퇴니에스(Tőnnies) • 34
트렉크(Trecker, H. B) • 114

파

파슨즈(Talcott Parsons) • 33
파크(Park) • 14
펄만과 구린(Perlman & Gurin) • 189
포스톤(Poston) • 12
폴 글로버(Paul Glover) • 78
폴스키(Howard Polsky) • 38
프랭크 훼링톤(Frank Farrington) • 82
프리드랜드(Friedlander, W. A) • 108
핀크스와 미나한(Pincus & Minahan) • 47

하

하라다 마사키(原田正樹) • 298
하트만(Hartman) • 48
헌(Hearn) • 38
헨리 졸리(Henry Solly) • 71
헨리에타 로우랜드(Henrietta Rouland) • 72
호만스(Homans) • 36
힐러리(G. A. Hillery) • 12

◉ 저자 소개

고수현(高洙玄) - ks0945@hanmail.net

〈약력〉
- 경북대학교 사회복지학과(박사)
- 성덕대 사회복지학과 교수(역임)
- 국가 청소년위원회 정책자문위원(역임)
- 보건복지부 장사시설개선위원(역임)
- 한국사회복지학회 복지정책개혁위원(역임)
- 한국청소년복지학회 이사(역임)
- 한국복지행정학회 부회장
- 논산시 지역사회복지협의체실무위원장
- 충청남도 사회복지위원
- 충청남도 사회복지공동모금회 기획 · 홍보위원장
- 국가 · 지방공무원시험 출제 · 검증위원
- 금강대학교 사회복지학 전공 교수

〈저서〉
- 사회복지실천윤리와 철학/생명윤리학/새로운 노인복지론 외 다수

지역사회복지 - 이론과 실천 -

2007년 3월 2일 1판 1쇄 인쇄
2007년 3월 5일 1판 1쇄 발행

지은이 : 고 수 현
발행인 : 김 동 규
발행처 : 교육과학사

서울특별시 마포구 아현1동 424-31
전화 (02) 363-6431~3 / FAX (02) 393-4366
Home-page : www.kyoyookbook.co.kr
E-mail : kyoyook@chol.com
등록 : 1970년 5월 18일 제2-73호

낙장 · 파본은 교환해 드립니다.
Printed in Korea.

정가 19,000 원
ISBN 978-89-254-0047-1